日本古代の王権と地方

加藤謙吉 編

大和書房

はしがき

日本列島各地の諸勢力が畿内の王権の支配下に組み込まれ、統一国家が形成されるまでの政治的な過程については、地方豪族に対する王権の支配のあり方や、国造制・ミヤケ制の制度的実態といった問題を踏まえて、これまでさまざまな見解が提示されてきたが、その具体像はまだほとんど解明されていないのが現状である。同様に律令体制下でも、中央集権的な法の規制にもとづく地方統治の構造などについては多くの研究成果があり、その様相がしだいに明らかにされつつあるが、在地における伝統的な支配や旧共同体的秩序が、どのように機能していたかという点に関しては、いぜん謎に包まれたままである。

研究の停滞の理由としては、中央に比して古代の地方の状況を伝える文献史料が相対的に少ないこと、ヤマト政権の段階から律令国家の時代に至るまで、国政の中枢を担っていたのは、一貫して中央豪族とその末裔の宮廷貴族であったという歴史認識が先行し、地方の豪族やその配下の集団のおかれた政治的境遇に対する目配りが不十分で、断片的な検討にとどまらざるを得なかったことなどが挙げられよう。

一方、考古学の分野では、近年、日本列島各地で精力的に発掘調査が進められた結果、これまで見過ごされてきたそれぞれの地域の政治的状況やその特性、王権や中央権力との関わりがなどが解明され、学術的な成果が徐々に蓄積されつつある。

本論集では文献史学と考古学との間にみられるこのような研究上のギャップを解消し、両者をあわせた古代学とでも言うべき総合的な視点に立って、改めて地方の有り様を多角的に追究することを心がけたい。そのためには各論者が「王権と地方との関わり」という基本的な研究課題は共有するものの、他は一切制約なく自由なテーマで論を展開することが望ましいと思われる。古代の地方研究の方法が確立していない今日にあっては、論集としての統一性を欠く恐れよりも、むしろそうしたフレキシブルな研究法により、自ずから今後の課題が明らかになり、展望が開けてくることを期待したいからである。

本論集は、「Ⅰ　ウジの成立と地方豪族の政治的立場」、「Ⅱ　王権と列島各地の諸勢力」、「Ⅲ　古代の神仏関係と氏族系図の成立」の三部より成る。論考十五篇とコラム一篇を収録し、それぞれ内容に応じて、Ⅰ〜Ⅲの各部に配列した。以下、各論考の概要を紹介し、「はしがき」にかえることにしたい。

Ⅰ　ウジの成立と地方豪族の政治的立場

篠川　賢「ワカタケル大王と地方豪族」

本論文は埼玉県稲荷山古墳出土鉄剣銘や熊本県江田船山古墳出土大刀銘の検討を通して、ワカタケル大王時代の大王と地方豪族との関係を考察する。この時代には九州から関東に及ぶ範囲の豪族の子弟が王宮に出仕し、「杖刀人」「典曹人」と、その職務内容によって区分される制度が存在したが、その制度は「杖刀人」「典曹人」の呼称からすると、簡素な原初的なものであったとみられ、それを「人制」と呼ぶのはよいとしても、かつて直木孝次郎氏が説かれたような人制が、この時代に遡って存在していたとみるのは誤りであるとする。ついで中国側史料に現れる倭の五王最後の武は、ワカタケル大王に相当し、宋との外交において、府官制にもとづき、国内の有力者に「某将軍」「某郡太守」の爵号を仮授したとあり、仮授された人々は「杖刀人」や「典曹人」よりも上位の人と考えられるから、「杖刀人首」であるヲワケが仮授されたとみても不自然ではないが、ただヲワケは大王に「奉事」したその臣下であり、むしろ「某将軍」「某郡太守」を仮授された人々のなかには、まだ大王と「奉事」の関係を結んでいない、大王がまさにこれから臣従させようとしていた有力豪族が多く含まれ、当時の倭政権は、いまだ連合政権的性格を強く残していたのではないかと推測する。さらに、大王に仕えた「杖刀人首」(すなわち軍事的トモの統率者)として、一般的に想起されるのは、大伴氏・物部氏の人物であるが、ワカタケル大王の時代における「杖刀人首」は、埼玉地方の豪族の出身者であったことになり、このことからのちの大伴・物部両氏の前身集団も、いまだこの段階では大王に臣従していなかったことが推定されると説いている。

中村友一「地方豪族の姓《カバネ》と仕奉形態」

本論文は地方豪族の姓《カバネ》と、王権への仕奉形態について考察し、地名を冠する地方豪族には、臣・君・直以外の連なども当てはまり、出自や職掌名・地名が姓の賜与基準ではないことを明らかにしようとしたもの。伴造層の連・造姓は本人が仕奉するか、下僚や管掌する職能民を貢進するが、この伴造—伴部の構造は地方にも一部成立しており、統率・管掌する氏人や人・部称者の規模により区分けされるとする。連と造の姓賜与の差は、時期差とその管掌レベル・規模に由来するとし、勢力が強く、管掌民が多い氏族は大夫層にもなることができ、さらに物部系の氏族のごときは伴部管掌を面的に広げることで、地名の氏称を得ているとして、伴造系の姓を賜与されながら、地名系の氏称を持つ氏族(地方氏族)は、その土地を基盤として、特定の伴部に関わらない人的仕奉を行うことによって、氏称を賜与されたとする。ついで地名系の氏称に結びつきやすい君・臣・直姓は、氏女・采女の貢進も含み、それ以外に伴造系とは異質な、その地域の管掌を行うことが氏称と関連すること、国造も被任命者が様々で、それ以前の仕奉による賜氏姓と国造任命後の賜氏姓との時期差から、国造の姓も多様なものとなるが、それは氏姓制に後出する制度であり、かつ成立以降はおおよそ直姓になることで、地名氏称と連動すること、地名的氏称が負う人的仕奉は、永続的な地位にあって仕奉する「身位的仕奉」と、期間限定的な「時間的仕奉」の二つに類型化することができること、地名姓の臣・君の差異は、君姓が「時限的仕奉」を主とし、仕奉の際には舎人や臨時の使役などの武人系職掌が中心であるのに対して、臣姓は「身位的仕奉」が主で、大夫など議政官や官吏としての仕奉を特徴とするが、必ずしも文官的な職掌に限定されるわけではないことなどを指摘する。そして以上の検討結果を踏まえて、氏族の長が大夫や職能者、あるいは職能者の長などとして仕えるのが仕奉であるとし、氏族の配下・采女や職能民などを貢進して奉仕させるか、もしくは特産物を物納することを、貢納という概念で括ることができると説く。

加藤謙吉「地方豪族の中央出仕形態と両貫制」

本論文は地方豪族の中央出仕の形態について検討し、律令国家の段階に至るまでの国政への参加という点で、地方豪族が中央豪族と実態的に対等な立場にあった事実を論証しようとしたものである。律令国家の上級官人層を確保する目的で制定された天武十三年の朝臣賜姓は中央の有力豪族を対象とし、地方豪族は天武五年に出された勅で初めて中央官人として出仕することが認められたとする理解がこれまで一般的であったが、朝臣賜姓五十二氏の中には地方出身氏族が十五もしくは十六氏もおり、しかも天武五年よりずっと早い段階から畿内に移住し、出仕する者が少なくなく、令制期にも継続して五位以上の官人を出していること、地方出身の豪族の勢力基盤は畿内と畿外（本拠地）の双方に構築され、中央に進出した一族は、本拠地にとどまる同族の者たちと密接な連携を保ちながら、互いに併存するような状況、すなわち畿内の進出地と畿外の本拠地が不可分の関係で結ばれる「両貫制」ともいうべき居住形態が常態化していたことを推定。下道圀勝・吉備真備の父子の事例や、大和国の磯城・十市地方に偏在する吉備・下野などの国名地名をもとに、両貫制的居住形態が現実に機能していた事実を傍証する。ついで『続日本紀』に地方出身者の京貫附の記事がみえないことに依拠して、地方出身者の京内への移貫が行われるようになるのは平安遷都以降であるとする通説的見解を批判し、『新撰姓氏録』には、左右京・畿内を本貫とする地方出身の皇別氏族が八十氏、神別氏族が五十五氏認められ、彼らが八世紀代（平安遷都以前）にすでに中央に本貫を有した氏族であった事実を指摘する。最後にワカタケル大王に奉事した武蔵のヲワケや肥後のムリテのように、地方豪族が一定期間中央の大王のもとに仕える形態をウジ成立前の出仕形態ととらえ、王権による磐井の乱の平定を契機として、地方豪族のウジ化が進み、畿内へ移住して、大王のもとに出仕する体制が整ったと推定する。

Ⅱ　王権と列島各地の諸勢力

早川万年「尾張・熊野の氏族と『記紀』の構想」

本論文は地方氏族研究が直面する問題点として、『記紀』の批判的研究が進んだ結果、『記紀』や『先代旧事本紀』にみられる地方記事に対して、その編年上の位置づけを疑問視し、具体的なエピソードを虚構・造作と見なす傾向が強いことを挙げ、さらに史料の偏在性が他地域との実態的な比較検討を困難にしている現状や、中央の政権との関係ばかりに目が向けられ、地域相互間の政治的関係が軽視されがちな事実を指摘する。そしてこうした問題点を視野に入れた上で、尾張国造と熊野国造について、再検討を試みる。まず畿内と東国を結ぶ要地に位置する東海地域の有力氏族層の政治的動向が、ヤマトの政権にとって重大な関心事であり、その支持を取り付けることが、政権基盤の確立には不可欠であったと説く。東海地域でもっとも注目されるのは、尾張熱田を本拠として大きな勢力を有した尾張氏であるが、この氏は『記紀』にしばしば登場し、熱田社の草薙剣の霊異も記される。同じように剣の霊異が示されるのが、神武東征の際における熊野での出来事であるが、尾張国造氏が天皇の妃を出すなどその存在感が大きいのに対し、熊野は剣の霊異とともに神代紀の一書ではイザナミの葬地とされるにもかかわらず、熊野国造の氏族としての実態は明確でなく、エピソードもほとんどみられない。この違いを本論文は、畿内の政権による支配空間の意識の反映ととらえる。『記紀』の歴史構想の中にはいくつかの段階が存在するが、尾張氏の場合は、ヤマトの政権との交渉が深まったことを踏まえて記載されているのに対して、熊野の場合は、紀伊方面からは白浜まで、伊勢からは志摩半島付近まで地理的な認識が及び、ようやく南紀の海辺の連続が知識として取り入れられた段階と、それほど時期的に隔たらない頃に筆述がなされたと推測する。すなわち『記紀』においては熊野の氏族との具体的な交渉が乏しいままに、畿内ヤマトの政権はとりあえずその「結節点」の熊野を、自らの支配領域と表示するために、神話空間に位置づけたのであるとする。かくして同じく国造とされてはいても、政権の来歴が記される史書の筆述時期によって、その扱いは異なるのであって、そこには歴史上の事実というよりも、『記紀』の構想上の制約が影響を及ぼしていると推定する。

高井佳弘「古墳・寺院・官衙からみた六・七世紀の上野国」

本論文は地域社会が大きく変動する六〜七世紀の上野国の豪族の動向を、遺跡の変遷を通して考察したものである。六世紀の上野国は、各地に多くの前方後円墳が造営され、特に中心となる地域が見出せないような状況であったが、六世紀末から七世紀初頭になると前方後円墳の造営がほぼ一斉に停止され、以後は前橋市総社古墳群でのみ大型古墳群が造営されるという劇的変化を見せる。この変化について、従来の見解では、総社古墳群を造営した勢力が上野地域全体の頂点を占める地位に就いたことを意味するとし、同時にそれ以外の地域、特に東毛地域では、大型古墳のみならずそれに次ぐ有力古墳とされる截石《きりいし》切組積石室をもつ古墳の造営も見られないことから、この時期を境に地域の首長層に断絶があったように考えられてきた。本論文はこのような理解に対して、果たしてそれが妥当かどうかを問い、邑楽《おうら》・山田・新田・佐位四郡の遺跡について検討を加えることで、疑問の解明をはかろうとする。その結果、七世紀後半に建設された寺院や郡家の遺跡はいずれも六世紀の有力古墳が分布する地域にあり、地域の勢力に大きな変動があったとは考えられないとし、また、寺院に使用されている瓦からも、中央に直結するような様相を指摘することはできず、逆に地域の独自性をみることができると説く。さらにこのような点から、上野国においては、六世紀代に各地に大型前方後円墳を造営した地域首長層は、基本的に七世紀代にも存続し、その後の律令制下にまでつながっていったと考えられるとし、七世紀代に有力な古墳が見られないことについては、その背景として古墳造営の意義の変化があるとみられ、有力な首長の有無を直接反映したものではないと推察する。そして六世紀代に郡ごとに有力な首長が複数存在するという状況は、郡内に郡司に就任できるような有力者が複数存在するという、近年の文献史学の研究成果とも整合的であり、それが地域の実態であったと説く。

傳田伊史「信濃の首長——金刺舎人と他田舎人を主として——」

広大な領域を有する信濃国は、山地や大小河川が形成する自然地形上の組み合わせによって、他と区画されるような一つの地域範囲（小地域）を設定することが可能であるが、本論文はまずこうした小地域の歴史的な意味や役割に着目し、近年の遺跡調査の成果などにもとづき、小地域内の諸関係や、小地域間相互の諸関係の様相について分析を行い、四世紀後半から五世紀前半にかけての長野盆地には、各小地域に少なくとも一つの、場合によっては複数の首長系譜が存在していた可能性が考えられるとする。ついで五世紀中ごろになると、朝鮮半島からの渡来人または渡来系の人びとの集団居住が行われ、馬の生産などの新しい文化が一帯に導入されたことにより、各小地域間の諸関係、あるいは小地域間相互の諸関係の構造は大きく変化したと推定。下伊那地域においても同様の要因により五世紀中ごろより古墳の築造などに大きな変化がみられることを指摘する。ただ新たな技術や文化が流入されたものの、これらを受容する首長を統合するような状況は六世紀初めまでは存在せず、六世紀後半以降になって、各小地域の首長の独自性が薄れ、他地域からの新たな技術や文化の流入先が限定されるような状況が出現したとする。そしてこうした変化がもたらされたのは、六世紀以降のヤマト王権の組織・制度の整備、外交の展開などを背景として、信濃の各小地域の首長とヤマト王権との間に新たな政治的関係が生じたためであると推察する。すなわち信濃の中でも先進的な文化の中心地であった長野盆地と下伊那地域の小地域の首長たちが、まず六世紀中ごろに金刺舎人《かなさしのとねり》に編入され、六世紀後半以降、その対象は信濃全域の首長へと広がり、他田舎人《おさだのとねり》などに編成されたと考えられるとし、この関係は他田日奉部直神護や金刺舎人八麻呂にみられるように、七世紀以降も基本的には継続され、それらの首長が拠って立つ小地域の政治的・経済的支配関係は、律令国家体制下においても地域支配の基礎であり続けたと説いている。

中川久仁子「飯高諸高──その薨伝をめぐって──」

本論文は伊勢国飯高郡出身の女官、飯高諸高について、その薨伝を手がかりとして、検討を行ったものである。諸高は、元正天皇の治世に出仕し、聖武、孝謙（重祚して称徳）、光仁と四代の天皇に仕えたが、『続日本紀』宝亀八年五月戊寅条の薨伝には、諸高が八十歳で亡くなるまでの長い官歴は、「内教坊に直し」たことから始まったと記している。この記述は、「内教坊」の設立を知る上でも重要な史料となっているが、本論文は、諸高が「内教坊」もしくはその先駆けとなる組織に所属していたとみられることを改めて確認し、その時期の「内教坊」にはほかにどのような人々がおり、実際にいかなる活動をしていたのかを検証する。また天平十四年には諸高の一族に「君」が賜姓されており、この時期が諸高の経歴の画期であったとみられるが、本論文はその背景のひとつとして、聖武天皇の皇太子である阿倍内親王（のちの孝謙天皇）によって舞われた「五節舞」に着目し、この「五節舞」は、伊勢神宮において斎宮女孺によって舞われていたのが、聖武天皇の宮廷に導入された可能性があり、伊勢国より出仕し、「内教坊未選女孺」であったと思われる諸高が、伊勢神宮において舞人をつとめ、その後「舞師」のような立場となって、皇太子の「五節舞」と関わったのではないかと説く。そして諸高が最終的に従三位という高位にまで昇ることになったのは、内侍、さらには典侍としての働きもあったものと考えられ、光仁天皇即位後に急激に昇進していることからみて、吉備由利らとともに称徳の「臥内に出入して、奏すべき事を伝ふ」（『続日本紀』宝亀元年八月丙午条）というような働きをしたためであろうと推察する。

紅林　怜（コラム）「但馬君氏についての一考察」

但馬国の出石君・但馬君両氏のうち、アメノヒボコの後裔氏族を、タジマの国名を冠し君のカバネを有する後者の氏とする。そして出石君や但馬国造を世襲したとされる日下部氏、『粟鹿大明神元記』に同じく但馬国造に任ぜられたとする神部直氏の三氏と比較して、孝徳朝以前に実際に但馬国造であったのは但馬君に限られ、この氏が但馬国内の最有力氏であったと推定する。

小野里了一「「吉備臣」氏の系譜とその実像」

本論文は「吉備臣」氏の始祖系譜や吉備地方の大型前方後円墳の再検討を通して、「吉備臣」氏の実像を明らかにしようとしたものである。孝霊の皇子を始祖とする「吉備臣」氏については、その祖たちが地方平定に活躍したとの伝承が採録される一方で、『日本書紀』に雄略朝から清寧朝にかけて三つの反乱伝承を伝え、考古学的にも、埴輪の原型ともいうべき特殊器台形土器や特殊壺形土器を発生させ、五世紀代には大王墓と遜色ない規模の大型前方後円墳を築造している。特に五世紀代の三基の大型前方後円墳とその断絶は、五世紀後半に比定される雄略大王治天下時とされる吉備臣の反乱伝承と時期的に合致することから、「吉備臣」氏は倭の大王とも比肩し得た古代随一の地方有力豪族とする理解が定説的な位置を占めてきた。さらに吉備臣の奉じた始祖系譜や、反乱に至る吉備社会の実情などについては、吉田晶氏や湊哲夫氏が解き明かした事実が、今日文献学的な成果とされている。これに対して本論文は、吉田氏らとは違った視点に立ってこの問題を追究し、

「吉備臣」氏の実像を次のように推定する。すなわち『応神紀』二二年系譜は、吉備地域への国造制施行時の奉事根源系譜と解釈でき、この国造任命こそが、吉備勢力の首長が王権からウヂ（ウジ）名を与えられた契機であり、本拠地名に前代までの称号「臣」をカバネとして附することで、「下道臣」「上道臣」「笠臣」などが成立したこと。五～七世紀を通じて「吉備」氏というウヂは実在せず、「吉備臣」氏から「下道臣」「上道臣」「笠臣」へといった分氏論や、中央氏族化したものが「吉備臣」氏で、地方豪族として残ったものが「吉備下道臣」「吉備上道臣」「吉備窪屋臣」などを名乗っていたという二系統論など、「吉備臣」氏の存在を前提とした説は成立しないこと。吉備勢力が本来奉じていた原系譜における上祖はキビタケヒコであり、王統譜上の孝霊の位置が定まった後、上道臣・下道臣・笠臣によって、孝霊皇子としてキビタケヒコの名を分解したキビツヒコ・ワカタケヒコが作成され、これを自らの上祖としたこと。「吉備臣」氏の反乱伝承の背景には、倭の大王位継承の可能性があった吉備勢力の有力首長と、雄略大王の武力衝突といった史実が想定でき、造山・作山・両宮山古墳の築造は、大王位継承を目指す吉備勢力のデモンストレーションであって、そこから吉備勢力内の階層分化は読み取るべきではないこと、以上の諸点を指摘している。

永田　一「倭王権と蝦夷の服属――倭王権の支配観念の変化に注目して――」

本論文は『日本書紀』の蝦夷の来朝・朝貢関係記事を検討し、六世紀末～七世紀における蝦夷の服属のあり方と、倭王権（ヤマト王権）の蝦夷に対する支配観念について考察したものである。まず『書紀』の蝦夷関係記事を分析し、これらの記事のうち確かな記録にもとづくものが、六世紀末の敏達紀の条文以降であることを指摘。ついでその実録に依拠した最初の記事である『書紀』敏達天皇十年閏二月条を具体的に検証し、蝦夷の綾糟の服属儀礼について考察する。敏達朝に綾糟が服属したことや、服属儀礼の所作についての記述は史実と考えられること、綾糟が誓約した相手は三輪山の神の神格であることを論証するが、その一方で、綾糟の誓約の文言については、七世紀後半頃の隼人の誓約をもとに書かれた可能性が高く、「天地諸神及天皇霊」は『書紀』編者により統一的に記述された表現であると推定する。最後に七世紀以降の蝦夷の来朝記事について検討を加え、蝦夷の饗応や服属儀礼の場は、朝庭（推古朝～斉明初年）→飛鳥寺西の地域（斉明三年～持統朝）と変化したこと、推古～斉明初年にかけて朝庭に須弥山像などの仏教的施設を断続的に設置しており、これを設置しなかった時期には、宮の造営と一対の大寺院の造営事業が行われた事実を指摘する。そして敏達朝頃までは三輪山の神が重要視されていたが、推古朝に大きく転換し、推古朝～斉明朝を通じて、仏教世界観にもとづく支配観念が継承されていたと論じ、さらに須弥山像が示す仏教的世界観にもとづく支配観念とは、隋・唐の冊封体制から離脱し、蝦夷などの化外《けがい》の人々や朝鮮半島の諸国に対し、倭王権を中心とする天下観を示すものであったと推定。ただこのような支配観念も、白村江の敗北で効力を失い、放棄せざるを得なくなったと説いている。

原口耕一郎「大宝令前後における隼人の位置付けをめぐって」

隼人が夷狄《いてき》かどうかという点については議論の分かれるところであるが、本論文は隼人が史上に登場するとされる天武朝から養老年間までの隼人の位置付けについて検討を試みたものである。まず史料にみえる多禰嶋人の事例研究から、夷狄政策にも時期的変遷があることを確認し、それがまた身分的変遷をもともなうことを想定する。実際の政策上、隼人が蝦夷・南島人と明らかに区別して扱われるようになり、夷狄でなくなるのは、和銅三年から養老元年にかけての間であると推定し、さらに『続日本紀』記事の文章表現の検討から、隼人は養老年間頃までは蕃夷／夷狄に関する用語で形容されることを確認する。そしてこれに関連して、隼人関連記事の文章表現を分析すると、『日本書紀』に描かれた隼人、あるいは『書紀』編纂時における隼人は、少なくともイデオロギー的な認識においては夷狄視される場合があった事実を指摘。以上の検討により、実際の政策における隼人の位置付けと、史料の文章表現などからうかがえる隼人のイデオロギー的位置付けは、必ずしも一致しないと説く。また、大宝令で隼人の位置付けが、夷狄あるいは非夷狄と明確化されていたとしても、少なくともその運用面には齟齬が想定されるとし、要するに法の規定、実際の政策、イデオロギー的認識にズレがあり、三者は必ずしも重なり合わないことが認められるとする。そして隼人の位置付けや夷狄概念については、例えば天武朝、浄御原令制下、大宝令制下、養老年間以降といったように、時期的変遷を跡づけていく作業が、今後の課題として必要であると述べる。

前之園亮一「上総の伊甚屯倉と中央・地方の豪族」

本論文は上総の伊甚屯倉《いじみのみやけ》について、設置年代や屯倉の領域、設置前史、その開発・経営の方法や開発参加氏族、屯倉の貢納品の輸送ルートや周辺諸国造との関係など、様々な角度から総合的に追究した論考である。伊甚屯倉の設置時期を『古屋家家譜』に大伴金村の孫の頰垂連公が伊甚屯倉を管掌したとあることに依拠して、金村が権勢の座にあった五世紀終末から六世紀前半の間と推定。屯倉の範囲は、上総国夷灊《いし(じ)み》郡六郷に長柄郡の刑部・谷部（長谷部）両郷を除く四郷にわたり、これに埴生郡をあわせたイジミ地域がもと伊甚国造の支配下にあったが、屯倉の設置にともない国造の支配領域は埴生郡だけに狭められたとする。屯倉設置以前からイジミ地域には大王家の支配が及び、刑部・長谷部（名代）によって県や屯倉に類する集落が形成されており、そのような前史を受けて、大伴金村の手により本格的に伊甚屯倉が設置され、刑部郷や谷部郷では丁籍も造られたと説く。ついで夷灊郡の郷名・地名と長狭国造・須恵国造・馬来田国造らの支配下の地名が一致することなどから、伊甚屯倉の開発・経営に、これらの周辺諸国造やその配下の人民が動員された事実を推定し、さらに伊甚屯倉では治水・水田開発のために築堤工事が行われ、河内の茨田堤《まんだのつつみ》の築堤者で、東国に進出し、武蔵国荏原郡満田《まんだ》郷に拠点を持った茨田連が、伊甚屯倉に派遣されたとする。伊甚屯倉の管理にあたるため、大伴金村の孫の頬垂が中央から赴任し、久米部・膳・麻績・車持・我孫らの諸氏も、同様に派遣されて、その経営に参加したと説く。屯倉からの貢納品は真珠やアワビなどの海産物、夷灊郡白羽郷の若麻績部の作る麻糸・麻布などであり、輸送ルートとしては、車持部の手により伊甚屯倉から古養老川中流域まで陸送し、ついで市原郡の海部の手により川舟で古養老川河口部の海上潟まで下り、最後に海路畿内・大和へと運ぶルートを想定。さらにこれとは別に、伊甚屯倉から浦賀水道に面した天羽郡の天羽屯倉の地まで陸送し、その後海路畿内へと至る経路が存した可能性も指摘する。伊甚屯倉が設置された結果、房総地方の政治的様相は変貌し、国造たちは多大な影響を被ったと説き、その変化・影響として、伊甚屯倉の介在によって上総の上海上国造と下総の下海上国造の連携が分断されたこと、大和から上総へ進出した和珥氏系の武社国造が台頭・隆盛したこと、太平洋側における上総と下総の境界は従来不分明であったが、伊甚屯倉が置かれ、その北側に武社国造の武社国（山辺郡・武射郡）が成立したため、これらの地が上総の範囲となり、太平洋に注ぐ栗山川が上総と下総の境目となったことなどを挙げる。

Ⅲ　古代の神仏関係と氏族系図の成立

川﨑　晃「八世紀の神仏関係に関する若干の考察——越中国（越中・能登）を中心として——」

本論文は『万葉集』巻十七・四〇二五題詞に気多神社を「気太神宮」と書くのに着目し、まず宮が天皇・皇族の居所、離宮、皇族自体を指す言葉であるように、「神宮」は王権と深い関わりを持つ神社に用いられていることを確認。渤海との交流を契機として北陸の名神が重要視されるようになったこと、「気太神宮」の表記は、能登の気多神社が越前の気比神宮と肩を並べる有力神とみた大伴家持の認識を示すものであることを指摘し、新羅の祭天の際の祭殿の呼称である「神宮」の表記を借りて、日本の国家の最高神（皇祖神）を祭る「祠」、「社」に充てた（神が天皇と同格であるがゆえに「宮」に安置された）と推測する。次に気多神宮寺の成立について論じ、神仏習合の特色の一つである「神宮寺」は八世紀前半に成立したとみる向きもあるが、史書を離れれば、天平勝宝二年（七五〇）が初見であり、地方の神仏関係も八世紀半ばの王権の仏教を優位とする神仏関係の変化と密接な繋がりを持つと指摘。能登の気多神宮に神宮寺が設けられる時期は、高岡市東木津遺跡出土の木簡により延暦二年（七八三）まで遡ることができるとして、八世紀半ば、北陸の名神である若狭彦神社、気比神宮、気多神宮に神宮寺が造営されたのは、王権の守護神、王権の仏教信仰を支える護法善神へと位置づけられたことによると推察する。さらに平安時代末、十一世紀後半になると、神仏を同体とする本地垂迹思想が成立するが、「垂迹」思想の受容はまず仏教に造詣の深い文室真人同族の「文室真人長谷等仏像幷一切経等施入願文」に認められ、長谷一族が関わる越中国東大寺領荘園の経営を媒介として、越中国にも種播かれた可能性があると説き、「垂迹」思想の受容の媒介者として中央官人を想定することができるとする。

三舟隆之「神郡の成立と古代寺院」

古代における地方寺院の成立については、国家仏教政策との関係から郡衙周辺寺院のように、「官寺」的な性格を重視する説が強かったが、実は古代の地方寺院は必ずしも全ての地域に存在するものではない。本論文は、その中でも特殊な郡である神郡に着目し、これまであまり触れられることのなかった、七世紀後半の神郡と古代寺院の成立について、検討を加えたものである。『令集解』養老七年太政官処分によれば、奈良時代の神郡は常陸国鹿島郡、下総国香取郡、安房国安房郡、伊勢国度会・多気郡、紀伊国名草郡、出雲国意宇郡、筑前国宗像郡の八郡であり、これらの郡では郡司は同一氏族による三等親以上の連任が許されていたが、各神郡内の古代寺院について見ると、①神郡内に七世紀後半～八世紀初頭の初期寺院が存在する例（下総国香取郡・紀伊国名草郡）と、②初期寺院は存在せず、八世紀中頃の寺院が存在する例（他の六神郡）の二つに区分できると指摘する。ただ①の例においても、香取郡内における香取神宮の奉斎氏族の勢力は限定的であり、名草郡では日前神宮・国懸神宮の存在する地域周辺には寺院が存在しないから、実際に神郡ではほとんど寺院が造営されなかったことが明らかであるとする。ついでその理由について考察し、地方寺院の急増期と時期的に重複する神郡の成立から公認までの期間（大化五年頃～養老七年）に寺院の造営が稀薄なのは、神郡では寺院造営が効力を持たなかったことによると推定する。すなわち神郡では郡司職を一族で連任でき、郡司職をめぐる争いがなく、他の郡司に比べて安定した支配が可能であること、郡司と宮司が同一氏族であるため、神社を奉斎することによって地域共同体の結束をはかることができ、新たに寺院を建立する必要がなかったことを、その理由として挙げている。

大川原竜一「『越中石黒系図』と利波臣氏」

本論文は中世の在地領主石黒氏の系図である『越中石黒系図』をめぐって、古代の地方豪族である利波臣氏の存在形態を考察したものである。『越中石黒系図』については、そこに記載されている利波臣氏の系譜を対象として、おもに日本古代史の立場から研究が進められ、その信憑性と史料的価値が議論されてきた。本論文は『越中石黒系図』の特質と問題点を指摘した上で、同系図に関する近年の学説を振り返る。そして鈴木真年が同系図の作成に関与していたとする筆者自身の旧説を踏まえて、同系図が江戸期に書写された『越中国官倉納穀交替記』の写本を参照して作られたとする最近の見解を支持。ついで新たに発見された写本の紹介とあわせて『交替記』の諸写本について具体的な検討を行う。奥付を持つ九州大学附属図書館本、京都大学文学研究科図書館本、早稲田大学中央図書館本の各写本の伝写の過程を跡づけ、九大図書館本の書写者（文久三年書写）の「穂積臣真橘」が鈴木真年の別名であることを解明する。新発見の写本としては、明治大学中央図書館の「黒川文庫」所蔵本と高岡市立中央図書館本の二本を紹介。前者は写本群のなかでも最も古い時期のもので、最初は天保二年に没した出雲大社国造家の千家俊信《としざね》の蔵書であること、後者は明治四十一年の『越中史料』の原資料にあたり、旧土佐藩出身の政治家佐佐木高行の蔵書をもとに、書写を重ねたものであることを明らかにする。そして写本類の検討結果にもとづき、『交替記』の諸写本が江戸時代以来、研究者の関心を集め、明治期の前後において幅広いネットワークのなかで伝写される事実が存したこと、『越中石黒系図』もかかる過程で写本をもとに作為された可能性が高いことを指摘するが、ただそれによって、『系図』の系譜内容に関するすべての疑点が解消されたわけではないとして、利波臣氏一族中の著名人でありながら、『系図』に名の見えない利波臣志留志を中心に、利波臣氏の存在形態について再検討を行い、志留志の東大寺への寄進行為が、彼個人の財力だけによるものではなく、利波臣氏一族の経済的基盤に立脚したものであり、この一族は中央権力の越中国進出が積極化する以前に、礪波郡にある程度の経済力と自己勢力の拡大への志向性をもっていたとし、直系・傍系のいかんを問わず、志留志もまた一族の経済力を背景として東大寺や中央権力と結びついていった人物と位置づけている。

鈴木正信「『円珍俗姓系図』の構造と原資料」

本論文は、智証大師円珍を出した讃岐の因支首《いなぎのおびと》と、その同祖関係にある伊予御村別君《みむらわけ》の系図である『円珍俗姓系図』(『円珍系図』)を精査し、その基礎的考察を行ったものである。『円珍系図』は、人名の上に「子」「次」、人名の下に「之」の文字を付し、人名を系線で結ぶ竪系図の形式を留め、現存最古の系図の一つとされるが、紙面の欠損や裏打ちの状態により、世系の接続に不確かな部分が多く、文字の判読や人名の割り付けについても検討の余地が残されている。本論文では系図を本系図(A・B・C部分)・略系図・書入に区分し、このうち特にA・B部分を対象として、文字の判読にまで立ち戻り、抜本的な検討を加えている。そしてA部分に関しては、基本的に『日本書紀』を引き写したものであること、『円珍系図』と『日本書紀』における表記の相違は、『日本書紀』を参照して『円珍系図』を記す際、『日本書紀』の各記事の間で用字を調整したために生じたこと、景行天皇と武国凝別皇子の下に「之」が付されないことから、A部分は後次的にB部分へ架上されたと考えられることなどを指摘する。一方、B部分は、伊予御村別君の系譜(「○○別」)と伊予別君の系譜

（「〇〇乃別」）を組み合わせたものではなく、あくまでも伊予御村別君の系譜であること、そして伊予御村別君と伊予別君の実態的な関係は別として、少なくとも「讃岐国司解」の「伊予別君」は『円珍系図』の「伊予国御村別君」を指し、「讃岐国司解」では伊予御村別君の「御村」が省略されていると理解すべきであると説き、また和尔乃別命の上に「子」がなく、忍乃別君の下にも「之」がないことから、二行書き箇所が後から挿入された可能性があると指摘する。さらに二行書き箇所左傍の「□系図」という書入は、本来は「伊予別公系図」とあり（伊予御村別君の系図を指す）、円珍はこの系図を参照して二行書き箇所の人名に世代数を書き込んだと推定している。

以上、必ずしも的を射た概要とは言いがたいが、各論文の内容について紹介した。個々の論文に盛り込まれた見解が、「王権と地方との関係」の解明という基本課題にどこまでアプローチできたか、その判断は読者諸賢にゆだねるしかないが、本論集の提示した問題点が、今後の研究の深化に少しでも役立てば幸いである。

最後になったが、本書の刊行は大和岩雄氏および大和書房の方々のご厚意により実現したものである。また本書の編集に当たっては、大和書房制作部の佐野和恵氏よりご尽力を賜わった。あわせて心より感謝申し上げる。

二〇一五年三月二五日

加藤　謙吉

日本古代の王権と地方　目次

III 古代の神仏関係と氏族系図の成立

I

ウジの成立と地方豪族の政治的立場

ワカタケル大王と地方豪族

篠川　賢

はじめに

埼玉県稲荷山古墳出土の鉄剣銘と、熊本県江田《えた》船山古墳出土の大刀銘には、いずれも「獲加多支鹵大王」（ワカタケル大王）と読める同一の大王名が刻まれている。前者は古墳時代後期初めころの関東地方の古墳、後者はほぼ同時期の九州地方の古墳から出土した副葬品に記された銘である。いずれも周知の史料であるが、まずはそれらを掲げておくことにしたい。

稲荷山古墳出土鉄剣銘(1)

【表】

辛亥年七月中記乎獲居臣上祖名意富比垝其児多加利足尼其児名弖已加利獲居其児名多加披次獲居其児名
多沙鬼獲居其児名半弖比

【裏】

其児名加差披余其児名乎獲居臣世々為杖刀人首奉事来至今獲加多支鹵大王寺在斯鬼宮時吾左治天下令作
此百練利刀記吾奉事根原也

江田船山古墳出土大刀銘(2)

台〔治〕天下獲□□□鹵大王世、奉事典曹人名无□（利カ）弖、八月中、用大鐵釜、并四尺廷刀、八十練、□（九カ）十振、三寸
上好□（刊カ）刀、服此刀者、長壽、子孫洋々、得□恩也、不失其所統、作刀者名伊太□（和カ）、書者張安也。

これらの銘文の内容と、その出土地を合わせて考えることにより、当時におけるワカタケル大王と地方豪族との関係を、ある程度推測することができる。この点について、筆者はこれまでに何回か卑見を発表する機会を得た(3)。それを要約すると、およそ次のとおりである。

①稲荷山古墳出土鉄剣銘の主人公(作刀の主体)は、「乎獲居臣」(ヲワケ臣)であり、この銘文は、ヲワケが自己を顕彰するために記した銘である。「臣」の字については、これを「直」と読み、カバネのアタヒ(アタエ)と解する説や、「巨」と読み、「ヲワケコ」という人名と解する説もある。しかし、「直」であれば、カバネのアタヒ(アタエ)という倭語を表記したものと解するほかはないであろうが、その場合は、銘文における他の表記法と同様、漢字の音を借りた一字一音の表記となっていてしかるべきである。また銘文の段階(五世紀後半、銘文の「辛亥年」は西暦四七一年に相当するとみてよい)において、カバネの直が成立していたとは考え難い。一方、「ヲワケコ」という人名を表記したとするならば、それは、「巨」ではなく、「意富比垝」(オホヒコ)の場合と同様、「垝」の字が用いられたとみるべきであろう。銘文において、倭語の同音を表記する場合は、「獲」「居」「比」「多」「加」「利」「弖」「披」「鬼」など、いずれも同じ字が使用されている。やはり通説のとおり、「臣」と読むのが妥当であろう。

②そしてその「臣」は、臣下を意味する漢語の臣であり、シンと音読されるべきである。「臣」を、「オミ」という倭語を漢訳したものとする説もあるが、倭語であるならば、右に述べたとおり、漢字の音を借りて表記されたはずである。銘文は純然たる漢文で書かれており、倭の固有名以外は、「大王」「宮」「杖刀人」「首」などの語も含め、すべて漢語と解すべきである。すなわちそれらは、「オホキミ」「ミヤ」「タチ

ハキ」「オビト」などといった倭語を漢訳したものではないとみるべきである。

③一方、ヲワケ臣の「臣」を、単なる謙称とみることもできない。もしそうであったならば、「臣乎獲居」というように、「臣」が前に記されていなければならないからである。銘文の「臣」は、大王に仕える臣下であることを示す称号として用いられているとみるのが妥当と考えられる。

④ヲワケが称した上祖オホヒコから自身に至る八代の系譜は、五代タサキワケまでの伝説的部分と、六代ハテヒ以下の現実的部分からなる。伝説的部分は、複数の一族が共有する「同祖構造」を持つ系譜であり、王権のもとに作成されたところの、それらの一族の政治的位置づけや所属を示す公的系譜と考えられる。[4]ハテヒ以下の現実的部分は、ヲワケの属した集団（ヲワケの一族）の族長位の継承次第とみるべきであり、それが「同祖構造」を持つ共有部分に接続されることで、ヲワケの一族は、王権のもとでの公的地位が認められたのである。すなわち、八代の系譜は、ヲワケ個人に限らない一族の系譜とみることができる。

⑤公的地位を示す系譜を称することと、「臣」の称号を持つこととは対応すると考えられ、それは、ヲワケ（およびその一族）が、大王のもとに形成された支配組織の構成員であることを示すものと考えられる。

⑥ヲワケと、銘文入りの鉄剣を出土した稲荷山古墳礫槨の被葬者との関係については、両者を同一人物（ヲワケは埼玉地方の豪族）とみるのが妥当である。ヲワケを中央豪族とみる説もあるが、その場合は、ヲワケが礫槨の被葬者に銘文入りの鉄剣を手渡したことになり、自己を顕彰した貴重な鉄剣を手渡すという不自然な状況を想定しなければならない。また、ヲワケを礫槨の被葬者ではあるが、本来は中央豪族であり、派遣先で死去し、埋葬されたとする説もある。しかし、礫槨の被葬者は稲荷山古墳の主たる被葬者ではない可能性が高く、この説も不自然である。

⑦また、礫槨の被葬者であるヲワケが、この古墳の埋葬主体でないならば、ヲワケは、族長位を継承しなかった可能性が高く、族長ではなかったにもかかわらず、ハテヒ以下の族長位の継承次第を自己の系譜として称したことになる。このことからも、ヲワケの称した系譜は一族の系譜であったということができる。

⑧ヲワケは、若くして中央に出仕して「杖刀人」として大王に仕え、その後「杖刀人首」となりワカタケル大王に「奉事」し、やがて郷里に帰り、死後、礫槨に埋葬されたと推定されるが、オホヒコに始まるその公的地位を示す系譜と、「臣」の称号については、その後も、ヲワケの一族に継承されていったと考えられる。

⑨江田船山古墳出土大刀銘の主人公（作刀の主体）は、「无□弖」（ムリテ）であり、ムリテについても、江田船山古墳の被葬者（すなわち地方の豪族）とみるのが妥当である。ただしムリテは、「臣」の称号を持たず、系譜も称していない。このことは、ヲワケが「杖刀人」の「首」であったのに対し、ムリテは単なる「典曹人」であったこととも対応すると考えられる。ムリテは、「典曹人」としてワカタケル大王に「奉事」したものの、支配組織の構成員としては認められなかった可能性が高い。

⑩ムリテは、銘文に、「典曹人」としてワカタケル大王に「奉事」したことを述べるが、一方において、自らの統治の安泰を願っており、銘文の主旨は、むしろこの点にあるといってよい。このことは、ワカタケル大王の支配権が、ムリテの統治範囲内部にまでは及んでいなかったことを示すものと考えられる。

⑪二つの銘文からは、ワカタケル大王の時代には、九州から関東地方にわたる範囲の豪族層を、「杖刀人」「典曹人」というように、その「奉事」の内容に従って区分し、組織していたことが明らかである。しかし、「杖刀人」「典曹人」という呼称からは、その組織は、大王に「奉事」する人々を、「武官」（杖刀人）

と、「文官」（典曹人）の二つに分けたに過ぎないような、簡素な原初的組織であったと考えられる。
⑫とするならば、当時は、いまだこの組織に組み込まれていない豪族も多かったことが推定される。そこには、ムリテのように、大王に「奉事」しながらも支配組織の構成員と認められなかった豪族も存在したのであるが、一方においては、大王と「奉事」の関係になかったために、この組織に組み込まれていなかった豪族も存在したことが考えられる。そこには、中央の有力豪族（そのすべてとみる必要はないが）も含まれていたとみてよい。
⑬ヲワケは、「杖刀人首」として「天下」を「左治」したのであり、「左治」は単なる誇張ではなく、杖刀人全体の統率者であったとみるのが妥当である。当時は、地方豪族出身者がこのような地位に就き得たのである。しかし、武をもって大王に仕える人々の統率者として一般的に想定されるのは、大伴氏・物部氏などの人物である。このことと、右の⑫の点とを合わせて考えるならば、当時は、のちの大伴氏・物部氏などの一族は、いまだ大王に「奉事」していなかったとみることができる。

これらの点については、いまでも改める必要はないと考えているが、「杖刀人」「典曹人」の組織を簡素な原初的組織と主張するためには、府官制・人制との関係についても検討しなければならないであろう。また、ワカタケル大王（雄略天皇）当時、のちの大伴氏・物部氏の一族はいまだ大王に「奉事」していなかったと説くためには、雄略朝における大伴・物部両氏（その前身集団）の活躍を事実とする通説的理解との関係についても説明しなければならない。本稿では、この二点について取り上げることにしたい。

一　「杖刀人」「典曹人」と府官制・人制

銘文のワカタケル大王は、通説のとおり、『宋書』倭国伝などの中国側史料にみえる倭の五王の最後の武に相当すると考えられる。讃・珍・済・興・武の五人の倭王は、中国南朝の宋に朝貢の使いを出し、宋の皇帝と冊封関係を結び、安東将軍倭国王、あるいは安東大将軍倭国王の爵号を授与されることにより、将軍府（倭王府）を開き、そこに府官を置くことを認められた。府官制については、鈴木靖民の一連の研究があり[5]、今日においては、その見解が通説的地位を得ているといってよいであろう。本稿も、鈴木の研究に負うところが大きい。ただ、「杖刀人」（「杖刀人首」）「典曹人」と府官との関係については、異なった見方もできるのではないかと考えている。

倭の五王の最初の讃は、四二五年、宋に司馬曹達を派遣したが、この「司馬」は、讃が宋の将軍号（おそらく安東将軍）を除授されたことにより、安東将軍府、すなわち倭王府に設置が認められた府官である。曹達は、その名からして中国系の渡来人と推定され、倭王に近侍した知識人とみるのが妥当であろう。

次の珍は、四三八年、自ら「使持節、都督倭・百済・新羅・任那・秦韓・慕韓六国諸軍事、安東大将軍、倭国王」を称してその除正を求め、同時に、倭隋ら十三人に「平西・征虜・冠軍・輔国将軍」の号を仮授して除正されることを求めた。自身は「安東将軍、倭国王」を除授されたに過ぎなかったが、倭隋らは仮授のまま除正された。倭隋らが倭国内の有力者であったことは間違いないであろうが、具体的にどのような人々であったかは明確ではない。倭隋については、「倭」を姓としていることから王族と推定されるが、十三人すべてを王族とみる必要はないであろう。そこには、王族以外の有力な中央豪族も含まれていたとみる方が自然であろうし、さらには、有力な地方豪族の含まれていた可能性も否定できない。また、「司馬」などの府官に任じられた倭王に近侍する人々が、将軍を兼ねたという可能性も考えられる。

次の済は、四五一年、自らに「使持節、都督倭・新羅・任那・加羅・秦韓・慕韓六国諸軍事」が加えられるとともに、仮授した二十三人に「軍郡」が除授された。この「軍郡」は、将軍と郡太守の号を指す(6)が、珍の時と比べて、郡太守号の加わったことと、人数の増加したこととが注目される。このことは、鈴木の説くとおり、倭王権による国内支配の進展と、王権の強化という実質をともなったものとみてよいであろう。

次の興については、安東将軍を除授されたことしか伝わらないが、最後の武は、自ら「使持節、都督倭・百済・新羅・任那・加羅・秦韓・慕韓七国諸軍事、安東大将軍、倭国王」と称し、さらに、四七八年に順帝に送った上表文の最後には、「窃《ひそか》に自ら開府儀同三司を仮し、その余も咸《み》な仮授して、以て忠節を勧む」と述べている。「その余も咸な仮授して」というのは、珍の時の十三人、済の時の二十三人と同様、「自身以外の国内の有力者に対して、府官や「某将軍」「某郡太守」の号を仮授して」の意味に解するのが妥当であろう。それらが除正されたとの記事はないが、武の時にも、「司馬」などの府官や「某将軍」「某郡太守」の号を仮授された人々の存在したことは確かと考えられる。武自身は、「使持節、都督倭・新羅・任那・加羅・秦韓・慕韓六国諸軍事、安東大将軍、倭王」に除正された。

しかし、それらの号を仮授された人々が、国内においても日常的にそれらの号を称していたとは考え難い。安東大将軍を除授された武は、国内では「ワカタケル大王」を称したのであり、そもそも讃・珍・済・興・武といった倭王の名は、宋との交渉において使用された名である。

武（ワカタケル大王）の時代、倭王に仕える人々は、国内では「杖刀人」「典曹人」と呼ばれていたのであるが、これらの人々と、府官や「某将軍」「某郡太守」に除授された人々との関係は、どのように考えたらよいのであろうか。

「杖刀人」「典曹人」は、そのなかに中央豪族出身者や渡来人が含まれていた可能性は否定できないが、多くは、上番した地方豪族出身者であったと考えられる。したがって、一般的には、「某将軍」「某郡太守」などに除授された人々よりは下位の人々であったとみるのが自然であろう。前者の人々は、族長その人ではなく、その一族から上番してきた人々とみられるのに対し、後者は、まさに有力族長その人に対して授けられた爵号と考えられるからである。大王に近侍する府官（渡来系の知識人など）が「某将軍」「某郡太守」を兼ねた場合は、これに当たらないが、府官の兼任が一般的であったとは考え難い。

これに対し、「杖刀人」を統率する「杖刀人首」であれば、後者の一人であった可能性は十分考えられる。事実、ヲワケを中央の有力豪族とみる鈴木は、そのように解釈している。筆者は先に述べたとおり、ヲワケは地方豪族出身者であり、しかも族長その人ではなかったとみるのであるが、その場合も、ヲワケが「某将軍」あるいは「某郡太守」の爵号を授与されたと解して何ら問題はないと考えている。

ただ、ヲワケは、大王への「奉事」を強調し、大王の臣下であることを示す「臣」の称号を称しているのであり、倭王が「某将軍」「某郡太守」を仮授した人々のすべてを、このような、すでに倭王に臣従している人々とみるのは疑問ではないかと思う。すなわち、そこには、すでに臣従していた人々ばかりではなく、まさに臣従させようとして、倭王が「某将軍」「某郡太守」を仮授したという人々[7]も、多く含まれていたのではないかと考えるのである。府官制の導入により、倭王がその支配権の拡大・強化を図ったとするならば、むしろそのように考える方が自然であろう。

次に、「杖刀人」「典曹人」の組織と、人制との関係について検討したい。

まず「杖刀人」は、「刀を杖つく人」の意であり、一般に推定されているとおり、大王に近侍してその警護に当たる人々を指す語とみてよいであろう。それに対して「典曹人」は、「典」は「つかさどる」という動詞、「曹」は「役所」の意であるから、「役所をつかさどる人」というきわめて漠然とした語となる。「典」の字義からすると、「役所の文書をつかさどる人」の意味となるであろうが、そうであったとしても、この語が、特殊な限定された職掌を示す語でないことは確かである。しかも当時は、文書行政が整っていたとは考え難く、実質的には、「役所の様々な雑用に当たる人々」を指したとみるのが妥当であろう。「曹」が具体的には王宮（あるいはそれを構成する建物群）を指すとみてよいならば、大王に近侍し、様々な雑用に当たった人々（武をもって警護した杖刀人以外）を、「典曹人」と総称したということが考えられる。「杖刀人」「典曹人」の組織は、簡素な原初的組織と推定されるだけでなく、大王に直属した小規模な組織であったということも推定されるのである。

一方、人制については、かつて直木孝次郎によって、律令制以前の官司制度として存在したとの見解が示された(8)。直木は、律令制以前には、朝廷に仕える人々を、その職掌によって、倉人・舎人・酒人・宍人など、「某人」として組織する人制が存在したとし、それは部民制と併存したが、部民制よりも後出の六世紀代に盛行した制度であったと説いた。

しかし、稲荷山鉄剣銘の発見（一九七八年）により、「某人」の呼称は五世紀に遡ることが明らかになり、部民制の成立は六世紀以降とする見方が有力となった。今日では、人制は部民制に先行し、五世紀後半には成立していたとみるのが一般的である。吉村武彦は、『日本書紀』では「某人」の呼称が雄略紀に集中して現れること、またそこには「典馬」[9]（典馬人）、「養鳥人」[10]など漢語表記の「某人」の呼称がみえることに注目し、雄略（ワカタケル大王）の時代には、「杖刀人」「典曹人」に限らない、「〈動詞＋名詞〉人」と漢語で表記されるところのある程度分化した職務分掌組織としての人制が存在したとしている。[11]

しかし、直木が掲げた倉人・舎人・酒人・宍人などの人制における「某人」の呼称と、「杖刀人」「典曹人」の呼称は、明らかに異質である。前者は「〈名詞〉人」の倭語表記、後者は「〈動詞＋名詞〉人」の漢語表記という違いのみならず、前者は細分化された職務を示す語であるのに対し、後者は大まかに区分された職務を示す語である。雄略紀には、「某部」の呼称も多くみえるのであり、雄略紀に「典馬」「養鳥人」の呼称がみえるからといって、実際に「典馬人」「養鳥人」と呼ばれた人々が、その当時において存在していたということにはならない。

「杖刀人」「典曹人」の組織は、右に述べたとおり、簡素な原初的組織、しかも大王に直属した小規模な組織であったと考えられるのであり、それを人制と呼ぶことはともかく、そうすることにより、かつて直木が説いたような人制が、すでに雄略期において存在していたかのように解するのは誤りであろう。

ただ、「杖刀人」「典曹人」の組織が存在したからこそ、より細分化された組織が必要とされた時に、「某人」の呼称が用いられるようになったことは確かと考えられる。雄略紀の「典馬」「養鳥人」などの表記は、その間の事情を示す表記とみることもできるであろう。そして、その「某人」（「〈名詞〉人」）の呼称と、「某部」の呼称は、直木のいうとおり併存したのである。「某人」の呼称が現れる時期は、「某部」の呼称の成立時期よりも先行する可能性が高いが[12]、継体紀九年二月丁丑条の『百済本記』を引用した人名表記に「物部至々連」の名がみえることなどからすると、「某部」の呼称も、六世紀の初めには成立していた可能性が高い。両者の呼称の現われる時期に、さほど差はなかったとみるべきであろう。

人制と部民制の違いについては、改めて論じる必要があろうが、人制は、あくまで上番している人々（トモ）の組織であるのに対し、部民制は、上番者（トモ）の出身母体（べ）にまで王権による支配を及ぼそうとした制度であったということは指摘できると思う。

二　雄略紀と諸豪族

稲荷山鉄剣銘の発見により、雄略朝に対する関心が高まったが、そのようななかで、井上光貞の「雄略朝における王権と東アジア」[13]や、岸俊男の「画期としての雄略朝―稲荷山鉄剣銘付考―」[14]が発表された。井上は、記紀の伝承、倭王武の上表文、稲荷山鉄剣銘など関係史料を広く取り上げ、朝鮮半島諸国の動向と関わらせて雄略朝の王権について考察し、それは、連合政権から軍事的専制王権へと移行する端緒の段階にあったと説いた。そして、その雄略の軍事力を支えたのが、軍事的伴造の大伴・物部両氏であったとしたのである。

また岸は、『万葉集』の冒頭の歌が雄略天皇御製とされること、『日本霊異記』冒頭の説話が雄略朝の小子部《ちいさこべ》栖軽《すがる》の物語であること、栖軽の物語は雄略紀にも載るが、雄略紀の水江浦嶋子の話は『丹後国風土記』にも、田辺史《ふひと》伯孫の埴輪の起源の話は『新撰姓氏録』にもみえ、『新撰姓氏録』には、雄略紀に記事がなくとも、氏姓の起源を雄略朝にかけた伝承が多くみられることなどから、当時の人々にとって、雄略朝は画期と認識されていたとし、『日本書紀』の暦法が雄略紀以降は元嘉暦、それ以前は儀鳳暦であることも、「原日本書紀」のようなものがあったからと考えるよりも、『日本書紀』編者が雄略朝を画期とする認識を持っていたからと考える方が妥当であるとした。そして、そのような認識は、実際の歴史過程においても雄略朝が画期であったからこそ形成されたものと考えられるとしたのである。

両氏の見解は、雄略朝を画期とする点で一致しているが、岸の場合は、雄略朝を画期とする認識が存在したことを明らかにしたのであり、いかなる点で実際に画期であったかは今後の課題としたのであった。しかし、井上の見解に岸の指摘が重なり、その後、雄略朝を軍事的専制王権成立の画期とする見方は、広く承認されていくことになった。ここでは、「軍事的専制王権」について検討するだけの準備はないが、井上が、雄略の軍事力を支えたのは大伴・物部両氏とした点を問題にしたい。

井上が右のように述べたのは、大伴室屋・物部目《め》が「大連」に任命されたとする雄略紀の記事を、基本的には事実を伝えたものと解してのことである。雄略即位前紀（安康三年）十一月甲子条には、「天皇命二有司一設二壇於泊瀬朝倉一、即天皇位。遂定レ宮焉。以二平群臣真鳥一為二大臣一。以二大伴連室屋・物部連目一為二大連一」とあり、これは、『日本書紀』に十一ヵ所みえる大臣・大連任命記事の最初である。

井上は、平群臣真鳥の「大臣」任命については、辰巳和弘の見解に従い[15]、それを疑わしいとするのであるが、大伴室屋と物部目の「大連」については事実とみてよいとする。そして、その理由としてあげたのは、大伴室屋・物部目の執政官的、あるいは軍事的活躍を伝える雄略紀の記事[16]は、それぞれ大伴氏の家記・物部氏の家記に基づくと考えられるから[17]、という点である。しかし、家記に基づく記事であるからといって、それが事実であるということにならないのはいうまでもあるまい。大伴室屋は允恭から武烈の七代にかけて活躍が伝えられる伝承上の人物であり、目についての雄略紀の記事も、きわめて物語的であって、事実に基づく伝えとは考え難い。

また、今日、一方においては、ウヂ名とカバネを持つウヂの成立は六世紀以降であり、雄略朝に「大連」は存在しなかったとする見方が一般的である。この点からも、雄略の軍事力を支えたのは大伴・物部両氏であったとする井上の見解は、再検討されなければならないであろう。

ただ、「大伴」「物部」のウヂ名は未成立であったとしても、その前身集団は存在したはずであり、「大連」についても、のちの大連（オホマヘツキミ）に相当する執政官的な地位は雄略朝においても存在していた、とみることは可能である。加藤謙吉は、ウヂ・カバネについての右のような研究動向を踏まえつつも、大伴・物部両氏（それぞれの前身集団）は、軍事的トモを率いて宮廷に出仕し、雄略の軍事的専制王権を支えた執政官的存在であったとし、雄略朝は、まさにこのような軍事的専制王権の成立期に当たったとしている。[18] これが、雄略（ワカタケル大王）の時代における大伴・物部両氏についての、今日の通説的理解といってよいであろう。[19]

筆者も、のちの大伴・物部両氏の前身集団が、ワカタケル大王の時代に活躍した可能性は否定できないと考えている。大伴金村、物部麁鹿火《あらかひ》が、六世紀初頭のヲホド大王（継体天皇）の即位に大きな役割を果たし、継体朝において執政官的地位にあったことは事実と考えてよいであろうから、[20] その直前の五世紀末の段階においても、両氏の前身集団は大きな勢力を持っていたとみる方が自然である。

しかし、先に述べたとおり、稲荷山鉄剣銘によれば、ワカタケル大王の時代、軍事的トモを率いて宮廷に出仕したのは地方豪族出身のヲワケであった。ヲワケを中央の豪族と解した場合でも、ヲワケはオホヒコを祖としていることとからすれば、のちの阿倍氏・膳氏などにつながる一族の人物とみられるのであり、[21] 大伴・物部両氏につながる人物とは考え難い。

要するに、のちの大伴・物部両氏の前身集団は、ワカタケル大王を支持した集団であった可能性は高いが、大王と「奉事」の関係は結んでいなかったとみるのが妥当と考えられるのである。ワカタケル大王の時代は、いまだ連合政権的性格を強く残していたとみるべきであろう。

雄略紀にみえる大伴室屋・物部目の「大連」任命記事は、先にみたとおり事実の伝えと考えられないのであるが、そこには、両氏が「大連」として大王（天皇）に仕えるようになったのは雄略朝からとする『日本書紀』編者の認識が存在していることは間違いないであろう。物部目については、『続日本紀』養老元年（七一七）三月癸卯条に載る石上麻呂の薨伝に、「大臣、泊瀬朝倉朝庭大連物部目之後」とみえ、物部氏（石上氏）にとっても、目は「大連」としての祖と認識されていたことがうかがえる。

雄略紀には、ほかにも各ウヂの「奉事」の起源を雄略の時代に求めた記事が多い。二年十月丙子条の宍人部の設置記事（膳臣による「奉事」の記事）、同是月条の史戸・河上舎人部の設置記事、六年三月丁亥条の蜾蠃《すがる》に少子部連の氏姓を賜与したという記事、七年是歳条の東漢直掬《やまとのあやのあたいつか》に命じて今来漢人を上桃原・下桃原・真神原に居住させたという記事、十一年五月朔条の川瀬舎人の設置記事、同十月条の鳥養部の設置記事、十四年三月条の飛鳥衣縫部・伊勢衣縫の起源の記事、同四月朔条の大草香部吉士・坂本臣の起源の記事（根使主《ねのおみ》討滅の記事）、十五年条の秦造酒に各地の秦の民を管掌させたという記事、十六年十月条の漢部の伴造に直のカバネを賜与したという記事、十七年三月戊寅条の贄土師部の起源の記事、十九年三月戊寅条の穴穂部の設置記事などがそれである。

これらの記事を、雄略の時代における事実の伝えとみることはできないが、なにゆえ雄略紀にこのような記事が多いのか、その理由は問われなければならないであろう。そこで改めて注意されるのは、雄略紀以降は元嘉暦で記されており、それ以前は儀鳳暦であるという岸の指摘である。多くのウヂは、元嘉暦によって叙述される歴史のその初めから、王権に仕えていたことを主張し、『日本書紀』編者も同様の認識を持ったため、雄略紀に右のような記事が多くなったということが考えられるであろう。大伴・物部両氏が大連に任命されたという記事も（そこには平群氏の大臣任命も含まれているのであり）、これと同様の理由によると考えられる。

雄略朝を画期とするのは、あくまで『日本書紀』編者の認識であり、雄略紀の記事からその画期としての事実を導き出そうとすることには慎重でなければならないと思う。[22] ただし、雄略紀には、ある程度歴史的事実と対応するとみられる記事も含まれている。雄略が父の允恭の死後、兄の安康の短い治世を受けて即位したとすることは、[23] 倭王武の上表文に「奄《にわか》に父兄を喪い」とあることに対応し、「呉」（中国南朝）との交渉を示す記事が多いことも、[24] 中国側史料と対応している。また、『百済新撰』の引用もみられ、[25] 朝鮮側史料と対応した記事も存在している。

雄略が葛城の勢力を制圧して即位したとする記事[26]や、吉備勢力の反乱の記事[27]についても、一定の事実を反映した記事とみるのが一般的である。そしてその場合、雄略朝における軍事的専制王権の成立を示すという方向で理解されることが多い。しかしそれは、逆にいえば、雄略朝はいまだ地方の有力豪族も参加した形での連合政権的性格が強かった段階であったことを示す、と解することが可能であろう。

【注】

（1）釈文は、埼玉県教育委員会『稲荷山古墳出土鉄剣金象嵌銘概報』（一九七九年）によった。ただし、概報で「獲」とする文字は「獲」に改めた。

（2）釈文は、東京国立博物館編『江田船山古墳出土国宝銀象嵌銘大刀』（吉川弘文館、一九九三年）によった。

（3）拙稿「鉄刀銘の世界」（佐伯有清編『古代を考える　雄略天皇とその時代』吉川弘文館、一九八八年）、拙著『日本古代国造制の研究』（吉川弘文館、一九九六年）第一編第一章「五世紀後半の政治組織」、同『物部氏の研究』（雄山閣、二〇〇九年）第一章第一節「稲荷山古墳出土鉄剣銘とウヂ」、同『日本古代の歴史2　飛鳥と古代国家』（吉川弘文館、二〇一三年）二―2「倭政権の支配制度」など。

（4）溝口睦子『日本古代氏族系譜の成立』（学習院、一九八二年）、同「系譜論からみた稲荷山古墳出土鉄剣銘文」（『十文字国文』九、二〇〇三年）参照。

（5）鈴木靖民「倭の五王の外交と内政―府官制秩序の形成」（林陸朗先生還暦記念会編『日本古代の政治と制度』続群書類従完成会、一九八五年。のち同『倭国史の展開と東アジア』岩波書店、二〇一二年、に収録）、同「倭国と東アジア」（同編『日本の時代史2　倭国と東アジア』吉川弘文館、二〇〇二年）、同「倭の五王の王権と東アジア」（大塚初重・吉村武彦編『古墳時代の日本列島』青木書店、二〇〇三年）など。

（6）坂元義種「倭の五王―その遣使と授爵をめぐって―」（『朝鮮史研究会論文集』七、一九七〇年。のち同『古代東アジアの日本と朝鮮』吉川弘文館、一九七八年、に収録）。

（7）なお、ここで「臣従させようとして、倭王が「某将軍」「某郡太守」を仮授したという人々」というのは、大王を盟主とする連合政権（当時の倭政権が連合政権的性格を強く持っていたことについては後述）の参加者、さらには、それにも参加していなかった有力豪族の長を想定している。

（8）直木孝次郎「人制の研究」（同『日本古代国家の構造』青木書店、一九五八年）。

（9）雄略紀八年二月条。

（10）雄略紀十年九月条・十月条。

（11）吉村武彦「倭国と大和王権」（『岩波講座日本通史2』岩波書店、一九九三年）。

（12）中村友一「人・部制の成立と展開―氏姓制と名称との視点から―」（『駿台史学』一四八、二〇一三年）。
（13）井上光貞「雄略朝における王権と東アジア」（『東アジア世界における日本古代史講座4』学生社、一九八〇年。『井上光貞著作集第五巻　古代の日本と東アジア』岩波書店、一九八六年、所収）。
（14）岸俊男「画期としての雄略朝―稲荷山鉄剣銘付考―」（岸俊男教授退官記念会編『日本政治社会史研究』上、塙書房、一九八四年。のち同『日本古代文物の研究』塙書房、一九八八年、に収録）。
（15）辰巳和弘「平群氏に関する基礎的考察」上・下（『古代学研究』六四・六五、一九七二年。のち同『地域王権の古代学』白水社、一九九四年、に収録）。
（16）雄略紀九年三月・五月条には、大伴室屋の新羅出兵に関する執政官的活躍を示す記事があり、雄略紀二十三年八月条から清寧即位前紀にかけては、星川皇子の乱鎮圧に室屋が中心的役割を果たしたとする記事がある。また、物部目については、雄略紀十三年三月条に、采女を犯した歯田根命を罰したという記事、同十八年八月戊申条に、伊勢朝日郎を討ったという記事などが載せられている。
（17）井上は、この点については、坂本太郎「纂記と日本書紀」（『史学雑誌』五六―七、一九四六年。のち同『日本古代史の基礎的研究』上、東京大学出版会、一九六四年、に収録。『坂本太郎著作集第二巻　古事記と日本書紀』吉川弘文館、一九八八年、所収）によっている。
（18）加藤謙吉『大和の豪族と渡来人』（吉川弘文館、二〇〇二年）。
（19）なお、井上も加藤も、大伴・物部両氏を「軍事的伴造」「軍事伴造」とするのであるが、大伴・物部両氏のような連姓氏族も、本来は、地域における豪族であり、カバネが賜与される以前においては、のちの臣姓氏族・連姓氏族それぞれの前身集団に、とくに性格の違いはなかったとみるべきであろう。この点については、拙稿「カバネ「連」の成立について」（『日本常民文化紀要』二六、二〇〇七年）、前掲注（3）拙著『物部氏の研究』第一章「物部氏の成立とその性格」参照。

(20) この点については、前掲注(3)拙著『物部氏の研究』第三章「物部氏の盛衰」参照。

(21) 銘文の「オホヒコ」は、記紀に、孝元天皇の皇子で、崇神天皇の時代にいわゆる四道将軍の一人として北陸に遣わされたと伝えられる「大毗古命」「大彦命」に相当するであろうが、孝元紀七年二月丁卯条には、「大彦命。是阿倍臣・膳臣・阿閉臣・狭々城山君・筑紫国造・越国造・伊賀臣、凡七族之始祖也」とある。

(22) 雄略朝を実際の歴史過程においても画期であったとする見解に対しては、最近の田中史生「倭の五王と列島支配」(『岩波講座日本歴史1』岩波書店、二〇一三年)においても疑問が提示されている。

(23) 雄略即位前紀。

(24) 六年四月条、八年二月条、十年九月戊子条、十二年四月己卯条、十四年正月戊寅条、同三月条など。

(25) 二年七月条、五年七月条。

(26) 雄略即位前紀にみえる円大臣の話など。

(27) 雄略七年八月条の吉備下道臣前津屋の不敬の話、同是歳条の吉備上道臣田狭の謀反の話、清寧即位前紀の星川皇子の反乱の話など。

地方豪族の姓《カバネ》と仕奉形態

中村　友一

研究史と本論の課題

大枠の氏姓制ではなく、姓（カバネ）の制度や個別の姓に関する論考は、氏姓制のもう一方の要素である氏集団や個別の氏族に較べればはるかに少ない。個別氏族に関わる姓に言及する場合はあっても、検討は深化されていないのが現状である。

本論では、地方豪族の姓と、ある程度連動すると予察される王権への仕奉形態を考察するが、ここで用いる「地方」[1]はほぼ地名を氏名に負う氏族を対象とすることに関わっての使用である。宮以外のすべての地名を氏名に負う氏族と、職掌名を氏名に負う氏族との対比的用字でありながら、単純に姓ごとでは仕奉形態を分類できないためでもある。都と鄙という図式でないことを断っておく。

そもそも姓そのものが何であるのか、実はこれまでにしっかりとした定義がされていない。そこで、はじめに「姓」について言及する本居宣長の註釈を参照してみよう。

【史料1】『古事記伝』[2]

加婆禰と云は、宇遅を尊《たふと》みたる号《な》にして即《チ》宇遅をも云り、（中略）又朝臣宿禰など、宇遅の下に着《つけ》て呼《い》ふ物をも云り、此は固《もとより》賛《ほめ》尊みたる号なり、又宇遅と朝臣宿禰の類とを連ねても加婆禰と云り、【藤原朝臣大伴宿禰などの如し、】されば宇遅と云は、源平藤橘の類に局《かぎ》り、【朝臣宿禰の類を宇遅と云ることは無し、】加婆禰と云は、宇遅にも朝臣宿禰の類にも、連《つらね》て呼ふにも亙る号なり、

宣長の註釈は、氏姓それぞれの名称とその使用のされ方については的確と言える。しかし、「姓」は保持していないよりも保持している方が上位ではあるが、尊号と呼べるものではない。別の箇所にも「凡て諸の尸《かばね》、皆崇めて呼称なり」とも言う。尊称は尊称のまま、その一部が姓となることもあるが的確ではない。

宣長の註釈の後、谷川士清《ことすが》『日本書紀通證』[3]や河村秀根『書紀集解』[4]などによる註釈も見られるが、主な姓については細井貞雄『姓序考』[5]がまとまっている。

近代歴史学を享受していく中で、氏族研究の方面から姓についての言及が蓄積される。栗田寛『新撰姓氏録考証』[6]や太田亮『姓氏家系大辞典』[7]や法制史の分野から中田薫[8]らが各姓の事例や簡単な検討を行う。その他、専論としては、松本重彦の言及[9]も見られるが、研究水準は深化しなかった。

戦後にかけても制度の要素としての姓、もしくは姓制度（氏よりも姓を重点に置いた）総体を論じた論考いずれも少ない。

八色の姓を中心にした喜田新六の網羅的検討[10]があるが、令制前はほとんど触れられていない。そのような研究状況の推移において、氏姓制の成立を論じる中で姓の成立も併せて言及されるようになる。

早い時期の研究は、比較的古い世紀に成立を見なす説が一般的である。中でも五世紀代を唱えるのは阿部武彦[11]・志田諄一[12]・前之園亮一[13]ら、五世紀末とする平野邦雄[14]の説がある。

また五世紀と六世紀をまたいでの見解には、関晃[15]・吉村武彦[16]らの見解がある。やや遅く六世紀代とするのは阿部武彦[17]・直木孝次郎[18]・熊谷公男[19]・中村英重[20]・中村友一[21]らの説がある。

姓は「古代のカバネはウヂの序列を表すもので、ウヂ名が成立していない段階では、本来的なカバネの機能はない」といって、序列云々はともかく、氏に後発し付帯的に機能するという吉村武彦[22]の指摘は、正鵠を得ている。右の諸見解のすぐ後に姓が成立したと考えるのが穏当であろう。

次に、変則的な見解だが、近年、引用頻度が高く通説的に扱われているのが、段階的に成立したとする加藤晃説[23]である。第一段階はほぼ六世紀、第二段階は推古～孝徳代、第三段階は孝徳～天智代と想定し、庚寅年籍で確立するという。

一方、氏姓の制度的な整備という点を重視する立場から、成立を七世紀代に降らせる見解も増えている。成立時期順に見ると、庚午年籍を制度としての成立とする武光誠説[24]、制度的な面を重視して天武期の八色の姓を中心とする時期と説く北村文治説[25]、律令制的な姓としては庚寅年籍を画期とする山尾幸久[26]・湊敏郎説[27]などがあり成立の下限と見なしていると思われるが、七世紀末以前とする義江明子説[28]も見られる。

加藤の段階的な成立論では、段階途上にある場合には、過渡的段階を称号で片付けられるか検証すべきであるし、後者の諸見解も氏姓制確立前の制度（存在形態？）を見通していない点が問題である。そもそもこれらの時期を降らせる見解には、制度的に不整備、あるいは成文化されていなくても、氏姓制として整備されるためには氏姓が成立するという前提が必要だろう。

また、北村は姓に関する史料を天武史局の追記とするが、姓などの表記の揺れからすると追記説には従えない。

法令はその都度変改を加えて整備するもので、ほとんど完全な制度としてスタートする事例などあり得るのだろうか。とりわけ古代において法と実態が連動して一斉に制度が始まることを想定するのは困難ではなかろうか。氏姓制が慣習法的な性質のものであることからもなおさらであり、後者の諸見解における確立整備という観点は不要である。

古典的な研究以外では、律令制的姓制度という視点ばかりの蓄積であり、氏族中心の研究や研究動向(29)に比較して大きな差がある。その反映は研究史のまとめといった論考数にも表れていて、佐伯有清の簡単な研究動向がある程度(30)である。だが、そこで取り上げられる先行研究も十指に満たないばかりか、松本重彦・阿部武彦の論考以外は直接的に姓を論じたものでもない。

その上研究史シリーズの前之園亮一『研究史　古代の姓(31)』もあるのだが、これも族・人・人部・部・某姓・無姓を扱っており、一般的な姓についてはほとんど触れられていない。

結局のところ、如上の諸見解において八色の姓以前は不明確であり、尊称などといった理解に留まる。氏の特質である名負氏に関わっての言及(32)では、連や造といった姓を持つ氏族が特徴的とされる。

ところで、族については(33)言うまでもないが、後事的に姓に準じると見なされる例もあるが、人称も姓とは言えない(34)。とりわけ本稿の考察対象となる地名を称に負う事例がまったく姓とは別のものであるからである。漢人・韓人・高麗人・耽羅人・秦人など、単なる地名＋人という連体普通名詞であり、集団を呼称したに過ぎない名称だからである。

また、主要な姓の一つである臣姓などの姓についてはあまり言及されてこなかった。臣姓については、同姓は同族関係の可能性が高いと岸俊男が簡単に推測(35)しており、それを根拠に短絡的に同族関係を想定する見解も見られるが、姓だけではなく氏名部分が共通するとしても、個別に検討しなければならないことは言うまでもない。

本稿の主対象である地方豪族に関わる姓については、太田亮・阿部武彦といった古典的研究に引きずられ、その後めぼしい見解は見受けられない。

わずかに地方豪族の姓を主題に据えたものとして武光誠の検討[36]が見られる。そこで武光は、国造の姓の違いを論点に、直姓は臣・連姓に比較して新しく、六世紀初頭〜中葉に大王族、君・臣姓豪族と格差がつき、同族と扱われなくなったとする。

国造という視点からの地方豪族への言及も多岐に亘るが[37]割愛し、もう一つ地方豪族の姓を追究したものに本位田菊士の検討[38]がある。これは君と直の姓について網羅的に挙げて検討している。だが、王権と国家形成にベクトルが向いた検討なので、姓自体についての言及はやや踏み込み不足の感があり、著者の推断をつかみきれない。

近年では吉村武彦[39]・須原祥二[40]が概括的な言及をしている。吉村は仕奉概念によって臣姓の氏族も名負氏の範疇に含め、須原は地名を負う氏姓を「用益権的地名「(氏)姓」」と捉えた。私も同様にすべての氏名は名負の性質を持っていると言及したが、いずれの見解も個別の姓の検討を通してのものではない。

やはり、近年に至っても令制下・八色の姓に関わる姓以外は一貫して低調と言え、その他にも、改姓事例かららやや「君」が諸姓より上位とみられていたという内田浩史[41]による推定が見られる程度である。

そこで、本稿では名負氏の氏称に対応して仕奉形態が表されるが、もう一つの要素である姓はどの程度で仕奉形態に対応してくるかを検討する。姓も慣習法的だが、ある程度対応するはずと予察されるが、従来簡単に言及されているほど単純な区分けをされて賜与されていたとは考えがたい。おそらくは仕奉形態に対応していると想定されるのである。

ただし、本稿では姓そのものを究明するのではない。姓と対応する氏族と名負氏たる仕奉形態を追究し、とりわけ解明されていない地名系の氏称を有する氏族を中心に考察することにより姓制度の全体像を描出するところまでを課題としたい。

一　伴造的姓の仕奉形態——連・造姓について

これまでも通説的にいわれている連・造姓系の氏族は伴造であるという理解はおおむね首肯できる。地方豪族を考える上でも、これらの職掌系を氏称とする氏族も検討しておかなければならないだろう。

まず「造」の姓を持つ氏族については、阿部武彦[42]が造は連との時期差・階層差があると簡単な想定をしている。この見解は、おおむね妥当と言えるだろう。

氏称の種類としては、矢田部・鳥取・小泊瀬・稚桜部・秦・忍海部・佐伯造などが『日本書紀[43]』の古い時期の記事に見られる。

第一に、管見に入る数が少ない点が注意される。また、その時期も崇神・垂仁紀以降から見え始めることもある程度実態が反映されているとみられる。あわせて、すでに氏姓を持っている物部長真膽連が稚桜部造となっていることや、佐伯部仲子の後が佐伯造となっていること、さらには旧表記と考えられる二文字で表記した例も造については見られないといったことからすれば、姓としては後出するものだと捉えられる。

第二には、矢田部造以外はいずれも伝承により賜氏姓譚を伴っていることと、その伴部である鳥取部や佐伯部、分散していた秦の民などが関わっていることに注目すべきである。

【史料2】『書紀』垂仁天皇二十三年十月壬申・十一月甲午朔乙未条

冬十月乙丑朔壬申。天皇立㆓於大殿前㆒。誉津別皇子侍之。時有㆓鳴鵠㆒、度㆓大虚㆒。皇子仰観㆑鵠曰、是何物耶。天皇則知二皇子見レ鵠得レ言而喜之。詔二左右一曰、誰能捕二是鳥一献之。於是、鳥取造祖天湯河板挙奏言、臣必捕而献。即天皇勅二湯河板挙一〈板挙、此云拕儺。〉曰、汝献二是鳥一、必敦賞矣。時湯河板挙遠望二鵠飛之方一、追尋詣二出雲一而捕獲。或曰、得二于但馬国一。

十一月甲午朔乙未。湯河板挙献レ鵠也。誉津別命弄二是鵠一、遂得二言語一。由レ是、以敦賞二湯河板挙一。則賜レ姓而曰二鳥取造一。因亦定二鳥取部・鳥養部・誉津部一。

もっとも特徴を示している右の史料2の他にも、例えば雄略十五年紀に、秦造酒が分散して各氏に使役されていた秦の民を領率するようになることが後事的に記載されるように、大夫層やそれに準じるような豪族としての活動を記されることがないことも考慮しなければならない。

以上のことから、造姓は、姓の種類の中では後出するものであり、低層の伴造系の氏族が対象となっていたと推断できよう。多くはその下部の伴部などの管掌と合わせて賜氏姓をされたと見なされる。これは別稿で国造の本義は「クニツクリ」であると論じたこと[44]と同様に、「造」の語義である「ツクリ」という制度的な整備の必要性から生じた姓だと考えられる。つまり、鳥取造と鳥取部・鳥養部という関係性に顕示されるように、伴造―伴部構造を「ツクリ」整えることを目的とした伴造の氏に「造」を賜与するために創出されたのだと推断できる。欽明元年紀において、秦人七千五十三戸のうち「大蔵掾」を秦伴造としたとされる記事がより直接的である。

一般の民の、または職能民のすぐ上部の統括者が対象であり、それゆえ対象氏族も低層になることが多いという二次的な特徴を持つことになったと言える。

では、「連」の姓を有する氏族はどのように定義できるであろうか。

連については、近年韓国扶余の双北里遺跡出土の「連公」木簡によって相関関係などが論点となっている。すでに、石神遺跡といった国内出土の木簡だけでなく、『先代旧事本紀』や系図史料により存在が知られていた表記である。

紙幅の関係もあり検討は避けるが、「連公」は連の旧表記の二字表記だと考える。王権に直接的に仕奉をする、いわゆる内廷的な氏族を「連なる公」という字義から用いたもので、すぐ後に「ムレアルジ＝ムラジ」の倭語に当てられたものと推定する。

大伴・物部・中臣といった大夫層の有力豪族に加え、県犬養・猪使・坂合部・桜井田部・少子部・津守・土師・三宅・山部・弓削連といった氏称は職掌名やそれに関わる部称を負っている例が多い。また、阿曇連は地名が由来という見解もあるが、履中即位前紀に見える海人や応神三年紀の海人の宰ということから海産物に関わる供献を職掌としているだろう。阿曇の「ヅミ」は「ツミ」であり、海積・山積と同じく原始的な信仰に基づく名称であることを想定できる。よってこれも職掌名の氏称であると言えよう。

しかしながら、連姓については、造とは異なり、例外的な地名を氏称に負う氏族が存在するが、この事例をどう捉えるかが問題となろう。

地名を氏称とするのは尾張・阿刀・佐為や茨田《まんだ》連が挙げられる。

そのうち、火明命《ほあかりのみこと》の後裔とされる物部系が前者の三氏と多数派である。一方、茨田氏は屯倉の名称が先行するか、仁徳十一年紀の茨田堤の構築伝承に関わったところでは人名の方が先とも見られるが、一緒に水に投げ込まれた武蔵の人は強頸が名前のみであることからすれば、追記の可能性が高い。茨田連については管理者として、職掌名と見なせるかも知れない。

尾張氏は多数の伝承にも現れるが、大夫層の氏族がやや抽象的な氏称を保持することに近い、伴造層の上位に立つ管掌者クラスが地名を負うこともあると想定できる。

連姓の氏族の事例にも多く伝承を伴っているが、そのエピソードには政事や行政に関わる例も多く、単に職掌名に関わる任務ばかりをこなしていたのではないことが窺える。

造姓氏族と異なる点はここであり、連姓氏族は単なる職掌名を負うだけではないことや、氏族としての地位も伴造層とその管掌者として、いわゆる内廷的氏族のトップに立つ層も内包する重層性を持っていたのである。

二　君姓を有する氏族の氏称

君姓は従来指摘される、基本は地名を氏称に持ち独立性が強いという性格は的を射ているのだろうか。

【史料3】『書紀』欽明天皇五年二月条

（前略）別謂二河内直一、〈百済本記云、河内直・移那斯・麻都。而語訛未レ詳二其正一也。〉自レ昔迄レ今、唯聞二汝悪一。汝先祖等、〈百済本記云、汝先那干陀甲背・加猟直岐甲背。亦云、那奇陀甲背・鷹奇岐彌。語訛未レ詳。〉倶懐二奸偽一誘説。為哥可君、〈百済本記云、為哥岐彌、名有非岐。〉専信二其言一、不レ憂二国難一。（後略）

史料3の他、『古事記』(45)では「岐美」、『上宮聖徳法王帝説』(46)では「支美」と記されるように倭語は「キミ」

であり、王・君・公の字が当てられることが窺える。

『隋書』[47]東夷伝倭国・開皇二十年（六〇〇）条で、倭王が「阿輩雞彌」や王妻が「雞彌」と呼称されていることが知られ、「キミ」が称号の一つとして、また史料3でも百済人の称号にも用いられていることが看取できる。王や称号として使用される倭語であることから、姓化と「君」字を当てることはやや遅れることが想定[48]される。姓としての二字表記は見られないことも、姓化するときにはすでに一字化が定着した頃と考えられる。

【史料4】『書紀』神代第九段一書第一

（前略）又以二中臣上祖天児屋命・忌部上祖太玉命・猨女上祖天鈿女命・鏡作上祖石凝姥命・玉作上祖玉屋命、凡五部神一、使二配侍一焉。（中略）時皇孫勅二天鈿女命一、汝宜下以二所レ顕神名一、為中姓氏上焉。因賜二猨女君之号一。故猨女君等男女、皆呼為レ君、此其縁也。

史料4は、いわゆる天孫降臨に際して、前駆として遣わされた猨女氏の祖先神である天鈿女命《あめのうずめのみこと》が猿田彦大神に道案内をさせ、その神名に因んだ猨女君という氏姓を賜った説話だが、『記』『古語拾遺』にも同工異曲の氏族伝承がある。だが、猿女は演芸者の職掌名に由来し、君が姓化する前の称号時の説話と考えられる。同様に太秦君の祖となる雄略十五年紀の秦酒公《はだのさけのきみ》が絹縑を積み上げて禹豆麻佐《うつまさ》と賜氏姓されるのも、称号としての性格が強く、秦酒公と追記されていると見なされる。

猿女君も太秦君も地名ではないが、ここでの「君」も称号としての性格の方が濃厚で、後に姓化したと言えよう。

次に、網羅的に検討した本位田菊士[49]の分類を最初に参照しておきたい。

〔地名に依拠〕

火・大分・阿蘇・伊勢飯高・壱師・五百原・比売陀・佐々・針間阿宗・上毛野・下毛野・飛鳥・三川之衣・高志池・羽咋・三尾・守・大田・島田・犬上・讃岐綾・伊余別・小津・土形・榛原・三国・波多・息長・筑紫米多・志比陀・韋那・石田・阿牟・当麻・茨城・身毛・大三輪・山辺・大野・佐味・息長山田・朝倉・井上・胸形・大三輪　真上田・三輪引田・池田・水間・日向諸県・阿多・越道・岡

〔地名か、詳細不詳〕

路・守山・高橋・布勢・山道

〔職業部に関連〕

長谷部・伊勢品遅部・吉備品遅部・小月之山・春日山・春日部・建部・幣岐・坂田酒人・多治比・狭々城山・酒人・大伴・車持・伊勢麻績・物部・御使・近江山・当麻勾・鴨・椀子

この分類を基に、本位田は君姓氏族について、畿内地域とその周辺部が半数以上で多いが、おおむね小氏に該当し軍事・供御などで内廷に近侍するのを職掌とするとした。さらに、反対に遠方に本拠を持つ君系豪族は独自地位を持って大和王権に反抗的な面がある大族だとした。

ここに挙げられる多くの氏称が地名を負っていることの意義の一端は臣姓に近いと想定できる。

阿部武彦[50]は①継体朝以後の近い皇親諸氏、②地方遠隔地の半独立的土豪、③大三輪氏のごとき祭祀的に古い伝統を持つ地祇系諸氏とし、志田諄一[51]は③が本質的と見なす。

本位田は、キミが本来貴人・大人の尊称から発したとしても、すでに大王が後の天皇の称号を表示する称号として用いられた五・六世紀段階においては、キミは皇胤をあらわす王族のカバネとして当然氏姓制の序列に組みこまれた。そして半島経営という新時代に応じて渡来人の一群（諸蕃）がこれに加わる、概略この程度の色分け、とする。

阿部の分類では結局出自の多様性を示しており、本位田の見解では君姓を賜る時期差を考慮することになるが、これでは君に限った基準とはならない。

『書紀』に複数回登場する君姓の氏族は割合少ない。

偉（韋）那（猪名）・犬上・大三輪（神）・上毛野・車持・酒人・狭々城山・下毛野・当麻・三国・三輪・胸（宗）肩（方・形）氏

右の通りだが、一般的な性格である地名を負う氏族は、猪名（猪名県＝摂津国河辺郡為奈郷）・犬上（近江国犬上郡）・上毛野（広域＝上野国）・狭々城山（近江国蒲生郡）・下毛野（広域＝下野国）・三国（越前国坂井郡三国）・宗像（筑前国宗像郡）・当麻（大和国葛下郡当麻郷）が挙げられる。

他方、職掌に由来すると見なされる氏族は、大三輪（三輪とも。ともに大和国城上郡大神郷の地名と連動するが、ミワは神祀りに関わる古語と考える）・車持（輿輦の製作管理）・酒人（酒人の伴造）があり、氏称が一様でないことが看取できる。

これを先に掲示した本位田の分類にも適用できるが、その分類の内「地名か、詳細不詳」としたものは地名を負うと考えられよう。また「職業部に関連」としたものも、正確ではない。別稿で論じた(52)ように、近江山・小月之山・春日山・狭々城山の例は、地名＋山という構成の複式氏名であり、山の部分にその地の管掌が込められているという点で職掌名にやや近いとは言える。名代・子代に該当する部は職業部という名称ではしっくりこないが、管掌者としての意味合いであれば首肯できなくはない。

だとすると、純粋に職業部の管掌者としては、伊勢麻績・大伴・車持・坂田酒人・酒人・幣岐・物部・御使が該当しよう。近年では建部も名代ではないという見解が有力である。先の猿女君も部ではなく猿女の貢進を職掌とするので同前とできる。

ただし、これらの氏族が同名の部を管掌していたかというと、必ずしもそうは言えないので注意すべきである。大伴・物部は連姓氏族との重層性と別構造と両方の側面があるし、車持君については著名な説話もある。

【史料5】『書紀』履中天皇五年十月甲子条

（前略）或者曰、車持君行二於筑紫国一、而悉校二車持部一、兼取二充神者一。必是罪矣。天皇則喚二車持君一、以推問之。事既得実焉。因以、数之曰、爾雖二車持君一、縦検二校天子之百姓一。罪一也。既分二寄于神一車持部、兼奪取之。罪二也。則負二悪解除・善解除一、而出二於長渚崎一、令二秡禊一。既而詔之曰、自レ今以後、不レ得レ掌二筑紫之車持部一。乃悉収以更分之、奉二於三神一。

車持部が宗像大社に、おそらく神戸として寄せられたが、後に車持君が筑紫の車持部の管掌を禁じられたことの前後も、車持部自体の名称を改めたという形跡は窺えない。このように、職業部と同名の氏称を持つといっても、一元的に管掌できていないことは明らかである。ただし、名負の職掌として見なすことには問題はないので、君姓氏族もその性格を一様には位置付けられないことは理解できる。

以上のように、君姓氏族は地名を負う例が多いが、特に地名のみに限定されていないということが明らかであろう。

また、その出自についても、皇族の別れであるとされるが、それ以外の君姓氏族を見てみよう。『新撰姓氏録』も参看するが主に以下の事例が知られるのである。

神別＝賀茂・大神・呉・石辺・宗形・長　他に猿女

諸蕃＝太秦・市往・百済・岡屋・多々良・三林・荒々・秦

このように、君姓の賜与基準は少なくとも皇別であるとは言えない。出自や氏称の地名という性格などは多数派を析出していただけで、本来の君姓で分類した場合の氏族の性格を明らかにしてはいなかったのである。従来、端的にその性格を、独立性が強い「地方豪族」で地名を負うと括られてきた君姓に限って取り上げてみても右の通り多様性を示している。その仕奉形態も多様であることが推察される。また、君姓の仕奉形態については後述することにしたい。

三　臣姓を有する氏族の氏称

臣姓を持つ氏族も名負氏の一つであることが言及されているのは前述の通りだが、その詳細は示されてはいない。また、臣姓氏族が一般的に地名を負っていることは既に自明だが、仕奉形態についての言及はない。

【史料6】『書紀』顕宗天皇即位前紀

（前略）穴穂天皇三年十月。天皇父市辺押磐皇子及帳内佐伯部仲子、於㆓蚊屋野㆒為㆓大泊瀬天皇㆒見㆑殺。

因埋二同穴一。於是、天皇与二億計王一、聞二父見レ射、恐懼皆逃亡自匿。帳内日下部連使主〈使主、日下部連之名也。使主、此云二於瀰一。〉与二其子吾田彦一〈吾田彦、使主之子也。〉竊奉三天皇与二億計王一、避二難於丹波国余社郡一。使主遂改二名字一、曰二田疾来一。尚恐レ見レ誅、従レ茲遁二入播磨国縮見山石室一、而自経死。天皇尚不レ識二使主所一レ之。勧二兄億計王一、向二播磨国赤石郡一、倶改レ字曰二丹波小子一。就仕二於縮見屯倉首一。〈縮見屯倉首、忍海部造細目也。〉吾田彦、至レ此不レ離。固執臣礼。

【史料7】『書紀』履中天皇二年十月条

冬十月。都二於磐余一。当二是時一、平群木菟宿禰・蘇賀満智宿禰・物部伊莒弗大連・円〈円、此云二豆夫羅一。〉大使主、共執二国事一。

史料6以外にも、「国造本紀[53]」でも「意弥」と記され、いずれにしても倭語は「オミ」であることが明らかである。

著名な稲荷山古墳鉄剣銘文[54]にも「乎獲居臣」が記されることが知られるが、一九八〇年代は称号か姓かを議論していていているのが前之園亮一の論考などでも窺われる。

その後の小林敏男[55]など、姓研究が中心でない研究者も含めて称号から姓へと考える流れが一般化し、姓か称号かを議論するという水準は過ぎたと言える。すなわち、称号段階であったと言える。鉄剣銘文の「ワケ」「スクネ」などが当て字であることも傍証である。

倭訓「オミ」を「臣」の字義に合わせて当てて姓化したと考えられ、史料7からは称号「使主」が大「臣」と一応通用していることも関係している。本来、「使主」がオミであったのが、一字姓を志向する中で字義から「臣」が当てられたのである。

臣姓氏族の内、単なる地名を氏称に負うのは後の苗字と同様に名称として以上の意味を見出されてきていないが、地名を負う意義を考えるべきではなかろうか。

『書紀』欽明天皇代までに見える主要な臣系氏族を挙げると以下のものがある。

・神武皇子神八井耳命系＝多
・孝昭皇子天足彦国忍人系＝和珥・春日・小野・坂本・大宅　→物部首
・孝霊皇子稚武彦系＝吉備・上道・下道・笠・三野・香屋・苑
・孝元天皇裔大彦系＝阿閉（倍）・膳・稚桜部
　同右武内宿禰系＝巨（許）勢・平群・的・葛城・角
・天穂日命系＝出雲・土部〈称〉・大水口宿禰、物部系＝穂積

また、『記紀』を遡る事例としては、周知の金石文がある。

【史料8】出雲岡田山一号墳出土鉄刀銘[56]

各田卩（阝）臣□□□素□大利□

臣系氏族は皇別の出自であるという通説的理解は、右に掲示したように誤りであることが首肯されよう。神別氏族である出雲、穂積臣が見られるからである。『新撰姓氏録』では出雲臣の同族とされる神門臣など、また穂積臣と同祖関係の采女臣なども存在することからすれば、出自によって臣の姓を与えられているわけでな

いことは疑いを入れない。

垂仁天皇三十二年紀の野見宿禰が褒賞によって土部臣の称を賜るが、ここでの臣は本人のみに係る称号だったと見なされる。それでもなお、的・膳・稚桜部臣や雄略天皇二十三年紀の馬飼臣が見えることからすれば、臣姓の中にも職掌名を氏称に負った氏族も存在する。つまり、名負の氏称による臣姓という賜与基準があったということも言えないのである。

このように臣姓氏族の特徴が従来言われている面では捉えきれないことから、別の賜与基準を考えなければならないが、それが仕奉形態に基づくものだと予察される。なお後述することにする。

四　直姓を有する氏族の氏称

直姓については、国造の基本的な姓であることは江戸時代の研究以来の通説で、近年ではより認識が定着していると見られる。井上光貞[57]などによって網羅的に国造の姓が挙げられて検討されているが、国造の例外的姓（臣・君・連）についての言及はほとんど地域の特性などに根拠を求めているが、説明されているとは言いがたい。

前述の武光誠[58]の他、小野里了一[59]の国造任命の時期差と、その時点での氏姓の有無が関係するという言及がある程度である。

時期差や地域差が影響しているとしても、逆に国造系氏族で直姓でない事例をどう捉えるかという点が問題である。篠川賢[60]が指摘するように、一般的に地名＋姓直が国造の名乗りとするが、国造任命と賜氏姓は時期を異にするという。たしかに、著名な武蔵国造位を争った安閑天皇元年紀の「武蔵国造笠原直使主」という人名記載を参考とすれば、国造称と氏姓の氏称は別に任命賜与されるものと推察される。ここの直は称号段階とも捉えられるが、武蔵と笠原という名乗りの違いも考え合わせると、国造と氏姓が直接的に連動すると見なすのはやや大雑把であると言えよう。

他方、倭漢直など、国造系でない直姓をどう捉えるかの方が姓を中心とした本論の主旨からはより重大な問題であろう。

直姓という視点では、網羅的に検討した本位田菊士の見解[61]が見られる。そこにおいて、『記』では神代・神武～開化天皇巻の系譜的記事ばかりで、旧辞的には少なく、『書紀』でも地方国造級は欽明朝以前の伝説的色彩が濃厚な巻に集められている感が強いとする。そして、直のカバネ（ないしは称号）は、大和の渡来系氏族がまず称し、次第に制度化、半島交渉に関係の深い山陽・内海沿岸の地方豪族に普及、最後に朝廷への隷属性の濃い性格のみが残されて、東国地域の国造の姓として与えられるに至る、とする。

氏族の隷属性などは、この他の諸見解にもしばしば見られる基準だが、根拠にはならない。磐井の乱後にも子の稚子は筑紫君であることを持ち出すまでもなく、反乱伝承前後で姓を改めることがないからである。允恭二年紀の闘鶏国造が貶姓されて稲置とされる事例があるが、これは皇后を嘲笑したことの皇后の報復としての罰である。いったい、隷属度が高まれば姓が変更されるということが有り得るのか。そして隷属度の高い姓を賜与される氏族はどのようなものか、それは部称を付与されるレベルとどう違うのか、まったく説明がつかないだろう。

臣・君・連を有する国造自体が本来の仕奉を有して氏姓を賜与された後に国造に任用された、逆に王権への仕奉が定まらずに国造職の方が先に仕奉内容として確定された氏族は直姓を賜与されたと考える方が自然であり、時期的にも後出で、豪族としての勢威も前者より劣ることが考えられる。

直姓に限ってみても、事例が少ないことも勘案すべきであるが、その内の半数近くが倭漢直に関わる事例である。後の成立であろう大伯国造氏族と推定される吉備海部直についても、旧来の国造ではなく、海部としての仕奉が先行して、後に直姓を賜与されたと考えられる。より直接的な事例を挙げよう。

【史料9】『書紀』雄略天皇十六年十月条

冬十月。詔、聚二漢部一、定二其伴造者一。賜レ姓曰レ直。〈一云、賜、漢使主等、賜レ姓曰レ直也。〉

史料9よりすれば、漢部の事例ではあるが、直姓と漢部の伴造者が対応していることが知られる。事例の蓄積から国造と直姓が対応するとするよりは直接記された対応関係であることを重視すれば、やはり直姓は職と対応した賜与基準でないことは明らかであろう。

では、直姓はどのような賜与基準であったのか簡単に検討してみたい。

【史料10】『書紀』欽明天皇二年七月条

秋七月。百済聞下安羅日本府与二新羅一通上レ計、遣二前部奈率鼻利莫古・奈率宣文・中部奈率木州眯淳・紀臣奈率彌麻沙等一〈紀臣奈率者、蓋是紀臣娶二韓婦一所レ生、因留二百済一為二奈率一者也。未レ詳二其父一。他皆效レ此也。〉使二于安羅一、召下到二新羅一任那執事上、謨レ建二任那一。別以三安羅日本府河内直、通二計新羅一、深責罵之。〈百済本記云、加不至費直・阿賢移那斯・佐魯麻都等。未レ詳也。〉乃謂二任那一曰、（後略）

【史料11】隅田八幡神社人物画像鏡銘(62)
癸未年八月日十、大王年男弟王、在意柴沙加宮時、斯麻念長、奉遣開〔帰カ〕中費直穢人今州利二人等、取〔所カ〕白上同
二百旱、作此竟、

史料10に引載された『百済本記』や史料11の人物画像鏡銘に見える「費直(63)」が直姓の旧表記であると通説的に言われているが、私もそのように考える。人物画像鏡銘の内容については検討を控えるが、いずれも姓と捉えて大過ないだろう。

この他に、やや時期が降るが「法隆寺金堂広目天像光背銘(64)」では「山口大口費」との刻字が見られる。さらに降って、『続日本紀』宝亀四年（七七三）五月七日条では庚午年籍において「長費」と誤って記載されたのを「長直」に改めることを訴えている。これらは、費直の二字で姓を表記していた名残であるとみられ、直ではなく費の方をもって姓直と同義として用いたものと見なされる。『続紀』の事例は、すでに正式な姓として直が認知されている状況で、改める必要性を感じたのだろう。ただし、この事例は記験がないので認められなかった。

近年では、「費」を朝鮮半島の「コホリ」という行政単位とし、「直」を「チカ」とする職掌名的に捉える見解(65)が通用しつつある。

果たしてそのように考えられようか。まず「直」を「チョク・チカ」などと音読みした場合、費を訓読することと合致しない。仮に両方とも朝鮮語の訓読的に読むことを認めても、継体天皇二十三年紀で「己富利知伽」が不詳とされているのである。また、後に訓義となる「アタイ」と合致しないが、関連して「費」一字で

も通用する名称を、費直二字でアタイの一義と見なさないと通用が成り立たないことをどう説明できるのか（これは臣の旧表記である「使主」にも指摘できることである）。さらに、コホリとした場合、継体天皇二十四年紀では新羅の地名とされる「背評」との整合性をいかにつけるのか。またの名を「能備己富利」と註していることからすれば、費と同義ならばそのような表記をしていないのはなぜか。ここでは朝鮮半島の地名ということで、「郡」字でもって置換されずに「評」字がそのまま用いられたと見られるが、逆に『百済本記』などで費直とされたのは、「費」が「評」つまりコホリと別個のものと考えられていたことに他ならないだろう。

よって、「アタイ」の字義に「費直」「直」を当て、二字姓から一字姓へと変化したと言い得る。

直姓氏族の出自は前述のように一様ではないこと、職掌も国造以外にも任用されていることから単純に連動していないことを指摘した。よって氏称の地名も国造のクニとは限定できないし、帰化渡来系氏族の伴造としての氏称ともなっている。

直姓氏族は二字姓という旧表記を持つことから、称号から姓化はやや古いものと見なされるが、大夫層氏族を輩出していないことから、中下級の豪族層が賜与対象であったと推定できる。

五　地方氏族の姓と仕奉形態

一～四章の検討から、氏称の種類と複式氏名や用字の通用といったフレキシブルさに比較すると、姓は種類が少ないので簡単に氏称の性格や出自・職掌に対応するとは考えられないことを明確にした。

姓については以前、「氏の体（テイ・体裁や性格などの意）を示すものと考える。つまり、姓は氏の職掌・出自・本拠地・格などを総合して賜与されたもので、天皇の裁量によるものであり、賜与対象の性格は曖昧である」と述べた[66]。

最後の「賜与対象の性格は曖昧である」という部分は本稿において修正されるが、一般的な姓により序列を示していたり尊号として付随するとの見解では理解できないことはすでに諒解されよう。要するに、氏の体を示すものだが、補足すると、尸や屍と語根は同じであり、新羅の骨品制度に関連づけた骨・骨族から転じたという由来とは少し異なる。

律令制前の政事制度が、族制（氏族制）的など古典的見解で述べられるが、骨・骨族と連動する親族を中心とする共同体的政治集団は弥生時代段階のレヴェルだからであり、氏族は王権との政治的関係の上に成立していることは近年の常識[67]でもある。

【史料12】『書紀』天武十年（六八一）正月丁丑条

親王諸王、引二入内安殿一、諸臣皆侍二于外安殿一、共置酒以賜レ楽。則大山上草香部吉士大形、授二小錦下位一、仍賜レ姓曰二難波連一。

【史料13】『書紀』天武十三年十月己卯朔条

詔曰、更改二諸氏之族姓一、作二八色之姓一、以混二天下万姓一。一曰、真人。二曰、朝臣。三曰、宿禰。四曰、忌寸。五曰、道師。六曰、臣。七曰、連。八曰、稲置。

姓が出自を基礎とするという古典的見解は成立しないことは、各章で述べたとおりであり、連賜姓期における史料12や後掲史料15を参照しても出自と姓の連動性を意識していたとは言えまい。

天武十三年（六八四）十月に八色の姓が制定されるが、その八色の姓においてでさえも真人のみがある程度出自と対応するが、朝臣・宿禰・忌寸は出自が混成されているのである。当然ながら八色の姓制定前の姓には明確な序列はないが、ある程度の階層に対応して上位下位が意識されていたことは看取されるようである。前述したように、内田浩史の君がやや高いかという推測[68]があるが、改姓事例による検討なので事例に現れない点が推し量れない難点もある。

【史料14】『書紀』天武九年（六八〇）正月甲申条
是日、忌部首首、賜㆑姓曰㆑連。則与㆓弟色弗㆒共悦拝。

【史料15】同十一年五月甲辰条・己未条
倭漢直等、賜㆑姓曰㆑連。己未、倭漢直等男女、悉参赴之、悦㆓賜姓㆒而拝朝。

史料14では、忌部首首が弟色弗とともに連賜姓を悦んで拝謁し、史料15においては倭漢直の男女らも連賜姓を悦び参集している。八色の姓直前の連賜姓期という条件付きではあるが、首・直の姓よりも連の方が上位と認識されていることは疑いない。

次に、姓自体は氏称よりも遅れて制度化していたことを注視しなければならない。称号と姓との関係が、氏成立より以後も曖昧[69]なままであることは二章の君姓の検討でも析出できるが、個人名が宿禰臣（仁徳十二年紀）といった併称もある。実名が伝わらなかったために称号を二つ組み合わせたのだろうが、姓として成立していないことも関係していると言えよう。

【史料16】『書紀』継体天皇七年六月条
　夏六月。百済遣㆓姐彌文貴将軍・洲利即爾将軍㆒、副㆓穂積臣押山㆒、〈百済本記云、委意斯移麻岐彌。〉貢㆓五経博士段楊爾㆒。

穂積臣押山が押山キミと表記されていることから、古い時期には姓と称号の未分化の様が窺えよう。

姓の成立時期や順序を厳密に検討することは困難だが、前述したように二文字の姓の旧表記があるかどうかが一つの手がかりとなる。新姓も含めて二文字によって表記される姓にはどのようなものがあるのか、以下に掲示する。

　県主・朝臣・稲置・忌寸・画師・曰佐・神主・吉志（士）・薬師・国造・宿禰・村主・毗登・真人・道師

右の内、県主・稲置・画師・曰佐・薬師・国造などは律令制前の職名に由来して氏や姓へと転用された例で、本来の姓ではない。また、天武十三年の八色の姓制定で新たに姓として始用された朝臣・宿禰（個人名に付される称号は既出している）・真人・道師も除外する。さらに、毗登は首・史が一時的に変改されたもので、二字姓の例とはできない。

二字姓は吉志と村主程度しか残らず、いずれも二字で一つの意味をなす。逆に言えば、一字の表記ができなかったものと考えられる。八色の姓以前においては、基本的な姓は一字だが、二字表記の姓は一字表記に改められる前の過渡期であり、旧表記であったと見なせるのである。

よって『記紀』などに遺る「費直」「使主」などが旧表記であるが、「連公」もその一例だと考えて大過ないだろう。このことから、主な姓の成立順は、おおよそ臣直・連〈称号との端境〉―君―造といった時期差を想定できる。

この姓化の時期差は、前章までに述べてきたそれぞれの姓の性格である仕奉形態の違いに由来すると想定される。また、姓の格の差というのは、その仕奉に関係して管掌する集団の規模に関係すると考えられる。大夫層を輩出しうる氏族が存在する姓とそうではない姓という差は本稿でも析出したとおりである。

大夫層はどのような氏族を指すかと言えば、倉本一宏(70)による令制前の群臣層（太字は六世紀段階）を挙げると以下の通りである。

阿倍臣・**膳臣**・難波吉士・**巨勢臣**・**紀臣**・**葛城臣**・**平群臣**・**坂本臣**・**蘇我臣**・田中臣・高向臣・（蘇我倉臣）・境部臣・**河辺臣**・小墾田臣・羽田臣・田口臣・桜井臣・久米臣・涯田臣・**春日臣**・粟田臣・小野臣・**中臣連**・大宅臣・**物部連**・**穂積臣**・采女臣・**大伴連**・**佐伯連**・阿曇連・**三輪君**・**額田部連**・大市連・近江臣

もう少し限定的に捉える加藤謙吉説(71)では十三氏族（阿倍・膳・紀・巨勢・葛城・平群・坂本・蘇我・春日臣・大伴・物部・中臣連・三輪君）が挙げられる。

これらの大夫層氏族の氏称を一見してみても、職掌や出自などと姓とは短絡的に結びつかないことが窺われるが、複線的に上級氏族になることが明らかであろう。

この大夫層は地名を負う氏族の割合が多いが、それはどのような理由によるものであろうか。前述したが、須原祥二(72)は地名を負う氏姓、とりわけ臣姓について「用益権的地名「（氏）姓」」とした。

【史料17】『書紀』推古天皇三十二年（六二四）十月癸卯朔条

大臣遣二阿曇連〈闕レ名。〉・阿倍臣摩侶二臣一、令レ奏二于天皇一曰、葛城県者、元臣之本居也。故因二其県一為二姓名一。是以冀之、常得二其県一、以欲レ為二臣之封県一。於是、天皇詔曰、今朕則自二蘇何一出之。大臣亦為二朕舅一也。故大臣之言、夜言矣夜不レ明、日言矣則日不レ晩、何辞不レ用。然今朕之世、頓失二是県一、後君曰、愚癡婦人、臨二天下一、以頓亡二其県一。豈独朕不賢耶。大臣亦不忠。是後葉之悪名。則不レ聴。

この蘇我馬子が、葛城県は本居なので封じて欲しいという願いを単純に読めば、須原の言うように、用益権を得る、つまりは私有地のごとく（この時期はその地にいる人々を対象とすると見なせるが）捉えられるかも知れない。

しかし、後半で推古天皇が馬子が不忠に当たり、後の世に悪名を残すことを鑑みて聴《ゆる》さなかったことを深読みしてみたい。本居を基盤にして仕奉する、蘇我氏の場合は倭王権の政事主導という大臣の立場を遂行するための地ということになるのではないか。地名を負うというのは、その氏族の仕奉の基盤を氏称に示しているのであると見なせよう。史料17では、かつての母体である葛城氏の県までを求めたことが行きすぎであって許されないという結果となったが、私的に用益・駆使することが本義ではないと言える。

では姓の本質的意義「氏族のテイ」とそれに結びつく仕奉形態はどのようなものか、検討したい。

氏族の仕奉形態を示すのが名負氏たる氏称であるが、その本質的意義は仕奉と貢納にあると言える。吉村武彦によるターム[73]であるが、読み解いてみると「仕奉」が人に、「貢納」が物によると理解されてしまいがちだが、貢納には人を貢進することも含めるのが私見による解釈である。

伴造層である連・造姓は本人が仕奉する、もしくは下僚や管掌する職能民を貢進するが、地方にもこの伴造

—伴部の構造は部分的に成立している。統率・管掌する氏人や人・部称者の規模による区分けがされていると見られる。

そして連と造の姓が賜与される差は時期差と、その管掌レベル・規模に由来する。とりわけ勢力が強く管掌民が多い氏族は大夫層にもなる。そのうえ物部系の氏族は、伴部管掌を面的に広げるに至り地名の氏称を得ていると考えられる。よって、伴造系の姓を賜与されながら、地名系の氏称を持つ氏族（地方氏族）は、その土地を基盤として、特定の伴部に関わらない人的仕奉を行うことにより氏称を賜与されたのである。

地名系の氏称に結びつきやすい姓、本稿では君・臣・直を検討したが、これらは氏女・采女(74)の貢進も含み、それ以外に伴造系とは異なる、その地域の管掌を行うことが氏称に結びついている。

地名氏称に結びつく姓もその性質により姓もある程度類型化されなければならないが、職名を由来とする稲置・県主などに加え、国造については寺西貞弘が指摘(75)する「派遣型」と「在地豪族」などの被任命者の多様性や、それ以前の仕奉による賜氏姓と国造任命後の賜氏姓との時期差も考慮されなければならない。国造の姓の多様性につながり、氏姓制に後出する制度であることが看取され、かつ成立以降はおおよそ直姓になることで地名氏称と連動する。

地名系氏称が負った人的仕奉には、何らかの事由によりその職から離れない限りは永続的な地位にあって仕奉するケース、職掌にある程度対応して期限が限定的、もしくはその都度臨時に奉仕するケースといった、仕奉の期間における差異もある。単純には分割できないが、大枠として前者は「身位的仕奉」、後者は「時限的仕奉」と類型化できよう。

地名を氏称に持つ氏族の仕奉は右のようであるとして、地名姓中心の臣・君という姓の差異はどのようなところにあるだろうか。

簡単に比較してしまえば、臣姓の方が比較的に宮々の所在地に近しい地域名を冠することが多数であり、比較的遠い地域を称す例は出雲・吉備・角くらいであろう。

姓君と臣を比較すると、君の方が臣よりも遠方が多いと言うことができるが、三輪君は宮々が所在する比近であることは言うまでもないし、犬山や某山君など近江にも多数存在し、身毛津君の美濃も遠方とまでは言えないだろう。このことから、遠近が姓の分類基準とまでは言えないし、ましてや独立的であるという性格付けは妥当性を欠く。

君姓は、筑紫君磐井が近江毛野臣に語ったかつては同輩であったという言が参考となる。采女の貢進などの他に、自らが王権に仕奉する際には「時限的仕奉」が主だったと考えられる。稲荷山古墳出土鉄剣銘の杖刀人首も近しい職だと思われるが、その地の管掌が主で、仕奉する際には舎人や臨時の使役などの武人系の職掌が主だったと見なせる。

君姓で唯一大夫層になっている三輪君は、地域的な近接性と、地祇系の神祀りの代表としての地位から群臣合議に参画する資格を得ていたと考えられる。

他方、臣姓の方は「身位的仕奉」が主だったと言える。大夫など本人が議政官・官吏として仕奉することが性格であるが、君姓に対して文官的かというとそうではなく、多様な使者ともなっている。仕奉している間の身位とそれに伴う命令遂行の多様性の範疇だと言えよう。

以上から、氏族の仕奉形態をまとめると、氏族の長など本人が大夫や職能者あるいはその長などとして仕えるのが仕奉と言える。氏族の配下・采女や職能民などを貢進して奉仕させる、もしくは特産物を物納するということを貢納として括れよう。

他の多くの姓も含めて、氏族は前述のような多様性を示す氏姓と、それに相応する仕奉内容により律令制を導入していく前の政事構造を構成していたのである。

おわりに

本稿では、多くの姓を扱い、そのため各個の姓や氏族については十分な検討が行えたとは言えないが、とくに地名系の氏称と姓との関係性を含めた王権への仕奉形態を素描できたと考える。

内容については改めてまとめないが、名負氏が氏称を有するすべての氏族に関わるものであり、仕奉形態と連動した姓を賜与することによって、氏姓制の構造と機能が王権とその政事の中心のみならず、各地方との関係性も部分的に構築することができていたことを明らかにし得た。だが、アウトラインを示したに過ぎないところですでに紙幅も超過しているので個別の事例を深化させることを期して擱筆することにしたい。


【注】

（1）本論でいう「地方」は宮周辺以外の各地域すべてを指す。当然令制国や四（五）畿内などが成立していないこともある。中央の王権とその輔弼勢力と各地域という関係性において使用する。
（2）本居宣長『古事記伝』大野晋編『本居宣長全集　十二』筑摩書房、一九七四年。刊行完了は一八二二年。
（3）谷川士清『日本書紀通證』臨川書店、一九七八年。原著一七六二年刊。
（4）河村秀根・益根『書紀集解』臨川書店、一九六九年、刊行完了は一八〇四年頃。

（5）細井貞雄『姓序考』『新註皇学叢書　四』所収、広文庫刊行会、一九二八年、一八一四年序。
（6）栗田寛『新撰姓氏録考証』臨川書店、一九六九年、原著一九〇〇年刊。
（7）太田亮『姓氏家系大辞典』角川書店、一九六三年。一九三八年刊。他に太田『全訂日本上代社会組織の研究』邦光書房、一九五五年。
（8）中田薫『法制史論集　一』岩波書店、一九二六年。
（9）松本重彦「加婆禰考」『中央大学文学部紀要』三、一四、三三、一九五五、五八、六三年。
（10）喜田新六『令制下における君臣上下の秩序について』皇学館大学出版部、一九七二年。
（11）阿部武彦『氏姓』至文堂、一九六〇年。
（12）志田諄一『古代氏族の性格と伝承』雄山閣、一九七一年。
（13）前之園亮一「ウヂとカバネ」『日本の古代11　ウヂとイエ』中央公論社、一九八七年。同「宋書南斉書・名代・猪膏から見た氏姓成立と盟神探湯」『学習院史学』三八、二〇〇〇年。
（14）平野邦雄『大化前代社会組織の研究』吉川弘文館、一九六九年。
（15）関晃『古代の帰化人』吉川弘文館、一九九六年。
（16）吉村武彦「六世紀における氏・姓制の研究―氏の成立を中心として―」『明治大学人文科学研究所紀要』三九、一九九六年。
（17）阿部武彦『日本古代の氏族と祭祀』吉川弘文館、一九八四年。
（18）直木孝次郎『日本古代の氏族と天皇』塙書房、一九六四年。
（19）熊谷公男『大王から天皇へ　日本の歴史03』講談社、二〇〇一年。
（20）中村英重「ウジの成立」『日本古代中世の政治と宗教』佐伯有清編、吉川弘文館、二〇〇二年。

（21）中村友一『日本古代の氏姓制』八木書店、二〇〇九年。
（22）吉村前掲注（16）論文。
（23）加藤晃「我が国における姓の成立について」『続日本古代史論集　上』坂本太郎博士古稀記念会編、吉川弘文館、一九七二年。同「日本の姓氏」『東アジア世界における日本古代史講座10』学生社、一九八四年。
（24）武光誠「姓の成立と庚午年籍—部姓の起源について—」『古代史論叢　上』井上光貞博士還暦記念会編、吉川弘文館、一九七八年。
（25）北村文治『大化改新の基礎的研究』吉川弘文館、一九九〇年。
（26）山尾幸久『カバネの成立と天皇』吉川弘文館、一九九八年。
（27）湊敏郎『姓と日本古代国家』吉川弘文館、一九八九年。
（28）義江明子『日本古代系譜様式論』吉川弘文館、二〇〇〇年。
（29）直木孝次郎「古代氏族研究の動向」前掲注（18）書所収、初出一九五七年。野口剛「ウヂ研究の現段階」井上辰雄編『古代史研究の課題と方法』国書刊行会、一九八九年など。
（30）佐伯有清「カバネについての研究動向」『新撰姓氏録の研究　研究篇』吉川弘文館、一九六三年、初出一九五九年。他に、論考の目録には以下のものがある。吉村武彦「氏・姓の成立に関する研究とデータベースの作成」平成五年度科学研究費補助金（一般研究c）研究成果報告書、一九九四年。
（31）前之園亮一『研究史　古代の姓』吉川弘文館、一九七六年。同「大化前の姓制度」『歴史公論』六—九、一九八〇年、においても概述されている。
（32）阿部前掲注（17）書。井上光貞『井上光貞著作集1　日本古代国家の研究』岩波書店、一九八五年。佐伯有清『新撰姓氏録の研究 拾遺篇』吉川弘文館、二〇〇一年。高橋富雄「負名氏の系譜とその意味」『歴史評論』一〇六、一九五九年。中嶋宏子「大嘗祭の名負氏」『神道研究集録』一〇、一九九一年。中村前掲注(21)書など。
(33)直木孝次郎「日本古代における族について」「再び日本古代の「族」について」『日本古代国家の構造』青木書店、一九五八年。
(34)中村友一「人・部制の成立と展開—氏姓制と名称との視点から—」『駿台史学』一四八、二〇一三年。
(35)岸俊男『日本古代文物の研究』塙書房、一九八八年。
(36)武光誠「地方豪族のカバネと国造制」『明治学院論叢　総合科学研究』四〇、一九九一年。
(37)石母田正『日本の古代国家』岩波書店、一九七一年。井上光貞『井上光貞著作集4　大化前代の国家と社会』岩波書店、一九八五年。篠川賢a『国造制の成立と展開』吉川弘文館、一九八五年。同b『日本古代国造制の研究』吉川弘文館、一九九六年。新野直吉『研究史　国造』吉川弘文館、一九七四年など。
(38)本位田菊士『日本古代国家形成過程の研究』名著出版、一九七八年。
(39)吉村武彦『日本古代の社会と国家』岩波書店、一九九六年。
(40)須原祥二『古代地方制度形成過程の研究』吉川弘文館、二〇一一年。
(41)内田浩史「カバネ秩序に関する基礎的考察」『中央史学』一五、一九九二年。
(42)阿部前掲注(11)書。同「伴造・伴部考」前掲注(17)書所収、においてより詳しく検討している。
(43)『日本書紀』は岩波書店、日本古典文学大系本を使用。一部新字体に改め、返点も変えている。以下『書紀』と略す。
(44)中村友一「国造制の本質的意義」篠川賢・大川原竜一・鈴木正信編『国造制の研究』八木書店、二〇一三年。
(45)『古事記』は岩波書店、日本古典文学大系本を使用。以下『記』と略す。
(46)『上宮聖徳法王帝説』は岩波書店、日本思想大系本などを使用。

(47)『隋書』は石原道博編訳『新訂魏志倭人伝・後漢書倭伝・宋書倭国伝・隋書倭国伝』岩波書店、二〇〇〇年を使用。

(48)佐伯有清は「ワケ」から「キミ」への変化を想定している。佐伯『日本古代の政治と社会』吉川弘文館、一九七〇年。しかしながら、系図からの検討が主であり、『記紀』での「キミ」が称号として表記されている事例からすると、称号としての先後関係は判断できない。並存している中で、「君」が姓化する流れにおいて氏姓という新しい称が目立つようになり、「ワケ」の称号の古称が強調されてより古いように析出されるようになったのではなかろうか。

(49)本位田前掲注(38)書。

(50)阿部前掲注(17)書。

(51)志田前掲注(12)書。

(52)中村前掲注(21)書。

(53)「国造本紀」は前掲注(44)書『国造制の研究』を使用。

(54)稲荷山古墳出土鉄剣銘文は埼玉県教育委員会『稲荷山古墳出土鉄剣金象嵌銘概報』埼玉県政情報資料室、一九七九年などを使用。

(55)小林敏男『日本古代国家の形成』吉川弘文館、二〇〇七年。もちろん氏族研究の分野からすでに言及されているところである。佐伯有清『新撰姓氏録の研究　索引・論考篇』吉川弘文館、一九八四年。

(56)出雲岡田山古墳出土鉄刀銘文は島根県教育委員会編『出雲岡田山古墳』島根県教育委員会、一九八七年を使用。

(57)井上前掲注(32)書。

(58)武光前掲注(36)論文。

(59) 小野里了一「凡直国造に関する基礎的考察」あたらしい古代史の会編『王権と信仰の古代史』吉川弘文館、二〇〇五年。
(60) 篠川前掲注(37)b書。
(61) 本位田前掲注(38)書。
(62) 隅田八幡神社人物画像鏡銘は『原色版国宝1 上古・飛鳥・奈良I』毎日新聞社、一九六八年などを使用。なお石和田秀幸「隅田八幡神社鏡銘文「開中」字の再検討―「耳中部」木簡出土の意義―」『千葉史学』三六、二〇〇〇年を参考とした。
(63) 笠井倭人「加不至費直の系譜について―『百済本記』読解の一例として―」『日本書紀研究』五、塙書房、一九七一年。
(64) 法隆寺金堂広目天像光背銘は『飛鳥・白鳳の在銘金銅仏』同朋舎、一九七九年などを使用。
(65) 山尾前掲注(26)書など。
(66) 中村前掲注(21)書。
(67) 直木前掲注(33)書。中村前掲注(21)書。中村英重『古代氏族と宗教祭祀』吉川弘文館、二〇〇四年。義江明子『日本古代の氏の構造』吉川弘文館、一九八六年。吉田孝『律令国家と古代の社会』岩波書店、一九八三年。同「古代社会における「ウヂ」」『日本の社会史六 社会的諸集団』岩波書店、一九八八年など。
(68) 内田前掲注(41)論文。
(69) 氏称ですらあまり整ったものではなかった。後の公式令のように明文化された規定も存在しなかった。例えば蘇我臣稲目の場合、蘇我稲目宿禰大臣・蘇我大臣稲目宿禰・蘇我稲目宿禰・蘇我臣・稲目宿禰大臣・蘇我伊奈米宿禰大臣などのように多様な表記が知られる。氏称については蘇何や宗宜などとも表記される。

（70）倉本一宏『日本古代国家成立期の政権構造』吉川弘文館、一九九七年。

（71）加藤謙吉『大和政権と古代氏族』吉川弘文館、一九九一年。倉本・加藤説などを検証した佐藤長門『日本古代王権の構造と展開』吉川弘文館、二〇〇九年の見解もある。

（72）須原前掲注（40）書。

（73）吉村前掲注（39）書。

（74）門脇禎二『采女』中公新書、中央公論社、一九六五年。中村前掲注（21）書など。

（75）寺西貞広「紀伊国造任官儀式の再検討」『和歌山地方史研究』五九、二〇一〇年。

地方豪族の中央出仕形態と両貫制

加藤　謙吉

はじめに

地方豪族は、国政とどのように関わっていたのであろうか。大和政権は、畿内とその周辺地域の豪族たちが、連合して成立させた政権であり、このような畿内政権の性格は、そのまま律令国家へと引き継がれていったと解し、畿内政権の支配下に置かれた地方の政治的諸集団は畿内勢力に対して常に従属的な立場にあり、畿内と畿外は異質な存在として、厳格に区分されていたとする見方が、従来は一般的であった。

これに対して長山泰孝は、六世紀初めの継体朝成立頃までは、地方豪族が大王と直接主従関係を結ぶことにより、積極的に国政に参与する道が開かれていた事実を明らかにし、大和政権から律令国家の段階まで、一貫して中央豪族が政治を独占していたとする畿内政権論的な豪族観が誤りであることを指摘した(1)。

筆者もまたこの見解に従うべきであると考えるが、ただ長山が地方豪族の政治参加が継体朝を境に次第に行われなくなり、政権は中央豪族によってのみ構成されるようになったと説くことには賛成できない。地方豪族の中には六〜七世紀に畿内に進出し、中央で官人・武将として活躍するものが少なからず認められる。六世紀代はあたかもウジの成立期にあたっており、中央豪族だけでなく、地方豪族もウジを名乗るようになった時期である。王権への奉仕の形態にもウジの成立の前後で大きな差があり、地方豪族の場合、首長やその近親者が個人の立場で大和政権の大王のもとに、ある一定期間出仕する体制から、ウジを構成する成員がすべて王権に隷属し奉仕する体制へと切り替わったと推測することができる。地方豪族の畿内進出がこのような奉仕形態の変化に対応するものであったとするならば、地方豪族と中央豪族との間に、国政参加のあり方をめぐって本質的な相違があったとは考えにくい。

本稿はこのような視点から、地方豪族の中央出仕の形態を具体的に検討し、畿内に進出した地方豪族が、中央と地方の双方に勢力基盤を構築していた事実を明らかにしたいと思う。筆者はすでに同様の趣旨の小論を別に発表しているが、(2) 旧稿は紙幅の関係もあり内容的に不備な点が少なくないので、今回全面的に改稿して、新たに私見を述べることにした。

一 天武朝の朝臣賜姓と地方豪族

天武紀十三年十一月戊申朔条は、八色の姓の第二位の朝臣を賜姓された氏族として五十二氏の名を掲げる。その内訳は旧臣姓が三十九氏、君姓が十一氏、連姓が二氏で、旧在地土豪系四十二氏、旧伴造系十氏(3)より成る。令制下において高位高官に昇った官人の多くが朝臣姓の氏の出身者であることから、朝臣姓は第一位の真人に次いで、律令国家の上級官人層を確保する目的で制定されたもので、在地土豪を中心とした畿内の有力氏にそれが与えられたと理解されている。すなわちこの解釈によれば、朝臣姓はあくまで中央の有力豪族を対象とするカバネであったことになる。

この事実を裏付けるかのように、天武五年（六七六）四月に出された勅には、「又外国人欲二進仕一者、臣連伴造之子、及国造子聴之。唯雖二以下庶人一、其才能長亦聴之」とある（『日本書紀』、以下『書紀』と略記）。地方豪族の出身に関するこの規定は、天武二年五月に定められた中央豪族（「公卿大夫及諸臣連并伴造等」）を対象とする出身法と対を為すとみられるが、内容的には天武朝になって、初めて畿外諸国の豪族が中央官人として出仕することを承認したものと解するのが通例である。(4)

しかしこのような理解はいささか速断にすぎよう。何故なら地方豪族の中には、一族の者が天武五年以前より継続的に中央で活動しているケースが認められるからである。例えば上野国や備中国を本拠とした上毛野君《かみつけののきみ》や笠臣は、どちらも天武十三年に朝臣を賜姓された有力地方豪族であるが、『書紀』によれば、上毛野氏の一族には、舒明九年に将軍として蝦夷を討った大仁の上毛野君形名《かたな》や、天智二年三月、百済の役の際に、新羅征討の前将軍となって新羅の二城を奪取した上毛野君稚子、天武十年三月、詔により帝紀・上古諸事の記定事業に参加した大錦下《だいきんげ》の上毛野君三千《みちぢ》が存する。

　このうち舒明紀の形名の記事は、物語的な色彩が濃く、蝦夷地経略に関与することの多かった東国の上毛野氏の家記(5)より出た話とみられ、信憑性の面で問題が残る。ただ形名が冠位十二階の第三階の人仁の位にあることから、少なくとも七世紀前半期の上毛野氏が、中央において一定の政治的地位を占めていたことは確かである。天智朝の征新羅前将軍の稚子、天武十年の三千の活動も、上毛野氏のこのような政治的地位を前提として初めて成り立つものと推察することができよう。上毛野君の一族が畿内に進出する時期は、天武五年よりも大幅にさかのぼる可能性が高いと見て誤りないと思われる。

　上毛野氏と同じく豊城入彦命の後裔と称し、上野国群馬郡が本拠とみられる車持君（天武十三年に朝臣賜姓）も、かなり早い時期から中央に拠点を構えていた形跡が認められる。

『公卿補任』や『尊卑分脈』によれば、藤原不比等の母は車持国子君の女の与志古娘で、不比等の兄の定恵（貞慧）も、『尊卑分脈』に「母同二不比等一」と記す。不比等は斉明五年（六五九）の生まれ、定恵は『藤氏家伝』上に白雉四年（六五三）入唐の際に十一歳とするから、生年は皇極二年（六四三）である。定恵や不比等の生誕に関しては、周知のようにいくつか異伝が存するが、いずれも造作の跡が濃厚で、二人の母の出自を車持氏とする『公卿補任』・『尊卑分脈』の記事は、それなりに信用することができよう。すると中臣鎌足と与志古娘の婚姻時期は皇極二年以前ということになり、その前提として車持国子君や与志古娘は、すでにその頃、中央に居住していた事実がうかがえるのである。

笠氏の場合も、笠臣垂《しだる》（志太留）が大化元年九月に古人皇子の謀反の計画に加わり、その内容を中大兄皇子に密告した人物とされ、天智六年十一月には大乙下の笠臣諸石《もろいわ》が伊吉連博徳とともに唐使の司馬法聡を熊津都督府まで送っている。八世紀以降も笠朝臣の一族は、尾張・三河・信濃三国の按察使や右大弁などを歴任した従四位上の麻呂（沙弥満誓）を始め、中央官人として活動する者がほとんどで、しかもその多く（二十数名にのぼる）は五位以上に列した上級官人である。四位に昇進した者も五名（麻呂・名麻呂・仲守・広庭・梁麻呂）おり、嵯峨天皇の乳母であった女官の道成は弘仁十年（八一九）に従三位に叙せられている。孝徳朝の垂や天智朝の諸石から、天武十三年の朝臣改姓をはさんで、慶雲元年（七〇四）の麻呂の従五位下叙位に至るまで、この氏は一貫して中央を活動の場とし、それがそのまま奈良・平安期へと受け継がれていくのである。

一方、法隆寺旧蔵の辛亥年（白雉二年、六五一）金銅観音菩薩立像台座銘に見える「笠評君」の左古臣や、その子の布奈太利古臣、布奈太利古臣の伯の建古臣は、備中国の笠臣の一族の者で、左古臣は笠評（備中国小田郡の前身か?）の評督ないし助督の職にあったと推察することができる。[6] 彼らは本拠地に継続して勢力基盤を置いた笠臣の一族であろう。『古事記』孝霊天皇段は、孝霊の子の若日子建吉備津日子を吉備下道臣と笠臣の祖とし、応神紀二十二年九月条は、応神が吉備国を五つの県に分割して、吉備臣の祖の御友別《みともわけ》の子や兄弟に封じたとし、「波区芸県《はくぎのあがた》」に封じられた御友別の弟の鴨別《かもわけ》を笠臣の始祖とする。また「国造本紀」には上道・三野・下道・加夜の諸国造と並んで、笠臣国造の名を掲げ、鴨別命八世孫の笠三枝臣を国造に定めたと記している。

仁徳紀六十七年条には、笠臣の祖の県守が吉備中国（備中国）の川嶋河の派《かわまた》で大虬《みつち》を退治した話を掲げるが、「川嶋河の派」は、高梁川と小田川の合流点を指すとみられ(7)、小田川南岸に位置する岡山県笠岡市（旧備中国小田郡笠岡）の一帯を、笠評や「波区芸県」（大化前代の笠臣国造の支配領域）の跡地に比定することができよう。笠評は郡制には継承されず、大宝令制下で小田郡に吸収されたと推察されるが、小田郡からは後述するように、下道朝臣圀勝・圀依兄弟の母夫人の骨蔵器が発見されており、窪屋郡や賀夜郡にも下道氏の一族の者の分布が認められる。したがって下道郡に限らず、隣接するこれらの諸郡にも下道氏の勢力が及んでいた蓋然性が高い。

これに対して備中国には、八・九世紀代に笠朝臣の氏人の居住を示す実例は認められず、中央でのこの氏の濃密な分布と好対照をなすが、『類聚三代格』所収天平三年六月二十四日付の勅によれば、備中国より貢献の戸座の中に海部首・生部首とともに笠朝臣の名が存し、皇后宮に供奉することになっていたから、少なくとも天平期の備中国内に笠朝臣の一族の者が存在したことは確かである。おそらく本拠地に残留した一族は、下道氏などに押されて、勢力的に低迷したと見るべきではないか。いずれにせよ笠朝臣が中央へ進出する時期は、笠臣垂の名の現れる大化期もしくはそれ以前からと推定して誤りあるまい。

上毛野氏の場合も、中央においては朝臣賜姓後、文武四年（七〇〇）に吉備総領に任ぜられた直広参の小足（その後位階は正五位上、従四位下と昇進）、慶雲四年（七〇七）、従五位下叙位の堅身、和銅元年（七〇八）、従五位下叙位の広人（極位は正五位下）、和銅元年当時従五位上（極位は正五位下）の安麻呂、和銅二年従五位下叙位の荒馬、神亀五年（七二八）、外従五位下叙位の宿奈麻呂、天平七年（七三五）、外従五位下叙位の今具麻呂（同十四年、従五位下叙位）、天平十五年、外従五位下叙位の稲麻呂（天平勝宝四年〔七五二〕段階では従五位上）、天平宝字八年（七六四）、従五位下叙位の馬長（宝亀八年〔七七七〕従五位上昇叙）、神護景雲元年（七六七）従

五位下叙位の稲人（極位は正五位下）など、コンスタントに五位以上の官人を輩出している。(8)

上野国では、天平十三年の正倉院の調庸墨書銘に上毛野朝臣甥の名が見える（『正倉院宝物銘文集成』三〇四頁）。甥は上野国多古郡八□《(田カ)》郷、もしくは同国群馬郡□□《(井出カ)》郷の人とみられるが、(9)ほかにも天平勝宝元年の同国勢多郡少領に外従七位下の上毛野朝臣足人が存在する（『続日本紀』、以下『続紀』と略記）。

旧群馬郡に属する群馬県前橋市西部は、国府や国分寺・国分尼寺が置かれた上野国の政治の中枢部であるが、国府推定地や国分寺・国分尼寺跡の北に接して、総社古墳群や山王廃寺が存する。総社古墳群は六世紀前半から七世紀末まで継続する古墳群で、六世紀後半築造の全長九〇メートルの前方後円墳、二子山古墳や、七世紀前半～末の三基の大型方墳、愛宕山古墳・宝塔山古墳・蛇穴山《じゃけつざん》古墳が特に有名であるが、大型方墳には家型石棺が収められ、石室壁面には漆喰が塗布され、精巧な截石切組積みの技法が用いられるなど、中央の墳墓の構造や築造技術の影響を色濃く受けている。

こうした点にもとづくと、総社古墳群の被葬者は、当該時代の上野国の最有力の首長一族と見ることができるが、右島和夫が指摘するように、大和の勢力と結びついた上毛野氏一族の歴代の首長をそれにあてることができ、宝塔山古墳と同時期に建立された山王廃寺の塔心柱の根巻石が、宝塔山古墳の石棺に施された加工技法と共通することから、山王廃寺の造営者もまた、上毛野氏と推定することが可能である。(10)

山王廃寺は前橋市総社町総社の山王集落にあり、早くから地下式の塔心礎の存在が知られていたが、一九七四年以降継続的に発掘調査が行われ、石製鴟尾《しび》や石製根巻石・緑釉陶器・菩薩像・羅漢像などの膨大な量の塑像片などが出土。伽藍の規模は東西約七五メートル・南北約九〇メートルで、法起寺式の配置を持つことが判明した。七世紀後半に創建され、十一世紀頃まで存続したとみられるが、「放光寺」と篦書きされた文字瓦が検出されたことにより、この寺跡が辛己《（巳）》歳（六八一）に建立された山ノ上碑（上野三碑の一つ）や、長元三年（一〇三〇）の「上野国交替実録帳」に寺名の見える放光寺にほかならないことが明らかとなった。

かくして上毛野氏の一族は事実上、七世紀前半期頃までに中央に移住した勢力と、本拠地の上野国に残った勢力に二分されたと見て差し支えないであろう。しかも八世紀半ばの上野国在住の甥や足人（前述）が朝臣姓を帯していることから、残留勢力の主だった者たちもまた、中央移住勢力と同じく、天武十三年に一括して朝臣を賜姓されたと判断することができる。(11)

このように見ると、地方豪族が比較的早い段階から中央に進出し、本拠地にとどまる同じ一族の者たちと密接な連携を保ちながら、互いに併存するような状況、換言すれば、地方出身の豪族の勢力基盤が畿内と畿外の双方に構築されるような状況が、古代においてはごく当たり前の事例として存在したと考えてよいのではないか。

天武朝の朝臣賜姓五十二氏の中には、地方出身とみられる氏族が、上毛野・笠両氏を含めて、十五もしくは十六氏ほど存在する。それを表示すると、表1のようになる。

表1　朝臣氏姓地方出身氏族とその本拠地

	氏姓	本拠地		氏姓	本拠地
1	犬上君	近江国犬上郡	2	＊上毛野君	上野国
3	角臣	周防国都濃郡	4	胸方君	筑前国宗形郡
5	＊車持君	上野国群馬郡	6	綾君	讃岐国阿野郡
7	下道臣	備中国下道郡	8	伊賀臣	伊賀国伊賀郡
9	阿閉臣	伊賀国阿拝郡	10	波弥臣	近江国伊香郡波弥神社〔式内〕
11	＊下毛野君	下野国	12	＊佐味君	上野国緑野郡佐味郷 上野国那波郡佐味郷
13	＊大野君	上野国山田郡大野郷	14	＊池田君	上野国那波郡池田郷
15	笠臣	備中国小田郡笠岡	16	道守臣？	越前国足羽郡道守村？

このうち16の道守臣はウジ名の「道守」が職名に因むか、地名にもとづくか定かでなく、前者とすれば、本居宣長が「山守野守などの類にて、道路を守る者を云り」と述べたような職掌となろうが、(12)『新撰姓氏録』（以下、『姓氏録』と略記）は、左京・右京・山城・摂津・河内・和泉の各皇別条に道守朝臣・道守臣八氏の本系を掲げ、波多矢代宿禰もしくは開化天皇の子の武豊葉列別命の後裔とする。

ただ「道守」が職掌に由来し、道守氏がその名を負う伴造であったとしても、佐伯有清が指摘したように、(13)天平神護二年の越前国足羽郡内に道守臣息虫女や臣のカバネを略した道守姓の者が数名存し、彼らのウジ名は、足羽郡内の「道守村」・「道守庄」・「道守里」と結びつくと推測することができる。(14)したがって天武朝に臣から朝臣に改姓し、『姓氏録』に道守朝臣と記される道守氏が、越前国足羽郡の道守の地を本拠としたウジの可能性は必ずしも否定できず、旧姓にとどまった『姓氏録』の道守臣諸氏の中にも足羽郡出身者が含まれると見るべきであろう。その場合、16もまた地方出身の氏族であったことになる。

次に表1で＊印を付した2・5・11・12・13・14の六氏は、『続紀』延暦十年四月乙未条の池原公綱主の言上に「其入彦命子孫、東国六腹朝臣、各因二居地一、賜レ姓命レ氏」と記す「東国六腹朝臣」を指すとみられる。すなわち天武十三年にそろって朝臣姓を賜わった毛野（上野・下野）を本拠とする豊城入彦命後裔の六氏のことと見てよい。(15)

東国六腹朝臣中、大野氏には壬申の乱の近江朝廷軍の将に大野君果安《はたやす》がおり（『書紀』）、その子が鎮守将軍として神亀・天平期の東北経営に従事し、藤原広嗣の乱を平定した大野朝臣東人であるが、『続紀』天平十四年十一月癸卯条の東人の薨伝に「飛鳥朝庭糺職大夫直広肆果安之子也」と記すから、果安は壬申の乱後の天武・持統朝において、令制下の弾正台長官の前身である糺職大夫の職に就き、後の従五位下相当の直広肆《じきこうし》の冠位を帯したことが知られる。果安のこのような活動は、地方豪族の出身法が出される天武五年以前から、大野氏の政治的拠点が畿内に構築されていた事実を端的に物語るものであろう。

　大野朝臣東人の東北経営との関わりは、養老四年九月、蝦夷の反乱に遭い、殺害された陸奥国按察使の上毛野朝臣広人の事業を継承したためと解することができるが、[16] 大野氏にはさらに天平勝宝元年当時、鎮守判官であった大野朝臣横刀《たち》がおり、他の東国六腹朝臣の諸氏中にも、前述の舒明朝の討蝦夷将軍上毛野君形名や、和銅元年の陸奥守上毛野朝臣小足、養老四年に持節征夷副将軍に就任した下毛野（川内）朝臣石代、神護景雲元年に陸奥国伊治城を築き、宝亀五年に陸奥介に任じた上毛野朝臣稲人、延暦年間に阿弖流為《あてるい》と戦った鎮守副将軍池田朝臣真枚《まひら》などが存する。

　大和政権や律令国家の対蝦夷経略に参与した者が何人も認められるが、[17] かかる現象は、蝦夷地と対峙し、征夷事業に動員されることの多かった東国の豪族に特有の属性と見なすことができる。換言すればそれは、中央移住後も東北方面への軍事行動の前身基地となる毛野地方に、依然として東国六腹朝臣の堅固な基盤が築かれていた事実を示すものにほかならない。

『続紀』慶雲四年三月庚申条には、「従四位下下毛野朝臣古麻呂、請下改二下毛野朝臣石代姓一、為中下毛野川内朝臣上。許レ之」とあり、慶雲四年（七〇七）、下毛野朝臣古（子）麻呂の要請により、下毛野朝臣石代の姓を「下毛野川内朝臣」に改めたように記している。単姓の「下毛野朝臣」から複姓の「下毛野川内朝臣」への改姓は事実上、貶姓を意味するが、『続紀』はその後の石代の関係記事（霊亀元年正月癸巳条・養老四年九月戊寅条）でも、彼の氏姓を旧姓のまま「下毛野朝臣」と表記しており、何らかの特殊な事情がそこに介在した疑いがもたれる。そしておそらくそれは和銅二年（七〇九）十二月に下毛野朝臣古麻呂が死去することと無関係ではないと思われる。

下野国では六世紀後半の吾妻古墳（吾妻岩屋古墳）以降、七世紀中葉まで思川流域の都賀郡と、田川流域の河内郡に「下野型古墳」という独特の造墓様式（墳丘一段目が低平で幅広い基壇から成り、前方後円墳の場合は横穴式石室が前方部に設置される）を持つ墳墓が築造されるようになる。小野里了一は「下野型古墳」の被葬者を下毛野国造を構成した勢力と捉え、それが都賀郡と河内郡の二つの首長の系統から成り、主流である都賀郡の勢力を中心に、河内郡の勢力も含めて「下毛野君（朝臣）」というウジの組織が形成されたと推測する。そして古麻呂を都賀郡出身、石代を河内郡出身の下毛野氏と推定し、現地での河内郡勢力の台頭（七世紀中葉に大型方墳の多《た》功《こう》大塚《おおつか》山《やま》古墳を築造し、後半に下野薬師寺を建立）に対抗して、下毛野氏の族長的地位にあった古麻呂が、都賀郡系による「下毛野朝臣」（単姓）の氏姓の独占をねらって、石代の複姓への改姓を要求したのではないかと説く(18)。

小野里のように考えると、石代の「下毛野川内（河内）朝臣」への改姓がいったん裁可されながら、それが長続きしなかった理由も無理なく理解することができよう。すなわち大宝律令の撰定者で、大宝二年から八年間、参議の座にあった政界の実力者古麻呂の圧力によって、石代は貶姓を余儀なくされたものの、古麻呂の死により、再度本姓への復帰が認められたと推察されるのである。

古麻呂の名が史料に現れるのは、持統紀三年十月条に、奴婢六百口を放免したいと奏して許されたと記すのが最初である。この時彼は直広肆とあり、すでに中央官人として後の従五位下相当の冠位を帯していたことが分かる。「寺々仁王経散帳」収録の天平勝宝五年四月二十七日付「薬師寺三綱牒」（『大日本古文書』十二・四三八頁〔以下、古十二・四三八のように略記〕ほか）や『日本霊異記』中巻三十五・三十六話には、聖武・孝謙の平城京に下毛野寺の存したことを伝えるが、この寺は平城京を本貫とする下毛野氏の氏寺であろう[19]。注目すべきは、これに加えて『和名抄』大和国城上郡に「下野郷」の郷名を掲げることである。郷域は未詳であるが、後述するようにこの地もまた下毛野氏の居住と関わるとみられ、城上郡内に所在することから、磯城・磐余や飛鳥の諸宮に対応し、これらの宮へ出仕する際の拠点とされていた可能性がある。東国六腹朝臣の上毛野氏や大野氏と同様に、下毛野氏の中央移住も比較的早い時期に達成されたと考えて差し支えないのではないか。

一方、石代の名は大宝元年七月、左大臣多治比真人嶋の葬送の際に従七位下の石代が百官の誄を行ったとあるのが史料上の初見である（『続紀』）。彼は、嶋と私的に関係する人物と推察されるが[20]、下級とはいえ中央官人の立場にあり、朝臣のカバネも河内郡出身の彼の一族が天武十三年に賜わったものと見てよいであろう。すなわち若干の時期的前後差は考慮すべきものの、下毛野氏は都賀・河内両郡の勢力のどちらも、畿内に移住したと推測される。さらに石代が養老四年に持節征夷副将軍に任じられたのは、前述のように石代が、下野国内になお勢力基盤を有し、人員や物資の調達などの面で、同族関係にある現地（河内郡）の下毛野氏と密接に結びついていた事実を示唆するとみられ、同様の関係は古麻呂と都賀郡の同族との間にも存在したと考えることができる。

以上により、天武十三年に朝臣を賜姓された地方出身豪族の特性として、それぞれ畿内と出身地の双方に拠点を有し、官人として仕える場合も、中央と地方に分かれて出仕する体制が取られていたこと、中央への進出はかなり早い時期から行われているが、畿内の進出地と畿外の本拠地とは相互に不可分の関係にあり、両者が密接に結びついていたことなどを指摘することができそうである。このような居住形態は地方出身豪族にとって決して珍しいことではなく、ごく常態的な現象と捉えて支障ないと思われるが、いま、このような形態を仮に「両貫制」という名で呼ぶことにしよう。

二　下道氏と両貫制

両貫制が実態として存在した可能性は、さらに下道氏の事例を通してうかがうことができる。元禄十二年（一六九九）に現岡山県小田郡矢掛町東三成より発見された骨蔵器の蓋にはその中圏と外圏に、

〔中圏〕銘　下道圀勝弟圀依朝臣右二人母夫人之骨蔵器故知後人明不可移破

〔外圏〕以和銅元年歳次戊申十一月廿七日己酉成

との文字が刻まれており、この骨蔵器が下道朝臣圀勝と弟の圀依が母の骨を蔵めたもので、和銅元年（七〇八）十一月に作られたことが判明する。下道圀勝は、『続紀』宝亀六年十月壬戌条の吉備真備の薨伝に「右衛士少尉下道朝臣圀勝之子也」とあるように、天平十八年（七四六）に吉備朝臣の氏姓を賜わった真備の父親である。

一方、狩谷棭斎の『古京遺文』は、享保十三年（一七二八）に大和国宇智郡大沢村（現奈良県五條市大沢町）から出土したという真備の母（圀勝の妻）の楊貴氏の墓誌を掲げる。現在その所在は不明で、拓本だけが伝わるが、この墓誌は塼《せん》の上に「従五位上守右衛／士督兼行中宮亮／下道朝臣真備葬／亡妣楊貴氏之墓／天平十一年八月十／二日記／歳次己卯」と刻んだもので、真備の位階や官職は、『続紀』に見える天平十一年当時のそれと同じであり、特に矛盾するところはない。しかし墓誌が年月日の後の末尾に「歳次己卯」と記すことは不自然であり、塼の焼成後に刻字された疑いが濃いことなどとあわせて、後世の偽作とする説が有力視されている。[21]

現物を実見できない以上、確定的なことは何も言えないが、真備の母の楊貴氏は、『古京遺文』以来、『姓氏録』右京神別下の八木造(22)のこととされてきた。「八木」の氏名は「陽疑」にも作り(『続紀』宝亀六年正月辛酉条)、清音と濁音の違いはあるものの、「楊貴」の用字が「八木」・「陽疑」と通じ、かつ奈良時代の用字例と見て支障ないことが、国語学の立場から指摘されている(23)。渡来系氏族の楊侯《やご》(胡)氏(史・忌寸)の氏名は「陽侯(胡)」と記される場合があるから、「八木」・「陽疑」・「楊貴」は同一の氏名として奈良時代に併用されていたと解してよく、墓誌が塼に後刻された偽作であったとしても、真備の亡妣が八木(楊貴)氏の出身であった事実は、必ずしも否定されるべきではない。

八木造の本拠地については、宝亀二年四月に写経所装潢生《そうこうしょう》の八木宮主が休暇(假)願を出して、宇智郡の楊貴氏墓誌の出土地に近い大和国葛上郡の鴨大神(『延喜式』の高鴨阿治須岐託彦根命神社)の例祭に参加したとみられることから、宇智郡内とする説(24)、延久二年(一〇七〇)の「興福寺大和国雑役免坪付帳」に見える高市郡雲飛庄の「八木寺」(寺跡は奈良県橿原市八木町所在。大官大寺跡と類似の古瓦を出土し、奈良時代の創建と推定される)の地とする説がある(25)。

一方、五・六世紀代の宮都の所在地であった磐余地域には「吉備」の地名が残り(現奈良県桜井市吉備)、吉備地方出身の豪族たちの大和の拠点とされた所ではなかったかと推察される。「吉備」は大和国十市郡の地名として鎌倉期から見えるが、吉備集落の西方の小字「古屋敷」は「大臣藪」・「大臣屋敷」とも呼ばれ、地元では吉備真備の邸宅跡と伝承されている。さらにその東南隅にかつて十二個の礎石が置かれていたとされ、そのため吉備氏の氏寺である吉備寺がこの地に存在したとする見方が有力であったが、真備の邸宅跡と伝えられるものは実は中世の城郭の跡とみられ、さらに吉備寺の存在した証拠もほとんど無いことが明らかになった(26)。

「吉備」の地名は、前述の城上郡下野郷と同じく、大和に数多く認められる国名地名の一つである。国名地名は黛弘道が指摘するように、磯城郡（城上郡・城下郡）や十市郡に偏在する傾向があるが、黛はそれをこの地に宮居を定めた欽明大王の時代に、日本列島各地から大王の宮に上番する体制が整ったことによるものとする(27)。国名地名については、「奈良時代あるいはそれ以前に、朝廷が力役を課すため、全国各地から農民を徴集し、これを大和平野の各所に居住せしめた」ことにもとづくとする説もあるが(28)、地名化の原因をすべて徴集された農民の居住によると断ずることには問題があろう。

むしろ「備前」と「吉備(29)」、「越」と「能登」のような新旧の国名表記が併存する事実に依拠するならば、大和移住の時期はいくつかの段階に分けて考えることができる。ただその中心期は、黛のように欽明朝に特定する必要はないものの、南大和の磐余・磯城、次いで飛鳥に都が置かれた六・七世紀代に求めるのが妥当とみられ、地名が令制下の国名表記を取る場合も、実際にはそれ以前からその国の出身者が居住するケースが少なくなかったと思われる。そして住民の主体も農民ではなく、大王宮に出仕することを目的とした地方の豪族層に比定するのが妥当であろう。

仁徳即位前紀は、「倭の屯田《みた》」の支配権を主張した額田大中彦皇子に対して、出雲臣の祖で、倭屯田司であった淤宇《おうの》宿禰が、大鷦鷯尊《おおさざきのみこと》の命を受けて、屯田の支配の由来を問うために韓国に居る倭直《やまとのあたい》吾子《あご》籠《こ》のもとへ遣わされた話を掲げる。この話はすでに指摘されているように、令制下の屯田（官田）のうち大和国のそれ（三十町）が、天平二年度の「大倭国正税帳」残簡により城下郡と十市郡にあったことが知られ、城上郡にも存在した可能性が高いこと、これらの地域（ヤマト）を拠点とした氏族が倭国造の倭（大倭）直であること、出雲国意宇郡を本拠とした出雲臣の祖先の淤宇宿禰を倭屯田の管理者とするが、島根県松江市大草町（『和名抄』

の意宇郡大草郷）の岡田山一号墳から出土した円頭大刀の銘に出雲臣の同族とみられる額田部臣の名が刻まれ、額田大中彦皇子とのかかわりがうかがえること、延久二年の「興福寺大和国雑役免坪付帳」によれば、城上郡に興福寺領出雲庄（現桜井市江包・大西・大泉付近）が存するが、「倭の屯田」は出雲庄の地域を中心に設定されているらしいことなど、全くの絵空事ではなく、ある一定の歴史的事実を踏まえて作成された話と推量することができる。(30)

奈良時代の計帳によれば、山城（背）国の愛宕郡内には多数の出雲臣・出雲臣族の一族の者が居住しており（愛宕郡には上・下二つの出雲郷が存した）、『姓氏録』も左京・右京・山城・河内の各神別条に出雲宿禰（旧姓臣）・出雲臣の本系を掲げていて、出雲臣の中央進出が広範囲にわたって積極的に進められたことがうかがえるが、仁徳即位前紀の記述は、宮都がまだ磐余や磯城にあった早い段階から、出雲臣一族の者が大和の城上郡の地に拠点を構え、屯田の管理のような職務に就いていた事実を示唆するものであろう。出雲庄は中央に移住し、大王宮に出仕するようになった六世紀頃の出雲臣の居所に付された地名と推断してよいのではないか。

そうすると、十市郡の「吉備」の地名もまた、下道氏ら大和に進出した吉備地方の豪族の居所であった蓋然性は低くないと思われる。さらに下道氏と同じく天武朝に朝臣姓を賜わった吉備系の笠氏が、大化期にはすでに大和に拠点を築いていた事実（前述）と照合すると、下道氏の進出時期がそれよりも遅れるとは考えがたい。

笠氏の場合は、城上郡に残る笠の地名（「加佐〔笠〕寺」・「笠庄」、現桜井市笠）にも注目する必要があろう。『万葉集』に「雨ふらば着むと思へる笠の山……」（巻三・三七四）と見える「笠の山」をこの地にあった山とする説があるが、建久八年（一一九七）成立の『多武峯《とうのみね》略記』には、建久年間に消失するまで、「加佐寺」が存したとし、奈良時代の創建（別名竹林寺）とする言い伝えも残る。「笠」は山の形状による名称の可能性が高いが、あるいは笠氏の居住にもとづくと見るべきかもしれない。いずれにせよ下道氏や笠氏の中央進出が六・七世紀代から行われていたことは確かであろう。(31)

ただこれまでは野村忠夫のように、楊貴氏墓誌との関係に立って、下道圀勝は母を葬った備中国で生まれ、真備の出生する持統九年(六九五、一説に持統七年〔六九三〕とする)以前のそれほど隔たらない時期に大和に移り、楊貴氏と結婚して真備が生まれたとする説が有力であった。(32)野村は地方豪族出身の下道氏の朝臣賜姓を例外的な措置と解し、中央権力との特別な結びつきによりそれが実現したとする。そして朝臣賜姓によって、下道氏は初めて中央官人化の資格条件を獲得したと推察する。

しかしこの解釈には問題がある。表1の地方出身氏族十六氏は、朝臣を賜姓された五十二氏の約三十%を占め、これを例外的措置と見なすには、いささか比率が高すぎる。すでに述べたように、十六氏中、上毛野・笠・大野・下毛野の四氏は、それぞれ舒明朝(上毛野氏)、孝徳朝(笠氏)、天智・天武朝(大野氏)、持統朝(下毛野氏)までには遅くとも畿内への移住を終え、朝廷に出仕している。

残る諸氏のうち、犬上氏は御田鍬が推古・舒明朝に遣隋使・遣唐使となり、斉明朝には白麻呂が遣高麗大判官に任ぜられている。佐味氏は、大和国十市郡佐味の地(現磯城郡田原本町佐味)を拠点とし、壬申の乱以降、継続的に中央官人を輩出し、その多くは四位・五位の位階を帯した。(33)道守氏や角氏の中央での活動も天智・天武朝から見え、ほかに車持・池田・阿閇・胸方・波弥の五氏からも奈良時代の中央官人が出ている。(34)したがってこれらを加えると、実に十三氏が中央官人としての経歴を持つ氏族であったことになり、朝臣を賜姓された地方出身氏族は、ほぼ例外なく畿内に進出し、中央を活動の場としたことが明らかとなる。しかも彼らの中には天武朝の賜姓期より遡って、大化前代の六・七世紀頃から畿内に拠点を構える者が少なくなかったと推測されるのである。

一方これらの諸氏中、犬上氏は仁和元年に近江国検非違使権主典の犬上（朝臣？）春吉が前犬上郡大領とあり（『三代実録』同年七月十九日辛丑条）、郡領を出す犬上郡の有力氏として、平安期まで存続したことが知られる。阿閇氏も天平感宝（勝宝）元年当時、敢朝臣安万呂が伊賀国阿拝郡大領で、同郡柘植郷戸主とあり（古三・一三五、三・三三四）、さらに『続紀』天応元年五月丁亥条の尾張国中嶋郡人の裳咋《もくい》臣船主《ふなぬし》の言上にも「己らは伊賀国の敢朝臣と同じき祖なり」と記すように、この氏は八世紀に入ってもなお、伊賀国阿拝郡に強固な勢力基盤を保持している。同様のことは胸方氏にもあてはまり、延暦十九年（八〇〇）に禁止令（同年十二月四日付「太政官符」）が出されるまで、筑前国宗像（形）郡の大領は、宗像神社の神主であるこの氏の一族の者が兼帯するのが習わしとなっていた。

下道氏の場合も、平城京跡出土の木簡に下道郡の屋代（？）里の住人として、下道臣三止の名を記し（『木簡研究』二〇―四一）、天平十一年の窪屋郡軽部郷菅里や美和郷市忍里の戸主に下道臣牛や下道朝臣加礼比の名が見える（古二・二四九）。さらに天平六年当時の賀夜郡大領は、従六位上勲十二等の下道朝臣人主であったから（『万葉集註釈』巻一所収『備中国風土記』逸文）、本拠地の下道郡とその周辺諸地域は、前代から引き続き下道氏一族の勢力圏を形成していたことが明らかである。周知のように、『本朝文粋』や『扶桑略記』に掲げる三善清行の「意見封事十二箇条」は、右大臣の吉備真備が天平神護年中に下道郡の大領を兼ねたとの伝承を掲げており、事実かどうかは別として、それは真備の代に至ってもなお、中央の下道氏（吉備氏）が、旧貫意識だけでなく現実的な自己の拠り所として、出身地の下道郡と強い絆で結ばれていた実情を示している。

かかる事実にもとづくならば、野村説のように、下道圀勝の備中より大和への移住の時期を、真備生誕の少し前の頃（七世紀末）に求めたり、朝臣賜姓によって下道氏の中央官人への道が開けたと解することはもはや困難であろう。藤原宮の外壕より出土した木簡中に「下道旦臣吉□□（備麻カ）呂」と記すものがあり（『藤原宮木簡』二・六一四号）、同じ外濠より出土した木簡のうち年紀の分かるものが丙申年（持統十年、六九六）と大宝三年（七〇三）であることから、下道旦臣吉備麻呂（下道朝臣吉備麻呂）もその頃の官人の一人で、圀勝と同世代の人物と推測できる。当時の下道氏の一族の中には、圀勝以外にも中央の官司に出仕する者が、少なからず存したとみられるのである。

すなわち下道氏は備中国（下道郡）と大和国（都の所在地）の両所に氏族的な活動基盤を有し、両貫制とでも言うべき居住形態のもと、中央と地方の双方に拠点を保持していたと見て間違いないであろう。しかも既述のように、こうした居住形態は下道氏に限らず地方出身の朝臣賜姓氏族に共通する特徴と捉えることができる。彼らは朝臣姓を与えられる前の六・七世紀段階から、中央の政治と密接に関わっており、当時の中央政界に占める彼らの政治的地位と実力に応じて、畿内を本拠とした伝統的豪族と同等の立場で、朝臣姓を付与された。朝臣賜姓は決して地方出身氏族に対する特例的措置として為されたものではなかったのである。

假寧令《けにようりよう》定省假条には「凡文武官長上者、父母在㆓畿外㆒、三年一給㆓定省假卅日㆒。除㆑程」との規程があり、さらに同令請假条には、五位以上の官人が畿外へ出るため休暇（假）を請求する場合は、本司の直判によらず奏聞せよと定めている。定省假条の「父母在畿外」の語が『令集解』の古記に見えることから、これらの休暇規程はすでに大宝令の段階で存在したことが知られるが、換言すればそれは大宝令制定時から「畿外出身の官人の存在が想定されていた」事実[35]を示すものにほかならない。おそらく天武五年四月の地方氏族の出身規程にあわせて、休暇に関する細則が定められたとみられるが、実態的にはそれ以前から慣例化されていた地方豪族の中央出仕を前提として、天武朝以降、次第に休暇に関する細則が整備されていったと考えることができよう。

三　京畿を本貫とする地方出身氏族の実態

地方出身者の京内への移貫が盛んに行われるようになるのは、中村順昭が指摘するように平安遷都以降であり、平城京時代の京貫附の記事は『続紀』にはみられない(36)。中村はその理由として、八世紀の地方出身者は京に居住していても、戸籍上では京に貫附する例が少なかったことを挙げる。確かにそのような事実が存した可能性は高いと見るべきであろうが、果たして『続紀』の京貫附の記事の欠落を、すべてこうした理由によると解することができるであろうか。

『姓氏録』の序には、「京畿之氏、大体牢二籠諸国之氏一、或不三必入二京畿一」との一文を掲げている。この文は「京内および畿内五ヵ国に本貫を持つ氏族は、だいたい畿外諸国の氏族を包摂しているが、必ずしもそのすべてが含まれるわけではない」の意にとることができる。『姓氏録』は、諸氏族に本系帳の提出を命じる延暦十八年（七九九）の桓武天皇の勅（『日本後紀』同年十二月戊戌条）にもとづき編纂が進められ、弘仁六年（八一五）に最終的に完成しており、序の文が正しく九世紀初頭の京・畿内を本貫とする氏族の実情を伝えているとすれば、地方（畿外）を本拠とする氏族の多くは、同時に京・畿内にも貫附されていたということになろう。

しかも平安遷都以降、『姓氏録』完成期以前に畿外から中央へ移貫したことが判明する事例は、

①（延暦十五年十一月）陸奥国人道嶋宿禰赤竜→右京貫附
②（延暦十八年八月）　伊予国人越智直祖継→左京貫附
③（延暦二十四年八月）近江国人林朝臣茂継→左京貫附

④（延暦二十四年八月）肥後国人中篠忌寸豊次→左京貫附
⑤（弘仁二年三月）　武蔵国人小子宿禰身成→左京貫附
⑥（弘仁二年閏十二月）紀伊国人吉原宿禰嗣宗（紀直祖刀自売の子）→左京貫附

の六例（いずれも『日本後紀』）に限られる。『日本後紀』はこの間、桓武紀から嵯峨紀までの半数近い巻が散逸してしまっているから、右の六例以外にも移貫が行われた可能性は一応考慮しなければならないが、中央に居住する地方出身者の多くは、平安遷都以前よりすでに京・畿内を本貫としていたと見るべきであろう。

ただ『姓氏録』序の末尾には「唯京畿未進幷諸国且進等類、一時難レ尽、闕而不レ究」と記す。地方氏族の中には、讃岐の因支首・伊予の伊予別公のように、延暦十八年の本系帳提出の勅にもとづき、実際に本系帳を進上したもののいたことが確かめられるが、(37) この両氏の本系は『姓氏録』には記載されていない。したがって「京畿之氏、大体牢二籠諸国之氏一、……」の言辞も、地方氏族の本系を収録しなかったことに対する『姓氏録』撰者の一種の言い訳にすぎないと解することも、一方で可能である。

実情は果たしてどうであったのだろうか。いま『姓氏録』所載の皇別・神別の諸氏のうち、本拠地が畿外とみられる地方出身者の名をリスト・アップすると、次のようになる。

〔皇別氏族〕

左京皇別

1 **息長真人**（近江国坂田郡息長）・2 **山道真人**（越前国足羽郡?）[1]・3 **坂田酒人真人**（近江国坂田郡）・4 **八多真人**（近江国栗太郡羽田荘）・5 **三国真人**（越前国坂井郡三国）

右京皇別

6**山道真人**（越前国足羽郡？）・7**息長丹生真人**（近江国坂田郡上丹郷）・8**三国真人**（越前国坂井郡三国）・9**坂田真人**（近江国坂田郡）

山城国皇別

10**三国真人**（越前国坂井郡三国）

左京皇別上

11**阿閉臣**（伊賀国阿拝〔阿閇〕郡）・12**名張臣**（伊賀国名張郡名張郷）・13**佐々貴山君**（近江国蒲生郡篠筒郷）・14**角朝臣**（周防国都濃郡〔「角国」〕）・15**道守朝臣**（越前国足羽郡道守村〔道守荘〕）・16**生江臣**（越前国足羽郡生江〔江上郷・江下郷〕）・17**吉備朝臣**（備中国下道郡）[2]・18**下道朝臣**（備中国下道郡）・19**道守朝臣**（越前国足羽郡道守村〔道守荘〕）・20**犬上朝臣**（近江国犬上郡）・21**坂田宿禰**（近江国坂田郡、近江国槻本？）[3]

左京皇別下

22**下毛野朝臣**（下野国）・23**池田朝臣**（上野国那波郡池田郷）・24**上毛野坂本朝臣**（上野国碓氷郡坂本郷）・25**車持公**（上野国群馬郡〔車評〕）・26**稲城壬生公**（尾張国丹羽郡稲城郷？）・27**小槻臣**[4]（近江国栗太郡小槻神社）・28**牟義君**（美濃国武芸郡）・29**守公**（美濃国？）[5]・30**治田連**（近江国浅井郡）[6]

右京皇別上

31**上毛野朝臣**（上野国）・32**佐味朝臣**（上野国緑野郡佐味郷・上野国那波郡佐味郷）・33**大野朝臣**（上野国山田郡大野郷）・34**阿閉臣**（伊賀国阿拝〔阿閇〕郡）・35**伊賀臣**（伊賀国伊賀郡）・36**阿閉間人臣**（伊賀国

阿拝〔閉〕郡）・37**道公**（加賀国石川郡〔旧越前国加賀郡〕味知郷）

右京皇別下

38**真野臣**（近江国滋賀郡真野郷）・39**安那公**（備後国安那郡）・40**和気朝臣**（備前国磐梨郡岩成郷）・41**阿保朝臣**（伊賀国伊賀郡阿保郷〔「伊賀国阿保村」『姓氏録』〕）・42**羽咋公**（能登国羽咋郡羽咋郷）・43**讃岐公**（讃岐国東部[7]〔大内郡、寒川郡、山田郡〕）・44**建部公**（近江国栗太郡建部神社〔式内社〕、犬上郡）・45**別公**（近江国？[8]）・46**御立史**（参河国碧海郡御立〔「参河国青海郡御立」『姓氏録』〕）・47**佐伯直**〔針間別佐伯直〕（播磨国）・48**笠朝臣**（備中国小田郡笠岡？）・49**笠臣**（備中国小田郡笠岡？）50**真髪部**（備中国窪屋郡真髪〔白髪部〕郷[9]）・51**廬原公**（駿河国廬原郡廬原郷、安倍郡〔「阿倍廬原国」『姓氏録』〕）・52**宇自可臣**（播磨国飾磨郡〔「牛鹿屯倉」安閑紀〕）・53**道守臣**（越前国足羽郡道守村〔道守荘〕）・54**島田臣**（尾張国海部郡島田郷〔「尾張国島田上下二県」『姓氏録』〕）・55**火**（肥前国、肥後国〔肥後国八代郡肥伊郷？〕）・56**息長連**（近江国坂田郡息長）

山城国皇別

57**阿閇臣**（伊賀国阿拝〔阿閇〕郡）・58**出庭臣**（出羽国田川郡伊氏波神社〔式内社〕？）・59**道守臣**（越前国足羽郡道守村〔道守荘〕）・60**息長竹原公**（近江国坂田郡息長）

大和国皇別

61**江沼臣**（越前〔加賀〕国江沼郡）・62**肥直**（肥前国、肥後国〔肥後国八代郡肥伊郷？〕）

摂津国皇別

63**榛原公**（遠江国蓁原郡蓁原郷）・64**佐々貴山君**（近江国蒲生郡篠笥郷）・65**伊賀水取**（伊賀国）・66**松津**

首（肥前国松津？[10]）・67**道守臣**（越前国足羽郡道守村〔道守荘〕）・68**車持公**（上野国群馬郡〔車評〕）

河内国皇別

69**阿閇朝臣**（伊賀国阿拝〔阿閇〕郡）・70**阿閇臣**（伊賀国阿拝〔阿閇〕郡）・71**道守朝臣**（越前国足羽郡道守村〔道守荘〕）・72**道守臣**（越前国足羽郡道守村〔道守荘〕）・73**塩屋連**（伊勢国庵芸郡塩屋郷？）・74**早良臣**（筑前国早良郡早良郷？[11]）・75**紀祝**（紀伊国）・76**守公**（美濃国？）・77**佐伯直**（針間別佐伯直〔播磨国〕）・78**秦原**（遠江国蓁原郡蓁原郷）

和泉国皇別

79**道守朝臣**（越前国足羽郡道守村〔道守荘〕）・80**葦占臣**（近江国栗太郡葦浦屯倉、備後国葦田郡葦浦郷？[12]）

【備考】右京皇別下の吉備臣は、『続紀』神護景雲三年九月辛巳条に吉備臣を賜姓されたとする河内国志紀郡人の岡田毗登稲城らを指すとみられるので、ここでは除外した。

［注］

［1］天平神護二年の文書に越前国足羽郡安味郷戸主、山道竹麻呂の名が見える（古五・五六八、五八四）。山道真人の本拠地は足羽郡内にあった可能性があろう。

［2］吉備朝臣の旧姓は下道朝臣。天平十八年十月に下道朝臣真備、同二十年十一月に下道朝臣乙吉備・直事・広が吉備朝臣の氏姓を賜わった（『続紀』）。

〔3〕『姓氏録』によれば、坂田宿禰の旧姓は槻本公（宿禰）。近江国には滋賀郡や野洲郡に連（村主）姓の槻本氏が存するので、所在は明らかでないが、近江国内に「槻本」の地名があったことがうかがえる。

〔4〕小槻臣の一族の名は他に見えないが、『姓氏録』は小槻臣を垂仁天皇の皇子、於知別《おちわけ》命の後裔とする。『古事記』も同じく垂仁天皇の子に落別王《おちわけ》の名を挙げ、小月山君（本拠地は近江国栗太郡）の祖とするから、佐伯有清が指摘するように（『新撰姓氏録の研究』考証篇第二）、小槻臣と小月山公（小槻山君）とは同族とみられる。

〔5〕佐伯有清は、守公が牟義君と同じく大碓命の後裔とされ、守公の部民であったとみられる守部を氏名とする氏族が美濃に広く分布することにもとづき、守氏を美濃を本拠とした豪族と推定する（『新撰姓氏録の研究』考証篇第二）

〔6〕『姓氏録』によれば、近江国浅井郡の墾田の地を居地としたため、「治田連」の氏姓を賜わったとある。

〔7〕讃岐公（旧姓讃岐直・凡直）の一族の者の分布が、八世紀から十一世紀に至るまで、讃岐国東部の大内・寒川・山田の諸郡に認められる。

〔8〕『姓氏録』によれば、別公は近江国を本拠とした犬上朝臣や建部公と同族関係にある。

〔9〕真髪部（延暦四年までは白髪部）は、備中国窪屋郡のほか各地に分布するが、本条の真髪部は「同命（稚武彦命）男吉備武彦之後也」と記し、笠朝臣・笠臣と同祖関係にあるから、備中国窪屋郡真髪郷を本拠とした氏族と見ることができる。

〔10〕「国造本紀」に松津国造の名を掲げ、「難波高津朝御世、物部連祖伊香色雄命孫金弓連、定二賜国造一」と記す。「松津」は肥前国の地名とみられるが、所在不明。松津首は松津国造の関連氏族か？

〔11〕早良臣とは別族ではあるが、天平宝字二年の筑前国早良郡には、早良勝弟子（早良郡擬少領）や早良勝飯持売・早良勝足嶋（早良郡額田郷人）のような勝姓の早良氏の存在が認められる（古一四・二六九〜二七二）。早

良（佐和良）臣は『姓氏録』および『古事記』孝元天皇段に、平群都久宿禰の後裔で、平群臣と同祖とされる氏族であるが、筑前国早良郡には早良郷と並び平群郷の郷名が存し、さらに『姓氏録』河内国皇別に早良臣と同祖と記す平群氏系の額田首（大和国平群郡額田郷か河内国河内郡額田郷が本拠地）の氏名と結びつく額田郷の郷名も認められる。したがって筑前国早良郡の一帯は平群系諸氏の勢力圏を形成していたと推測され、早良臣のサワラの氏名も筑前国の「早良」の地名に由来する可能性が高いと思われる。ただ河内国讃良（更荒・更浦・更占）郡の郡名はサララ・ササラ・サウラなどと訓まれており、サワラもその転訛の一つと見ることができる。讃良郡の地が生駒山地を挟んで大和国平群郡と接し、河内国河内郡額田郷とも近いことを考慮すると、早良臣の本拠も河内国讃良郡の地で、筑前国早良郡はその二次的な進出地と解することもまた可能かもしれない。

［12］葦占臣は天足彦国押人命の後裔と称するワニ系の一族であるが、近江国はワニ系諸氏の集住地であり、「近江国葦浦屯倉」の地（安閑紀・栗太郡）が葦占臣一族の本拠地であった蓋然性が高い。なお隣国の山背国宇治郡賀美郷には天平期に葦占臣東人や同人主が存した（古二五・七三）。一方、『日本霊異記』（下二十七）によれば、宝亀年間の備後国葦田郡屋穴国郷の住人に穴（安那）君弟公や秋丸のいたことが知られるが、穴君は同国安那郡を本拠としたワニ系の氏族（「国造本紀」の吉備穴国造と同一氏）である。したがって備後国の葦浦の地も葦占臣の関係地（おそらく本拠地の近江国から二次的に備後に進出したとみられる）と推測できる（加藤謙吉『ワニ氏の研究』雄山閣、二〇一三年、参照）。

〔神別氏族〕

左京神別上

1**伊香連**（近江国伊香郡伊香郷）・2**中臣方岳連**（近江国伊香郡片岡郷）・3**越智直**（伊予国越智郡）・4

猪名部造（伊勢国員弁郡）[1]

左京神別中

5**大伴連**（紀伊国名草郡?、那賀郡?）[2]・6**榎本連**（紀伊国名草郡?）[3]・7**神松造**〔神私連?〕[4]（紀伊国名草郡）・8**浮穴直**（伊予国浮穴郡）・9**出雲宿禰**（出雲国）・10**出雲**（出雲国）・11**入間宿禰**（武蔵国入間郡）・12**佐伯連**（丹波国桑田郡佐伯郷?）[5]

左京神別下

13**伊勢朝臣**（伊勢国）・14**尾張宿禰**（尾張国）・15**尾張連**（尾張国）・16**丹比須布**（伊予国周敷郡）・17**石辺公**（近江国愛智郡石部神社〔式内社〕?）[6]

右京神別上

18**内田臣**（伊勢国阿濃郡内田郷?）・19**神麻績連**（伊勢国多気郡麻續郷?）・20**大伴大田宿禰**（紀伊国名草郡大田郷?）[7]・21**壱岐直**（壱岐島壱岐郡）・22**出雲臣**（出雲国）・23**神門臣**（出雲国神門郡）

右京神別下

24**伊与部**（伊予国?）・25**尾張連**（尾張国）・26**伊与部**（伊予国?）・27**朝来直**（但馬国朝来郡朝来郷）・28**阿多御手犬養**（薩摩国阿多郡阿多郷）・29**大家首**（紀伊国名草郡大宅郷）・30**桑名首**（伊勢国桑名郡桑名郷）・31**宗形朝臣**（筑前国宗像郡）・32**青海首**（参河国碧海郡碧海郷?）

山城国神別

33**熊野連**（紀伊国牟婁郡熊野）・34**筑紫連**（筑紫国〔筑前・筑後〕）・35**出雲臣**（出雲国）・36**出雲臣**（出雲国）・37**尾張連**（尾張国）・38**阿多隼人**（薩摩国阿多郡阿多郷）・39**石辺公**（近江国愛智郡石部神社〔式内

社〕？）

大和国神別

40**仲丸子**（紀伊国那賀郡那賀郷[8]）・41**尾張連**（尾張国）・42**大角隼人**（大隅国）

摂津国神別

43**津島朝臣**（対馬嶋）

河内国神別

44**紀直**（紀伊国）・45**勇山連**（豊前国下毛郡諫山郷）・46**浮穴直**（伊予国浮穴郡）・47**尾張連**（尾張国）・48**出雲臣**（出雲国）・49**宗形君**（筑前国宗像郡）

和泉国神別

50**巫部連**（豊国？）・51**大伴山前連**（紀伊国那賀郡山埼郷[9]）・52**紀直**（紀伊国）・53**川瀬造**（近江国犬上郡川瀬）・54**川枯首**（近江国甲賀郡川枯神社〔式内社〕？）・55**長公**（紀伊国那賀郡那賀郷）

［注］

［1］猪名部は船大工や木工より成る渡来系のトモの組織で、最初摂津国河辺郡為奈郷に安置され、ついで伊勢国員弁郡を始めとして日本各地に分布するようになった技術者集団であるが、左京神別上に掲げるこの猪名部造氏は、伊勢国員弁郡を本拠とし、後に京内に貫附された一族と推察される（加藤謙吉「猪名部に関する基礎的考察」『民衆史研究』一七号、一九七九年）。

［2］紀伊国名草郡から那賀郡にかけての一帯は大伴連の集住地であり、6の榎本連（大伴連と同祖）や7の神松造

(神私連?・大伴連と同祖)もまた、名草郡に拠点を有した事実とあわせると、紀伊国の紀ノ川沿岸の地(名草郡・那賀郡)にこれらの氏の本拠があった可能性は高いと思われる。

[3]紀伊国には、天平勝宝八年(七五六)当時、榎本連千嶋が名草郡擬少領の職にあり、榎本連真坂も同郡の戸主であった(『正倉院宝物集成』三二八)。千嶋は天平神護元年(七五六)には「前名草郡少領」とされるが(『続紀』)、九世紀後半の貞観三年(八六一)の同郡主帳にも榎本連(闕名)がおり(『平安遺文』一巻一三〇号)、この氏が名草郡の伝統的な有力土豪の一族であったことが知られる。紀伊国にはこのほか『日本霊異記』下第十に、牟妻郡の人として榎本氏出身の「牟妻沙弥」の名が見える。

[4]『古屋家家譜』は(大伴)金村大連公の子に宇遅古連公の名を掲げ、その尻付に「是宇治大伴連、神私連、大伴櫟津連等祖也」と記す。宇治大伴連や大伴櫟津連は紀伊国名草郡を本拠とした氏で、神私連も同様に推測することができるが、7の神松造もまた金村大連公の後裔とされる。さらに神松造が大伴連・榎本連と同じく紀伊国名草郡と結びつく一族であるとすると、居住地という面からも神松連と共通することになる。したがって佐伯有清のように(『新撰姓氏録の研究』考証篇三)、『姓氏録』の「神松造」は「神私連」の誤写で、この氏は紀伊国名草郡宇治の地を本拠とし、名草郡の国懸神社の神官家と関わる氏と解するのが妥当と思われる。

[5]12の佐伯連の本拠地は不詳であるが、その本系に「大(木)根乃命男丹波真太玉之後也」とある。『和名抄』によれば、丹波国桑田郡に佐伯郷の郷名が存し、十世紀の同国船井郡には佐伯宿禰の氏人の存在が認められるから、本条の佐伯連は丹波国桑田郡佐伯郷を本拠とした一族と見るのが妥当か。

[6]17の石辺公の本系には「大国主〈古記一云、大物主。〉命男久斯比賀多命之後也」と記し、39の石辺公の本系にも「大物主命子久斯比賀多命之後也」とあるが、『延喜式』神名帳愛智郡の石部《いそべ》神社の祭神は現在、天照坐皇大御神と天日方奇日方(アメヒガタクシヒガタ)命で、相殿が国造大名牟遅命とされる。久斯比賀多命の名は天

日方奇日方命の名と一致するから、近江国愛智郡石部神社の地が石辺公の本拠地であったと推察することができよう。

［7］大伴大田宿禰の「大田」は地名を指すとみられるが、何処の地名か不詳。ただし大伴氏系の氏族には紀伊国名草郡を本拠とするものが多いので、この氏も同様に考えるべきか。

［8］『古屋家家譜』の加爾古連公（〔大伴〕糠手古連公の子・金村大連公の孫）の尻付に「掌二木国那賀屯倉一。是仲丸子連祖也」と記す。

［9］大伴山前連について、『古屋家家譜』は大伴金村大連公の子の磐連公が継体朝に「甲斐国山梨評山前之邑」に遷居し、その子孫が庚午年籍で大伴山前連に改姓したこと、山梨郡司少領正七位下の方麻呂が甲辰年（天武十三年）にさらに大伴直姓に改姓したことを伝える。しかし溝口睦子が明らかにしたように、『古屋家家譜』はいわゆる仮冒系譜（付会系譜）の類で、甲斐国の大伴直が磐を別祖とする大伴山前連の系列に、自家の系譜を繋ぎ、磐の後裔と主張したものにすぎないと解すべきであろう（溝口『古代氏族の系譜』吉川弘文館、一九八七年）。そうすると大伴山前連の本拠地も甲斐国山梨郡の山前邑ではなかったことになるが、『古屋家家譜』に紀伊国名草郡とその周辺の地名を負う大伴系諸氏の名が多く掲げられる事実を参看すると、大和国神別の仲丸子と同様に大伴山前連も紀伊国那賀郡の山埼郷を本拠とした氏の可能性が高いと思われる。

皇別氏族は『姓氏録』収録の三三五氏中、確定的でないもの十一氏を含めて、地方出身氏族が八十氏を数え、全体の二十四％を占める。一方、神別氏族の場合は、収録氏族四〇四氏に対して、確定的なもの四十一氏、疑問のあるもの十四氏、計五十五氏で、全体の十四％弱にとどまるが、これは在地型土豪が多い皇別氏族に対し

て、伴造を主体とする神別氏族のケースでは、地方出身者が相対的に少ないことに起因すると思われる。

皇別・神別をあわせた総計は一三五氏にのぼるが、これだけの数の地方出身者が、平安遷都以前の京・畿内に本貫を有したとするならば、「京畿之氏、大体牢二籠諸国之氏一……」という『姓氏録』序の文も、全くの虚構ではなく、おおよそ実態に即して書かれていると判断して支障あるまい。しかも右の一三五氏中七十九氏については、八世紀代（平安遷都以前）に中央官人として出仕するか、もしくは京・畿内に居住したことが、『姓氏録』以外の史料により確認・推定できる。[38] したがって両貫制という居住形態が当時現実に機能していたことは、もはや疑う余地がないと断じてよいであろう。

四　ウジの成立と地方氏族の出仕形態の変化

「はじめに」で述べたように、長山泰孝は継体の即位の頃（六世紀初め）までは、地方豪族が積極的に国政に参与していた事実を指摘している。[39] 稲荷山古墳出土鉄剣銘や江田船山古墳出土大刀銘によると、乎獲居（ヲワケ）臣は杖刀人の首、无利弖（ムリテ）は典曹人として、それぞれ獲加多支鹵（ワカタケル）大王に奉事しており、乎獲居臣を稲荷山古墳の礫槨、无利弖を江田船山古墳の被葬者に比定することができるならば、彼らは武蔵や肥後から中央の獲加多支鹵大王の宮に出仕し、武官・文官的役割を担って一定期間大王に奉仕した後、故郷に帰還したことになろう。

しかも雄略紀七年条や継体紀二十一年六月条の吉備上道臣田狭・筑紫君磐井の叛乱記事からも、同様の出仕のあり方を読み取ることができる。田狭は雄略の宮殿に伺候し、朋友に妻の稚姫の美しいことを自慢し、磐井は新羅討伐のため任那へ渡海しようとする近江臣毛野の軍隊を遮り、毛野に対して「今こそ使者たれ。昔は吾が伴として、肩摩《す》り肘触《す》りつつ、共器《おなじけ》にして同食《ものくら》ひき」と豪語している。どちらも造作の跡が濃厚でにわかには信じがたいが、たとえそれが作文にすぎないとしても、田狭や磐井のような地方豪族が、大王との間に形成された人格的主従関係にもとづき、ある期間大王のもとに出仕することが五世紀後半から六世紀初頭頃には慣例化していたと考えて差し支えないであろう。

ただその場合留意しなければならないのは、稲荷山鉄剣銘や船山大刀銘には、乎獲居臣の一族の名や无利弖の名は記すものの、彼らのウジ名が認められないことである。稲荷山鉄剣銘裏面の「世々為二杖刀人首一」の「世々」は、「上祖より乎獲居臣にいたるまで代々」の意ではなく、平野邦雄が説くように、「天皇(大王)の御代々々」の意であり、「乎獲居臣が獲加多支鹵大王までの何代かの大王に、杖刀人の首としてお仕えした」と解するのが妥当と思われるが(40)、すると杖刀人の首や典曹人として大王に奉仕したのは乎獲居臣や无利弖という特定個人に限られ、その職務は彼らの属する一族全体に及ぶものではなかったことになる。職務が固定し、それが一族内で世襲的に継承されるようになった時点で、初めてトモとして負うべきウジ名が成立するのである。したがって乎獲居臣や无利弖の出仕の形態は、明らかにウジ成立以前の状況を示していると見ることができよう。

このような形態は田狭や磐井のケースにもそのまま当てはまる。すなわち中央に恒常的に居住するのではなく、一定期間中央にとどまって大王に仕える形態が、地方豪族の本来の出仕のあり方であった。一時的な出仕に代わって、両貫制的な居住形態が地方豪族の間に定着するようになるのは、ウジの成立以降であろう。そして王権への隷属と奉仕が、ウジの成立に不可欠の要件であるとすれば、ウジの多くは王権が急速に強化される六世紀に入ってから成立したとみられ、特に地方豪族の場合は、王権による磐井の乱の平定が、その直接の契機になったと推察することができる。

筆者は先に尾張氏の氏族的動向について論じ、この氏が継体大王との婚姻関係にもとづき、継体ないし安閑・宣化の時代に尾張国から中央に進出したこと、『和名抄』の河内国安宿郡尾張郷の地や大和国葛城の「高尾張邑」（神武即位前紀）が畿内における尾張氏の拠点で、その一部はさらに六世紀末の飛鳥遷都の頃に大和国高市郡の「小墾田《をはりだ》」に居所を移したことを推定した。[41] 尾張氏の中央移住は地方豪族の中では比較的早い段階に行われたとみられるが、大和の国名地名の所在地が磐余・飛鳥の宮都の位置と対応することから（前述）、地方豪族の主だったものは、六世紀後半から七世紀初め頃までにはすでにウジとして存立するようになり、畿内への移住を完了して、大王のもとに出仕する体制を整えていたと推量することができよう。

地方豪族がウジ化する時期は、中央豪族に比べて多少遅れると考えられるが、王権への奉仕体制という点では、両者の間に差はなく、本質的に対等の立場にあったと見るべきである。前述のように天武十三年の朝臣賜姓において、地方豪族は全体の約三十％にあたる十六氏が朝臣に改姓している。すなわち中央の有力豪族に準じて、一部の地方豪族に例外的・特典的に朝臣姓が与えられたのではなく、出身が中央・地方のいかんを問わず、あくまで天武十三年の時点で政治的に優勢な豪族を対象として、均等に朝臣姓が賜与されたとみられるのである。律令制下の地方豪族の中から右大臣正二位の吉備（下道）真備、参議正四位下の下毛野古麻呂、参議従三位の大野東人らのような議定に列した有力者を始め、五位以上の貴族層の官人を輩出していることは、中央における彼らの政治的立場が中央豪族に対して、決して劣っていなかった現状を表していると解してよいであろう。

一方、両貫制という居住形態を前提に据えた場合、本拠地に残留した一族の有力者は、それぞれの地で国造・県稲置《こおりのいなぎ》、後には評司（評督・助督）・郡司などの役職に就いたが、彼らもまた地方でかかる終身官的任務に就任する前は、中央に上り、舎人や靫負《ゆげい》、次いで兵衛や資人などをつとめたと見ることができる。天平二十年（七四八）の海上国造他田日奉部直神護の啓状によれば、神護の祖父・父・兄は孝徳朝以来、下総国海上郡の少領や大領をつとめたとあり、神護は養老二年（七一八）から藤原麻呂の位分資人として十一年間、さらに中宮舎人として二十年間仕えたので、祖父・父・兄の跡を継いで海上郡の大領に任命してほしいと申請しているが（『大日本古文書』三巻一五〇頁）、神護のようなケースは、他にも数多く存したと解してよいであろう。

しかも中央に出仕した彼らが一時的に居住した場所は、中央官人化した一族の京・畿内における本貫の地と一致するとみられる。平安期に京内に移貫した地方出身者は、すでに京内に本貫を持つ一族と同じ区域に貫附されたようで、例えば『姓氏録』は右京皇別下に讃岐公、左京神別上に猪名部造の本系を掲げるが、承和三年三月に讃岐国寒川郡人の讃岐公永直や同国山田郡人の讃岐公全雄らが右京三条二坊に貫附されており、貞観十二年に死去した左京人の春澄朝臣善縄（旧姓猪名部造）は、もと伊勢国員弁郡人で、「達宦之後、移㆓隷京兆㆒」とある(42)（『三代実録』）。

貞観七年（八六五）三月には、相模国鎌倉郡人の上村主真野と同秋貞らが河内国大県郡に貫附された（『三代実録』）。上村主氏は西漢氏配下の村主（漢人の長）の一族で、河内国大県郡賀美《かみ》郷や同国安宿郡賀美郷が本来の発祥地であり、大県郡や安宿郡には実際にこの氏の氏人の分布が認められる。すなわち上村主氏は二次的に地方に進出した渡来系の氏族であるが、六・七世紀代にはミヤケの設置や管理などに従事させるため、実務能力に優れた渡来系の諸氏を東国各地に派遣することが一般化しており、右の真野や秋貞も河内から相模国に移住したそのような一族の末裔と推定することができる(43)。

すると真野や秋貞は祖先の旧貫の地に、長い年月を経て再貫附されたことになる。『三代実録』は真野を大皇大后宮少属従八位、秋貞を武散位従八位上と記し、彼らが貞観七年以前から、すでに実質的に中央に拠点を移していた事実がうかがえるが、彼らは中央の上村主氏をたよって、相模から河内に移住したとみられるのである。これにより、両貫制という居住形態を梃子として、地方と京・畿内の同族間の交流が、長期にわたって緊密に行われていた事実を読み取ることが可能となろう。

むすびにかえて

以上、ウジ成立後における地方豪族の中央出仕のあり方について検討し、王権への奉仕の形態やその政治的処遇という点に関して、中央豪族との間に決定的な差が認められず、大和政権から律令国家の段階に至るまで、両者が基本的に対等な立場にあった事実を明らかにした。また地方豪族の畿内進出にともない、中央と地方（出身地）の両所に拠点を構える両貫制ともいうべき居住形態が、地方豪族の間で恒常化していたことも論証することができた。

旧稿で論及したように、天武十三年の朝臣賜姓五十二氏の中には、先に指摘した十六氏以外にも、阿倍氏や紀氏のように、本来地方出身とみられる豪族がおり、(44)多氏もまた尾張が発祥の地ではないかと推察される。(45)さらに中臣氏や膳氏の場合も、一族内部に東国出身者を含む可能性が存する。(46)したがってこうした氏族の再検証とあわせて、古代国家成立過程における王権と豪族との関係を見極めていく作業が次に必要となるが、いずれも後日の課題として、ひとまず稿を終えることにしたい。

【注】

（1）長山泰孝「国家と豪族」『岩波講座日本通史第三巻　古代2』（岩波書店、一九九四年、所収）

（2）加藤謙吉「中央と地方」『歴史読本（第五六巻八号）古代豪族の正体』（新人物往来社、二〇一一年）

（3）旧伴造系の氏は膳臣・物部連・雀部臣・中臣連・采女臣・軽部臣・若桜部臣・宍人臣・車持君・道守臣の十氏。ただし道守臣については、後述するように伴造系か在地土豪系か、必ずしも明確でない。

（4）例えば中村順昭は、天武紀の記事にもとづき、畿外からの中央官人の出仕が天武朝から行われ、藤原京の段階を経て、平城京遷都までの間に京戸としての編成が行われたと推測する（同著『律令官人制と地域社会』吉川弘文館、二〇〇八年）。

（5）持統五年八月の墓記上進十八氏の中に上毛野氏の名が見える。あるいは『日本書紀』編纂の出発点とされる天武十年の帝紀・上古諸事の記定事業に上毛野君三千が参加していることにもとづくならば、形名の記事は三千の筆になる可能性も考慮される。なお、帝紀・上古諸事の性格については、加藤謙吉「『日本書紀』とその原資料」（『日本史研究』四九八号、二〇〇四年）参照。

（6）丹後国にも加佐郡が存し、藤原宮跡や飛鳥京跡より出土した木簡に「旦波国加佐評」、「□佐評椋椅部」（『和名抄』に丹後国加佐郡椋橋郷あり）、「加佐評」、「旦波国[柯]佐[評]」と記すものがあり（『評制下荷札木簡集成』一五〇〜一五三号）、観音菩薩立像台座銘の「笠評」を丹後（旧丹波）国加佐郷を指すとする説も存在する。しかし台座銘の[左]古臣、布奈太利古臣、[建]古臣は、いずれも臣のカバネを持つことから、備中国の笠臣の一族の者と解するのが妥当であろう。

（7）岩本次郎「古代吉備氏に関する一考察」（『ヒストリア』二六号、一九六〇年）

（8）天平勝宝二年（七五〇）に百済系渡来氏族の田辺史難波らが上毛野君の氏姓を賜わり、弘仁元年（八一〇）、この旧田辺氏系の上毛野君が朝臣に改姓すると、上毛野朝臣には上野国出身の既存の氏と渡来系の氏の二系統が並立するようになった。『姓氏録』右京皇別上の上毛野朝臣を前者、同左京皇別下の上毛野朝臣を後者に比定することができ、平安期にはもっぱら後者の活動が顕著となるが、前者の勢力も引き続き存続したと考えて差し支えない。

（9）『正倉院宝物銘文集成』の釈読によれば、甥は「上野国多古郡八□（田カ）郷」の人とされるが、この釈読は必ずしも確定的とは言えず、小池浩平のように、これを「上野国群馬郡□□（井出カ）郷」と読む説もある（小池浩平「古代上毛野地域の氏族支配構造と上毛野氏」『ぐんま史料研究』二〇号、二〇〇三年）。

（10）右島和夫「古墳文化の終焉」『群馬県史』通史編1第五章第十節、一九九〇年

（11）朝臣賜姓が実施された天武十三年十一月から『続紀』に足人の名が記される天平勝宝元年閏五月までの間に、上毛野氏が二次的に朝臣姓を与えられた形跡は認められない。

（12）本居宣長『古事記伝』二十二・伊邪河宮巻

（13）佐伯有清『新撰姓氏録の研究』考証篇第一（吉川弘文館、一九八一年）

（14）天平神護二年の足羽郡の住人には道守臣息虫女（『大日本古文書』五巻六五六頁など〔以下、「古五・六五六」のように略記〕）のほか、道守（臣）男食（古五・五六七ほか）、道守（臣）床足（古五・五八〇ほか）、道守（臣）乙虫女（古五・五八二）の名が見える。天平神護二年と翌三年に、道守臣息虫女・男食・床足・乙虫女は「道守村」や「道守庄」の墾田を東大寺に沽却している。

（15）加藤謙吉「東漢氏の氏族組織の成立」（同著『大和政権と古代氏族』吉川弘文館、一九九一年、所収）。なお、前沢和之も「東国六腹朝臣」を天武朝の朝臣賜姓六氏とする（前沢「豊城入彦命系譜と上毛野地域」『国立歴史民俗博物館研究報告』四四集、一九九二年）。これに対して関口功一は、この六氏の上野・下野の該当地域での

存在を示す史料が認められないこと、池田・大野・佐味三氏は美濃・尾張（池田氏）、越前・美濃・飛騨（大野氏）、越前（佐味氏）を本拠とした可能性が高いこと、大野氏の場合は、後に律令国家の東国政策に関与する過程で、上毛野氏との同族関係が成立したことなどをあげ、「東国六腹朝臣」は池原公のような「中国《（マヽ）》起源」の渡来人が、その改姓にあたって、いくつかの語句を組み合わせて作り出した言葉にすぎないとする（『東国の古代氏族』岩田書院、二〇〇七年）。確かに車持・佐味・大野・池田の四氏については、表1の上野国の推定本拠地やその周辺地域に、一族の者の存在を史料で確認することはできない。しかしそれは関口が池田氏や大野氏の本拠地と推定する美濃・尾張・越前・飛騨でも同様であり、池田・大野という地名以外に、池田氏や大野氏がこれらの地域に拠点を持ち、活動していた形跡を示す証拠は存在しない。佐味氏だけは、天平五年当時の越前国丹生郡大領の佐味君浪麻呂を始め、八世紀の越前国丹生・足羽両郡に君（公）姓・無姓の佐味氏が少なからず認められるが、果たして越前在住の佐味氏が、天武朝に朝臣を賜姓された佐味君、豊城入彦命の後裔とする『姓氏録』の佐味朝臣と同族かどうかは明らかでない。むしろ崇神紀四十八年正月戊子条に崇神の勅として「兄（豊城入彦命）は一片に東に向けり。当に東国を治らむ」とあり、同年四月丙寅条に「豊城命を以て東を治めしむ。是上毛野君・下毛野君の始祖なり」と記すことに着目する必要がある。ここでは「東国」・「東」の語は毛野の地と同義で用いられており、これによる限り東国六腹朝臣の本拠地は、毛野内部に求めるのが妥当となろう。

（16）佐伯有清「新撰姓氏録の内容に関する二、三の問題」（『歴史地理』八八巻四号、一九五八年）、同『新撰姓氏録の研究』研究篇（吉川弘文館、一九六三年）

（17）宝亀五年出羽介に任じた下毛野朝臣根麻呂もこのような事例に加えるべきかも知れないが、彼は天平神護元年に下毛野公を賜姓された吉彌侯根麻呂と同一人とみられる。吉彌侯・吉彌侯部（君子・君子部）は、上毛野・下毛野両氏の隷属民とする説があり、八世紀以降は陸奥・出羽の俘囚が吉彌侯・吉彌侯部を称するケースが多いから、根麻呂は本来、下毛野氏一族の出身ではあるまい。

(18) 小野里了一「『毛野君』から上毛野・下毛野君へ」(『東アジアの古代文化』一三二号、二〇〇七年)

(19) 福山敏男『奈良朝寺院の研究』(高桐書院、一九四八年。一九七八年に綜芸社より増訂版刊行)

(20) 養老四年九月、石代が持節征夷副将軍に任官した時将軍となったのは、多治比真人嶋の子の県守であり、多治比氏の一族と石代の間に何らかの個人的な関係が存した可能性が想定される。

(21) 近江昌司「楊貴氏墓誌の研究」(『日本歴史』二一一号、一九六五年)

(22)『古京遺文』は八木造を右京蕃別(諸蕃)とするが、これは右京神別の誤りである。

(23) 亀井孝「楊貴氏につき語学のたちばから」(亀井孝論文集三『日本語のすがたとこころ1　音韻』吉川弘文館、一九八四年、所収)

(24) 岸俊男「楊貴氏の墓誌」(同著『日本古代政治史研究』塙書房、一九六六年、所収)。なお、岸は宝亀二年四月十日付の八木宮主の請暇(假)解と、彼の同僚(写経所装潢生)であった氏部小勝の翌十一日付の請暇解(古六・一六九・一七〇)、および「鴨大神」の名を記す同年四月十三日付の請暇解(古六・一七一)に依拠して、そのように推定する。

(25) 近江昌司、前掲注(21)論文。なお「八木寺」(高市郡東卅条一里に所在)の名は、永保二年(一〇八二)五月七日付の「大和国僧某家地売券案」(『平安遺文』一一九一号)にも見える。

(26) 大脇潔「吉備寺はなかった―『京内廿四寺』の比定に関連して―」(『文化財論叢Ⅱ』同朋舎出版、一九九五年、所収)

(27) 黛弘道『物部・蘇我氏と古代王権』(吉川弘文館、一九九五年)。黛によれば、四十余りある大和の国名地名のうち、二十余りが磯城郡・十市郡に集中することになる。

（28）直木孝次郎「国名を持つ大和の地名」・「国名を持つ大和の地名追考」（『続日本紀研究』第五巻一一号、一九五八年、同第七巻四号、一九六〇年）

（29）直木孝次郎（前掲注〔28〕論文）は、天平勝宝四年五月廿三日の「経疏出納帳」（古三・五七六）に「自二備中宮一奉請如レ件」とあることから、「備中」を天平勝宝四年以前より存した大和の地名とする。これによれば、大和には「吉備」・「備前」・「備中」の地名がそろってあったことになるが、「備中宮」は当時写経所を統轄する立場にあり、天平十八年頃から備中守を兼任していた玄蕃頭の市原王（「市原宮」とも記す）のことを指すとみられ、地名とは無関係であろう。

（30）岸俊男「『倭人伝』以後の倭と倭人」（『日本の古代1　倭人の登場』中央公論社、一九八五年、所収）

（31）大和には十市郡の吉備のほか、高市郡にも「吉備」の地名（現奈良県高市郡高取町吉備）が残存する。こちらの方は室町期後半から見える地名であるが、あるいは十市郡の吉備は磐余・磯城の宮都、高市郡のそれは、飛鳥の宮都に対応する吉備系諸氏の進出拠点と臆測することも可能かもしれない。

（32）野村忠夫『律令官人制の研究』（吉川弘文館、一九六七年）

（33）宝亀八年七月に十市郡にあった佐味朝臣宮（故人、従四位下。宮人）の位田が川原寺に施入されたが（古六・五九七、五九八）、この位田が後に発展して、弘福寺（川原寺）領佐位《さみ》荘となる。佐味氏の大和の拠点は十市郡佐味の地にあったと見て間違いない。佐味氏出身の中央官人には、壬申の乱の功臣であった佐味君（朝臣）宿那麻呂（直広肆）を始め、延暦年間までに賀佐麻呂（正五位下）・虫麻呂（従四位下）・足人（外従五位下）・稲敷（従五位上）・広麻呂（従五位下）・乙麻呂（贈従五位下）・宮守（従五位下）・同伊与麻呂（従五位下）・継人（従五位下）・宮（真宮とも、従五位下→従四位下）・山守（従五位下）・枚女（従五位下）など（女官を含む）が存する。

(34) 道守氏には天智七年に遣新羅使となった小山下の道守臣麻呂がおり、『播磨国風土記』揖保郡香山里条に見える天智朝の播磨の国宰であった道守臣(闕名)も麻呂と同一人とみられる。角氏には天武十三年の遣新羅小使都努臣(朝臣)牛甘(後に直広肆)がいる。車持氏には和銅から天平期に益(従五位下、主殿頭→伊予守)、天平宝字期に塩清(従五位下)、宝亀期に諸成(従五位下)が、池田氏には天平宝字八年に従五位下に叙せられ、延暦期まで上野介・少納言・鎮守副将軍などを歴任した真枚が、阿閇氏には和銅元年従五位下に叙せられた大神が、胸方氏には解工で、養老から天平期に正七位下から外正五位上に進んだ赤麻呂が、波弥(播美・食)氏には、近江少掾・大倭介に任官し、天平宝字元年に従五位上に叙せられた奥人や天平宝字年間に従五位下・西市正であった三田次がいる。

(35) 浅野充「律令国家における京戸支配の特質」(同著『日本古代の国家形成と都市』校倉書房、二〇〇七年、所収)

(36) 中村順昭、前掲注(4)の書。なお、平安京内に移貫した地方人については、村山修一『日本都市生活の源流』(関書院、一九五三年)や村井康彦『古京年代記』(角川書店、一九七三年)が、国史にもとづいて、その事例を列挙している。

(37) 因支首の和気公賜姓に関する貞観九年二月十六日付の「讃岐国司解」は、因支首秋主の解文を引用し、「復案二旧跡一、依二太政官延暦十八年十二月廿九日符旨一、共二伊予別公等一、具注下為二同宗一之由上、即十九年七月十日進上之矣……」と記すから、因支首が同族の伊予別公とともに延暦十九年に本系帳を提出したことが知られる。このほか『丹生祝氏文』の奥付には「延暦十九年九月十六日」とあり、これを田中卓のように、延暦十八年の勅によって紀伊の丹生祝氏が提出した本系帳とする説もあるが(田中「『丹生祝氏本系帳』の校訂と研究」『田中卓著作集2 日本国家の成立と諸氏族』所収、国書刊行会、一九八六年)、内容的に見て、果たして当時の本系帳かどうか疑わしい点が少なくない。

（38）皇別氏族五十三氏、神別氏族二十六氏の計七十九氏で、その内訳は次の通り（？は確定的でないもの）。
1息長真人、2山道真人、4八多真人、5三国真人、6山道真人、7息長丹生真人、8三国真人、9坂田真人？、10三国真人、11阿閉臣、14角朝臣、15道守朝臣、16生江臣、17吉備朝臣、18下道朝臣、19道守朝臣、20犬上朝臣、21坂田宿禰、22下毛野朝臣、23池田朝臣、24上毛野坂本朝臣、25車持公、29守公、31上毛野朝臣、32佐味朝臣、33大野朝臣、34阿閉臣、35伊賀臣、36阿閉間人臣、37道公、40和気朝臣、41阿保朝臣、44建部公、48笠朝臣、51廬原公？、52宇自可臣、54島田臣、55火、56息長連、57阿閇臣、58出庭臣、61江沼臣？、63榛原公？、68車持公、69阿閇朝臣、70阿閇臣、71道守朝臣、73塩屋連、74早良臣、76守公、78蓁原、79道守朝臣、80葦占臣（以上、皇別氏族）1伊香連、2中臣方岳連、3越智直、4猪名部造、9出雲宿禰、10出雲、13伊勢朝臣、14尾張宿禰、15尾張連、19神麻績連、20大伴大田宿禰、22出雲臣、23神門臣、25尾張連、27朝来直、30桑名首？、31宗形朝臣、35出雲臣、36出雲臣、37尾張連、41尾張連、42大角隼人、43津島朝臣、44紀直、47尾張連、48出雲臣（以上、神別氏族）

（39）長山泰孝、前掲注（1）論文

（40）平野邦雄『大化前代政治過程の研究』（吉川弘文館、一九八五年）

（41）加藤謙吉「尾張氏・尾張国造と尾張地域の豪族」（『国造制の研究』八木書店、二〇一三年、所収）

（42）ほかにも備前国人の石生別公諸上らが承和三年九月に右京八条三坊に貫附されたが、『姓氏録』は、右京皇別下に和気朝臣（旧姓石生別公）の本系を掲げている。

（43）加藤謙吉『吉士と西漢氏』（白水社、二〇〇一年）

（44）加藤謙吉、前掲注（2）論文

(45) 加藤謙吉「『日本書紀』と壬申の乱」(『史料としての「日本書紀」』勉誠出版、二〇一一年、所収)
(46) 加藤謙吉「中臣氏の氏族組織と常磐流中臣氏」(『藤氏家伝を読む』吉川弘文館、二〇一一年、所収)、同「磐鹿六鴈命の伝承」(『日本歴史』六六二号、二〇〇三年)

II

王権と列島各地の諸勢力

尾張・熊野の氏族と『記紀』の構想

早川　万年

一、地方氏族研究の問題点

古代国家の形成過程を検討するにあたって、各地域がいかに畿内ヤマトの政権の支配に組み入れられたかという問題には広く関心が寄せられる。その時期と形態、推移が検討課題である。むろん、各地域ごとに中央の政権との交渉には違いがあったはずで、支配といっても何がどうなったのかという点では、結局のところ曖昧な分析にとどまることも予想される。とはいえ、遅くとも六世紀には、畿内ヤマトの政権が、九州から南東北にわたって政治的な影響を及ぼすことになったことはおそらく事実である。

この間の経緯について、文献史学の立場からすれば、『記紀』等の記載を批判的に考察し、地域に即してヤマトの政権と各地域の氏族との関係を検討することになる。この方法は戦後古代史学のなかでも大きく注目されたところであって、考古学の知見の増加とともに、地域の古代史像を豊かにするものであった。

早くから、地方史の取り組みのなかで、地名はもとより、国造や部民の分布、延喜式内社の所在等に関して研究がなされており、それらは自治体史の古代の部分の記述においても主要な位置を占めている。『延喜式』掲出の神社は、少なくともその所在する地域に村落があったことを示しており、地方のある氏族（人名）が国造とされていれば、その場所におけるヤマト政権の地方官的役割を有していたと見なされた。人名や地名に着目する部民の分布は、やはり律令制以前の住民支配の形跡をとどめると考えられてきた(1)。

ところが、これらの歴史的な機縁を示す記述が、主に『記紀』に見られるものである以上、『記紀』への批判的な研究が進行するに応じて、地方古代史の構想に与える影響も小さくはなかった。『記紀』や『先代旧事本紀』に見られる地方の記載に対して、その編年上の位置づけはもちろん、具体的なエピソードにしても虚構、後世の造作であるとする研究が重ねられてきたのである。『記紀』の編年的な記載に問題があることは言うまでもないが、歴史記述の骨格をなす天皇や皇子の事績にまで疑問が持たれてしまうと、古代地方史の構築は著しく困難になる。

この問題を越えて古代の地方史記述を試みるには、造作あるいは潤色とされる部分を判別する視点をもつことが求められるが、それにはやはり限界がある。全体としての『記紀』の記載がどのような性格のものであるかを考慮し、中央政府の由来を語るという基本構想、すなわち編者の意識と編纂の局面を推測しながら、慎重に個別の記述を検討していかなくてならないであろう。

他方、言うまでもないことであるが、残された史料の偏在にも目を向けておかなくてはならない。『記紀』『風土記』以外の史料上の手がかりはわずかである。しかも、『記紀』の史料的な性格が問題とされることと同時に、戸籍や木簡等に見られる人名の場合でも、残存の程度や偏りという点で、やはり慎重な扱いを必要とする。たとえば、大宝の戸籍が残る美濃の場合は人名が豊富であって、それだけに一面では考察の材料にも恵まれている。ただ、おおむね偶然の理由で残されたに過ぎない資料の豊富さで判明する事実は、他の地域を考える場合の参考にはなっても、同等の資料に乏しい他地域との比較がかえって困難になるという側面がある。『風土記』が存する場合に端的に示されるように、地域の記載があること自体が、かえって存在しない地域の空白を印象づけることになるのである。

さらに言えば、地域の古代史を考える際、ややもすればヤマトの政権と地域の政治勢力との相互関係にばかり目が向けられがちになるのも一つの問題である。所与のストーリーが、中央政権によって編纂された『記紀』である以上、それはいわば当然のことであるにせよ、おそらくは各地域の氏族にすれば、ヤマトとの関係と同程度かあるいはそれ以上に、近隣地域との関係が大きな関心事であったと思われる。その点で、より一層、史料上の制約は大きくなるが、やはり地域相互の政治的な関係を考慮する必要があろう。

これらの問題点を視野に入れて、本稿においては、尾張国造と熊野国造を取り上げる。いずれも『先代旧事本紀』(国造本紀)所掲の国造氏族であるが、古代史研究上の存在感といったものはずいぶん異なる。近年の「国造関係史料集」を見ても、[2]尾張氏の関係史料は、天皇家との婚姻などを含め少ない数ではないのに対し、熊野国造についてはきわめてわずかなものにとどまる。

熱田も熊野も古代の風土記や戸籍は遺存せず、史料的な制約は小さくない。交通上の位置づけも大きく異なるとはいえ、熱田神社の存在や熊野早玉神社の存在、さらに両者ともに、神聖な剣という歴史的な機縁がその地に即して『記紀』に見られるといった共通性も認められる。

以下においては、主に『記紀』に見られる尾張と熊野に着目し、国造とされる地方氏族がヤマトの政権にどのように意識され、その政治的な関係を歴史書のなかに取り込むにあたって、いかなる工夫がなされたかを検討する。とくに熊野の場合は、ヤマトの政権中枢から遠く離れているにもかかわらず、初代天皇の上陸地とされている事由についても考察を試みたい。[3]

二、東海地域の氏族

まず検討しておきたいことは、古代の地方氏族を検討する際の方法論についてである。かつて個別氏族の検討は古代史研究のなかでも主要分野の一つであって、[4]氏族研究の盛行が大化前代史をリードした観があった。そのような多彩な研究はいったん沈滞したかのように見えたが、近時、また着実な考察が積み重ねられつつあ

ると感じられる。たとえば雄山閣の日本古代氏族研究叢書がそうである。(5)

本稿ではそれらの成果を十分に取り入れる余裕はないが、以下、尾張を含む東海地域史の基本的な枠組みを簡単に振り返っておくことから考察を始めたい。

古代の東海地域は東山道・東海道の交錯という点に象徴されるように、ヤマトの政権と東国とをむすぶ要地であった。(6)ヤマトの西方の場合は山陽道および瀬戸内海が幹線ルートであって、基本的には並行する道筋である。その政治的な重要性は改めて指摘するまでもない。これに対してヤマトから東方に向かうには、東海道の場合、伊賀・鈴鹿を越える山道を通らなくてはならず、伊勢平野に出て北上すると木曽三川下流域の広い湿地帯にいたる。東山道の場合は、美濃と信濃の峠越えが代表的な難所であるが、いったん信濃に出ると関東方面だけでなく日本海側へ向かう道筋も確保できる。ただ、いずれにせよ山陽道に比べれば東方へのルートは困難であり、近畿ヤマトの人々にとって、東国への印象は、実際の距離以上に遠く感じられたことと思われる。それは海路の場合も同様であり、瀬戸内海を航行するのに比べ、太平洋側がより困難であったのは容易に想像できるところである。

ヤマトの政権にしてみれば、西方に比べて東方は未知の部分が大きく、それだけに「支配」への強い動機づけともなり、またその地域の政治動向に寄せる関心も高かったと推測できる。壬申の乱にあたって、美濃・尾張・伊勢といった東方諸国の氏族層の動向が勝敗を決したことに示されるように、畿内近辺の東海・東山の国々は、ヤマトの政権を揺るがす可能性を有していた。したがってその地域の有力氏族層による支持は、政権基盤の確立に不可欠であったと言えよう。もちろん、それは大海人皇子がはじめて気づいたことではなく、畿内の政権にとってはあらかじめ予測されていたことであった。東海地域の氏族の動向は、ヤマトの政権にとって重大な関心事であったはずである。中央政権の支配が確立するなかで不破と鈴鹿に関が設けられ、美濃と伊勢が関国と位置づけられたのもこのような政治的背景があってのことである。そして、自らが置かれている立場を察し、畿内の政権との親縁性に配慮しながら、近隣地域の勢力を牽制していたのが他ならぬ東海各地の氏族であったと思われる。

三、『記紀』における尾張氏

さて、実際に古代の東海地域に目を向けると、やはり尾張平野の氏族として大きな勢力を有していた尾張国造氏に注目される。尾張氏は熱田社の祭祀に関与し、奈良時代には各地の郡領に任用されるなど、すくなくとも尾張一国には他に比べられる氏族が見当たらないほどの地位を有していた。これに対して伊勢国の場合は、尾張氏ほどの優越性を有する氏族は見当たらず、[7]美濃国においても同様である。[8]壬申の乱の際にも、尾張国守小子部鉏鉤が「二万」の兵を率いて大海人皇子のもとに参じたとあり（「天武紀」上）、その兵数が確実かどうかはともかくとして、戦局を左右するほどの要因となっている。

尾張の地は木曽川中下流を美濃との境界として、近畿から東海への要衝にあたり、伊勢湾の内奥という水運上においても核となる場所であった。したがって、伊勢や美濃以上に、地方支配の上で重要な位置を占めており、かつそこには有力な氏族が存在していたということになる。

最近の加藤謙吉氏による「尾張氏・尾張国造と尾張地域の豪族」においては、[9]新井喜久夫氏の論考を参照しつつ、[10]この尾張氏についての基本史料（国造本紀・天孫本紀・記紀等）を検討し次のように述べる。

・尾張氏は尾張国造家を中心とする同族的な集団であって、その本拠地は六世紀には尾張国南部の愛智郡を拠点としていた。

・この勢力は国内全域に広がり、他氏族を圧倒していたと見られ、それは全国的に見ても特異である。

さらには考古学の成果を含めて次のように述べる。

・断夫《だんぷ》山《さん》古墳を出現させた勢力が尾張氏の本拠であるが、それ以前には近くの瑞穂台地に拠点を有していたことも考えられる。だが、尾張東部の味美古墳群を築造した勢力が熱田台地に移り、尾張氏の中核となって尾張各地の首長たちと広域連合を形成したと見られる。

また、尾張には尾張氏以外の勢力もあったとして、『古事記』神武天皇段に、神八井耳命の後裔氏族とされる丹羽臣以下の氏族が見られること、智多（知多）郡の和爾（ワニ）部氏の存在に着目する。その上で、尾張氏が中央に進出したのは六世紀であり、継体天皇の擁立には関わったであろうが、そのことから尾張氏の役割を過大に評価してしまうことには慎重であるべきとの考えを示されている。

以上の論説は、従来の研究を踏まえ、尾張地域に関する考古学上の知見を文献史学の立場から取り入れた、蓋然性の高い論説と思われる。尾張氏が国造とされる時期や古墳時代の尾張の地域勢力の変遷については異論も予想されるものの、尾張地域は尾張氏を中核とする連合勢力であったとする加藤氏の主要な論点は説得力があると思われる。ただ、連合とされる状況の把握には当然ながら流動的な要素が付随し、また時期的な変遷も想定される。

加藤氏の研究を参考に、改めて関係する文献史料を整理してみると、まずは「国造本紀」を始めとする系譜記事、次に『記紀』、そしてそれ以外の熱田社関連史料、尾張国風土記逸文等ということになろう。このうち、風土記逸文には、熱田社の由来が見られるが、基本的には『記紀』における尾張の位置づけを揺るがすものではない。なによりも『記紀』における尾張は草薙剣の存在に象徴される。(11) それを『記紀』の記述に即して確認すると次のようになる。

まず『古事記』においては、スサノヲノミコトがヤマタノヲロチを退治した際に見つけた「クサナギノタチ(大刀)」をアマテラス大御神に献上し、それが天孫降臨の際にヤサカノ勾玉、鏡とともにホノニニギノミコトに添え与えられたという。ただしこの記述のなかでは尾張国熱田への言及は見られない。

これに対して『日本書紀』の場合はやや複雑である。

霊異を有する剣が、ヤマタノヲロチ退治の一節と天孫降臨、ヤマトタケルの東征譚に見られるのは『古事記』と同様であるが、「神代紀」におけるクサナギノツルギ(『書紀』では剣である)は、第八段(宝剣出現)本文には所在についての言及はなく、一書第二に「今、尾張国の吾湯市村《あゆちのむら》に在り、即ち熱田の祝部《はふり》の掌れる神、是なり」とあり、一書第三に「今、尾張国に在り」とある。第九段(天孫降臨)の場合は、一書第一にのみクサナギノツルギが登場する。

以上からすれば、スサノヲのヲロチ退治によって霊剣が現れたという認識は一致するが、それを尾張熱田と明確に結びつけているのは『書紀』の一書のみである。

ついで、景行天皇段のヤマトタケルとの関係であるが、『古事記』においてはヤマトタケルの東征にあたって伊勢神宮に立ち寄り、叔母であるヤマトヒメからクサナギ剣を与えられたとし、それは『書紀』の記述と同じである。尾張との関係が明らかにされるのは、ヤマトタケルの帰途であって、クサナギ剣をミヤズヒメのもとに置いたまま伊吹山の神を討ち取りに行く。そのミヤズヒメは尾張国造の祖とされる(『書紀』では尾張氏の娘)。ただし『書紀』の場合は、天智天皇七年条に僧道行によって盗まれたとし、天武天皇没年に近い朱鳥元

年六月に、

天皇の病を卜ふに草薙剣に祟れり、即日、尾張国熱田社に送り置く。

との簡潔な一文が見られる。

これらの経緯からすれば、ヤマトタケルの時代に尾張熱田社に置かれた神剣が天智朝に盗み出され、それは天武の末年まで熱田を離れたどこかにあったことになる。その剣の祟りによって天皇は病になったとして元の熱田に返却される。宮廷の意向により戻すことができる場所にあったということであろう。

右のような推移は基本的に伊勢の鏡の場合でも同様であって、崇神朝における疫病流行をうけてアマテラスを宮殿から離れたところに鎮祭することになり、さらには近江・美濃を経て伊勢に祭られることになる。アマテラスが鏡と同一と認識されるのは、天孫降臨にあたってアマテラスと高木大神が、ヤサカ勾玉・クサナギ剣とともに「鏡」を与え、「此の鏡は専ら我が御魂として吾が前を拝むがごとくいつき奉れ」(『古事記』)と言ったことによる(「神代紀」では一書第三の記述が近似する)。ちなみに「神代紀」第八段(宝剣出現)一書第二には、右に引用した箇所に続けてヲロチを斬った剣の所在を石上《いそのかみ》といい、一書第三には吉備の神部のもとに在りとする。

『記紀』神代の記述に神宝の所在地が記載されるのは、やはりそれだけの意図が込められていると見なすべきであって、特定の場所に注目すべき来歴ある宝物が存在すること、それがやはり特定の集団によって捧持されている事実の確認が、史書の編纂段階において必要であったのである。しかもその重要性は、天皇の身体にも影響を及ぼすほどであり、天武を病気にした理由としてクサナギ剣が登場するのも、かつてのヤマトタケルの不幸を下敷きとしたものであろう。

そして、「神代紀」第八段一書第二に、安芸国・尾張国（熱田）・石上・出雲国という地名が列挙され、一書第三に尾張国・吉備と記載されるのは、やはりそれだけの地理的な知識、視界を前提としている。『古事記』の記述にいたっては、鏡や剣の神器を前面に出して天孫降臨が語られるのであるが、その所在は、右に見たとおり、熱田と伊勢を念頭に置いていると見られる。

これらからすれば神代に語られる特定のいくつかの場所のなかで、熱田と伊勢は優位にあることが容易にわかる。また、畿内以外の出雲や吉備といったところも、現実のその地域を念頭に、記述が盛り込まれていることも疑いない。これらに対して、例えば「日向の高千穂」への天孫降臨は「此の地は韓国《からくに》に向ひ、笠沙の御前《みさき》を真来《まき》通りて、朝日の直《ただ》刺す国、夕日の日照る国ぞ」（『古事記』）と、かなり曖昧な知識を前提に記されている。

つまり、列島各地の地名を盛り込み、その地域に特有の歴史的な性格を付与している事実がある一方で、尾張のように具体的な氏族が語られ、皇子や皇女のエピソードも盛り込まれている場合と、たんにその地が、叙述のなかに含まれている場合とが見られるのである。そしてその基本的な視座はヤマトの政権側である。該当する地方の側の主張がどれほど反映しているかは個別に検討していく必要があるものの、概して言えば否定的に考えざるを得ない(12)。地方の伝承といったものが、『記紀』の記述に盛り込まれるケースはそう多くはないと思われる。ただしここで考慮されなくてはならないのが、地方氏族の存在である。『記紀』に数多くの氏族の名前が登場するのは改めて指摘するまでもなく、なかでも神統譜・皇統譜へ氏の祖を位置づけることによって、それぞれの氏族の来歴が明示される仕組みとなっている。

地方氏族のなかで尾張氏はその記載が比較的多く見られるケースであり、『古事記』孝昭天皇との婚姻をはじめ、孝元天皇の皇子との婚姻などが見られ、『書紀』においても孝安天皇の母を尾張氏の娘とするなど、天皇系譜の初期の箇所にしばしば登場する。このような記載は、おそらく継体天皇の妃が尾張連草香の娘であったとされることを前提として記述されたのであって、尾張氏と天皇との関わりの深さを示唆するものと推測される。

以上からすれば尾張氏の場合は、霊異のすぐれた剣を核として、皇女の物語、天皇系譜への結びつきが見られ、それが現に存在する尾張国造氏の地位をも明らかにするものであったと言えよう。

四、『記紀』と熊野・熊野国造

次に熊野の場合を取り上げてみたい。

『記紀』において熊野は神武東征譚のなかに登場する。まず『古事記』では、カムヤマトイハレビコは和泉から紀伊の海岸沿いに「熊野村」に至り、そこで登場した熊の毒気のために味方の兵ともども倒れてしまうが、熊野の高倉下の持参した横刀の威力によって元気を回復し、さらには高木大神・八咫烏の導きによって大和の吉野川流域に無事到着する。

一見してわかるように、剣による霊異譚として、熱田のヤマトタケル物語と類似する側面が認められる。剣を所持しなかったタケルが伊吹山の白猪の毒気によって衰弱するのとは対照的に、剣を保有したイワレビコはヤマトに行き着く。ただし、その神剣は石上神宮にあるとして、熊野の高倉下には氏族の祖としての記述は見られず、そもそも人名としての扱いすら希薄である。『書紀』においては、熊野の神邑を過ぎ、熊野の荒坂津(またの名を丹敷浦)にいたり丹敷戸畔という者を討ったとするのは『古事記』と異なるが、熊野の高倉下が登場し剣の霊異を示す点では『古事記』と変わらず、しかもその剣の所在は示されない。

草薙剣の場合は、ミヤズヒメと結びつく尾張国造、尾張氏の存在に言及されるのに対し、熊野の場合はその地の氏族がほとんど語られない。熊野国造が「国造本紀」に見られるもののその存在感はきわめて乏しい。尾張国造氏は右に見たように、ヤマトの王家との婚姻関係が明らかであり、その淵源はヤマトタケルとミヤズヒメとの婚姻に遡る。その氏族とヤマトの天皇とは、婚姻と神宝（剣）を構成要素とする従属関係を示している。この点で熊野は国造とされながら氏族としての由来はほとんど語られない。わずかに『続日本紀』天平神護元年十月条に「牟婁采女《むろのうねめ》正五位上、熊野直広浜を従四位下に叙す」とあり、牟婁郡から采女を貢献していた事実が知られ、この熊野直氏が熊野国造を受け継ぐ氏族であったと推定できる程度である。(13)

とはいえ、牟婁郡については、斉明天皇紀三年九月条、『続日本紀』文武天皇大宝元年の紀伊行幸にあたってその地の温湯に赴いたとあり、広い牟婁郡のなかでも白浜あたりまでは七世紀半ばの宮廷にもよく知られていたようである。そしてそのルートは、紀伊国の政治的な中心地であった名草郡から南下したと推定される。栄原永遠男氏は、贄の貢納に着目して、牟婁郡は天皇と特別な関係にあると指摘され、熊野を含む牟婁地方が「天皇家の大和平定神話における重要地点と意識されていた」とする。(14)贄の貢納はたしかに注目すべきであって、海浜の牟婁郡から贄がもたらされることはヤマトの政権の南紀方面への関心を高めたと思われる。

ただし白浜以南については、熊野国造の存在が知られる程度であり、采女の貢献にしても「後宮職員令」にその貢進が規定されるほどであって、熊野に限らず広く各地から差し出されていたはずである。また、熊野の神社については、『延喜式』の熊野坐神社（熊野本宮大社）、熊野早玉神社（熊野速玉大社）が著名であり、それぞれ、「大同元年牒」（『新抄格勅符抄』）に神封として、天平神護二年に四戸（紀伊）が見られるが、『記紀』にはこれらの神社は登場しない。奈良時代半ばにおいては、それほど大きな存在感を有してはいなかったと思われる。(15)『日本霊異記』下巻（第一、第二話）に、栄興禅師が紀伊国牟婁郡熊野村において海辺の民を教化していたのが称徳天皇の頃とされるのも、(16)八世紀半ばにいたってこの地域との交渉が盛んになったことの反映と考えられよう。

ところが、「書紀」の神代上には、イザナミ尊の死に際しての異伝として（第五段一書第五）、紀伊国熊野の有馬村に葬《はぶ》る、として、

土俗、此の神の魂《みたま》を祭るには花の時にはまた花を以て祭る。また鼓《つづみ》・吹《ふえ》・幡旗《はた》を用いて歌舞して祭る。

とあり、ここには明確に熊野の有馬村として、現在の三重県熊野市の地名が盛り込まれている。「神代紀」編纂の際に、白浜からかなり離れた熊野灘に面する場所が認識の対象とされ、さらにはその「土俗」にまで言及されているのである。(17)

以上からすれば、南紀熊野の場合は、熊野国造の存在が記されながらその氏族としての実態は窺われず、中央において活躍した形跡は乏しい。他方、一書とはいえイザナミ尊の葬礼の地であり、神武天皇の上陸の場所ともされ、剣の霊異が語られるが、その奉祭の神社が熊野の地に明記されているわけでもない。この点は熱田の場合と大きく異なるところである。熊野では、熱田と同様に剣の霊異が示されながら、その奉祭の場所は『古事記』分注において石上神宮とされており、熱田社のような神剣の所在地として語られてはいない。

ここで注目されるのは、持統天皇六年の伊勢行幸の際に、紀伊国牟婁郡の人、阿古志海部河瀬麻呂が贄を奉ったとされることである。志摩国に所在した阿胡行宮において贄が奉られ、同時に挟杪《かじとり》八人の調役が免除されていることから、紀伊国牟婁郡と志摩国との接続、そして沿岸のルートが中央政府によって確認されたともいえよう。持統の度重なる吉野行幸と併せて考えると、(18)支配対象としての南紀方面の把握が意識されていたと思

われる。

　このように見てくると、ヤマトタケル・継体天皇の妃・剣が奉祭される神社という構成要素を前提として尾張国と尾張氏の存在が示されるのに対し、熊野の場合は、神武東征の上陸点、イザナミ尊の葬地として説話上の地点が語られるに過ぎない。つまり『記紀』に語られる神々と王家の系譜のなかで、熊野なる場所の来歴が語られればそれでよいのであって、それは中央政府の側にとって、現実の支配の拡張にともなうものと考えられる。その地の氏族の存在はほとんど意識されていない。皇子や皇女の婚姻譚が成立する余地はなかったのである。政権の側にしてみれば、自らが構想する歴史のなかに適当な由来が語られれば、その地域を支配する正当性が成立することになる。

　その点で、伊勢方面からの南下と紀伊からのルートのいわば結節点にあたる場所が熊野であり、その地がイザナミおよび神武と結びつけられているのはじつに示唆的といえよう。

小結

『記紀』の基本的な性格は、それが編纂された時点での統治の由来を、さまざまなエピソードを盛り込みつつ、時間軸に沿って語ったものである。一見してわかるように、多くの氏族が語られ、しばしばその系譜に言及される。とともに、地方にも目が向けられる。これを服属の伝承ととらえればたしかにそのように見ることもできようが、より細かく見ていくといくつかの段階が想定できる。

　中央政権側としては、地理的な知見の広がりに応じて、その地を支配する機縁、由来を語る欲求、さらには必要性も生じ、現実には、各地に在住する氏族とさまざまな交渉を行いつつ、自らの統治領域に引き込むことが求められた。その際に、過去の経緯を究明し、円滑に説明することが、互いにとって有効な手法となったのであろう。その点で、じっさいに尾張地域を卓越した政治的地位で支配する尾張氏の存在は、ヤマトの政権にとって大きな重要性を有していた。したがって、歴史的な経緯としてもさまざまな交渉がなされたと思われる。そのことが『記紀』編述のなかにおいて配慮されるべき要素の一つとされた理由であろう。尾張氏と天皇の婚姻関係は繰り返し語られ、中央政権の象徴的英雄であるヤマトタケルのエピソードにも、重要な役割を持って尾張と尾張氏の娘が登場したのである。ヤマトと尾張との関わりのなかで、じっさいに皇子や皇女が来訪し、饗応を受けた事実があって何ら不思議はない。そのような交渉が重なっていけば、当然ながら相互にその存在感が増すことになり、婚姻譚や神宝譚をも生み出すことになったと考えられる。

それに比べて熊野の場合は、右に述べたようにヤマトの王権との関わりは未熟なものでしかない。そもそも熊野の氏族は明確でなく、エピソードもほとんど見られない。尾張ほどにはヤマトの政権との交渉が深まっておらず、親縁性も認識される必要がなかったのであろう。それが、「行幸」を含むヤマトの人々による、紀伊や伊勢南部、志摩への訪問が重ねられるなかで、統治の来歴に熊野も取り込まれ、結果として『記紀』に見られる「熊野」の姿となった。いうまでもなくそれは尾張のケースよりも実際の交渉が少ないだけ、説話的な膨らみにも乏しい。別の視点で言えば、『記紀』に相当する歴史書が数十年の後に編纂されたとすれば、熊野の歴史はより濃密に語られたということになろう。その際には、熊野の氏族と天皇家との関わりが具体的な登場人物とともに語られたはずである。熊野の采女の存在は、そのような可能性を秘めていたのである(19)。また熊野の氏族にしてみても、ヤマトの王家との親縁性を高めることは地方における政治的地位向上に役立ち、中央政府の史書に何らかの王家との関わりが記載されることは、そのことを裏付ける契機と認識されたと思われる。

ただ実際には熊野の場合はそこまでは至らなかった。[20]

このように考えてくると、畿内の政権による地方認識の推移、すなわち支配の拡大が『記紀』の記載にも反映されていることが判明する。それは、たんに地名が登場する段階から、その地の氏族と天皇との関わりが、いくつかのエピソードを交えて重層的に語られる段階まで、簡単にはとらえきれないものの、『記紀』の編年とは異なる〈歴史〉を伏在させていると見られよう。いずれにせよ、『記紀』に盛り込まれた地域は、天皇系譜に収斂する歴史的世界の構成要素となっており、また、国造とされる氏族はその点でも注目すべき存在である。

【注】

（1）たとえば井上光貞「部民の研究」（『日本古代史の諸問題』所収、思索社、一九四九年、初出一九四八年、のちに『井上光貞著作集』第四巻所収、岩波書店、一九八五年）、平野邦雄『大化前代社会組織の研究』（吉川弘文館、一九六九年）は基本的な視座の提供となった。

（2）篠川賢・大川原竜一・鈴木正信編著『国造制の研究』所収、八木書店、二〇一三年。

（3）古代の熊野に関しては、和田萃「熊野の原像」同著『日本古代の儀礼と祭祀・信仰』下所収、塙書房、一九九五年、初出一九八八年。寺西貞弘『古代熊野の史的研究』塙書房、二〇〇四年。

（4）『日本書紀研究』第五冊（一九七一年）は「ウジ族と伝承」の副題が入っており、楢崎千城「日本古代ウジ族関係論文目録（I）」を収める（なお本論集には本稿に関わる松前健「尾張氏の系譜と天照御魂神」の論考が含まれる）。その後、吉川弘文館の『日本古代氏族人名辞典』（坂本太郎・平野邦雄監修）は一九九〇年に刊行され、雄山閣の『日本古代氏族事典』（佐伯有清編）は一九九四年に刊行されているのが注目される。

（5）第一巻は、篠川賢氏による『物部氏の研究』（二〇〇九年）であり、以下、寺西貞弘『紀氏の研究』、加藤謙吉『ワニ氏の研究』、鈴木正信『大神氏の研究』と続いている。

（6）赤塚次郎・早川万年「東海・東山」吉川真司・吉村武彦ほか編『列島の古代史1　古代史の舞台』所収、岩波書店、二〇〇六年、参照。

（7）早川万年「律令制以前のヤマトと伊勢」八賀晋編『伊勢・伊賀の古墳と古代社会』所収、同成社、二〇一〇年。

（8）早川万年「造寺と建郡」新川登亀男・早川万年編『美濃国戸籍の総合的研究』所収、東京堂出版、二〇〇三年。

（9）注（2）前掲『国造制の研究』所収、二〇一三年。

（10）新井喜久夫「古代の尾張氏について」上下『信濃』二一―一・二、一九六九年、同「律令国家以前の名古屋地方」『新修名古屋市史　本文編1』所収、一九九七年。

（11）岡田精司「草薙剣伝承と古代の熱田神社」同著『古代祭祀の史的研究』所収、塙書房、一九九二年、初出一九八八年。福岡猛志「熱田社とその信仰」森浩一ほか編『海と列島文化8　伊勢と熊野の海』所収、小学館、一九九二年。

（12）この点については、例えば津田左右吉『古事記及び日本書紀の新研究』「第二章クマソ征討の物語」附録一「風土記の記載について」（『津田左右吉全集』別巻第一、岩波書店、一九六六年、初版一九一九年刊行）を参照。

（13）寺西貞弘「熊野直広浜の生涯」同著『古代熊野の史的研究』所収、塙書房、二〇〇四年、初出二〇〇三年。

（14）栄原永遠男「村君安麻呂とその一族」同著『紀伊古代史研究』所収、思文閣、二〇〇四年、初出一九八五年。

（15）神代紀（四神出生章一書第十）には、速玉之男の神名が見え、同じく瑞珠盟約章には熊野櫲樟日命、『古事記』上巻にも熊野久須毘命の名が見られるが、いずれも南紀熊野を念頭に置いた神名かどうか判断がつかない。

(16)寺西貞弘「永興禅師小伝」、前掲注(13)『古代熊野の史的研究』所収、初出一九九七年。

(17)熊野市有馬町の津ノ森遺跡からは、七世紀末頃の暗文土師器が出土している(伊藤裕偉『聖地熊野の舞台裏』高志書院、六九頁、二〇一一年)。

(18)和田萃「持統女帝の吉野宮行幸」、前掲注(3)『日本古代の儀礼と祭祀・信仰』下所収、初出一九八六年。

(19)『古事記』雄略天皇段に見られる三重釆女(「雄略天皇紀」十二年条では「伊勢釆女」)の記載が参考となる。ちなみに大海人皇子・中大兄皇子の曾祖母は、伊勢大鹿首小熊の娘でありかつ釆女であった。

(20)同じく国造とされていながら尾張と熊野ではその扱いは大きく異なる。「国造本紀」に列挙される国造は数多いので、それは当然とも見なされようが、制度的な国造のあり方とともに、ある氏族が国造とされるにいたる事情にはさまざまなケースが考えられる。ヤマトの政権がその地域の氏族に何を期待し、求めていたのかという点が当面の問題となる。それとともに『記紀』編纂の時点で、その国造氏族と畿内の政権との間で、どのような交渉過程にあったのかという点を考慮する必要があろう。尾張の場合は、かなり濃密な関係を蓄積していたのに対し、『記紀』編纂の頃の熊野は、そこまで関係が成熟していなかったと考えられる。

古墳・寺院・官衙からみた六・七世紀の上野国

髙井　佳弘

はじめに

本稿で対象とする六世紀から七世紀という時期は、古墳時代後期から律令制確立期にあたり、地方社会は大きな変動期にあったと推定される。考古学的にみても、その間には前方後円墳の造営の停止、寺院と官衙遺跡の出現など、研究対象となる遺跡に大きな変化があったことが知られている。本稿はそのような遺跡の変遷から、上野国の豪族の動向を考えようとするものである。

この時期の関東地方の大型古墳の消長については、すでに白石太一郎氏によって明確に整理されている(1)。古墳時代後期にあたる六世紀には、全国的にみれば前方後円墳の造営は下火に向かっていたが、唯一関東地方では盛んに行われていて、非常に多くの大型前方後円墳が造営されていた。特に上野の場合、六世紀代に造営された前方後円墳は、白石氏の集計によれば墳丘長六〇m以上のものに限っても九七基という多さであり、他地域を圧倒している。しかし、関東地方でそれほど盛んに作られた前方後円墳も、六世紀末～七世紀初頭になるとほぼ一斉に造営が停止され、その後は限られた地域でのみ大型方墳・円墳が造営されるようになるという劇的な変化をみせるのである。この急激な変化について白石氏は、関東地方各地において七世紀代に大型古墳の造営が継続する地域が『国造本紀』などから推定される国造の領域とほぼ重なることから、その背景に国造制の成立が関連する可能性を指摘された(2)。上野ではその変化が特に顕著で、六世紀後半の大型前方後円墳が律令制下の各郡単位に一～数ヵ所見られるのに対して、七世紀代に大型古墳（上野の場合は方墳）が作られるのは、前橋市総社古墳群のみになってしまうのである。この点についてかつて右島和夫氏は、「大和政権は、前方後円墳の築造に象徴される首長層によって行われてきた旧来の領域支配を否定するとともに、同時に、総社古墳群に関わる勢力に、直接的に強い影響力を及ぼすかたちで、これを頂点とした新たな階層秩序、ひいては支配構造へと、地域を再編成していった(3)」と評価されている。

さらに七世紀中頃から後半になると初期寺院の建設が上野国でも始まり、総社古墳群の近傍には有名な山王廃寺が創建されるが、この時期の大型古墳や、それに次ぐ有力古墳とされる截石《きりいし》切組積石室の古墳が造営されない東毛地域でも、伊勢崎市（律令制下の佐位郡）に上植木廃寺、太田市（同じく新田郡）に寺井廃寺が創建される。このことについて右島氏は、やはり前掲論文の中で、「上植木廃寺、寺井廃寺の位置する平野部は、かつては大型前方後円墳が多く築造されたにもかかわらず、その後、七世紀後半に各小地域ごとに盛んに築造された截石切組積石室がこの地域には全く認められないことから、ここが大和政権の直接的な支配下に帰した可能性が考えられるのであり、在地の首長層をこれらの寺院造営を主体的に推進した担い手とすることには困難があろう」と述べられている。

以上のように、六世紀から七世紀にかけての上野国は大きな変動期を迎えていた。確かに古墳の変遷だけをみると、六世紀代から七世紀には大型古墳の分布に劇的な変化があり、各地域首長層の勢力に大きな変動があったようにみえる。しかしその変化は、律令制が確立していく過程まで見通した時、どのように考えられるのだろうか。以下小論では、東毛地域の遺跡について検討を加えることで、その課題について考えてみたい。

なお、以下の考察では、検討する地域の単位として律令制下の「郡」を用いている。検討対象となるのは、東から邑楽《おうら》郡、山田郡、新田郡、佐位郡という四つの郡である。もちろん、六・七世紀代の検討に対して「郡」を地域単位として用いるのは、いろいろな意味でやや不適切であろうことは承知しているが、本稿のひとつの視点が古墳時代後期に存在した在地の首長層が律令制下の郡司層にどのようにつながっていくのかということにあるため、郡を単位とした検討でも有効であると考え、それを用いることにしたものである。（大宝令以前は「評」と表記すべきであるが、本稿ではすべて「郡」に統一した。）

一　東毛地域各郡の様相

（1）邑楽郡

邑楽郡の場合まず注目される古墳は、太田市南部にある東矢島古墳群である（図1）。この古墳群は新田郡との境界付近にあり、特に古墳研究者は新田郡の範囲に含めることが多い。[4] しかし、ここは領域的には邑楽郡の範囲内とすべきであろう。この付近には大きな川や山など、郡境となるような自然地形がないため、郡境を明確に確定するのは困難であるが、それを求めるとすれば川原氏も指摘されるように[5]本古墳群の西側を流れる八瀬川と考えられ、氏もそれによってこの古墳群を邑楽郡内としている。同様な見解は既に須田茂氏によっても示されており、「近世以降新田郡に属したが古代には邑楽郡であったと思われる」とされている。[6] 後述するように邑楽郡の郡家推定地と、七世紀代に遡る可能性のある寺院跡が近傍に存在することは、この古墳群を含む地域が後

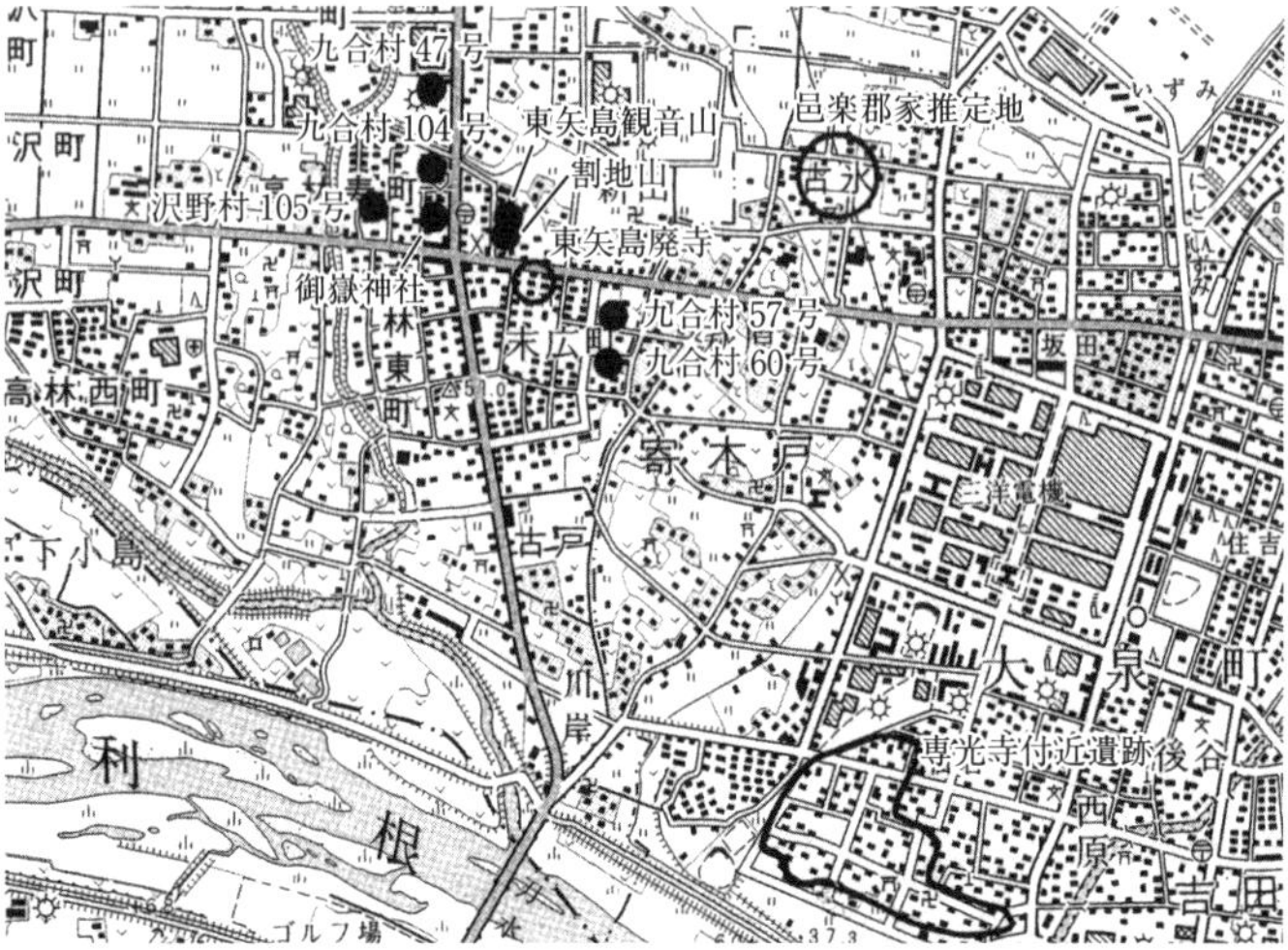

図1　邑楽郡家推定地付近の古墳と関連遺跡（●印は6世紀の前方後円墳）
（国土地理院1：50,000地形図「深谷」使用）

に邑楽郡となる範囲に属することを裏付けるものであろう。

この古墳群は割地山古墳、九合村六〇号墳をはじめとして墳丘長九〇m以上の前方後円墳が五基[7]も集中しており、注目すべきものである。残念ながら御嶽神社古墳以外の古墳はすべて削平されてしまったので不明な点が多いが、加部二生氏はこれらはいずれも六世紀後半に相次いで築造されたもので、六世紀代の古墳群としては邑楽郡のみならず上野国内で最有力の古墳群であると評価されている[8]。

この東矢島古墳群は邑楽郡域の最西端にあたる部分にあるが、同じ邑楽郡内には、南部の千代田町に赤岩堂山古墳（九五・四m）、旧永楽村六号墳（七六m）、中央部の館林市に富士塚古墳（六五・一m）、東部の板倉町に舟山古墳（六六m）、筑波山古墳（五三・五m）などの古墳があり、東矢島古墳群よりもやや規模は小さくなるものの、郡域の各所に大型前方後円墳が分布している。

七世紀になると有力な古墳はみられなくなる。東矢島古墳群中には道風山古墳、邑楽町には源中稲荷古墳がありいずれも方墳の可能性が指摘されているが、一辺二〇m程と規模が小さく、総社古墳群の愛宕山古墳とは大きな差がある。

以上のように邑楽郡の地域では、六世紀代には各地に大型の前方後円墳が築造されていたが、中心的な位置を占めたのは東矢島古墳群であった。そして七世紀にまで遡るような寺院遺跡と郡家推定地は、この古墳群内とその近傍に存在するのである（図1）。

まず寺院遺跡としては、東矢島古墳群の中に東矢島廃寺がある。この遺跡は戦前に瓦が出土したことが知られているだけで発掘調査は行われていない。しかも遺跡の場所は完全に住宅地と化しており、現在ではその場所すら不明確になってしまっている。そのため、この寺院の創建時期などを知る手がかりは出土した瓦しかないことになるが、残念なことにその瓦もごくわずかしか残されていない。

現在東矢島廃寺出土とされる瓦は、正満コレクション（群馬県立歴史博物館に所蔵されている）中に納められている九点のみである。その内訳は軒丸瓦一点、文字瓦八点であり、おそらく出土した瓦のうち、より貴重と判断された軒先瓦と文字瓦だけがコレクションに加えられたのであろう。この瓦については須田茂氏によって紹介されているので、(9)それに従って特徴をみていくと次のようである。文字瓦はすべてヘラ書きで、「吉井」「馬□（甘か）」「手」「道」などがあり、その特徴から西毛の吉井・藤岡窯跡群の製品であると思われる。特徴のよく似たものは上野国分寺からも出土しており、その年代は九世紀以降と考えられる。軒丸瓦は小破片であるが単弁一二葉蓮華文に復元することができるもので、太田市萩原瓦窯跡から同笵と思われる破片が表採されている（図5）。ただし、萩原瓦窯跡でも一点が表採されているのみで他の寺院遺跡からは出土していないうえ、両者とも小破片であるため時期を考える根拠を瓦自体から得るのは難しい。しかし、萩原瓦窯は後述の寺井廃寺の創建瓦をはじめ、七世紀末〜八世紀初頭の瓦と須恵器を生産しており、それ以外の時期のものは知られていないことから、(10)この瓦の生産時期もその範囲内に求めることができると考えられる。もちろん、その他の瓦が不明なので断定することは控えたいが、東矢島廃寺は七世紀末〜八世紀初頭には創建されていた可能性を認めることができよう。あくまでもその推定が正しければという前提がつくが、東矢島廃寺は現状では邑楽郡内最古の寺院と思われる。

邑楽郡家の位置も発掘調査で確認されたわけではないが、大泉町に「古氷」という大字があり、この付近に推定されてきた。この地は東矢島古墳群・東矢島廃寺の東一キロ足らずの位置にあり、川原氏が前掲論文で指摘するように、近傍の専光寺付近遺跡から「上邑厨」「厨」の墨書土器が出土していることから、この付近に郡家が営まれた可能性は高いものと考えられる。

このように、邑楽郡域では六世紀代に各地に大型前方後円墳が営まれたが、最も有力なのは東矢島古墳群であり、その地がこの地域の中心であった。そして七世紀以降には寺院が創建され、さらに郡家も近傍に想定されることから、この地はその後も郡域の中心地であり続けたのである。七世紀代の大型古墳がみられないことは総社古墳群がある群馬郡と大きく異なる点であるが、規模は小さいものの、方墳と推定される道風山古墳など、注目すべき古墳が存在することは注意すべきであろう。

(2) 山田郡

律令制下における山田郡域は、現在の桐生市から太田市北東部にかけての渡良瀬川流域に想定される。このように山田郡の郡域は南北にかなり長いので、この範囲がもともと一つの地域として認識されていたものかどうかはやや不安があるが、ここではその問題には立ち入らないことにする。

この地域でも六世紀代の古墳は各地に造営されるが、規模は比較的小さい。その分布を見ると邑楽郡ほど集中した地域はみられないが、最も注目されるのは太田市北東部、金山の北東に当たる地域である(図2)。ここには今泉口八幡山古墳(六〇m)[11]、吉沢庚申塚古墳(五〇m)がある。いずれも六世紀末のもので[12]、横穴式石室のなかに家型石棺が収められていることで知られており、墳丘の規模はやや小さいものの有力な古墳であることは間違いない。その他の古墳としては、現在は栃木県足利市に属する淵の上古墳(六四m)と永宝寺裏古墳(四八m)、桐生市川内天王塚古墳(墳丘長不明)などがあり、やはり郡内の数ヵ所に有力古墳が分布している。

七世紀代の古墳としては今泉口八幡山古墳の東約五〇〇mの至近距離に、巖穴山古墳という注目すべき方墳

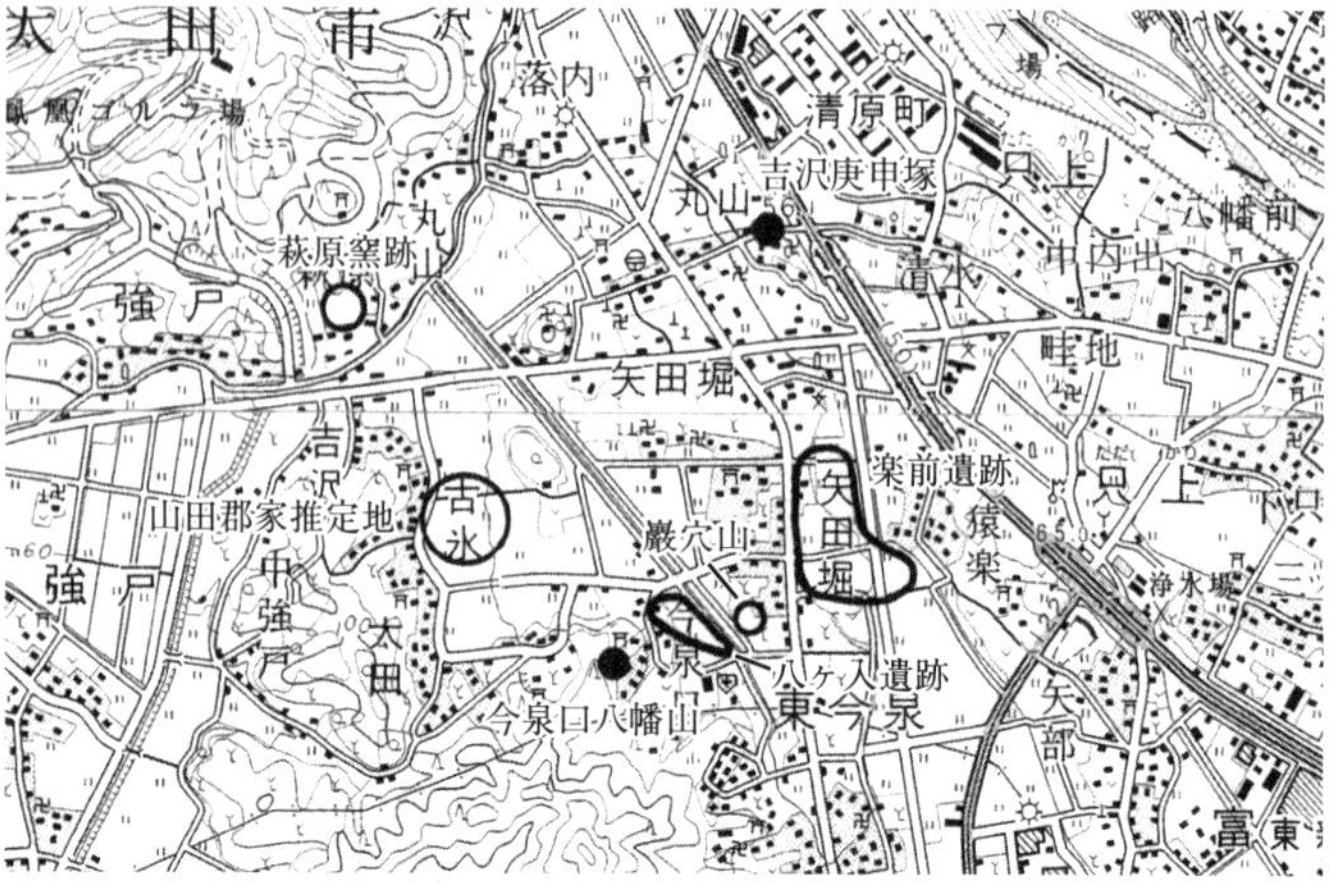

図2　山田郡家推定地付近の古墳と関連遺跡
（国土地理院1：50,000地形図「深谷」「桐生及足利」使用）

が存在する。[13] この古墳は一辺三六・五mなのでさほど大きいわけではないが、総社古墳群以外で明確な方墳は上野国ではここのみである。七世紀前半代のものとされており、今泉口八幡山古墳の系譜を引く墳墓であろう。

以上のように、山田郡内で六世紀の有力な古墳が分布する地域として注目されるのは金山北東麓の一帯であり、寺院遺跡と、郡家推定地もその近傍に存在している。

山田郡内の寺院遺跡については、これまで特に注目されるような遺跡は知られていなかったが、近年北関東自動車道の建設工事に伴って発掘調査された八ヶ《はちが》入《いり》遺跡から、寺院の存在を示す遺物が出土した。[14] それは軒丸瓦一点をはじめとした瓦と、奈良三彩、瓦塔などである。ただし、調査範囲内からは寺院の遺構は見つかっておらず、しかも瓦などの関連遺物も数が少ないので、寺院そのものはやや離れた場所にあると思われる。

出土瓦はかなり珍しい特徴を備えている。まず軒丸瓦は単弁八葉蓮華文で、これまで県内には同笵例が知られていないものである（図5）。残念ながら周縁部を欠いているので全体が分からないし、接合技法も分からない。瓦当面も状態が悪く細部が不明瞭であるが、子葉らしきものが見え、やや退化傾向にある単弁蓮華文と思われる。丸・平瓦は技法や厚さなどから複数の時期・生産地のものがあるようであるが、特に目を引くのは凸面にハケ目が施されているものである。このハケ目はかなり明瞭であり、そのため酸化焰焼成の個体を見ると円筒埴輪と間違えてしまうほどである。このような特徴の瓦もやはり県内では類例が知られていない。瓦からみると、かなり独自色の強い寺院であったと評価できよう。

この瓦の時期は、独特の特徴をもつものであることと、良好な遺構から出土したものがみられないことで、八ヶ入遺跡の調査成果だけでは明確にしがたいが、実はこの遺跡の調査以前に周辺遺跡の調査で瓦が出土しており、そこでは時期を考えることができる良好な出土例が見つかっている。それは昭和六一・六二年度に太田市教育委員会によって調査された楽前遺跡である。楽前遺跡は八ヶ入遺跡の東にある遺跡で、発掘調査面積は約二万八〇〇〇平方メートルに及び二一七軒もの竪穴住居が調査されている。(15) それらのうち第Ⅰ次第一号住居址と第Ⅱ次第九号住居址という二軒の竪穴住居から瓦の出土が報告されている。報告によれば、両住居から出土した瓦はいずれも竈の構築材として使用されていたものであり、その点で後世の混入ではなく、住居に伴うものであると思われる。住居の年代は、出土した土器から七世紀後半と考えられる。これらの瓦は、近傍の瓦葺き建物に使用する前後に破損したものが持ち込まれたものと考えられるので、瓦自体は住居よりも遡ることが明らかである。そのため、遅くとも七世紀末には、この付近に瓦葺きの建物が建設されていた可能性が高いものと考えられる。これまで山田郡内に古代寺院の存在は知られていなかったが、意外と古い時期にその建設が行われていたのである。伽藍の規模などの詳細は遺構が見つかっていないので明らかではないが、七世紀に遡る寺院遺跡が新たに確認できた意義は大きい。

郡家は、八ヶ入遺跡の西側一キロ足らずの場所に「古氷」という大字名があり、そこが有力な推定地とされてきた。(16) その範囲内では発掘調査がほとんど行われておらず、郡家そのものの遺構はまだ見つかっていないが、周辺での調査、特に北関東自動車道に関連する調査では数多くの古代の竪穴住居、掘立柱建物が見つかって、その時期にかなりの人口が集中する地域であったことが明らかとなった。また、漆紙文書や円面硯など、ごく近くに役所の存在を示すような遺物が複数出土しているので、やはり郡家は「古氷」付近にあった可能性がきわめて高い。

このように山田郡でも、六世紀代に有力な古墳が存在する地域の中に七世紀代創建の寺院と、郡家の推定地が見られるのである。そして、注目すべきことにこの地域では七世紀前半にも有力な古墳（方墳）が存在している。

（3）新田郡

新田郡域の六世紀代の有力古墳は大きくみて二ヵ所に分布している。

一ヵ所は図3に示した旧新田町北部を中心とした地域で、松尾神社古墳（一〇九ｍ）、施塚八幡《はいづかはちまん》古墳（九〇ｍ）、二ツ山一号墳（七四ｍ）、二ツ山二号墳（四五ｍ）、西長岡長塚古墳（七〇ｍ）などがある。もう一ヵ所は旧尾島町世良田を中心とした地域で、小角田前一号墳（七二・七ｍ）、同二号墳（九〇・九ｍ）、世良田二子塚古墳（六〇・六ｍ）、文珠山古墳（五〇・九ｍ）、兵庫塚古墳（後円径三〇・三ｍ）、二ツ塚古墳（五〇ｍ前後）などがある。この両者には規模や数の点で大きな差がないのでどちらがより有力かは決めがたいが、二ツ山一号墳はこの地域の最終末の前方後円墳として有名な存在である。この他横穴式石室をもつ大型の前方後円墳として、『集成』には太田市藤阿久町にある藤阿久大塚古墳（七〇・九ｍ）があげられているので、新田郡でもこの二ヵ所だけに分布が限定されるわけではない。太田市域は早くから市街地化が進んでいるので、あるいは早くに削平されてしまった古墳があるかも知れない。

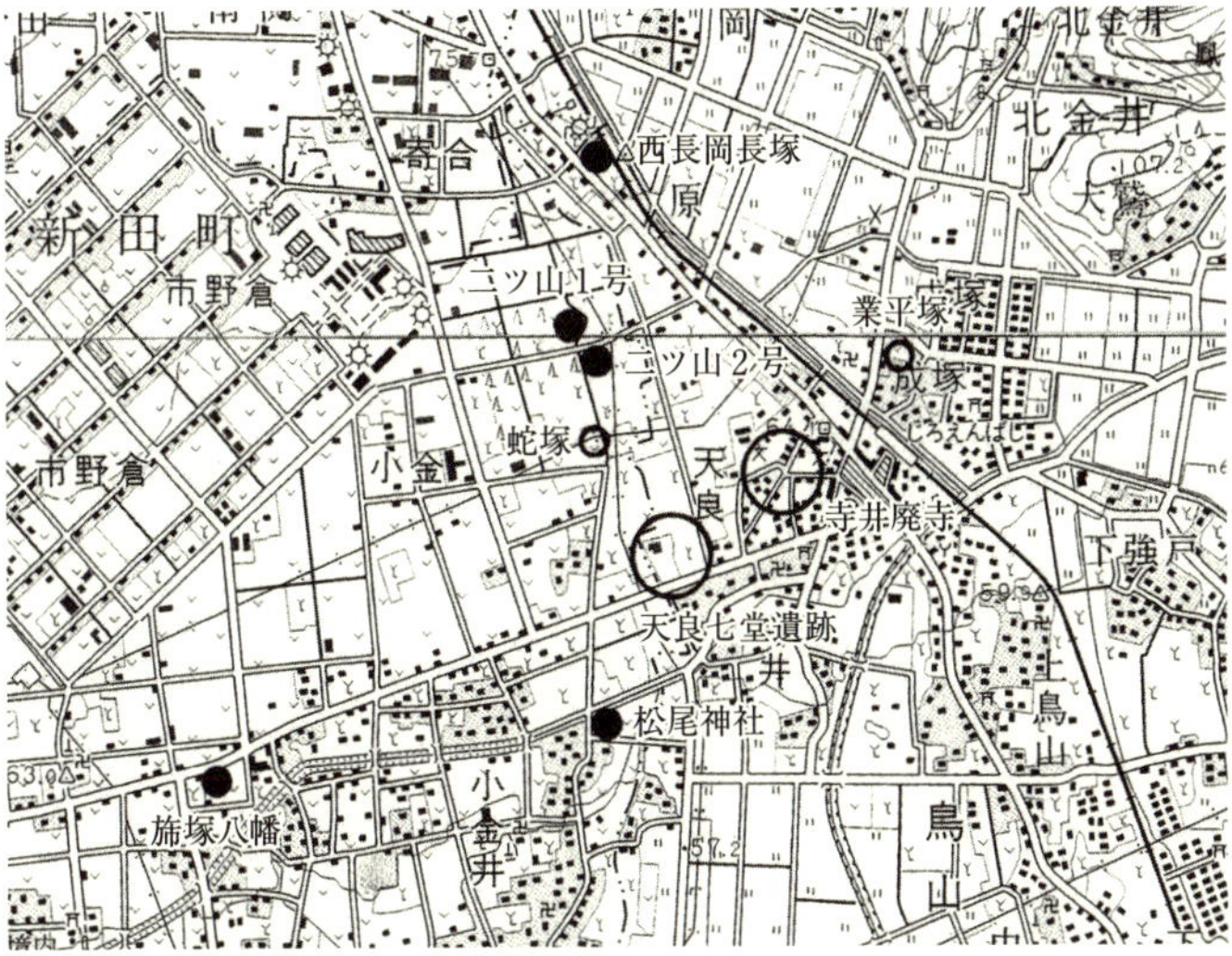

図３　新田郡家付近の古墳と関連遺跡
（国土地理院 1：50,000 地形図「深谷」「桐生及足利」使用）

六世紀代の有力古墳の分布は以上のようだが、寺院と郡家が存在するのは旧新田町北部を中心とした地域である。そこにはまず寺院遺跡として、太田市寺井廃寺が存在する。[17] 遺跡周辺は市街地化が進んでいるため地表面には寺院を示すような痕跡は全く残っておらず、周辺での発掘調査でもそれに直接関わるような遺構は見つかっていない。しかしかつて礎石や瓦溜まりが見つかったことからかなりの規模の伽藍をもっていると推定され、上野国を代表する古代寺院として古くから有名な遺跡である。創建期の軒先瓦は上野国内唯一の川原寺式のもので、七世紀後半でも末に近い時期のものと考えられる（図５[18]）。

郡家の遺跡は、以前から太田市天良《てんら》七堂《しちどう》遺跡が有力な推定地であったが、平成一九（二〇〇七）年に郡庁が発見されたことにより、ここが新田郡家であることが確定した。現在までに調査されているのは郡庁と周囲を取り囲む正倉群であり、その最も古いものは七世紀第４四半期にまで遡るので、後期評家の段階にはここに官衙が建てられていたことになる。[19]

このように新田郡では、六世紀段階で有力な古墳が分布していた地域が二ヵ所あり、そのうちの一ヵ所の範囲内に寺院と郡家が建設されるのである。七世紀代の古墳は詳細が明らかではないが、寺院・郡家の周辺地域における七世紀代の古墳として、『新田町誌』や『群馬県史』には蛇塚古墳（径四五m）、業平塚古墳（径三五m）などの円墳があげられている。このようにある程度大きな規模の円墳が近傍に存在していることは注意すべきであろう。

（4）佐位郡

佐位郡の六世紀代の有力古墳は郡域内に散在している。郡域の東側、早川右岸の淵名古墳群には上淵名雙児山古墳（九〇m）、釆女村三〇号墳（六四m）、その北側の下谷古墳群には雷電神社跡古墳（五〇m）、下谷A号墳（五七m）がある。郡域の南側、粕川と広瀬川との合流点付近の武士古墳群には上武士天神山古墳（一二七・三m）、三社神社古墳（五五m）、法光寺古墳（四六m）がある。郡域の西部には三郷村九一号墳（七三・三m）がある。さらに郡域の中央部には片田山古墳（五一・六m）、五目牛二子山古墳（一〇九・一m）、三郷権現山古墳（七五・八m）、荷鞍山古墳（八〇m）、豊城二子山古墳（六三・六m）、雷電山古墳（五六m）などが散在している。このように六世紀代の有力古墳は郡内の数ヵ所に散在しているのが佐位郡の特徴と言えるであろう。これらの古墳分布地域のうち、七世紀代創建の寺院と郡家が存在するのは図4に示した郡域中央であるが、ここでは寺院、郡家とも発掘調査が行われており、様相がかなりの程度判明している。

郡内で最も大きな寺院遺跡は伊勢崎市上植木廃寺であり、七世紀代に遡るのもこれのみである。独自の特徴をもつ山田寺系の瓦（図5）からみて七世紀後半の中葉過ぎに創建されたものと思われ[20]、発掘調査の結果整った伽藍をもった寺院であることが判明している[21]。

郡家の遺跡はその南約一キロメートルにある三軒屋遺跡であることが確定している。現在はまだ正倉群の部分しか確認されておらず、郡庁などは未発見であるが、いわゆる『上野国交替実録帳』に記載のある「八面甲倉」に相当すると思われる八角形の巨大な倉庫が見つかったことなどから、佐位郡家であることが確実となった。[22]

図4　佐位郡付近の古墳と関連遺跡
（国土地理院1：50,000地形図「大胡」「伊勢崎」使用）

以上のように佐位郡は寺院と郡家とが郡域中央にある。その近傍の六世紀代の古墳としては、前述の通り五目牛二子山古墳、荷鞍山古墳、豊城二子山古墳があるので、やはり六世紀代から有力な地域であったと考えられる。ただし、これらの古墳はやや広い範囲に散在している傾向があるので、一つの氏族のものとするのは難しいし、また規模の点をみても、上武士天神山古墳や上淵名雙児山古墳などといったより大きな古墳が郡内には別に存在するため、この地域が郡内で最有力ということはできない。その点が他の三郡と異なっているといえよう。

七世紀代の古墳は詳細が不明であるが、郡内には清音二号墳（径四〇m）、祝堂《いわいどう》古墳（径三〇m）などの注目すべき円墳の存在が知られている。そのうち祝堂古墳は郡の中央部に位置し、石室の下に版築が施されていることなどで、古くから上植木廃寺との関連が指摘されている古墳である。

二　古墳・寺院・郡家からみた首長層の動向

前節では東毛地区の四郡について、六・七世紀代の古墳、七世紀後半以降の寺院と郡家をみてきた。各郡の状況を改めて簡単にまとめてみると、まず邑楽郡では、郡域の西端に東矢島古墳群という有力な古墳群がある。それは六世紀後半の上野国では最有力とすらみられる規模をもつが、その範囲の中に七世紀後半になって東矢島廃寺が作られ、さらにその東側に郡家推定地が存在する。七世紀代の古墳は規模は小さいものの道風山古墳のように方墳と推定されるものがあり、注目される。山田郡では金山北東麓に家型石棺をもつ有力な前方後円墳が二基存在する。郡内の寺院遺跡はこれまでほとんど知られていなかったが、それらの古墳の近傍に八ヶ入遺跡、楽前遺跡などの瓦散布地があり、竪穴住居から出土した瓦によって七世紀後半代に創建された寺院が近辺にあることは確実である。郡家推定地はこれらの遺跡の西側にある。さらに地域内には七世紀前半と考えられる巖穴山古墳という方墳があることが注目される。新田郡は寺井廃寺と郡家である天良七堂遺跡が近接して存在し、その周辺には最有力とは言えないものの、六世紀代の有力な古墳が存在する。七世紀代の古墳ははっきりしないが、ある程度大きな円墳の存在は認められる。佐位郡は六世紀の古墳が散在して存在するが、上植木廃寺と郡家である三軒屋遺跡の近傍にも有力なものが存在し、さらに七世紀代にも祝堂古墳のような注目すべき古墳がある。

このように東毛地区の四郡においては、六世紀代に有力な古墳がある地域に、七世紀後半代に寺院と官衙が作られているのである。確かにこれらの郡には、総社古墳群のような七世紀代の大型古墳はみられないし、截石切組積石室の古墳の分布もみられない。そのため、「はじめに」で述べたように、かつては地域の勢力の断絶性が強調された。しかし、その前後の古墳・寺院・官衙の様相からみれば、郡内の中心地あるいはそれに次ぐ有力な地域であることは変化しておらず、その背後には断絶よりもむしろ連続性が感じられるのである。

また、ここで注目したいのは寺院の様相である。東毛の四郡にそれぞれ存在する寺院遺跡の特徴はおのおの異なっており、しかもそこには中央直結の様相もみられないので、大和政権の主導により造営されたようには思えないのである。それぞれの遺跡の出土瓦をみてみると（図5）、佐位郡の上植木廃寺の創建瓦は、一般に山田寺式といわれているものの、最も古い瓦は子葉がないうえ、周縁が低い点など、文様はかなり独特である。その源流としては尾張地域に求める説が有力で、中央から導入されたものではない[23]。新田郡の寺井廃寺の創建瓦は川原寺式に分類されるが、文様は整った構成をもつものの彫りが浅く退化傾向が明らかであり、これも中央の文様が直接導入されたものとは考えがたい。山田郡の八ヶ入遺跡、楽前遺跡周辺にあったと推定される寺院の瓦は、上野国内に同笵例のない軒丸瓦と、凸面をハケ目で調整した珍しい丸・平瓦をもち、かなり独特の様相を呈している。邑楽郡の東矢島廃寺は、九世紀代と思われる文字瓦を除けばわずか一点の軒丸瓦しか知られていないので検討が困難であるが、その一点は寺井廃寺の創建瓦を生産した萩原瓦窯に同笵例があるので、あるいは寺井廃寺の創建期と同様の瓦を用いているかもしれない。このように四ヵ所の寺院遺跡の出土瓦は多様であり、なおかつ中央との直接の関係が窺えるようなものではない。もちろん各寺院の創建にあたっては、中央政権から何らかの関与・援助等があった可能性を完全に否定することはできないであろう。しかし、いずれの寺院もその瓦の様相からは、大和政権との直接的な関係を見いだすことはできないのであり、地域の豪族たちが、おのおの自分のネットワークを用いて造瓦技術を移入したと考えるのが自然であると思われる。

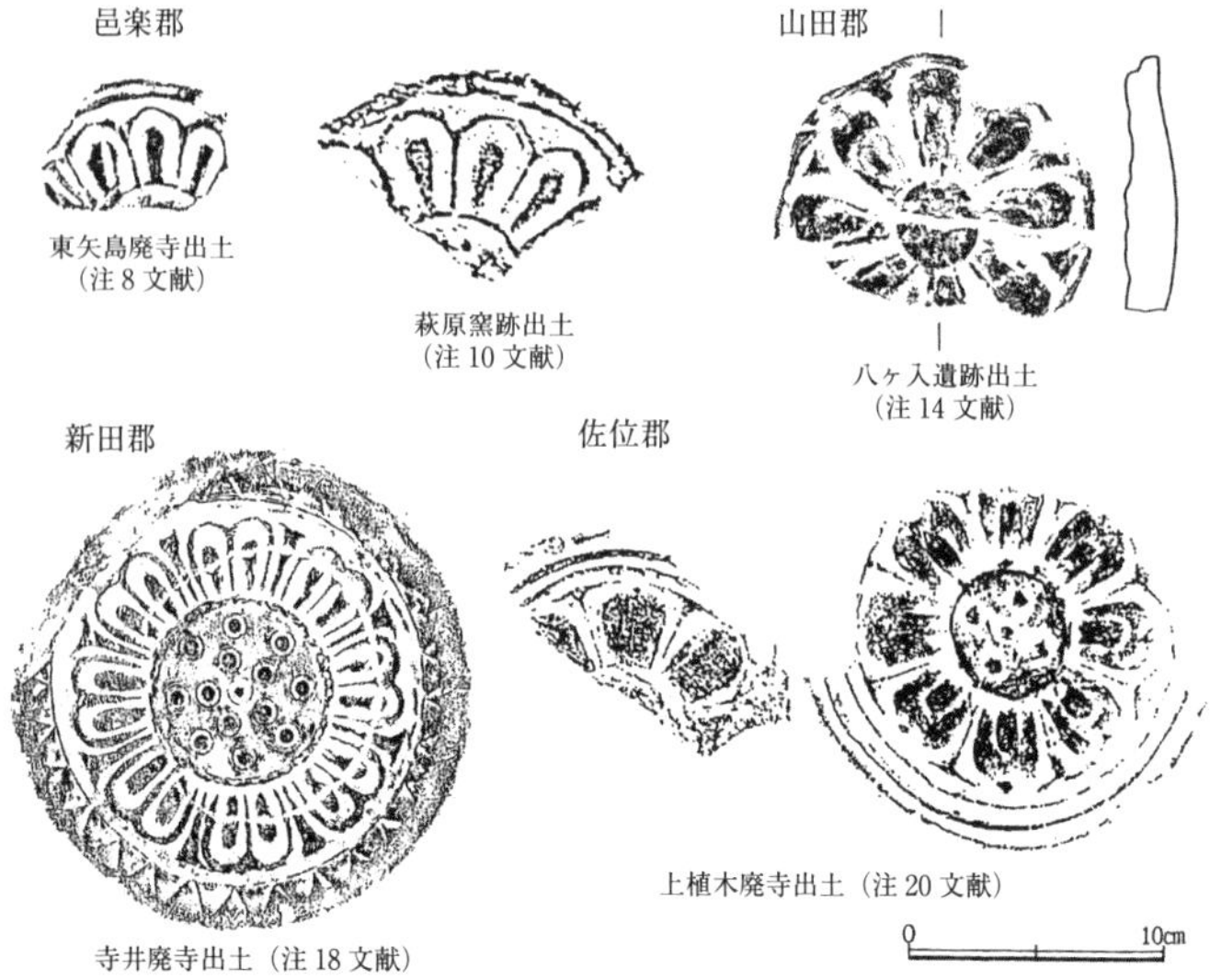

図５　関連遺跡出土の軒丸瓦（1/5）

さらに、七世紀代に截石切組積石室の古墳がみられないことは確かであるが、石室は異なるとはいえこの地域には山田郡の巖穴山古墳といった注目すべき方墳や、新田郡の蛇塚古墳、業平塚古墳、佐位郡の祝堂古墳のようなやや規模の大きな円墳は存在するのであり、それを軽視すべきではないと思う。もちろんその規模が総社古墳群とは比べものにならないことは明らかだが、その他の截石切組積石室古墳との差が決定的に大きいとは思えないのである。石室の形態の違いは、勢力の大小を反映したものではなく、古墳造営に関わる文化の違いと考えることもできるのではないだろうか。

とすると、問題は総社古墳群の評価に関わってくると思われる。確かにこの古墳群が七世紀代の上野国では最大の規模を誇り、他を圧倒していることは間違いない。しかし、その差を、有力な首長の存在の有無ということに結びつけて、あまり大きく評価するのは危険ではないかと思われるのである。というのも、その後七世紀後半以降に律令制が確立していく過程で、在地の首長層は評・郡の官人になっていくわけだが、それ以上の（在地の首長層が就任できる）地方官は存在しないのだから、七世紀代に大型の古墳を造営する総社古墳群に関わる首長にしても、顕著な古墳を造営しなかったその他の郡の首長たちにしても、七世紀後半以降には上野国内でほとんど同列の地位にしか就任できなかったはずだからである。その点から見ればその直前の七世紀前半代に、彼らの間に決定的な勢力差があったと考えるのはかなり不自然なように思えるのである。

もちろん、何度も述べているように、総社古墳群が七世紀代の上野国内で突出した規模であることは間違いないので、彼らの間に明確な差があったことは確かであるが、問題はその差が何かであろう。総社古墳群に大型の方墳が作られ始めた時期は、前方後円墳が全国的に作られなくなった時期の直後に当たり、関東地方では各国毎に一から数ヵ所の特定の地域で大型の古墳が作られ続けた。その背景には当然古墳築造の意義の大転換があったはずであるが、「はじめに」で述べたように、白石氏はそれが国造制の成立と結びつく可能性を示された。国造制の成立時期やその役割などについては、文献史学でも定説がないようであり、その研究の現状を考えれば、古墳の変化と国造制の成立とが結びつくと結論するのには慎重にならざるを得ない。しかし、私はその説の基本的な考え方には賛意を表したい。つまり、六世紀末から七世紀初頭という時期以降、関東地方において大型古墳は、ある一定の政治的地位に就任したことの表象として造営されたと考えられるのである。そして、古墳はこの時期以降そのような位置づけとなったため、それ以外の地域首長層はこれ以後地位の表象である大型古墳を造営しなくなったのではないだろうか。すなわち、大型の古墳が作られなかったことは、それが即彼らの勢力の、地域内における大きな衰退を示すわけではないと考えるのである。言い換えれば、大型古墳の不在がそのまま有力首長の不在を示すものではなくなったのである。

六世紀代に東毛の各地に大型の前方後円墳を築造した多くの地域首長層たちは、七世紀になると大型古墳を築造しなくなるためにその存在は目立たなくなってしまう。しかし、在地における彼らの勢力はその間も維持し続けられたと考えられ、七世紀後半以降律令制の確立に伴ってそのうちの有力な首長の本拠地に官衙と寺院が造営され、以後もそこが地域の中心地となり続けたのである。ただし、佐位郡の場合のように、六世紀代の最大規模の古墳と郡家・寺院の場所が異なることがあるが、それは七世紀前半に、地域によっては郡域内の首長層の勢力に変動があったことを示すものであると考えられよう。

おわりに

以上、推測の多い雑駁な議論に終始したが、少なくとも東毛地区においては、六世紀代に各地に大型前方後円墳を造営した勢力は基本的に七世紀代にも存続し、その後の律令制下にまでつながっていく存在であったと考えられるのである。七世紀代の上野国は総社古墳群を造営した勢力による一元的な体制であったと理解するよりは、より多元的な体制であったと理解すべきであろう。西毛地区については、七世紀代の寺院と官衙の遺跡に不明確な点が多く、今回検討することができなかったが、六世紀代に郡毎に数ヵ所の古墳分布がみられることなどは共通しており、傾向としては東毛地区と同じである可能性が強いものと思われる。

六世紀代の上野国にみられる、郡よりも狭い範囲を単位として大型前方後円墳が造営されるという状況は、郡という比較的狭い範囲の中にも、有力な地域首長層が複数存在しているということを示すものであろう。それは須原祥二氏によって指摘されたような、(24)律令制下において郡司候補者というべき在地の有力者が同一郡内に多数存在していたという状況と整合的である。律令制下の地方制度は、少なくとも上野国においては、古墳時代以来の在地の権力構造を大きく変えて成立したわけではなく、それを引き継ぐ形で形成されたと考えることができるであろう。ただしこのような推定は、現状では六世紀代の古墳が多く残される上野国でのみ可能なのであって、他の国では古墳の数自体が大きく異なるため同じ結論に達するのはやや困難である。この違いをどのように考えていくかは今後の課題としたい。

今回この小考を執筆するに当たって痛感したのは、すでに消滅してしまった古墳の多さである。群馬県では戦前の昭和一三年（一九三八）に有名な『上毛古墳綜覧』が編纂され、当時知られていた古墳のデータが集成された。その後現在まで、いろいろな理由により古墳は破壊され続けたが、特に東毛地区の消滅古墳の多さには驚きを禁じ得ない。今回検討対象とした大型前方後円墳でさえ、そのうちのかなりの数は現存しないのである。それよりも規模の小さい円墳や方墳の破壊はさらにひどく、古墳群がまるごと消滅した例も少なくない。本稿のような、遺跡の動向から歴史を考えようという試みは、そのような弱点を初めから内包しているのである。本稿で述べたように、東毛地区では七世紀の地域の首長墓がほとんど分からないが、それはこのような事情によるところも大きいと思われ、三〇～四〇mクラスの、大型とはいえないもののやや規模の大きな古墳が他にもあった可能性は捨てきれないと考えられる。本稿のような分布論では、そのような消滅古墳を考慮に入れることも必要だが、もちろん、なくなってしまったものを恣意的に復元し、それを根拠として論を立てることはできない。今後の発掘調査で、地表面からは消えてしまった有力古墳が再発見されることを期待したいと思う。

【注】

（1）白石太一郎「関東の後期大型前方後円墳」『国立歴史民俗博物館研究報告』四四、一九九二年（その後同氏著『古墳と古墳群の研究』塙書房、二〇〇〇年、に収録）など。

（2）白石太一郎「後期古墳の成立と展開」『日本の古代六』（中央公論社、一九八六年）など。

（3）右島和夫「古墳から見た六、七世紀の上野地域」『国立歴史民俗博物館研究報告』四四、一九九二年（その後同氏著『東国古墳時代の研究』学生社、一九九四年、に収録）。ここに引用させていただいた右島氏の見解はすでに発表後二〇年以上が経過しており、本稿で触れているような東毛地区の発掘調査の成果以前のものである。そのため、現在の氏のお考えとは同一ではないものと推察され、実際「古墳時代上野地域における東と西」『群馬県立歴史博物館紀要』二三（二〇〇二年）などで巖穴山古墳を重視する見解を発表されているが、引用論文では総社古墳群とその他の地域、特に東毛地域の首長層の位置づけを明確に述べておられるため、ここで使用させていただいた。その点につきご海容を乞う次第である。

（4）白石太一郎前掲注（1）論文、三浦茂三郎「群馬県における後・終末期古墳からみた律令制郡領域の研究Ⅰ」

『群馬県立歴史博物館紀要』三一、二〇一〇年など。

(5) 川原秀夫「古代上野国の国府及び郡・郷に関する基礎的考察」『ぐんま史料研究』二三、二〇〇五年。

(6) 須田茂「東矢島廃寺」『太田市史通史編　原始古代』(太田市、一九九六年)。

(7) 古墳の墳丘長などのデータは、特に断らない限り近藤義郎編『前方後円墳集成』東北・関東編(山川出版社、一九九四年)による。以下、本書を引用する場合は『集成』と略す。なお、御嶽神社古墳は後円部のみが残るため『集成』では五九・四mとするが、『太田市史通史編　原始古代』では一〇〇m級と推定しており、ここではそれに従う。

(8) 加部二生「太田市東矢島古墳群の再検討」『利根川』三一、二〇〇九年。

(9) 須田茂前掲注(6)文献。

(10) 須田茂「萩原窯跡」『太田市史通史編　原始古代』(前掲)。

(11) 今泉口八幡山古墳の墳丘長は、『集成』は三三・三mとするが太田市教育委員会の発掘調査では全長約六〇mと推定しており(太田市教育委員会『今泉口八幡山古墳発掘調査報告書』一九九六年)、ここではそれに従う。

(12) 加部二生氏は、今泉口八幡山古墳の年代は七世紀第1四半期だとされている(同氏「群馬県」『前方後円墳の終焉』雄山閣、二〇一〇年)。

(13) 駒澤大学考古学研究室『群馬・金山丘陵窯跡群Ⅱ』二〇〇九年。

(14) 財団法人群馬県埋蔵文化財調査事業団『八ヶ入遺跡Ⅱ』二〇一〇年。

(15) 太田市教育委員会による楽前遺跡の調査成果の詳細は、太田市教育委員会『渡良瀬川流域遺跡群調査概報　楽前遺跡(第Ⅱ次)・東田遺跡』(一九八八年)、同『渡良瀬川流域遺跡群調査概報　楽前遺跡(第Ⅱ次)・深町遺跡・矢部遺跡』(一九八九年)、同『渡良瀬川流域遺跡群・楽前遺跡発掘調査報告書』(一九九四年)に詳しいが、

ここで取り上げる二軒の住居は『太田市史通史編　原始古代』（前掲）にも掲載されている。
(16) 石塚久則「古氷郡衙跡」『太田市史通史編　原始古代』（前掲）。
(17) 須田茂「寺井廃寺」『群馬県史資料編2』（群馬県、一九八六年）。同「寺井廃寺」『太田市史通史編　原始古代』（前掲）。
(18) 図5の寺井廃寺出土の軒丸瓦拓本は髙井佳弘「上野寺井廃寺の川原寺式軒瓦」『古代瓦研究Ⅲ』（奈良文化財研究所、二〇〇九年）によるが、この拓本は須田茂氏が作成されたものである。
(19) 太田市教育委員会『天良七堂遺跡』二〇〇八年、同『天良七堂遺跡2』二〇一〇年、同『天良七堂遺跡3』二〇一二年。
(20) 髙井佳弘・出浦崇「上野の「山田寺式」軒瓦」『古代瓦研究Ⅱ』（奈良文化財研究所、二〇〇五年）。
(21) 上植木廃寺の発掘調査成果については伊勢崎市『上植木廃寺発掘調査概報Ⅰ』（一九八四年）をはじめとした伊勢崎市・伊勢崎市教育委員会発行の概報に詳しい。
(22) 三軒屋遺跡の発掘調査の成果については、伊勢崎市教育委員会『三軒屋遺跡総括編』（二〇一三年）を参照。
(23) 注（20）文献参照。
(24) 須原祥二「八世紀の郡司制度と在地」『史学雑誌』一〇五―七、一九九六年（のち同氏著『古代地方制度形成過程の研究』吉川弘文館、二〇一一年、に収録）。

信濃の首長

——金刺舎人と他田舎人を主として——

傳田伊史

一　はじめに

古代の信濃国の範囲を、おおよそ現在の長野県域から木曽地方を除いたものと考えれば、[1]南北約二〇〇キロメートル、東西約一〇〇キロメートル以上におよび、その広い領域のなかに七つの盆地を含む。さらにその中の各地域を細かくみれば、山地と、大小河川によって形成された自然堤防、後背湿地、扇状地形などの自然地形上の組み合わせによって他とは区画されるような一つの地域範囲を設定することができる。本稿ではこうした地域範囲を小地域とよぶが、険しい山地と、そこから流れ出る河川によって構成されるのが地理的特色である信濃国には、このような小地域が数多く存在する。

古代の地域構造を解明するためには、こうした小地域に立脚した視点での歴史的分析が重要であると考え、これまで、古代の信濃[2]における小地域の歴史的な意味、役割について考察してきた。たとえば、小地域の共同体を基盤とする中小首長たちの五世紀から六世紀にかけての動向についての考察であり、[3]律令体制下の信濃国一〇郡の一つである埴科郡の地域支配構造についての分析である。[4]

本稿では、これらの考察をふまえた上で、まず、近年の遺跡調査の成果などにもとづき、彼らが基盤とする小地域内の諸関係、あるいは小地域間相互の諸関係の様相について分析を行いたい。次に、五世紀後半以降、馬の生産などに代表される地域への新しい技術や文化の流入を背景として、これらの小地域に新たな政治的・経済的支配関係を確立していった代表的な首長と考えられる金刺舎人《かなさしのとねり》と他田舎人《おさだのとねり》について、その首長としての性格にあらためて検討を加えたい。そして、これらの検討を通じて、古代の信濃では、小地域における政治的・経済的支配関係が、律令体制以前、以後にかかわらず地域支配の基盤であり続けたことを明らかにしてみたい。

二　長野盆地南部にみる四世紀後半から五世紀前半の小地域の様相

長野盆地南部は、その南縁近くを千曲川が西から東に流れ、南側の山地の尾根がいくつか千曲川流路に向かって突き出るようにのびている。またそうした尾根と尾根の間を中小河川が山地から流れ出て千曲川に合流している。このためこの地域には千曲川と山地の尾根に画された小地域が複数存在し、それらはいずれも千曲川の自然堤防、後背湿地、中小河川が形成した扇状地などで構成された空間となっている。

ここでとりあげる長野市若穂保科・川田地区もそうした小地域の一つである。(5) この小地域の西側は、奇妙山から北北西に千曲川河畔まで尾根がのび、東側は標高九九六・九メートルの若穂太郎山から上信越自動車道綿内トンネルに続く尾根によって画されている。両尾根の間の西側を赤野田川、東側を保科川が流れ複合扇状地を形成している。

扇状地形の扇端から千曲川沿いの自然堤防、微高地の間に位置する後背湿地には川田条里遺跡が存在する。川田条里遺跡では上信越自動車道の建設にともなう発掘調査により弥生中期・後期以降近世にいたるまでの各時代の水田址が広範囲に検出されており、当小地域の中心的な生産域であったと考えられる。九世紀前半には正方位の条里形地割りが形成されたことが確認できる。

自然堤防上には町川田遺跡、春山B遺跡など弥生時代中・後期の集落遺跡があるが、古墳時代の集落遺跡は当小地域では確認されていない。しかし、東側の尾根を隔てた隣接地域である若穂綿内地区に立地する榎田《えのきだ》遺跡では、古墳時代中期から後期にかけての住居址が約五〇〇軒ほど確認されている。奈良時代には同遺跡では中期の住居址が数軒程度しか確認されていないが、より千曲川近くに立地する高野遺跡では住居址が一六軒確認されている。平安時代の同地区では榎田遺跡で九世紀中ごろから後半にかけての住居址三〇軒、高野遺跡および南条遺跡では一〇〇軒を越える住居址が確認されている。

『倭名類聚抄』によれば信濃国高井郡の郷は、穂科、小内、稲向、日野、神部の五郷であり、当地域は穂科郷に比定されている。他の四郷についてはその比定地に関して定まった説はない。平城宮東面外堀かつ東一坊大路西側溝にあたるSD4951より出土した平城宮木簡三二九四号には次のように記されている。(6)

・□(高)井郡穂科郷衛士神人

・□養□〔布カ〕六□〔段カ〕　宝亀五年

この木簡にみえるのが今のところ穂科郷の最も古い表記であり、宝亀五年（七七四）に当小地域またはその周辺地域から平城京に出仕していた衛士の存在が知られる。また、平安時代の末になると、当地域には、寛治

図１　長野市若穂保科・川田地区周辺の遺跡分布　注（５）『上信越自動車道埋蔵文化財発掘調査報告書10　長野市内その８　川田条里遺跡』の第11図部分に加筆

三年（一〇八九）に立てられ、永久三年（一一一五）の宣旨によって伊勢神宮の外宮領となった長田御厨（保科御厨）があった。[7]

以上、当小地域について、その地理的環境および弥生時代より平安時代までの歴史的環境について概観したが、当地域で注目したいのは、丘陵部と扇状地上に存在する古墳群のあり方である。なかでも当小地域を画する西側の尾根から、川田条里遺跡のある後背湿地と扇状地に向けて突き出た支脈の尾根上にある和田東山古墳群と大星山古墳群の関係が注目される。両者は別々の尾根にあり両尾根間は直線距離で一キロメートルに満たないが、間に小さな尾根一つを挟んでいるため相互に見渡すことはできない位置関係にある。和田東山古墳群は前方後円墳三基と円墳二基からなり、このうち、円墳二基は一〇メートル規模で六世紀代のものと推測されている。[8] 三基の前方後円墳は丘陵部の低い方から1号古墳、3号古墳、4号古墳と並んでおり、発掘調査が行われた3号古墳は全長四六メートルで四世紀後半の造営と考えられ、発掘調査が行われていない1号古墳は3号古墳より古く、同じく発掘調査が行われていない4号古墳は3号古墳より新しいものと推測されている。[9] したがって1号古墳→3号古墳→4号古墳の順に造営された前方後円墳は、当小地域をその基盤として含む集団の三代の系譜を示す首長墓であると考えられる。

大星山古墳群は墳丘の径あるいは一辺が一六～二〇メートルほどの四基の古墳からなり、和田東山古墳群に近接したやや北にある尾根上に位置している。[10] 円墳の3号古墳が四世紀第3四半期、方墳の1号古墳が四世紀第4四半期、方形の積石塚である4号古墳が五世紀初頭、方墳の2号古墳が五世紀第2四半期と考えられている。こちらも当小地域を基盤とする集団の四代の系譜を示す首長墓であると考えられる。当小地域では和田東山古墳群の形成が先行するが、その後の形成期間のなかに大星山古墳群の形成期間が含まれる。また両古墳群の墳形や墳丘規模の相違から、和田東山古墳群は当小地域を越えたより広範囲の地域を基盤としたとみることもできるが、[11] 両古墳群の立地からすれば、和田東山古墳群の首長を上位としつつ、当小地域を中心的な基盤とする二つの首長系譜が数世代にわたって併存したと考えることができる。このような様相は今のところ周辺の他の小地域にみることはできない。しかし、限定的な地域範囲のなかに複数の首長が存在した当小地域のあり方から敷衍して考えれば、四世紀後半から五世紀前半の長野盆地には、各小地域それぞれに、少なくとも一つの、場合によっては複数の首長系譜が存在していた可能性を考えることができよう。

その中でも長野盆地南部の当小地域より千曲川上流にあたる地域には、四世紀後半以降、森将軍塚古墳、川柳将軍塚古墳と続く信濃では傑出した前方後円墳が築造されるようになる。これらは内部の埋葬施設や副葬品から墳丘表面の埴輪や葺石などにいたるまで、近畿地方から日本各地に広がる大型古墳と同様なあり方であり、ヤマト王権が広域な規模でおし広げていた前方後円墳に象徴される政治的体制に長野盆地南部地域の勢力が加わったことを示すものであると考えられている。これに対して、和田東山3号古墳は、森将軍塚古墳や川柳将軍塚古墳と墳丘規格が共通しながら、その規模、副葬品の構成には歴然とした差がみられる。[12] このような古墳のあり方を考える時、この時期の長野盆地の小地域の首長たちは、森将軍塚古墳や川柳将軍塚古墳の首長系譜を頂点とする階層のなかでの上下関係を有しつつ、地域相互の関係を結んでいたと考えられる。そしてこの時期のそうした階層性を規定する主要な要因であったのは、基本的にはその基盤となる小地域の生産性であったと考えられる。具体的に当小地域と森将軍塚古墳の基盤である地域について比較すれば、川田条里遺跡と更埴《こうしょく》条里遺跡の規模の相違であり、そこでの経済力が反映されたであろう人口の相違である。時代は下るが、前述したように当小地域は『倭名類聚抄』の穂科郷のみに比定されるのに対して、更埴条里遺跡に関わる地域には、埴科郡七郷のうち少なくとも倉科、大穴、屋代の三郷、小地域の範囲を広くとれば磯部、船山を加えた五郷が比定される。(13) すなわち両地域の首長の政治的関係上の相違は、弥生時代以来の食料生産のあり方を中心とする経済的要因によって生じたそれぞれの直接の基盤である共同体の規模の相違によるものといえよう。

しかし、以上のような五世紀前半までの長野盆地の小地域における諸関係のあり方は、五世紀中ごろに大きな変化をみせる。地域内で傑出するような前方後円墳は築造されなくなり、盆地周縁の標高の低い山腹、段丘上、山頂などに数十メートルの古墳が築造されるようになる。(14) 古墳の規模、規格だけでは各小地域の首長の間の明確な階層性は見いだせなくなる。当小地域ではその変化の要因を比較的明瞭にみることができる。当小地域の首長墓である和田東山古墳群の前方後円墳と大星山古墳群の古墳造営は五世紀前半で終了する。一方で、両古墳群が位置する尾根の反対側（西側）、つまり当小地域の西に隣接する地域には五〇〇基を越える群集墳である大室古墳群が存在するが、その約八〇パーセントを占める積石塚は五世紀中ごろに出現し、同時に合掌形石室が現れる。大星山古墳群でも4号古墳が積石塚であり、2号古墳は合掌形天井をもつ石棺が確認されている。これらは当小地域の集団が埋葬施設の新しい要素を先駆的に取り入れたものと理解されるが、大室古墳群での変化はそれとは異なり、五世紀中ごろの当小地域周辺に新しい文化が本格的に導入されるような状況があったことを示している。大室古墳群の合掌形石室を有する初期積石塚古墳は百済の系譜につながるものであり、百済からの渡来人を埋葬した可能性が高いとされるように、(15) このような急激な変化は渡来人あるいは渡来系の人びとの集団によって朝鮮半島の文化が当地にもたらされたことによるものと考えられる。当小地域においても六世紀に入ると扇状地上に積石塚古墳からなる長原古墳群が形成される。

従来より大室古墳群については、『延喜式』にみえる信濃国の一六の御牧の一つである「大室牧」との関係が注目されてきたが、渡来人あるいは渡来系の人びとの集団居住はやはり馬の生産と密接な関係があったとみられる(16)。前述した榎田遺跡では、五世紀中ごろから住居址数が増加するが、集落内を流れていた河川から多くの木製品とともに木製の鞍と壺鐙《つぼあぶみ》が出土している。鞍は五世紀第2四半期に比定される層から出土した後輪の部分で、粗い加工の痕がみられることから未完成のものと考えられる。また、同じ層から馬の骨も見つかっている。壺鐙は五世紀後半に比定される層から出土し黒漆が塗られている。さらに、五世紀第2四半期以降の鍬や鋤などの農具には鉄製のU字状刃先を装着する加工がみられ、このような様相は、渡来人の馬飼集団の集落があったとされる大阪府蔀屋北《しとみやきた》遺跡などと同様であるとされる(17)。

また、当小地域周辺以外の他の地域でも同じような様相をみることができる。飯綱社《いいづなしゃ》古墳（長野市）では明治八年（一八七五）に鉄製の輪鐙・鞍金具と蛇行状鉄器が発見されたといわれる。蛇行状鉄器は鞍に取りつける旗竿《はたざお》あるいは天蓋《てんがい》（傘）の柄とみられるが、これらの馬具は五世紀中ごろを相前後するものとされる(18)。林《はやし》畔《くろ》1号古墳（中野市）と長野市上池ノ平《かみいけのたいら》5号古墳（長野市）は、ともに屋根の形に石を組み合わせた合掌形石室をもつ円墳であるが、いずれも五世紀後半の鑣轡《ひょうぐつわ》が出土しており、朝鮮半島南部地域の系統のものとされる。このように古墳造営のあり方や遺跡からの出土品からみて、当小地域のみならず長野盆地の各小地域において、遅くとも五世紀中ごろには朝鮮半島からの渡来人または渡来系の人びとの集団居住が行われるようになり、馬飼などの新しい文化がもたらされたと考えられる。五世紀前半までの食料生産を中心とする経済的要因に加えて、大陸系の新たな集団と彼らがもたらした馬の生産などの新しい文化が長野盆地一帯に導入されたことが、各小地域内の諸関係、あるいは小地域間相互の諸関係の構造を大きく変化させたと考えられる。そこで次に、長野盆地と同様に朝鮮半島からの渡来人または渡来系の人びとの集団居住が行われたと考えられる下伊那地域を中心に、五世紀中ごろ以降の地域構造のあり方についてみていくことにしたい。

三　下伊那地域にみる五世紀中ごろ以降の小地域の様相

下伊那地域は、天竜川が南北に貫流し東西両岸に河岸段丘地形を形成している。また、東西の山地を源とする多くの中小河川が天竜川に流れ込んでおり、これらの主要な支流河川がおおよそ東西方向に河岸段丘を削って谷を作り出すいわゆる田切地形がみられる。このため下伊那地域の小地域は、天竜川に流入する河川とその谷によって南北を画され、東西を天竜川と山地によって画され、さらにその地域範囲内に数十メートルの段丘崖によって画される中位段丘と低位段丘の上下の段丘面が存在しているのが地理的特色である。こうしたいくつかの小地域が天竜川両岸に南北にわたって展開している。(19) 下伊那地域では五世紀後半から多くの古墳築造がはじまるが、その分布の中心となるのは天竜川右岸地域である。とくに前方後円墳は信濃全域で確認されているものの約半数にあたる二四基が下伊那地域にあるが、郭《くるわ》1号古墳（下伊那郡喬木《たかぎ》村）を除く二三基が天竜川右岸の南北約一〇キロメートルの範囲内にある。そこで以下、天竜川右岸の小地域ごとの古墳のあり方について北から南への順で確認していく。

①座光寺地区は北を南大島川、南を土曽川で画される。地区内には前方後円墳が二基あり、北本城古墳は全長三〇メートルで六世紀初頭、高岡1号古墳は全長七二メートルで六世紀前半の築造と考えられている。そのほか帆立貝形古墳である全長三六メートルの新井原《あらいばら》12号古墳がある。五世紀中ごろより新井原・高岡古墳群が形成されていくが、その契機となったとみられるのが新井原2号古墳と高岡4号古墳である。前者の周溝内から三頭、後者の周溝内から一頭の馬の埋葬が確認されており、輪鐙、鞍覆輪《くらぶくりん》、鑣轡などの馬具が出土している。

その他に古墳群内の土坑三基から各一頭の馬の埋葬が確認されており、その一つでは轡、杏葉《ぎょうよう》、辻金具などの馬具を装着した形で馬が埋められていたとみられている。なお、当地区には低位段丘上に伊那郡家に比定される恒川《ごんが》遺跡群が存在する。

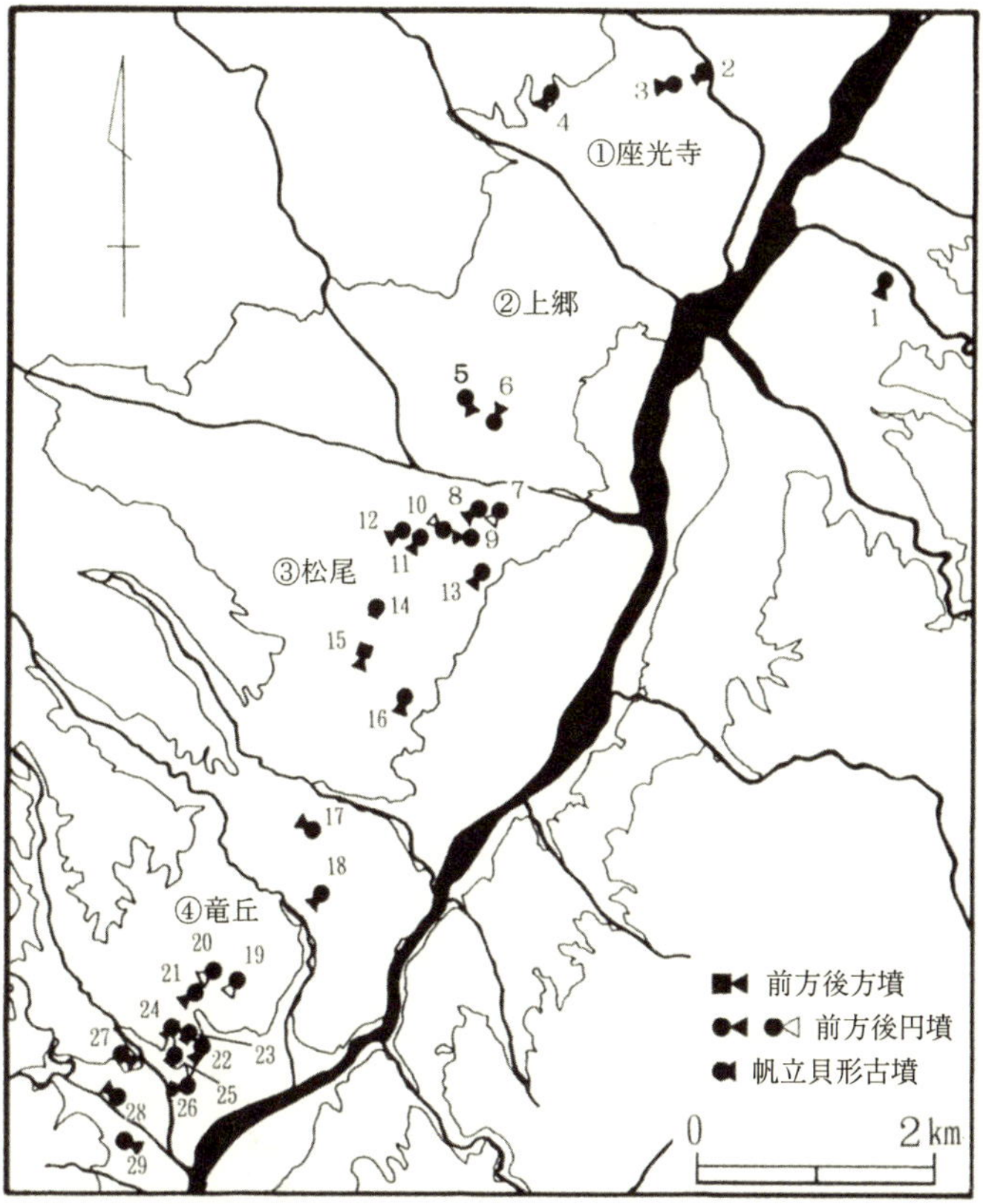

図２　下伊那地域の主要な古墳分布　飯田市美術博物館図録『伊那谷の馬　科野の馬』1997年刊の参考22図に加筆

②上郷地区は北を土曽川、南を飯田松川で画される。当地区の主要な古墳は南の飯田松川に面した低位段丘上にある。宮外垣《みやがいと》遺跡・高屋遺跡では、五世紀後半に築造された墳丘長四七メートルの前方後円墳である溝口の塚古墳を取り巻くように方形・円形の墳丘墓群が形成されている。溝口の塚古墳からは馬の埋葬および馬具の出土は認められないが、周囲の墳丘墓二基の周溝から各一頭、単独の土坑四基から各一頭、計六頭の馬の

埋葬や、轡、杏葉、辻金具、鞖《しおで》金具、雲珠《うず》、輪鐙などの馬具が確認されていることから、溝口の塚古墳は馬飼集団の首長墓であると考えられている。溝口の塚古墳の西北側に番神塚古墳があったとされるが、現在は痕跡を確認できず詳細は不明である。そのさらに西北に飯沼天神塚古墳がある。同古墳は六世紀前半の築造とみられており、横穴式石室が導入された墳丘長約七四メートルの下伊那地域最大級の前方後円墳である。

③松尾地区は北を飯田松川、南を毛賀沢川で画される。前方後円墳は地区内に点在するが、主要な古墳は②上郷地区の古墳と対峙するように飯田松川沿いに集中する。中位段丘面にある物見塚《ものみづか》古墳は五世紀中ごろの円墳で、周溝内に馬一頭の埋葬が確認され、鑣轡が出土している。同一段丘上にある茶柄山古墳群は物見塚古墳と前後するように築造が開始された古墳群で、墳丘長五〇メートルと推定される茶柄山3号古墳と円墳八基で構成されているが、その西側に墳丘長五八メートルの前方後円墳である御射山獅子塚《みさやまししづか》古墳があり、これも茶柄山古墳群と関連する古墳であるとみられている。茶柄山古墳群では、9号古墳の周溝内と墳裾から七頭、単独の土坑三基から各一頭、計一〇頭の馬の埋葬が確認され、その一つの土坑からは三環鈴《さんかんれい》が出土している。低位段丘面に墳丘長約四四メートルの前方後円墳とされる羽場獅子塚古墳があり、さらにその一段下に一五基の円墳を主体とする妙前古墳群がある。その中心は墳丘径三〇メートルを越える円墳である妙前人塚古墳で、眉庇《まびさし》付冑《つきかぶと》が出土している。妙前古墳群は五世紀後半には古墳群として成立していたとみられている。その南にある寺所《てらどこ》遺跡には妙前古墳群とほぼ同じ時期に築造されたとみられる方形・円形の低墳丘墓があり、それらの周溝から馬歯、単独土坑の馬の埋葬が確認されている。しかし、墓制の変遷では弥生時代からの連続性が認められることから、新来の集団ではなく弥生時代以来の在地集団が馬の文化を受容したものと考えられる。茶柄山古墳群の西側の飯田松川に沿った低位段丘上には上溝《あげみぞ》古墳群がある。この古墳群では、六世紀前半に墳丘長四〇

メートルの姫塚古墳が築造され、次に墳丘長四一メートルの上溝天神塚古墳、六世紀後半に墳丘長推定五〇メートルのおかん塚古墳が近接して築造されている。古墳群の立地や築造時期などから、茶柄山古墳群から上溝古墳群への築造の連続性が想定されている。

④竜丘地区は北を毛賀沢川、南を久米川で画される。地区内はさらに新川、臼井川といった小河川によって北から駄科、桐林、上川路の三つの小地域に分けることができ、それぞれの小地域に首長墓と考えられる前方後円墳が存在する。当地区で最初に築造されたと考えられる前方後円墳があるのは桐林区で、築造時期は明確でないが、墳丘長約六三メートルの兼清塚古墳、同約五三メートルの大塚古墳、同六〇メートルの丸山古墳がそれにあたる。桐林区では上記三古墳に続く五世紀後半から末にかけて、墳丘長七〇メートル台とされる塚原二子塚古墳や帆立貝形古墳三基、円墳一二基からなる塚原古墳群が築造される。塚原古墳群の南側には墳丘長約六〇メートルの金山二子塚古墳と円墳八基からなる金山古墳群があり、金山二子塚古墳が六世紀の早い時期の築造と考えられるほか、六世紀代の古墳群であると考えられている。駄科区には墳丘長六〇メートルの権現堂1号古墳が五世紀代に築造され、その南側に五世紀後半の築造と考えられる神送塚《かみおくりづか》古墳などの円墳があり、前方後円墳と円墳からなる古墳群を形成している。これらの古墳群の北に六世紀後半の築造と考えられる前方後円墳の塚越1号古墳があり、畿内式の横穴式石室がみられる。上川路区には五世紀代と考えられる前方後円墳は確認されていない。六世紀前半に横穴式石室を導入した墳丘長六五メートルの御猿堂《おさるどう》古墳が築造され、馬具などが出土している。墳丘長約四六メートルの馬背塚古墳は六世紀末から七世紀にかけての前方後円墳とみられており、下伊那地域の最終段階の築造と考えられている。このほか竜丘地区には他地区と同様に低墳丘墓などが存在するが、今のところ馬の埋葬例は確認されていない。

⑤川路地区は北を久米川で画され、南は天竜峡へ続く峡谷となる。峡谷に接する大地上にある月の木古墳群は五世紀後半の円墳七基からなり、月の木1号古墳では短甲、胡籙金具などの武器が出土し、周溝内から鉄製楕円形鏡板付轡が出土している。久米川に面した段丘上には六世紀初頭の築造とされる墳丘長推定六一メートルの久保田1号古墳がある。天竜川の氾濫原に面した低位段丘上にある殿村遺跡では家形埴輪、船形埴輪が出土しており、家形埴輪は五世紀後半から六世紀前半ごろに位置づけられている。

以上のように下伊那地域の古墳の様相を五つの小地域ごとに概観したが、古墳の築造は、五世紀中ごろより、前方後円墳や帆立貝形古墳が、各小地域でほぼ時を同じくして同規模のものが集中する形ではじまる。[20]また、前方後円墳のみならず、古墳時代中期の特徴的な副葬品である小型仿製鏡や短甲なども、五世紀中ごろを境として下伊那地域に集中している。[21]これらの古墳の造営主体は各小地域の中小首長であり、彼らのもとに古墳築造の契機となるような要因がほぼ同時にもたらされたと考えられる。そしてその要因とは馬飼集団の出現と彼らによる馬の生産に象徴される新しい文化の受容であった可能性が高い。[22]それは五世紀後半から古墳およびその周辺から馬具や馬骨等が出土するようになることからも明らかである。

馬の埋葬例は①地区の北に隣接する高森町も含めて三〇例が知られているが、当地域の北部にあたる①地区、②地区、③地区にある四つの古墳（墳丘墓）群で確認されている。これらの古墳（墳丘墓）群の時期は五世紀中ごろから後半を中心とするものとされている。下伊那地域の五世紀代の馬具は、下伊那地域の古墳の主たる埋葬施設から埋葬者の副葬品として出土した例はなく、埋葬された馬にともなう形での出土が多い。また、馬も墳丘内に埋葬された例はなく、いずれも周溝内、墳裾、古墳（墓）周辺の土坑で検出されている。さらに、馬の埋葬に関わると思われる古墳（墓）自体も、円墳もしくは低墳丘墓であり、地域の首長墓に比定される前方後円墳や帆立貝形古墳にともなう馬の埋葬例は確認されていない。このことは、当該時期の下伊那地域において、馬や馬具が首長などの特定個人の威信材であったのではないことを示している。人や馬の死、あるいは儀礼に際して、それらを一体のものとして埋葬する文化を保持していたのは、馬や馬具を実用に供した人びと、すなわち馬飼集団であったと考えられる。馬や馬とともに馬具を埋葬した古墳（墳丘墓）群は、こうした馬飼集団の集落に近い墓域であったということができよう。[23]したがって、馬飼集団が集落を形成して馬の生産をはじめたのは上記①②③の三地区であり、その時期は物見塚古墳と高岡4号古墳の鑣轡や、新井原2号古墳の木芯鉄板張輪鐙などから五世紀中ごろとみられる。[24]五世紀の日本列島における馬の文化の受容が、それらを保持した朝鮮半島からの人びとの移住によってはじまったと考えられることからすれば、下伊那地域に馬の生産などの新しい文化をもたらしたのも渡来人あるいは渡来系の人びとであった可能性は高い。しかし、③地区の寺所遺跡にみるように、古墳のあり方に弥生時代以来の墓制からの連続性が認められる状況もあることから、馬の生産は、以前からの在地集団が、朝鮮半島からの人びととともにその新しい文化を受容したことによってはじまったと考えることができる。[25]

このように大陸からの新しい文化を受容したことを契機に、古墳の築造に象徴される地域構造の変化がはじまったと考えられる。各小地域の古墳の様相は一様ではなく、④地区は、前方後円墳の数やその変遷から他地区のそれに優越する状況もみてとれるが、各小地域の首長の間に明確な階層性をうかがうことはできない。このことは、六世紀初めに当地域において埋葬施設として導入されるようになった横穴式石室のあり方からもみてとれる。当地域の初期の横穴式石室には、少なくとも五系統以上の多様な類型があり、また小地域ごとに異なる形態の石室が採用されていることが指摘されている。このような多様性と小地域の独自性は、六世紀初めの段階において、この地域に新たな技術や文化が流入しつつも、これらを受容する首長を統合するような状況が存在していなかったことを示しており、その状況は五世紀代のあり方をも反映するものであると考えられる。(26)

しかしこのような当地域における横穴式石室の様相は、六世紀前半以降に変化がみられるようになる。横穴式石室をもつ古墳が円墳にも広がり、その多くがa類(27)の石室を採用するようになる。また六世紀後半には③地区のおかん塚古墳、④地区の塚越1号古墳と馬背塚古墳に畿内型石室の系譜につながるb類の石室が採用される。(28) 石室系統の多様性は、それをもち込んだ集団の個々の出自・本貫なりを象徴しているとする考えにしたがえば、(29) 各小地域の首長の独自性が薄れていくとともに、他地域からの新たな技術や文化の流入先が限定されるような状況になったということになろう。そしてそうした変化をもたらしたのは、b類の石室に象徴される各小地域の首長とヤマト王権との新たな結びつきであったと考えられる。そこで次にこの点について検討を進めていきたい。

三　六世紀のヤマト王権と信濃の首長

五世紀後半以降のヤマト王権の王族や宮にちなむウジ名や部名で、信濃に関わるものとして史資料から見いだせるものとしては、まず小長谷部があげられる。天平勝宝四年（七五二）十月の正倉院調庸布に「信濃国筑摩郡山家郷戸主物部東人戸口小長谷部尼麻呂（後略）」の墨書がみえ、松本市下神遺跡出土須恵器杯に「小長谷部真□」の墨書があることから筑摩郡に分布していたことが知られる。また、屋代木簡七五号にもみえる。(30)『古事記』武烈天皇段に「此天皇、无二太子一。故、為二御子代一、定二小長谷部一也。」とあり、『日本書紀』武烈天皇六年九月乙巳条に「詔曰、伝国之機、立子為レ貴。朕無二継嗣一。何以伝レ名。且依二天皇旧例一、置二小泊瀬舎人一、使レ為二代号一、万歳難レ忘者也。」とあることから、五世紀末から六世紀初めごろの大王と考えられる武烈天皇（小長谷若雀命・小泊瀬稚鷦鷯命）の名代とされる。小長谷にちなむウジ名や部名は大和、遠江、駿河、甲斐、下総、近江、上野、出羽、越中などにみられ東国を中心に分布している。

これに続くウジ名や部名としては、六世紀中ごろの欽明天皇の磯城嶋金刺宮にちなむ「金刺舎人」や「金刺部」があげられる。表1は信濃を含むそれらの全国的な分布を大宝令施行以降の国別にまとめたものである。信濃では八世紀以降の郡司や采女として埴科郡、伊那郡、水内郡にみえるほか、屋代木簡一〇・八七・一一六号にみられる。また中世に続く諏訪神社の社家などのウジの名としてみえる。続いては六世紀後半ごろの敏達天皇の訳語田幸玉宮にちなむ「他田舎人」、「他田部」があげられる。表2は表1と同様に他田にちなむウジ名や部名の分布についてまとめたものである。信濃では伊那郡、筑摩郡、小県郡の郡司などとしてみえるほか、屋代木簡四六号と一〇〇号にみられる。信濃の郡司層としてみえる金刺舎人と他田舎人がともにみられるのは埴科郡・伊那郡であるが、屋代木簡が出土した埴科郡と更級郡の歴史的あるいは地理的関係性からすれば更級郡にも両者が存在した可能性は高いと考えられる。したがって『延喜式』などから知られる信濃国一〇郡のうち、安曇・佐久・高井の三郡を除く七郡に金刺舎人または他田舎人が郡司層として存在していたことが確認もしくは推定できる(31)。

全国的にみると、金刺や他田にちなむウジ名や部名はともに西日本の地域にはあまりみられず、伊賀、伊勢以東の東日本に多くみられ、とくに信濃には金刺舎人、他田舎人が非常に濃密に分布していたことがわかる。信濃以外には駿河の分布が目立っている。また、金刺と他田の分布を比較すると、金刺は信濃と駿河と伊豆のみで確認されるのに対して、他田は大和、播磨、備前、筑前などの西国を含む一四ヵ国に分布している。金刺

表1　史資料にみえる金刺舎人・金刺部関係の分布

国	郡	人名・地名等	官職等	年代	出典
信濃	伊那	金刺舎人八麻呂（八麿）	大領・信濃国牧主当 外従五位下勲六等	天平神護元年正月七日（七六五） 神護景雲二年正月二八日（七六八）	『続日本紀』同日己亥条 『類聚三代格』
	諏方	金刺舎人貞長	右近衛将監 正六位上	貞観五年九月五日（八六三）	『日本三代実録』同日甲午条
	水内	金刺舎人若嶋 →金刺舎人連若嶋	女孺 正七位下→外従五位下→ 従五位下	宝亀元年一〇月二五日（七七〇） 同三年正月二四日（七七二） 同八年正月一〇日（七七七）	『続日本紀』各同日条
	埴科	金刺舎人正長	大領 外従七位上→ 借外従五位下	貞観四年三月二〇日（八六二）	『日本三代実録』同日戊子条
	（埴科）	金刺舎人真清		八世紀初頭前後	屋代木簡一〇
	（埴科）	金刺舎人小尼		八世紀前半	屋代木簡一一六
	（埴科）	金刺舎人		八世紀前半	屋代木簡八七
	（埴科）	金刺部富□		八世紀前半	屋代木簡五九
	（埴科）	金刺部若侶		八世紀前半	屋代木簡八七
	（埴科）	金刺部		八世紀前半	屋代木簡五九・八八
駿河	駿河 古家郷 猪津里	金刺舎人勝麻呂		天平七年一〇月（七三五）	『平城木簡概報』二二―二四上（二三九）
	駿河 古家郷 猪津里	金刺舎人部大人 金刺舎□□万呂		天平七年一〇月（七三五）	『平城木簡概報』二二―二四上（二四〇）
	駿河	金刺舎人祖父萬侶	主政 無位	天平九年（七三七）	駿河国正税帳（大日古二―七三）
	駿河 子松郷	金刺舎人足人	少領 正六位下	天平宝字二年（七五八）	『平城木簡概報』四二―一五上
	駿河	金刺舎人広名	大領・国造 正六以上	延暦一〇年四月一八日（七九一）	『続日本紀』同日戊申条
	益頭	金刺舎人麻自	白丁→従六位上	天平宝字元年八月一三日（七五七）	『続日本紀』同日己丑条
伊豆	田方郡 棄妾郷 許保里	金刺舎人部足国			『平城木簡概報』二二―二五上（二五一）

表2 史資料にみえる他田舎人・他田部関係の分布

国	郡郷(里)	人名・地名等	官職等	年代	出典
信濃	伊那	他田舎人千世売	爵二級	神護景雲二年六月二三日(七六八)	『続日本紀』同日乙未条
	筑摩	他田舎人国麻呂	大領 外正七位上	天平勝宝四年一〇月(七五二)	正倉院宝物白布『正倉院宝物銘文集成』
	小県	他田舎人大島	国造	天平勝宝七年二月二二日(七五五)	『万葉集』巻二〇―四四〇一
	小県	他田舎人藤雄	権少領 外正八位下→借下従五位下	貞観四年三月二〇日(八六二)	『日本三代実録』同日戊子条
	小県跡目里	他田舎人蝦夷			『日本霊異記』下第二二
	(小県)	他田真樹		天慶元年二月二九日(九三八)	『将門記』同日条
	埴科船山(郷)柏村里	他田舎人八□		八世紀前半	屋代木簡一〇〇
	(埴科)	他田舎人古麻呂		乙丑年(六六五)	屋代木簡四六
	(埴科)	他田部		八世紀初頭前後	屋代木簡一一
大和	添上	他田臣族前人		天平一四年一一月一七日(七四二)	優婆塞貢進解(大日古二―三一八)
	城上	他田神戸		天平二年(七三〇)	大倭国正税帳(大日古一―四〇一)
	城上	他田坐天照御魂神社			『延喜式』巻九
	山辺都介郷	他田臣万呂		(和銅四年)	『平城木簡報報』二五―二六
尾張	中嶋	他田弓張	主帳 外少初位下勲十二等	天平六年(七三四)	尾張国正税帳(大日古一―六一五)
遠江	益頭高楊郷中家里	他田部目里		神亀元年一〇月(七二四)	『平城木簡概報』一九―二二
駿河	有度	他田舎人広庭 他田舎人益国	郡散事	天平一〇年(七三八)	駿河国正税帳(大日古二―一一二)
	(有度)他田郷				『神明原・元宮川遺跡木簡概要』一
	有度他田里				『和名類聚抄』
	(有度)真壁郷(白部郷)	他田臣久須			『木簡研究』三〇―四九―(三)
	有(度)(嘗)見郷仲村里	他田舎人□[小カ]		天平八年九月(七三六)	『平城木簡概報』三一―二五上(三四四)

	益頭 高楊郷 中家里	他田部目甲		神亀元年一〇月（七二四）	『平城木簡概報』四二―一四下
	（益頭）（高楊郷）赤星里	他田臣大山			『平城木簡概報』二二―二二下（二一八）
相模	鎌倉	他田臣国足	少領 外従八位上	天平勝宝元年一〇月（七四九）	正倉院宝物白布『正倉院宝物銘文集成』
下総	海上	他田日奉部忍 他田日奉部宮麻呂 他田日奉部国足 他田日奉部直神護	少領 少乙下 小領→大領 追広肆→ 外正八位上 大領 外従六位下勲十二等 国造 位分資人→中宮舎人→ （大領）従八位下	天平二〇年（七四八）	他田日奉部直神護解（大日古三―一五〇） 平城京木簡三―四五一三
	海上	他田日奉直得大理	助丁・国造	天平勝宝七年二月一六日（七五五）	『万葉集』巻二〇―四三八四
美濃	山方 三井田里	他田赤人ほか		大宝二年（七〇二）	御野国山方郡三井田里戸籍（大日古一―五一）
	山県 御田郷	他田水主 他田豊人	経師・紫微中台舎人・造東大寺司主典 沙弥	天平一八年三月～天平神護二年四月（七四六）～（七六六）	千部法華経料納物帳（大日古三―六）ほか
	可児 他田郷				『和名類聚抄』
上野		他田部子磐前	防人	天平勝宝四年一〇月（七五二）	『万葉集』巻二〇―四四〇七
	新田	他田部君足人	擬少領 無位	（延暦カ）□年三月九日	正倉院宝物白布『正倉院宝物銘文集成』
出羽	秋田城	他田部粮万呂	火長		『秋田城出土文字資料集』二―一六
	秋田城	他田粟万呂			『秋田城出土文字資料集』二―八〇
	秋田城	他田部真京 他田部□〔稲カ〕			『秋田城出土文字資料集』二―一〇六
若狭	大飯（遠敷）佐分郷 岡田里	他田舎人大国		天平六年九月一〇日（七三四）	『平城木簡概報』二二―三四上（三三七）
播磨	印南 含芸里	他田熊千			『播磨国風土記』
備前	珂磨郡（磐梨郡）他田里（那磨郷）			七世紀末～八世紀初	『飛鳥・藤原木簡概報』一〇
筑前	遠賀	他田舎千依	使部	四月三日	『大宰府木簡概報』二―一五四

と他田は、小長谷と同じくいずれも「宮号」を冠するウジ名・部名である。小長谷の場合は「宮号」もしくは「宮号＋部」で表される例が多いのに対して、金刺と他田の場合は「宮号＋舎人」で表されるウジ名である金刺舎人や他田舎人の例が多いところに特色がある。舎人はウジ名、部名としてはいわゆる「人姓」「人部姓」とよばれるもので、屋代木簡には金刺舎人や他田舎人のほかに、酒人部、宍人部、神人部、三家人部の「人姓」「人部姓」が多くみられる。これらはヤマト王権の特定の職掌に関わる名で、ヤマト王権には「人姓」の者を組織した「人制」とよぶべきような官司制があったとされる。(32)その中で舎人の職掌は大王の宮などでの警護や雑務にあたることであり、また宮号を冠する舎人は、地方の有力豪族の子弟を大王の宮に奉仕させ、その資養を地方豪族配下の人びとに地方豪族を介して負担させる体制として成立したと考えられている。(33)

このように、信濃の各地域の郡司層に、金刺舎人や他田舎人といった大王家の宮号にちなむ舎人を名のるウジが存在しているということは、六世紀の中ごろから後半にかけての時期に、信濃の各地域の首長層の一族の者が大王の宮に出仕し、その人的・物的な負担を各首長層が担うようになったことを示していると考えられる。そして、それはすなわち当該時期に信濃の各地域の首長層がヤマト王権の職制に組みこまれる形で編成されたということを意味している。ここで注目されるのは、金刺舎人や金刺部の分布がかなり限定された地域にみられ、伊豆の一例を除いて信濃と駿河を中心としていることである。両地域に共通しているのは、すでに指摘があるように、古墳などからの馬具の出土例が集中する地域であることである。(34)前節でみたように、馬具の出土の背景には馬飼集団の存在と、それを基盤とする馬の生産があったと考えられる。馬の繁殖、育成、人が乗るための馴致などを行う集団はただ馬を供給するだけではなく、武装乗馬する騎馬兵力の供給源でもある。舎人の職掌やその性格をふまえれば、六世紀中ごろのヤマト王権は、政治機構としての組織、制度の整備を進めていく上で、まず信濃、駿河など、馬の生産を掌握し騎馬兵力を構成しうる地域の首長を舎人としてその体制内に編成したのだと考えられる。これに対して、他田舎人を含む他田にちなむウジ名や部名は、金刺の場合より広い地域範囲に分布している。このことは続く六世紀後半には、ヤマト王権による編成の対象となる首長がより多くの地域に広がったということを示唆している。しかし、金刺舎人の場合と同じく、他田舎人は信濃と駿河を中心にみられ、その他の地域は、多くは「他田」「他田部」など小長谷と同じような「宮号」もしくは「宮号＋部」のものである。このことから、他田舎人として編成された信濃や駿河の首長たちの性格は、金刺舎人として編成された首長たちと基本的に同様であったと考えてよいと思われる。また、このような新たな舎人の編成が、駿河とともに信濃の地域をその対象の一つとしてはじまったと考えられることの背景には、六世紀以降の朝鮮半島南部をめぐる国際情勢のなかで、馬の生産を基盤とする軍事力や、朝鮮半島とのつながりによって、信濃の地域が、ヤマト王権の朝鮮半島をめぐる外交・軍事政策面において重要な役割を担う地域の一つになっていたこととも深く関係しているものと考えられる。[35]

このようにヤマト王権の組織、制度の整備、外交の展開などにともなって、六世紀中ごろ以降、ヤマト王権と信濃の首長たちとの間に新たな政治的関係が生じたと考えられる。この動きは、以下に述べるような考古学的な事実とも符合するように思われる。前節でふれたように、下伊那地域では六世紀後半に畿内型石室の系譜につながる石室が採用されるようになる。一方で、同時期には①座光寺地区、②上郷地区で前方後円墳が築造されなくなり、下伊那地域全体でもその数が急激に減少する。また、馬具や装飾大刀の分布は、六世紀後半まで下伊那地域を一つの核としていたものから、六世紀末以降、県内全域に分布が認められるようになり、それらが出土する古墳はいずれも中小規模の円墳となる。こうした傾向は、前方後円墳に象徴されるそれまでの身分秩序が六世紀末までには消滅し、ヤマト王権による小地域の首長たちの支配が信濃全域におよんだことを反映するものだと考えられている。(36)信濃の地域内でいえば、いちはやく朝鮮半島からの渡来人または渡来系の人びとの集団を受け入れ、以後、六世紀後半まで馬の生産など先進的な文化の中心地であった長野盆地と下伊那地域の小地域の首長たちが、まず舎人などに編成される対象となったと考えられる。そして金刺舎人がみられない小県郡や筑摩郡に他田舎人が分布するように、六世紀後半以降、その対象は信濃全域の小地域の首長へと広がったとみることができるのではないだろうか。

四　七世紀以降の信濃の首長

前節で述べたように、六世紀にヤマト王権と信濃の各地域の首長層との間に結ばれた政治的関係のあり方は、一族の者が大王の宮に出仕し、その人的・物的な負担を各首長層が担う形でヤマト王権の職制に編成する仕組みを基盤とするものであった。この関係は、七世紀以降、律令国家体制下にいたるまで基本的には継続されていったものと考えられる。

表2にあげた下総の他田日奉部は海上郡の郡司層であったと考えられるが、『正倉院文書』にのこる「中宮舎人海上国造他田日奉部直神護解」により、(37)その一族の詳細をうかがうことができる。神護の祖父、忍は七世紀中ごろの孝徳天皇の時に小乙下《しょうおつげ》の位をもって海上評の少領であった。神護の父、宮麻呂は七世紀後半から八世紀初めにかけての天武・持統・文武天皇のころ、追広肆の位をもって同評の少領となり、その後大宝令制下の外正八位上、同郡の大領となった。神護の兄、国足は外従六位下勲十二等の位をもち同郡の大領であった。このように神護の一族は海上評の設置以来、三代にわたる郡（評）司の一族であり、神護自身も同文書により

大領への任命を願う旨を上申している。また神護は養老二年（七一八）から神亀五年（七二八）にかけて一一年間、藤原麻呂の資人として仕え、天平元年（七二九）から同文書が書かれた同二〇年（七四八）にかけて二〇年間、藤原宮子のために設置された中宮舎人の一員であった。また平城京二条大路跡より出土した木簡により[38]、神護が天平八年（七三六）に中宮舎人として藤原麻呂の邸宅に出向していたことが知られる[39]。海上郡の郡司である他田日奉部は同地域の有力首長であり、神護の例にみられるように、その一族の者が資人や舎人などとして中央に出仕することは、おそらく他田の名を負う他の首長と同様に六世紀後半にさかのぼるものと思われる。また、養老軍防令兵衛条は郡司子弟を兵衛として貢することを定めるが、この規定はこのような地域首長と中央政権との伝統的な関係をふまえたものであり、神護の経歴はその関係が令制下においても継続していたことを示す実例であるといえよう。

　同様に信濃の首長の例としてあげられるのが、次の弘仁三年十二月八日太政官符[40]にみえる金刺舎人八麻呂（八麿）である。

太政官符

応レ徴二課欠駒価稲毎レ疋二百束一事

右検二案内一、太政官去延暦廿二年三月九日下二遠江・甲斐・武蔵・美濃・信濃・上野・陸奥・大宰等府国一符偁。去年八月十四日下二彼府国等一符偁。去神護景雲二年正月廿八日格偁。内蔵寮解偁。信濃国牧主当伊那郡大領外従五位下勲六等金刺舎人八麿解偁。課欠駒者、計レ数応レ決。而免レ罪徴レ価者。依レ律科レ罪、不レ合レ徴レ価者。右大臣宣。奉レ勅、雖二行来年久一、然為レ姦日甚。自レ非二功徴一、何遏二巧詐一。宜下科レ罪徴レ馬、一莫上レ所レ免者。右大臣宣。奉レ勅、自今以後、停レ徴レ馬、毎二駒一疋一、徴二稲四百束一者。今被二右大

臣宣一偁。奉レ勅、如レ聞、所レ徴之価、其数既多、貧弊百姓、不レ堪レ塡レ価。未進年積、公私有レ損。自今以後、宜下減二其数一依レ件令上レ進。

弘仁三年十二月八日

ここでは牧での馬の生産について、繁殖させるべき馬の規定数を満たさない場合（「課欠」）についての処罰を定めている。この件に関して、律令の規定では、牧の繁殖年齢に達した牝馬一〇〇疋（頭）について六〇疋（頭）の駒（子馬）を生ませることを定める。[41] この規定数を満たさない場合は、牧の実務にあたる牧子や、牧を管掌する牧帳、牧長、郡司、国司らに笞・杖・徒などの厳しい実刑が科せられることになっていた。[42] この「課欠」の問題は、とくに八世紀後半以降、在地での牧の実状と、それに対して国家支配が強化されていくなかで、牧の経営や管理における重要な問題の一つとして認識されるようになった。[43] 本太政官符では、弘仁三年一二月（ユリウス暦八一三年）時点までの「課欠」に対する政策の変遷がたどられているが、その端緒ともいうべき上申を行ったのが金刺舎人八麻呂である。八麻呂の上申は、「課欠」への処罰は律の規定にもとづいて執行されることになっているが、その罪を免じて代価を徴収してほしいという請願であったと考えられる。[44] この上申は神護景雲二年（七六八）もしくはその前年に行われたと思われるが、これに対する中央政府の判断は請願主旨の不採用、すなわち律にもとづく処罰とするものであった。

金刺舎人八麻呂は信濃国内の内厩寮の牧を管掌する牧主当としてこの上申を行っているが、八麻呂がその地位にある背景としては、牧の経営が律令国家体制以前より在地の郡司層によって担われてきたことがある。[45] 前述したようにそのようなあり方は、信濃では五世紀中ごろの長野盆地や下伊那地域の馬飼集団と小地域の首長との関係にはじまる。郡の大領でもある八麻呂は、下伊那地域のそうした首長の後裔の一人であったと思われる。いち早く馬の文化を受容し、また地理的にも信濃のなかで中央政府に最も近い要地であった下伊那地域において牧の経営を行うとともに、信濃国内に設置された複数の内厩寮の牧の統括を行う立場にあったと考えられる。さらに八麻呂は、外従五位下と勲六等の位を帯びているが、これは神護景雲二年格の三年前にあたる天平神護元年（七六五）正月に授けられたものである。(46) この叙位・叙勲はその前年におきた藤原仲麻呂の乱の平定にともなう論功行賞で、郡司の子弟である八麻呂は兵衛として中央に出仕しており、乱にさいして孝謙上皇側として活躍したものと推測される。(47) その後、八麻呂はおそらく神護景雲二年までの間に他田日奉部神護の場合と同様な手続きによって伊那郡に戻り、大領の地位に就いたものと考えられる。乱での活躍を含め、八麻呂の活動の詳細はわからないが、限られた史料の記述ではあっても、馬の生産を掌握し有力な騎馬兵力を構成しうる存在として、金刺舎人の名を負い六世紀中ごろより中央との伝統的な関係を維持してきた信濃の首長の片鱗をそこにうかがうことができるように思われる。そしてそれは金刺舎人や他田舎人を名のる他の首長をはじめ、信濃の多くの小地域の首長たちにおいても同様であったと考えることができよう。

五　おわりに

本稿では、小地域とよぶ地域範囲を対象として、そこを基盤とする首長を中心に信濃の小地域内の諸関係、あるいは小地域間相互の諸関係の様相について考察を試みた。四世紀後半から五世紀前半にかけての長野盆地では各小地域それぞれに、少なくとも一つの、場合によっては複数の首長系譜が存在していたと考えられる。しかし、五世紀中ごろに朝鮮半島からの渡来人または渡来系の人びとの集団居住が行われるようになり、馬の生産などの大陸系の新しい文化がもたらされたことで大きな変化が生まれる。下伊那地域でも同様な要因によって、複数の小地域で、ほぼ時を同じくして同規模の前方後円墳や帆立貝形古墳が集中する形で古墳の築造がはじまったと考えられる。六世紀になると大陸系の新しい文化を受容し、馬の生産と馬飼集団を掌握する小地域の首長たちが存在する信濃は、ヤマト王権の外交・軍事政策面において重要な役割を担う地域の一つとなっていた。このことを背景として、六世紀中ごろ以降、信濃の各地域の首長層はヤマト王権と新しい政治的関係を結び、金刺舎人や他田舎人などのウジ名を名のるようになったものと思われる。このようなヤマト王権との間の政治的関係は、小地域の首長たちにとっては自らの基盤である共同体に対する支配権の正統性を主張し、その強化を保障することにつながるものであり、また他の小地域およびその首長層との関係においても有意義であったと考えられる。長野盆地や下伊那地域の首長層からはじまったと考えられるこの政治的関係を受容する動きが、六世紀末ごろには信濃の多くの地域の首長たちに拡大した背景には、このような小地域を基盤とする首長層の在地における事情があったものと思われる。一方、ヤマト王権は信濃の首長層との間に新たに結んだ政治的関係をもとに地域に対する王権の組織、制度を拡大していく。そして七世紀後半以降の律令国家成立過程においても、こうした政治的関係を前提として、首長層を中心とする地域の共同体的諸関係の総括的把握が進められていったものと思われる。律令国家体制下においても、小地域における政治的・経済的支配関係が地域支配の基盤であり続けたことは、「信濃国牧主当」であり「伊那郡大領」であった金刺舎人八麻呂のあり方に示されているといえよう。

【注】

（1）『日本三代実録』元慶三年（八七九）九月四日条に「令下二美濃信濃国一、以二県坂上岑一、為中国界上。」とあり、ここで国境とされた「県坂山岑」は、長野県の塩尻市奈良井と木曽郡木祖村藪原を結ぶ鳥居峠と考えるのが従来の通説である。鳥居峠はその東側を日本海に向けて北に流れる奈良井川と、その西側を太平洋に向けて南に流れる木曽川の中央分水嶺であり、本稿でも通説にしたがい、現在の鳥居峠以南の木曽地方は古代では美濃国恵那郡絵上郷であったと考える。

（2）当地域については七世紀末以降、「科野」あるいは令制国の表記である「信濃」が用いられるが、本稿では、史資料からの引用などを除き、令制期前の時期における地域表記については、「後の令制国に該当する地域」という意味で「信濃」を用いることとし、信濃以外の地域についても同様の意味で令制国表記を使用する。

（3）拙稿「五・六世紀のシナノをめぐる諸問題について」（地方史研究協議会編『生活環境の歴史的変遷』雄山閣、二〇〇一年）。

（4）拙稿「地域における古代史研究をめぐって」（『歴史学研究』七〇三、一九九七年）。

（5）この小地域についての地理的環境および遺跡等については（財）長野県埋蔵文化財センター『上信越自動車道埋蔵文化財発掘調査報告書7―長野市内その5―大星山古墳群・北平1号墳』一九九六年。同『上信越自動車道埋蔵文化財発掘調査報告書11―長野市内その9―春山遺跡・春山B遺跡』一九九九年。同『上信越自動車道埋蔵文化財発掘調査報告書12―長野市内その10―榎田遺跡』一九九九年。同『上信越自動車道埋蔵文化財発掘調査報告書10―長野市内その8―川田条里遺跡』二〇〇〇年。『長野市誌』第二巻歴史編原始・古代・中世、二〇〇〇年などによる。

（6）奈良国立文化財研究所『平城宮木簡三』一九八一年。

（7）『神宮雑書』（『神宮古典籍影印叢刊六　神宮神領記』皇學館大学、一九八三年）。

（8）矢口忠良「地域をかためた中小豪族と人びとの生活」前掲注（5）『長野市誌』第二巻第一編第二章第二節三

項。
（9）小林三郎「東山古墳群調査の意義―東山三号墳の発掘調査を通じて―」（『長野県考古学会誌』七一・七二、一九九四年）。
（10）前掲注（5）『上信越自動車道埋蔵文化財発掘調査報告書7―長野市内その5―大星山古墳群・北平1号墳』。以下、『大星山古墳群・北平1号墳報告書』と略記し、大星山古墳群についてはこれによる。
（11）小林前掲注（9）論文および前掲注（5）『大星山古墳群・北平1号墳報告書』。
（12）風間栄一「川柳将軍塚古墳の時代」前掲注（5）『長野市誌』第二巻第一編第二章第二節二項。
（13）拙稿前掲注（4）論文。
（14）この時期の長野盆地の古墳の様相については、岩崎卓也「古代社会の基礎」（『長野県史』通史編第一巻第二章第二節、一九八九年）。松尾昌彦「中部山岳地帯の古墳」（『新版　古代の日本7　中部』角川書店、一九九三年）。矢口前掲注（8）論文などによる。
（15）大塚初重「積石塚古墳と合掌形石室」注（5）『長野市誌』第二巻第一編第二章第二節四項。西山克己「シナノの積石塚古墳と合掌形石室」（『シナノにおける古墳時代社会の発展から律令期への展望』雄山閣、二〇一三年）。
（16）拙稿「牧と馬」（鈴木靖民・吉村武彦・加藤友康編『古代山国の交通と社会』八木書店、二〇一三年）。
（17）西山克己「シナノにおける古墳時代中期の渡来人のムラと墓」（『長野県立歴史館研究紀要』一九、二〇一三年）。
（18）松尾前掲注（14）論文。
（19）下伊那地域の小地域についての地理的環境および古墳時代の遺跡等については、主に飯田市教育委員会『飯田における古墳の出現と展開』二〇〇七年による。
（20）岩崎前掲注（14）論文、松尾前掲注（14）論文、白石太一郎「伊那谷の横穴式石室」（『信濃』四〇―七・八、一九八八年)。
(21) 松尾前掲注(14)論文。
(22) 内山敏行・岡安光彦「下伊那地方の初期の馬具」(『信濃』四九—四・五、一九九七年)。
(23) 前掲注(19)書。
(24) 拙稿前掲注(16)論文。
(25) 前掲注(19)書。
(26) 白石前掲注(20)論文。前掲注(19)書。
(27) 以下、横穴式石室の分類とその呼称は白石前掲注(20)論文による。
(28) 前掲注(19)書。
(29) 楠本哲夫「信濃伊那谷座光寺地区の三石室」(『由良大和古代文化研究協会研究紀要』三、一九九六年)。
(30) 本稿では屋代遺跡群(千曲市)から出土した木簡を屋代木簡と略称する。屋代木簡については(財)長野県埋蔵文化財センター『上信越自動車道埋蔵文化財発掘調査報告書23—更埴市内その2—長野県屋代遺跡群出土木簡』一九九六年による。
(31) 拙稿前掲注(3)論文。
(32) 直木孝次郎「人制の研究」(『日本古代国家の構造』青木書店、一九五八年)。
(33) 笹山晴生『日本古代衛府制度の研究』第一第一章三、東京大学出版会、一九八五年。
(34) 岡安光彦「馬具副葬古墳と東国舎人騎兵」(『考古学雑誌』七一—四、一九八六年)。
(35) 拙稿前掲注(3)論文。
(36) 松尾前掲注(14)論文。

(37)『正倉院古文書影印集成』二、八木書店、一九九〇年。
(38)平城京木簡四五一三(独立行政法人国立文化財機構奈良文化財研究所『平城京木簡三』二〇〇六年)。
(39)奈良国立文化財研究所『平城京左京二条二坊・三条二坊発掘調査報告』一九九五年。『千葉県の歴史』通史編古代二、二〇〇一年。
(40)『類聚三代格』巻十八、国飼幷牧馬牛事。
(41)『養老厩牧令』牧牝馬条。
(42)『養老厩庫律』牧馬牛死失課不充条。
(43)山口英男「八・九世紀の牧について」(『史学雑誌』九五―一、一九八六年)。田島公「古代信濃国の牧の管理・経営と金刺舎人八麻呂の申請」(『市誌研究ながの』四、一九九七年)。
(44)田島前掲注(43)論文。なお、北村安裕「古代における地方の牧」(『飯田市歴史研究所年報』一〇、二〇一二年)は、金刺舎人八麻呂の上申内容は、「内厩寮牧」で行われてきた「課欠」駒の代価徴収を廃して律による科罪を求める請願であり、それを採用したのが神護景雲二年正月廿八日格であるとし、田島論文と相反する解釈をとる。この解釈の相違については紙数を割いて詳述するべきであるが、弘仁三年十二月八日太政官符が弘仁兵部格として収載された格と考えられ、そこに引用される神護景雲二年格の抄文からでは、同格の神護景雲二年時点での意義を正確に理解することはできない点と、「課欠」駒の代価徴収が弘仁格式での実効制度であり、田島論文がいうように「金刺舎人八麿解」が引用されるのはその法的淵源ともいうべき施策提言であった可能性が高いと考えることから、本稿では田島論文の解釈に従いたい。
(45)山口前掲注(43)論文。
(46)『続日本紀』天平神護元年正月己亥条。

（47）山口英男「駒と信濃布」（『長野県史』通史編第一巻　原始・古代、一九八九年）。

【付記】本稿をまとめるにあたって、信濃の古墳時代の様相について西山克己、贄田明両氏より貴重な御教示を賜った。末筆ながら記して謝意を表します。

飯高諸高

——その蕘伝をめぐって——

中川久仁子

はじめに

伊勢国は、文武二年（六九八）九月には朱沙を、和銅六年（七一三）五月には水銀を献上しているほか、『延喜式』民部省式下の交易雑物にも「水銀四百斤」とあるように、水銀の産地であった。なかでも飯高郡は、『和名抄』飯高郡丹生郷（現三重県多気郡勢和村丹生）の丹生山を中心に、伊勢水銀の特産地であったという[1]。

この飯高郡に、「飯高県造」を名乗る一族がいた。「県造」とは、皇室の直轄地である県の首長の伊勢国特有の呼称であり、県造が県主と同様の性質を持っているとすれば、郡領氏族であると考えられる。『今昔物語集』巻十七「伊勢国人依二地蔵助一存レ命語第十三」にあるように、恐らくは水銀を中心とする交易によって財を築いていった彼らは、中央とのさらなる繋がりを求めたのであろう。元正天皇の時代に、笠目という名の女性を平城京に送り出した。郡領氏族であれば釆女として出仕することも可能であるが、伊勢国には、『日本書紀』雄略十二年（四六八）十月壬午条には伊勢釆女、『古事記』雄略記には三重釆女としてみえる釆女が存在していたことが知られ、飯高県造氏はそれまで釆女を送り出したことはなかった。しかし、このとき氏女として都での生活をはじめた笠目が、その仕事ぶりを認められてか釆女となって以後、飯高県造氏から釆女となる女性が出るようになっていくこととなる。

飯高笠目の名がはじめて『続日本紀』にみえるのは、天平十四年（七四二）四月甲申条の、

伊勢国飯高郡釆女正八位下飯高君笠目之親族県造等。皆賜二飯高君姓一。

である。笠目はその後、天平十七年正月に正六位下から外従五位下に叙され、天平宝字四年（七六〇）正月には従五位下から正五位下、翌五年六月には皇太后の周忌御斎に供奉したことによってさらに一階進められると

いった具合に順調に昇進していくが、天平宝字五年を最後に史料上から姿を消してしまう。

この笠目と入れ替わるように現れるのが飯高宿禰諸高で、『続日本紀』宝亀元年（七七〇）初出時の位階が正五位上と笠目の最終位階と重なることから、二人は同一人物であり、天平宝字五年からこのときまでに、飯高君から飯高宿禰へ、さらには笠目から諸高へと名を改めたのであろうと推測されているのである(2)。

『続日本紀』宝亀八年（七七七）五月戊寅条には、諸高の薨伝が記されている。


典侍従三位飯高宿禰諸高薨。伊勢国飯高郡人也。性甚廉謹。志慕㆓貞潔㆒。葬㆓奈保山㆒天皇御世。直㆓内教坊㆒。遂補㆓本郡采女㆒。飯高氏貢㆓采女㆒者。自ㇾ此始矣。歴㆓仕四代㆒。終始無ㇾ失。薨時年八十。


諸高の薨伝は、簡潔にして多くのことを語っていることから、当該期の女性官人という大きな枠組みのみならず、内教坊や律令制下の采女を知る手掛かりとして、これまでにも数々の研究で取り上げられてきた。

ここではまず、諸高が出仕をはじめたのは「葬㆓奈保山㆒天皇」、つまり元正天皇の治世であったということからみていきたい。

一　元正天皇と飯高

『日本書紀』天武天皇十一年（六八二）八月己丑条には、「為㆓日高皇女〈更名。新家皇女。〉之病㆒。大辟罪以下男女幷一百九十八人皆赦ㇾ之」という勅が記されている。天武の皇太子である草壁皇子と、天智皇女であり後に元明天皇となる阿閇皇女との第一子として生まれた日高皇女（のちの元正天皇）は、このとき三歳。日高は「氷高」とも書かれるが、この勅から「新家皇女」という更名があったこともわかる。日本古典文学大系『日本書紀』の頭注は、この「新家」に対して「標註は乳母の姓に拠りたるなるべしとするが未詳」とするが、加藤謙吉氏は「新家」は伊勢国壱志郡の「新家屯倉」の所在地（現三重県津市新家町）の名にちなむものであり、宣化天皇元年に物部麁鹿《あらか》火《ひ》の指示によって新家屯倉の穀を筑紫の那津官家まで運んだ、物部氏の同族の新家連との関連を指摘される。(3) 皇女と伊勢国との繋がりを窺わせるものは、それだけではない。『高橋氏文』逸文や『東大寺要録』では、即位して元正天皇となった日高（氷高）皇女を「飯高天皇」と表記しており、壱志郡と隣接する伊勢国飯高郡との関わりも推測される。「飯」の字は「イヒ」のほか「ヒ」とも訓じ、『続日本紀』大宝三年五月己亥条では紀伊国日高郡のことを「飯高郡」としていることなどから、現在は「イイタカ」と読む三重県松阪市飯高町のこのあたりも、当時は「ヒタカ」と呼ばれていたとも考えられ、そうであるならば「新家」「日高」のいずれもこの地方にちなむ名であったとみられる。養育した皇子女が即位した後、同じ文字を使うのを憚り氏名を改めるという例はいくつかあるが、この場合は、本来「飯高」であったものを皇女の側が「日高」や「氷高」に変えたということもありうるであろうか。(4) 横田健一氏もまた、「古代の皇子、皇女は、その養育にあたった名代部または、壬生部といわれる氏族の名称をとって、名づけられることが慣例」であり、「元正天皇の諱から、伊勢飯高君一族が、元正天皇の壬生部として奉仕した」こと、「元正天皇の采邑＝封戸として、伊勢国飯高郡が宛てられた」こと、さらには「笠目の父親が、何らかの形で奉仕した」のではないかということを推測している。(5)

元正天皇は、皇后（大后）という立場を経ずに即位した最初の女帝であった。(6) 妹の吉備内親王が長屋王の室となっているのに対し、元正は弟文武天皇が即位した後も、母が即位した後も、弟の遺児である首皇子が和銅七年（七一四）に立太子した後も、誰とも婚姻関係を結んだ形跡がない。そのまま三十六歳で即位するまで独身を通したのは、母（もしくは祖母である持統）の意向であり、はじめから皇位継承候補者としてプールされていたのではないかという説がある。(7) そうであるならば、彼女の養育に関わった飯高氏の人々も、当然そういった認識を共有し、早くから次期天皇候補として彼女を見ていたことになろう。

元正即位のとき、笠目は十八歳。譲位の養老八年（七二四）には二十七歳であり、この間のいずれかに出仕したものと思われる。『養老令』「後宮職員令」18氏女采女条には、

凡諸氏。々別貢レ女。皆限二年三十以下十三以上一。雖レ非二氏名一。欲二自進仕一者聴。其貢二采女一者。郡少領以上姉妹及女。形容端正者。皆申二中務省一奏聞。

とあり、まさに適齢であったとみることもできるが、令の規定に従えばその数年前から出仕することも可能であったにもかかわらず、あえてこのとき、元正の即位にあわせて都に上がったとも考えられよう。つまり諸高（当時は笠目を名乗っていたが、以後、本論では諸高で統一する）は、もともと縁のあった元正天皇だからこそ、あえて出仕したともみられるのである。

二　諸高の時代の「内教坊」

薨伝によれば、元正朝に宮仕えをはじめた諸高は、まず「直二内教坊一」したという。内教坊とは、「女楽を教習することを掌る官司であって、唐の内教坊の制に倣って設置せられた令外の官の一つ」である。(8)

しかし、『続日本紀』における内教坊の初出は天平宝字三年（七五九）正月乙酉条「作二女楽於舞台一。奏二内教坊踏歌於庭一」であることから、諸高の薨伝の記述を疑問視する説もあるが、(9) 逆に諸高薨伝を重視し、少なくとも元正朝には創設されたものとみる説、(10)「多少の混同はあるが或る程度の事実を伝えるものと解すべきもの」とし、内教坊の設置を吉備真備帰朝を手掛かりに「遅くも天平十年以前」とする説、(11) 内教坊の規模の小さ

さから考えて、唐で拡充される玄宗の開元二年（七一四＝和銅七年）以前であろうとする説[12]、「元正朝に遣唐使等によってその制度が輸入されたものの、機構面上においてはまだ未整備段階で、いわば雅楽寮に附属した形」であって、淳仁朝にいたって「一奏楽機関としての成立」をみたとする説[13]などがある。

天平宝字三年条は、内教坊の創設や設置を述べているわけではない。内教坊に関する記述は決して多くはない中で、諸高薨伝にその名がみえるのは偶然であるとは思われない。諸高は八十歳の長寿を保ち、地方豪族出身の女性としては異例中の異例である従三位という高位にまで達している。彼女の人生を総括する薨伝において、語るべき要素はいくらでもありそうなものであるが、その中であえて、「直二内教坊一」したと記されているのは、それだけ彼女の経歴に欠くべからざるものであるという認識があったからではなかったか。たとえ内教坊が元正朝にはまだ存在していなかったとしても、その先駆けとなるような組織があり、それを諸高薨去時、もしくは『続日本紀』編纂時の知識によって「内教坊」という名称で記したということは充分ありうる。

それでは、諸高のほか、内教坊にはどういった人々がいたのであろうか。

『続日本紀』養老五年（七二一）正月甲戌条には、首皇太子の教育のため、

文人武士。国家所レ重。医卜方術。古今斯崇。宜丙擢下於百僚之内。優二遊学業一。堪レ為二師範一者上。特加二賞賜一。勧乙励後生甲。

という詔が出されているが、その中で、和琴師正七位下文忌寸広田、唱歌師正七位下大窪史五百足《いおたり》、正八位下記《き》多《たのま》真玉《たま》、従六位下螺江《さざえ》臣夜気女《やけめ》、茨田《まむた》連刀自女《とじめ》、正七位下置始《おきそめ》連志祁志女《しげしめ》の六名が褒賞を受けている。これらの人々は全員女性であり、「創設されて間もない時期の内教坊に属する和琴師・唱歌師であったものたちであろう」とされる[14]。

また、天平勝宝三年（七五一）正月庚子条に、

天皇御二大極殿南院一。宴二百官主典已上一。賜レ禄有レ差。踏歌歌頭女孺忍海伊太須。錦部河内。並授二外従五位下一。

とある「踏歌歌頭」忍海伊太須と錦部河内の二人も、養老五年条の六人と同様の存在であったものと思われる。天平宝字七年（七六三）正月庚申条には「奏二内教坊踏歌一」、神護景雲元年（七六七）十月庚子条には「奏二唐高麗楽及内教坊踏歌一」ともみえ、内教坊と踏歌の関わりは深い。「踏歌歌頭」をつとめた二人も、内教坊（もしくはその先駆け的組織）と無縁ではあるまい。

さらに興味深いことに、この二人と諸高は、天平宝字五年（七六一）六月己卯条に、

賜二正四位下文室真人大市。従五位上国中連公麻呂。従五位下長野連公足爵人一級一。従三位粟田女王。正四位上小長谷女王並進二一階一。従四位下紀女王授二従三位一。正五位下粟田朝臣深見従四位下。正五位下飯高公笠目。蔵毘登於須美。従五位上熊野直広浜。多気宿禰弟女。多可連浄日並進二一階一。外従五位上錦部連河内。外従五位下忍海連致。尾張宿禰若刀自並従五位下。従七位上大鹿臣子虫外従五位下。以レ供二奉皇太后周忌御斎一也。

とあるように、ともに叙位に与っているのである。

『万葉集』巻八「仏前の唱歌一首（一五九四）」の後注に「(天平十一年）右冬十月皇后宮維摩講、終日供二養大唐高麗等種々音楽一。爾乃此唱二歌詞一。弾琴者市原王、忍坂王〔後賜二姓大原真人赤麻呂一也〕歌子者田口朝臣家守。河辺朝臣東人。置始連長谷等十数人也」とあることなどから、考謙天皇の母である光明皇太后は「仏前供養に音楽歌舞をとりいれることに先鞭をつけた」人物であったとし、「皇太后周忌の斎会に奉仕した十名の女

官は、音楽供養という女楽の特別の労によって加階に与った人達ではあるまいか」という指摘がある(15)。男官と女王を除くと、このとき叙位された女官は十人になるが、諸高と忍海伊太須、錦部河内以外の人々はどのような人物であったのか。

蔵毘登於須美の「蔵毘登」は「倉首」ともいい、『続日本紀』宝亀元年(七七〇)三月辛卯条には「葛井。船。津。文。武生。蔵六氏男女二百卅人供二奉歌垣一」とある。養老五年に褒賞された和琴師・文忌寸広田の文氏とともに歌垣を供奉した蔵氏の於須美も、内教坊に属していた可能性はありそうである。

内教坊には渡来系氏族が多く所属していたとされるが、その点では多可連浄日も同様である。「多可連」はもと高麗使主で、『続日本紀』天平宝字二年(七五八)六月甲辰条には「越後目正七位上高麗使主馬養。内侍典侍従五位下高麗使主浄日等五人多可連」とある。天平神護二年(七六六)十二月戊申条には「授二正五位下多可連浄日女従四位下一」とあり、諸高よりも先に四位に上っているが、しかしそれ以上の昇進はなく、宝亀十一年(七八〇)十月、典侍従四位下のまま卒去した。

熊野直広浜は、天平神護元年(七六五)十月庚辰の称徳の紀伊行幸に供奉しての昇叙記事「叙二牟婁采女正五位上熊野直広浜従四位下一」と、神護景雲三年(七六九)四月癸卯条の卒去記事「散事従四位下牟漏采女熊野直広浜卒」によれば、「牟漏采女」であった。天平十七年(七四五)正月乙丑(七日)の宴の際にも、諸高とともに正六位下から外従五位下に叙され、禄を賜っている。また、天平神護元年正月己亥条では、天平神護への改元の勅の後の叙位記事に名があるが、ここでは多可連浄日、錦部連河内、多気宿禰弟女(表記は竹宿禰乙女)と、「皇太后周忌御斎」と重なる顔触れが複数みえており、彼女らがここでも行動をともにしていたことがわかる。

多気宿禰弟女〔神護景雲三年（七六九）二月甲寅条の卒去記事などでは竹宿禰乙女〕は、天平勝宝元年（七四九）七月乙未条の「従六位上阿倍朝臣石井。正六位上山田史女嶋。正六位下竹首乙女並授㆓従五位下㆒。並天皇之乳母也」から、孝謙天皇の乳母であったことがわかる。[16] 竹首は伊勢国多気郡の豪族で、『近長谷寺資材帳』末尾の天徳二年（九五八）十二月の郡判の奥書に、「大領外正六位上竹首元勝」の名がみえる。近長谷寺は、正六位上飯高宿禰諸氏が内外の近親に勧進して仁和元年（八八五）に建立した、飯高氏の氏寺である。七一八年生まれの孝謙天皇の乳母であったということは、文武二年（六九八）生まれの諸高とは恐らく同年代であり、同郷の二人は近しい関係にあったのか。

大鹿《おおか》臣子虫はほかには宝亀七年（七七六）正月丙申条に「外従五位下大鹿臣子虫並従五位下」とあるのみであるが、『日本書紀』敏達天皇四年（五七五）正月甲子条に「次采女伊勢大鹿首小熊女曰㆓菟名子夫人㆒。生㆓太姫皇女〈更名桜井皇女〉。与糠手姫皇女〈更名田村皇女〉㆒」とある「大鹿首」と同族であるとすると、子虫もまた伊勢国の人ということになる。[17]

尾張宿禰若刀自についても、この後神護景雲二年（七六八）六月丁丑条に「授㆓従五位下尾張宿禰若刀自正五位下㆒」とあるのみであるが、『令集解』「職員令」治部省雅楽寮条の「古記」末尾には「（雅楽）大属尾張浄足」の名がみえ、『続日本後紀』承和十二年（八四五）正月乙卯、丁巳条には百十三歳の高齢で「長寿楽」を舞い、翌年正月戊辰条にも清涼殿で舞を奏した尾張連浜主などがいる。「古記」の成立は天平中期とされ、[18] 尾張浜主の生年は天平五年（七三三）となる。彼らが若刀自と同族であるとすれば、若刀自が内教坊に属していたということも不自然ではなさそうである。

こうしてみると、内教坊に関わっていそうなのは、諸高のほか蔵於須美、錦部河内、忍海伊太須、尾張宿禰若刀自のみであるが、熊野広浜とは采女、多気弟女と大鹿子虫とは伊勢国出身、多可浄日と錦部河内とは内侍司の宮人であったという諸高との共通点が指摘でき、少なくとも同じ階層に属し、「皇太后周忌御斎」のほかにも同じような場で仕えていたことは間違いなさそうである。この記事の二日後の乙未条には、「詔。供二奉御斎一雑工将領等。随二其労効一賜レ爵与レ考各有レ差。其未二出身一者。聴レ預二当官得レ考之例一」とあり、「御斎」に供奉した「雑工将領」らが爵を賜り考を得ている。このことからも、諸高たちへの叙位も彼らの場合と同様に、「音楽奉仕」という特殊技芸によるものであったといえようか。

『万葉集』巻六・一〇一一、一〇一二番の左注に「(天平八年)冬十二月十二日歌儛所之諸王臣子等集二葛井連広成家一宴歌二首」としてみえる「歌儛所」は、「聖武朝の歌舞管弦振興政策の中にあって、天平三年七月雅楽寮の雑学生定員と採用法の新施行とほぼ時を同じくして、日本古歌舞やくにぶりの採集・整理・再開発を目的とする機関「歌儛所」が令外に設置される必要性と気運が生じ、光明皇后の皇后宮職に管轄」されたものであったとされる。[19] この「歌儛所」という機関の名称は『万葉集』にしかみえないが、『続日本紀』天平六年二月条の朱雀門の歌垣、天平十一年の皇后宮之維摩講の音楽奉仕などでも活動していたと推測され、天平宝字四年の皇太后崩御後まもなく廃絶したとされる。「歌儛所」の構成員は、「神亀元年聖武天皇即位と同時に、聖武天皇の身辺にあり、聖武朝の礼・楽体制作りの推進者として世に「風流侍従」と称されていた諸王臣子」であったという。[20]

『万葉集』巻十六・三八〇七や『古今和歌集』仮名序には、陸奥国に遣わされた葛城王(橘諸兄)に「安積山」の歌を詠んだ「風流娘子」が出てくるが、彼女は「前采女」であったとあり、まさに諸高らと同様の身分であったことになる。「歌儛所」の廃絶後、「風流侍従」にかわり、「風流娘子」らが奉仕したということも充分ありうるのではないか。この「皇太后周忌御斎」に供奉したことによる褒賞は、「音楽奉仕」であったと考えて大過なく、ここで褒賞に与ったような人々が内教坊に関係していたとみられるものと思われる。

三 「内教坊未選女孺」

そもそも、諸高はなぜ「直二内教坊一」することになったのであろうか。

内教坊は、「もともと渡来系氏族のものであった踏歌を国家権力の中に組み入れる段階で唐制に倣」って設置されたもので、[21]「渡来系氏族以外にも踏歌を学ばせ、日本に合った芸能として発展」させるためのものであるならば、[22]「渡来系の忍海伊太須（致）や錦部河内とともに新たに飯高氏の女子が内教坊にいてもおかしくはない」とされる。[23]『続日本後紀』承和十一年（八四四）正月庚子条には「内教坊妓女石川朝臣色子」、同十二年正月丁卯条には「内教坊倡女宍人朝臣貞刀自」、『三代実録』貞観五年（八六三）十一月己酉条には「内教坊頭従七位下上毛野公赤子」、同六年八月壬戌条には「内教坊頭従七位下秦忌寸善子」らの名がみえるが、ここからも内教坊に所属していたのは渡来系氏族だけに留まらないことが確認できる。

薨伝によれば、諸高は「直二内教坊一。遂補二本郡采女一」という。「飯高氏貢二采女一者。自レ此始矣」ともあるから、はじめから采女として出仕したわけではなかったことになる。

諸高と熊野広浜は采女であったことがわかり、忍海伊太須と錦部河内は天平勝宝三年条に「女孺」とある。この采女や女孺については、「畿外の郡領家出身の采女と、畿内氏族出身の氏女、畿外氏族出身でありながら采女ではない単なる氏女によって構成」されており、「女孺という名称は後宮内での配置先を、氏女という名称は、その出身を表すのみであるが、采女には、職掌と出自の双方を限定する意味があった」とされる。[24]つまり上京したばかりの諸高は、「畿外氏族出身でありながら采女ではない単なる氏女」であったということになる。

『令集解』「後宮職員令」水司・膳司条によれば、采女はまず水司、膳司に配されることになっていたが、縫司条によると、「分配諸司之外」の氏女や采女はすべてこの縫司に置かれていたという。また、内侍司条には「伴問。女孺者本従二何処一来女也。答。以二采女幷氏女等一補也」とあり、女孺はもともと、采女や氏女として出仕した者であったかと思われる。

諸高と内教坊との関連で気になるのが、『延喜式』巻十二中務省宮人時服条にみえる「内教坊未選女孺　五十人」の存在である。

野村忠夫氏は、「舎人、書生、画工、木工、仏工、鉄工などの下級技術官人の採用段階での、実態的な一面」の考察の結果、「未選」という状態は広義の「未選」と狭義の「未選」とに区別しなければならず、広義の「未選」を次のように分類している(25)。

①「年少」とは、一般官人の叙位下限年齢（二五歳）に満たない「未選」で、本質的には狭義の「未選」と同性格であるが、この年齢による基準で区切られたと推測できる。

②「不合」は、国家的要請によって民間から徴収され、いずれかの官司を本司として配属された臨時職員的なケースをさす。その法的な身分は、本司をもつ広義の「未選」であるが、考選の対象にはならず、本質的には「里人＝白丁」と同じであったと推測できる。

そして広義の「未選」と区別された「里人」は、本司をもたない——または正式にもたない——民間からの出仕者をさし、「自進」は、国家側よりの徴集というよりも、自主的に進仕したものと推測されよう。

③狭義の「未選」は、それぞれの本司に配属されながら、本司の定員などの条件によって、未だ正式の下級官人として扱われない身分状態のもの、と推測されるのである。

「内教坊未選女孺」というのも、これらの分類に当てはまるのではあるまいか。

采女や氏女は、十三歳から三十歳の女性たちである。そのうちの一般官人の叙位下限年齢である二十五歳に満たないものは、①の「年少」にあたり、また、諸高のように「雖㆑非㆓氏名㆒。欲㆓自進仕㆒」した氏女たちは、まさに②の「自進」に当てはまる。そしてさらに、『延喜式』中務省宮人時服条や女官雑料条の記載から、「「内教坊」所属の女性達が後宮の宮人と同質のものとして扱われ、内侍司によって掌握」されていたと推測されており[26]、③にも当てはまりうると考えられそうなのである。事実、先に見たように内教坊に関係したとみられる女官には、諸高をはじめとしてのちに内侍や典侍となる者が複数おり、内侍司との関わりは深いといえよう。内侍司の女孺百人のうちのひとりでありつつ、臨時職員的に「内教坊未選女孺」となることもあったのではないか[27]。

この「内教坊未選女孺」には、「夏絹三丈。冬加絹三丈綿二屯」が支給される内侍司以下のすべての女孺らよりも、「貲布一端。冬調布二端」が余分に与えられている。「内教坊未選女孺」は、「未選」であるという負の側面はあるにしても、その特殊技能によるものか、優遇されていたことになる。「未選」という採用の仕方は、天平十年代のはじめの「国家的な造営・写経事業の拡大にともなって、広く民間から技能者たちを、国家権力がその意図によって駆使するための、巧妙な一方式」であったという指摘は[28]、「八世紀前期の神亀から天平勝宝年間にかけては、『続日本紀』に弾琴唱歌の奨励や礼学思想の宣揚、雅楽寮の整備などの記事が頻出[29]」しているという時代でもあることからみて、「内教坊未選女孺」というあり方にも当てはまるのではなかろうか。

『日本書紀』天武天皇四年（六七五）二月癸未条には、

勅二大倭。河内。摂津。山背。播磨。淡路。丹波。但馬。近江。若狭。伊勢。美濃。尾張等国一曰。選二所部百姓之能歌男女。及侏儒伎人一而貢上。

とあり、同十四年（六八五）九月戊午条には、「詔曰。凡諸歌男。歌女。笛吹者。即伝二己子孫一令レ習二歌笛一」とある。諸高のいた伊勢国にも「能歌男女」がおり、その技芸を子孫に伝習したのであろう。諸高もまた生来歌舞の才に恵まれて、時代の要請に従い、自らをたのんで縁のある元正天皇の朝廷に出仕し、見事にその才能を開花させたということもありえそうである。

四　聖武朝の「五節舞」

先にもみたとおり、天平十四年四月には、諸高の親族である県造が「飯高君」を賜っている。このときすでに諸高本人は「伊勢国飯高郡采女正八位下飯高君笠目」とされているので、それまでの間に采女とされ、「飯高君」となっていたことが判明する。このとき諸高は四十五歳。『令集解』後宮職員令には「右諸司掌以上皆為二職事一。朱云。自余為二散事一。謂采女女孺也」とあり、禄令宮人給禄条には「自余散事。有位准二少初位一。无位減二布一端一」とあることから、女孺は最下級女官としての禄を受け、最下位の少初位下に准じる地位にあったことがわかるが[30]、諸高も出仕後、天平十四年までに少初位下から六階あげて正八位下に叙され、なおかついずれかの時点で采女となり「飯高君」の姓を賜ったのであろう。

この間の諸高の動向を直接伝えるものはないが、養老五年正月に「唱歌師」らが禄を賜っているように、

「直二内教坊一」した諸高も、以下のような宴の場で歌舞を奏するなどして徐々に位階を進めていったものと思われる。

　霊亀二年（七一六）正月戊寅朔。廃朝。雨也。宴二五位已上於朝堂一。
　養老三年（七一九）閏七月卯。賜二宴於金長言等一。賜二国王及長言等禄一有レ差。
　養老四年（七二〇）正月甲寅朔。大宰府献二白鳩一。宴二親王及近臣於殿上一。極レ歓而罷。賜レ物有レ差。
　養老七年（七二三）八月辛丑。宴二金貞宿等於朝堂一。賜レ射幷奏二諸方楽一。
　神亀元年（七二四）正月戊辰。御二中宮一宴二五位已上一。賜レ禄有レ差。

そして、神亀元年二月、元正天皇が皇太子に禅譲し、聖武朝になると、天平二年（七三〇）正月辛丑条に、

　天皇御二大安殿一宴二五位已上一。晩頭。移二幸皇后宮一。百官主典已上陪従踏歌。且奏且行。引二入宮裏一。以賜二酒食一。因令レ探二短籍一。書以二仁義礼智信五字一。随二其字一而賜レ物。得レ仁者絁也。義者糸也。礼者綿也。智者布也。信者段常布也。

とあるのをはじめとして、内教坊とも関わりの深い踏歌や歌垣の記事が散見するようになる。

踏歌は隋・唐代の中国で流行したものが伝えられた集団舞踏であり、歌垣は日本古来の民間で広く行われた求婚の一方式であるが、「踏歌と歌垣はしばしば混同されて記され」、踏歌は「女性のみ、或いは少年少女が行なうものであると認識されていた」とされ、天平六年二月癸巳朔条の、

　天皇御二朱雀門一覧二歌垣一。男女二百卌余人。五品已上有二風流一者皆交二雑其中一。正四位下長田王。従四位下栗栖王。門部王。従五位下野中王等為レ頭。以二本末一唱和。為二難波曲。倭部曲。浅茅原曲。広瀬曲。八裳刺曲之音一。令二都中士女縦観一。極レ歓而罷。賜下奉二歌垣一男女等禄上有レ差。

も、「歌垣」とはあるものの実際には「踏歌」であったとされる。[31] この「男女二百卌余人」のうちには、諸高のような内教坊の女孺らも含まれていたのではなかろうか。あるいは、天平勝宝三年に忍海伊太須と錦部河内が「踏歌歌頭」として叙位されているように、経験を重ねるとともに、妓女としてではなく、その指導者という立場になっていったということも考えられる。

諸高の親族らが賜姓された三ヵ月前の天平十四年正月壬戌条にも、

天皇御二大安殿一。宴二群臣一。酒酣奏二五節田儛一。訖更令二少年童女踏歌一。又賜二宴天下有位人幷諸司史生一。於レ是六位以下人等鼓レ琴歌曰。新年始邇。何久志社。供奉良米。万代摩提丹。宴訖賜禄有差。又賜下家入二大宮一百姓廿人爵一級上。入二都内一者。无レ問二男女一並賚物。

とあり、「少年童女」による踏歌が行われている。[32] また、ここに「五節田儛」とあるのがいわゆる「五節舞」の初出であるが、[33] その翌天平十五年五月癸卯条では、「宴二群臣於内裏一。皇太子親儛二五節一」として、皇太子である阿倍内親王自ら「五節舞」を舞ったことが知られる。ここでは、聖武天皇から元正太上天皇へ、

天皇大命尓坐西奏賜久掛母畏伎飛鳥浄見御原宮尓大八洲所知志聖乃天皇命天下乎治賜比平賜比氏所思坐久。上下乎斉倍和気弖无動久静加尓令有尓波礼等楽等二都並弖志平久長久可有等随神母所思坐弖此乃舞乎始賜比造賜比伎等聞食弖与天地共尓絶事無久弥継尓受賜波利行牟物等之弖皇太子斯王尓学志頂令荷弖我皇天皇大前尓貢事乎奏。

として、「五節舞」は天武天皇によって創始されたものであり、「礼と楽」を中心とするというその心を受け継ぐために皇太子に学ばせ、舞わせたのであると語られている。それに対し、元正太上天皇は、

現神御大八洲我子天皇乃掛母畏伎天皇朝廷乃始賜比造賜幣留国宝等之弖此王乎令供奉賜波天下尓立賜比行賜部流法波可絶伎事波無久有家利止見聞喜侍止奏賜等詔大命乎奏。又今日行賜布態乎見行波直遊止乃味尓波不在之弖。天下人尓君臣祖子

乃理乎教賜比趣賜布止尓有良志止奈母所思須。是以教賜比趣賜比奈何良受被賜持弖不忘不失可有伎表等之弖。一二人乎治賜波奈止那毛所思行須等奏賜止詔大命乎奏賜波久止奏。

と、「五節舞」を「国宝」とし、阿倍内親王がそれを舞ったことを褒め称え、これはただの遊びではなく、天下の人に「君臣祖子乃理」を教えるものであると答えている。これらのやり取りは、異例の女性皇太子である阿倍内親王の地位を確固たるものとするための、政治的意味合いがこめられたパフォーマンスであると考えられる。

正月十六日にあたる『日本書紀』朱鳥元年春正月丁巳条には、大安殿において宴が行われたことが記されている。正月十六日という日時と大安殿という場が共通していること、天武の創始であるとされる「五節舞」が奏されていることから、天平十四年正月の宴は「天武天皇を起源とする神話」を抱え込んでいるとされる。[34]そしてさらに翌年の天平十五年五月には、直接天武の名を挙げて、天武の創始した「五節舞」を聖武の皇太子である阿倍内親王が自ら舞い、元正太上天皇に奉るということが行われているのである。天皇、太上天皇、皇太子とがうち揃い、天武天皇の名のもとに「君臣祖子乃理」を体現する。諸高とその一族への賜姓は、こうした一連の流れの中で行われたことになる。

ここで天武によって創始されたと語られている「五節舞」は、『続日本紀』にはこの二例ほか天平勝宝元年（七四九）十二月丁亥条と、天平勝宝四年四月乙酉条の東大寺大仏開眼供養会の際の二例の計四例のみしかみられないが、この後、『日本後紀』大同三年（八〇八）十一月甲午条に「奏㆓雑舞幷大歌五節舞等㆒」、弘仁五年（八一四）十一月壬辰条に「宴㆓侍臣㆒奏㆓五節儛㆒。賜㆑禄有㆑差」とあるように、平城天皇の大嘗会、嵯峨天皇の新嘗会の豊明節会において奏されて以後、大嘗会や新嘗会でのみ舞われるものとなり、舞人も貴族の子女へ

と変化するとともに、天皇の枕席に侍るものも出てくるようになっていく。(35)

一方、「五節舞」は、同じく天武朝に整備が進んだとされる伊勢神宮の外宮でも奏されていたことが、延暦二十三年（八〇四）に奏上された『止由気宮儀式帳』に記されている。そのはじまりについて、御巫《みかなぎ》清直は、

此年ヨリ神宮ニ五節舞ヲ供シ始シナリ。

内宮儀式帳ニ、次ニ斎宮ノ女孺等儛フ。外宮儀式帳ニ、次ニ斎宮ノ釆女五節ヲ儛フ、トアルハ、日本後紀ニ、延暦十八年七月己酉、停ム伊勢斎宮ノ新嘗会ヲ、但シ以テ歌舞伎ヲ供セシム九月ノ祭ニ、ト載ラレテ、此年ヨリ神宮ニ五節舞ヲ供シ始シナリ。

としているが、(36)『日本後紀』延暦十八年七月己酉条に「停㆓伊勢斎宮新嘗会㆒。但以㆓歌舞伎㆒供㆓九月祭㆒」と記されているのは、この年の新嘗会を停止し、そのかわりに「歌舞伎」を九月の神嘗祭の宴において供するということのみである。仮に、斎宮の新嘗会が宮中での豊明節会と同様なものであったとすれば、豊明節会での「五節舞」も含めた「歌舞伎」がこれ以降神嘗祭の宴で舞われるようになった、神嘗祭における「五節舞」の初出であると解することもできようが、「新嘗祭の宴は、奈良時代には無かった、または平安時代とは大きく性格の異なるものであった」(37)とされる。『皇太神宮儀式帳』・『止由気宮儀式帳』には斎宮での新嘗祭について記されておらず、その宴がどのようなものであったのかは明らかにしがたい。あまり大がかりなものではなかったであろうと推測される中で、あえて「五節舞」が舞われていたであろうと積極的に考えるべき材料も見あたらないが、たとえそうであったとしても、その場合には延暦十八年以前に斎宮の新嘗会において「五節舞」が舞われていたということになり、どちらにしても延暦十八年条を斎宮における「五節舞」のはじまりを述べたものであると理解することはできない。『皇太神宮儀式帳』（内宮儀式帳）ならびに『止由気宮儀式帳』（外宮儀式帳）が成立した延暦二十三年までには、外宮の六月と十二月の月次祭と九月の神嘗祭の三節祭において

「五節舞」が奏されていたことは確かであるが、それがどこまで遡れるのかは不明といわざるをえない。しかし少なくとも、平安宮中において大嘗会や新嘗会で「五節舞」が舞われるようになるより先に、伊勢神宮の三節祭で「五節舞」が奏されていたことは確かめられる。

そもそも「五節舞」は、「倭舞と同様に、神や天皇に感謝・服従・臣従・恭順の意を表明する作法として、袖を振り舞う芸能の舞」であり、「天武朝に国家的礼秩序に則った儀礼整備の一環として、官人を一同に集めた宴の場で、天皇への感謝・服従・恭順の意を象徴する」ものとして創設されたとされる(38)。『年中行事秘抄』十一月条「五節舞姫参入幷帳台試事」に引用される『本朝月令』によれば、「五節舞」は天武天皇が吉野宮に遊御したおり、自ら製したものであるという。「壬申の乱」に際し、吉野を発した大海人皇子らは、伊賀を経由して伊勢へと向かった。朝明郡の迹太川の辺で天照大神を望拝したともする。こうした経緯を思えば、吉野で生まれたという伝承を持つ「五節舞」が伊勢神宮に伝わったのも不思議ではない。

また、大来皇女が斎王に卜定されたのは、父である天武天皇が即位した二ヵ月後であり、精進潔斎を終えて伊勢へと下向したのが大嘗祭の翌年の天武三年（六七四）十月であることから、「斎王の卜定・派遣が即位儀礼の一環として組み込まれた」ものであったとされる(39)。そうであるならば、のちに宮中での大嘗会で舞われるようになる「五節舞」が、こういった早い段階から伊勢斎宮で舞われていたと考えることはできないであろうか。「斎宮は伊勢にありながら「京」の施設と認識されていた」とされ(40)、基本的には京の風習、文化が斎宮においても踏襲されていたものと思われるが、こと「五節舞」に関しては、むしろ斎宮で行われていたものが京に伝えられたとみることもありうるように思われるのである。

養老五年（七二一）に斎王に卜定された「皇太子女井上王」は、その表記の仕方からみても、元正天皇の斎王ではあるものの、「近年中の聖武即位を視野に入れた措置」であり、実質的には父である聖武の斎王であったとされる。[41] 井上は大来以来の「天皇の娘」という立場での斎王であり、二人は長女であるということや、卜定まで正史に記事が残っているということなども共通し、「井上は大来に続く、『日本書紀』の規定にかなった斎王」でもあった。[42] 井上の卜定を機に斎宮寮の組織整備が進められ、「聖武天皇の荘厳装置として斎王制度が重視[43]」されていたとするならば、両者間の交流も密であり、それぞれの儀式や儀礼が影響を受け合いつつ形作られていくといったこともありえよう。

　伊勢神宮において「五節舞」を舞っていたのは、『止由外宮儀式帳』によれば「斎宮采女」であり、『延喜式』斎宮62「三時祭禊料条」によれば「斎宮女孺四人」とあり、これは74「六月条」に「奏舞女孺四人」とあるのに該当すると思われる。それでは、この「斎宮采女」なり「斎宮女孺」あるいは「奏舞女孺」とはどのような人々だったのか。斎王の下向に際しては、『政事要略』二四（年中行事九月十一日奉幣伊勢大神宮）所引「官曹事類」に、内侍播磨直月足と余比売太利が女孺数十人を率い、乳母二人が小女子十余許人を領して従ったとある井上の例からもわかるとおり、京から乳母や女官が大勢付き従っていく。そうした中から舞人が選ばれたということもありうるであろう。その場合、普段は御許人などとして別の仕事に従事しつつ、三節祭のときにのみ舞人をつとめるということになるのであろうか。もうひとつの可能性として思い浮かぶのは、「内教坊未選女孺」の存在である。これらの五十人の中から斎宮の「奏舞女孺」として伊勢に送られ留められる者がいたのか、それとも三節祭に合わせてその都度派遣されて京と伊勢とを行き来する者たちがいたものか。

　聖武朝の「五節舞」の舞人に関しては、天平十五年の阿倍内親王のほかははっきりしない。天平勝宝四年（七五二）年の東大寺開眼供養に向けて、雅楽寮の状況を書きとめたものであるとされる『令集解』職員令治部省雅楽寮条「古記」末尾の「尾張浄足説」には「五節舞十六人」とあり、[44]また弘仁十年（八一九）の太政官符には「舞師四人〈倭舞師一人　五節舞師一人　田舞師一人　筑紫諸県舞師一人〉」（『類聚三代格』巻四「加減諸司官員幷廃置事」）とある。この「五節舞師」が雅楽寮にいたということと、『令集解』「職員令」治部省雅楽寮条に「舞師四人、掌レ教二雑舞一也、舞生百人」とあることから、「八世紀には、雅楽寮の舞生が教習され、如上の宴で舞っていたと考えられ」、「八世紀中葉に成立されたとみられる内教坊の舞妓が五節舞を担当したのではなかったことは、雅楽寮に五節舞師が設置されていたことからうかがえる」とされる。[45]しかし、初期の内教坊が雅楽寮に付属する下部組織のようなものであったのならば、舞師こそ雅楽寮の所属とされていても、実際には「内教坊未選女孺」が舞人をつとめていたということも考えられるのではあるまいか。

「皇親一族の氏神としての伊勢神宮で、天皇の名代として祭祀に関与する斎王の代わりに斎宮釆女が舞う解斎舞としての五節舞と、皇太子が天皇や太上天皇の前で舞う「君臣・祖子の理」としての五節舞は、相通じる要素を持っている」とされる。[46]そうであるならば、正式に皇太子の地位についているにもかかわらず、ともすれば『続日本紀』天平宝字元年（七五七）七月庚戌条に「先帝陛下行二幸難波一。寝膳乖レ宜。于レ時奈良麻呂謂二全成一曰。陛下枕席不レ安。殆至二大漸一。然猶無レ立二皇嗣一。恐有レ変乎」とあるように、「無レ立二皇嗣一」などと言われもする状況であった阿倍皇太子の立場を確かなものとするために、かつて聖武の「荘厳装置」として阿倍の異母姉である井上内親王が斎宮に卜定されたように、伊勢斎宮で「奏舞女孺」によって舞われていた「五節舞」を取り入れ、活用したということもありうるのではないか。

　こうした時代に、諸高は伊勢国飯高郡から出仕し、「直二内教坊一」したのである。諸高が「奏舞女孺」として伊勢に赴くことがあったのか、「聖武天皇の恭仁京における新たな起源をもつ天皇としての始まりを保証する歌謡」が奏された宴や、(47) 皇太子の「五節舞」に関与することがあったのか、叙位に与る人々の中にその名は見えず、断言することはできない。しかし、天平十四年正月の宴において、「六位以下人等」であった諸高が、琴を鼓き歌をうたう人々の中にいたことは充分ありうる。そして同年四月から十七年正月までの間に、正八位下から正六位下と八階も位が上昇しているのは事実であり、十七年には外従五位下と外位であるとはいえ、ついに五位にまで達しているのである。諸高の経歴の中で、「天平十四年以前と以後の相違は明白である」といえよう。(48)「直二内教坊一」することから官人生活をはじめた彼女が、位階を進め、自らが「飯高君」、さらには「宿禰」をも賜ったのみならず、それを一族の者たちにまで広げえた背景には、このような時代の要請があったことも視野に入れうるのではなかろうか。(49)

応和四年（九六四）と後の史料ではあるが、『西宮記』臨時一 臨時雑宣旨には、

内教坊頭預。中臣静子。応和四二廿九。別当奏補二五節師一。以二内侍宣一。仰二本人及内侍所一。以二旧舞姫一為レ師。

とあり、かつて五節の舞姫であった中臣静子がその経験を買われ、内教坊の頭預ならびに舞姫の指南役として任命されている。諸高は薨去したとき典侍であり、天平勝宝四年には内侍であった。(50)中臣静子とよく似た経歴であったといえ、あるいは諸高も、かつて「五節舞」の舞人をつとめ、その後「舞師」のような立場に任じられたということもありえそうである。平安時代には、「舞師は五節舞姫経験者が任命され、病気や死去により新しい舞師が任命される終身職」であったとされる。(51)諸高の生きた時代とは「五節舞」の舞人の性質も変わっており、単純に同一視することはできないが、『台記』久安二年（一一四六）十一月十日条には八十余歳という高齢の「舞師釆女安芸」がいたことも記されている。八十歳で薨じた諸高とは、年齢も、釆女であるという

ことも、共通している。あるいは諸高のような存在が、その後の「舞師」のあり方に影響を及ぼしているようにも思えるのである。

五　称徳・光仁朝の諸高

天平宝字五年の「皇太后周忌御斎」の後、宝亀元年（七七〇）十月癸丑条までの間、諸高は史料上から姿を消す。この間まったく昇叙しておらず、称徳朝には不遇であったかという指摘もある[52]。だが、飯高君から宿禰への改姓、笠目から諸高への改名が行われたのもこの時期であり、一概に「不遇」であったとも言い切れないように思われる。「君」姓から「宿禰」への改姓は、むしろ「優遇」であるといえよう。天平宝字五年には諸高は六十四歳になっており、あるいは七十歳になったのを機に、致仕していたということも考えられる。そもそも、諸高のような地方豪族出身の女官が四位にまで達するのは極めて稀なことである。采女で五位以上になっているのは、諸高のほか延暦十五年（七九六）十月に正四位上で卒した因幡国造浄成女のみであり、正五位上からなかなか位階が上がらなかったとしても、驚くことはないのかもしれない。「歴㆓仕四代㆒。終始無㆑失」とあることからも、不遇や失寵といったことはなかったとみてよいのではないか。

そうして九年の空白を経て、諸高が七十三歳という高齢で従四位上に叙されたのは、聖武の斎宮であった井上内親王の夫、光仁天皇の即位に際してであった。そしてさらに、宝亀元年十月癸丑条で従四位下に叙されたわずか四日後、ただひとりさらに二階進められて、正四位下とされるのである。即位後の一斉叙位のみならず、それに加えての昇叙となると、何か特別な功績があったと考えるべきであろう。

そこで、光仁即位前後の状況を振り返ると、この年の八月丙午条には、「聖躬不予」により由義宮から平城京に還御した称徳が、「自レ此積二百余日一。不二親視事一。群臣曾無下得二謁見一者上」という中で、「典蔵従三位吉備朝臣由利。出二入臥内一。伝二可レ奏事一」とある。さらに八月癸巳条によれば、称徳天皇が西宮寝殿で崩御した後、左大臣藤原永手、右大臣吉備真備、参議藤原宿奈麻呂（良継）らが「定二策禁中一」めて白壁王を皇太子とし、称徳の「遺宣」である詔が永手によって読み上げられたことが知られる。

　白壁王が皇太子とされたのは、称徳の異母姉妹である井上内親王を妃とし、二人の間に他戸王が儲けられていたためであることは、光仁天皇即位前紀に童謡を記し、「識者以為。井則内親王之名。白壁為二天皇之諱一。蓋天皇登極之徴也」とあることからも明らかであるが、それは称徳も了承していたことであり、だからこその「遺宣」であったはずである。しかし、「聖躬不予」から崩御までの間、天皇との謁見すら思うに任せないという状況であったのならば、天皇の意志を確認し、伝える役を担った者がどれだけ重要視されたかは想像に難くない。これまで、宝亀元年八月丙午条から、吉備由利がただひとりその任にあったと解釈されることがままあったが、同条には吉備由利のみであったとはされていない。称徳の春宮大夫であり、皇太子学士をもつとめ、長く天皇を支えてきた右大臣吉備真備の近親者である由利もまた、称徳は深く信任していたのであろう。だが、「奏請・宣伝」はそもそも尚侍の職掌であり、尚侍が不在の場合は典侍がつとめたものである。吉備由利が中心であったとしても、尚侍の大野仲千や典侍の諸高もその場に控えていたか、その任に当たっていたのではあるまいか[53]。あるいは、称徳の意思を確認した由利の言葉を、尚侍や典侍が群臣に伝えるという役割を担ったのかもしれない[54]。彼女らの働きがあったからこそ円滑な皇位継承が実現したのであり、それゆえに仲千は即位を機に由利と同じ従三位に叙され、諸高も短日のうちに正五位上から正四位下まで昇ったのである。

　宝亀七年（七七六）四月、諸高はついに従三位とされた。これを極位として、翌年正月に八十歳となったことを賞されて後、五月に薨ずることとなる。
諸高が生きた時代には、光明皇后の母である県犬養宿禰橘三千代をはじめとして、高位に昇った女性官人は少なくないが、彼女らはみな、父親や夫、兄弟といった人々らが同じく高位高官についていた。三千代の娘である牟漏女王の夫は藤原房前であり、大野東人の娘である大野仲千は藤原永手の室でもある。吉備真備と由利は近親者であろうと推測され、和気清麻呂と広虫といった姉弟関係もあれば、大中臣清麻呂と多治比古奈祢、藤原良継と阿倍古美奈といった夫婦関係の場合もあり、藤原百川と久米若女といった母と息子の例もある。百川は兄良継の娘を妻としており、この諸姉も延暦五年（七八六）に薨じたときには尚縫従三位であった。また、天皇の寵愛を受けたり、天皇や皇太子の乳母となることにより、五位に直叙されるという例も少なくない。[55]
だが、「性甚廉謹。志慕㆓貞潔㆒」と評された諸高は、「即位前紀」に「神識沈深。言必典礼」と評された元正天皇に倣ったかのように、己の力のみでこの地位にまで上がっていった。
天平神護三年（七六七）正月に正五位上に並ばれるまで、諸高は大野仲千の上位にあった。しかし永手邸への行幸があるたびに仲千の位は上昇し、内侍司においても尚侍と典侍という関係になる。強力な後ろ盾のない、一地方豪族出身者としての限界がここにはある。八十歳という長寿を保つことがなかったら、ここまでの昇進もなかったであろう。だがそれでも、氏女として出仕し、「直㆓内教坊㆒」することからはじまった官人生活を、采女とされ、典侍として終えた諸高は、持てる力を充分に発揮して人生を終えたのではなかったか。

むすびにかえて

「笠目」から「諸高」への改名は、天平宝字五年六月から宝亀元年十月までの間になされたものと思われる。

その間には、天平宝字八年十月に中務少丞正六位上大原真人都良麻呂が浄原真人の姓と浄貞という名を賜り、神護景雲三年（七六九）五月に従五位下吉備藤野和気真人清麻呂等が輔治能真人の姓を賜っている。あるいは「諸高」という名も、称徳女帝から賜ったものであったのかもしれない。

亀田隆之氏は、天平八年（七三六）十一月の葛城王の橘諸兄改姓名について、「親族内における長幼尊卑の秩序づけを踏まえて、光明子の同母兄としての血筋を通して聖武天皇の「諸兄」に相当する存在であることを示し、それにより、宗家たる天皇家により近い存在として、自己を朝廷内に位置づけることを意識しようとした」ためであるとされる(56)。

「諸高」という名にもまた、こうした意味合いが込められているのではなかろうか。諸高は単なる氏女のひとりとして出仕し、働きぶりが認められてか采女に補され、「飯高君」の姓を賜ったのみならず、それを一族のものにまで広げ、さらには「飯高宿禰」へと改姓された。それも父や夫、兄弟などの親族に頼ることなく、むしろ自らの力で彼らを引き立て、高めることに成功した彼女を、「諸高」という名は象徴しているようにも思われるのである。

『続日本紀』によって確認できるのは大同三年以降であるが、「五節舞」が大嘗祭や新嘗祭において舞われるようになったのは桓武朝からである可能性があり、かつて采女が担っていた天皇との「共寝」の役割は、これ以降「五節舞姫」によってかわられるようになったとされる(57)。しかし、采女であり、また「五節舞」の舞人であったかもしれない諸高は、ちょうどその過渡期に位置しつつ、采女としても舞人としても、天皇の燕寝に侍るということはついになかった(58)。

諸高が薨じたとき、のちに桓武天皇となる山部親王は父光仁の皇太子であった。山部が『続日本紀』にはじめて登場するのは、天平宝字八年十月庚午条の仲麻呂討伐後の一斉叙位においてであり、その後は官人として大学頭、侍従に補され、父の即位によって親王となると、中務卿に任ぜられた。異母弟である他戸親王の廃太子によって新たに立太子するまでは、一般官人としての道を歩んでいたことになる。そうした桓武が、典侍である飯高諸高の存在を知らずにいたはずはない。

　桓武や彼に仕える官人たちが知っていた諸高には、すでに「直二内教坊一」していた頃の面影はなかったかもしれない。しかし、そのかみの令名は伝わっており、彼女の長い官人生活を振り返るにあたって、「直二内教坊一」という文言は欠くべからざるものとして、薨伝に加えられたのではなかろうか。

　大同三年十一月甲午条に「奏二雑舞幷大歌五節舞等一」とあるように、「五節舞」とともに奏される「大歌」の語がはじめて史料にあらわれるのは、「伊勢斎宮所レ見美雲。正合二大瑞一」[59]として改元された天応元年（七八一）十一月己巳条の、「宴二五位已上一奏二雅楽寮楽。及大歌於レ庭」である。諸高の薨後ではあるが、宝亀九年（七七八）十月丁酉条には、「皇太子向二伊勢一。先レ是。皇太子寝疾久不二平復一。至レ是親拝二神宮一。所三以賽二宿禱一也」として、不予のつづく桓武が自ら伊勢神宮に参拝したことも伝えられる。よほど霊験あらたかであったものか、息子の平城も延暦十年（七九一）十月甲寅条に「皇太子枕席不レ安。久不二平復一。是日。向二於伊勢太神宮一。縁二宿禱一也」として同じく参宮したことが記されている。

　光仁・桓武朝は、伊勢斎宮が整備、拡大された画期であった[60]。延暦二十三年には、伊勢神宮から『皇太神宮儀式帳』・『止由気宮儀式帳』が上申されてもいる。桓武と伊勢神宮との関係は浅くない。

　その『皇太神宮儀式帳』には、倭姫命が飯高県造乙加豆知に国名を問うたのに、「忍飯高国」と答えたという記述がある。「飯高県造」と伊勢神宮の縁をしのばせるものであるといえよう。また、天暦七年（九五三）

二月に作製された『近長谷寺資財帳』には、「白玉壱丸　方　右玉、以二去天慶八年三月十五日一、徽子斎王被二施入一」とあり、斎宮女御として知られる徽子女王の名がみえるほか、女王が斎王であったときの斎宮寮大允や女王の御許人の孫、乳母らによる施入もあったことが記されている。諸高の薨後百年ほども経ってからのことではあるが、飯高氏の氏寺に斎王とのかかわりが伝えられているのは興味深い。飯高郡は文治元年（一一八五）には神郡となり、ますます関係性を深めていくこととなるのである。

【注】

（1）和田萃「丹生水銀をめぐって」（『日本古代の儀礼と祭祀・信仰』下、塙書房、一九九五年）。横田健一「天平の采女――伊勢・従三位飯高宿禰諸高とその一族――」（『講座飛鳥の歴史と文学3』駸々堂出版、一九八二年、のちに『古代王権と女性たち』吉川弘文館、一九九四年、所収）。

（2）野村忠夫『律令官人制の研究』（吉川弘文館、一九六七年）。磯貝正義『郡司及び采女制度の研究』（吉川弘文館、一九七八年）。須田春子『律令制女性史研究』（千代田書房、一九七八年）。横田前掲注（1）書。

（3）加藤謙吉「第三章　山背・近江とその他の諸国のワニ系諸氏」（『ワニ氏の研究』雄山閣、二〇一三年）。

（4）『続日本紀』延暦四年（七八五）五月丁酉条「又臣子之礼。必避二君諱一。比者。先帝御名及朕之諱。公私触犯。猶不レ忍レ聞。自レ今以後。宜二並改避一。於レ是改レ姓白髪部為二真髪部一。山部為レ山」。
『日本紀略』大同四年（八〇九）九月乙巳条「改二伊予国神野郡一。為二新居郡一。以触二上諱一也」。
『日本紀略』弘仁十四年（八二三）四月壬子条「改二大伴宿禰一。為二伴宿禰一。触レ諱也」。

（5）横田前掲注（1）書。

(6) 彼女の母である元明も、夫である草壁皇子が即位することなく早世したため厳密には皇后とはなっていないが、皇太子の配偶者であり、それに準じるものと見なせるであろう。
(7) 渡部育子『元明天皇・元正天皇』(ミネルヴァ書房、二〇一〇年)。
(8) 瀧川政次郎「内教坊考」(『国学院法学』二—二、一九六五年三月)。
(9) 門脇禎二『采女』(中公新書、一九六五年)。
(10) 荻美津夫『日本古代音楽史論』(吉川弘文館、一九七七年)。
(11) 須田前掲注(2)書。
(12) 瀧川前掲注(8)論文。
(13) 鈴木規子「内教坊の成立過程について——律令制下音楽制度の一考察——」(『皇學館史學』二、一九八七年)。
(14) 井村哲夫「『歌儛所』私見——天平万葉史の一課題——」「天平宮廷歌壇と歌儛所　覚書」(『憶良・虫麻呂と天平歌壇』翰林書房、一九九七年)。
(15) 須田前掲注(2)書。
(16) 天平勝宝元年から天平宝字五年までの間に、首から宿禰に改姓している。
(17) 岡田登「伊勢大鹿氏について　上・下」(皇學館大学史料編纂所『史料』一三五・一三六、一九九五年)。
(18) 井上光貞「日本律令の成立とその注釈書」(日本思想大系『律令』岩波書店、一九七六年)。
(19) 井村前掲注(14)論文。櫻井満「宮廷伶人の系譜」(上代文学会編『万葉人の生活と文化』笠間書院、一九七七年)。
(20) 井村前掲注(14)論文。
(21) 文殊正子「歌女とその周辺」(薗田香融編『日本古代社会の史的展開』塙書房、一九九九年)。

（22）峰陽子「古代日本における踏歌の意義とその展開」（『古代史の研究』〔関西大学古代史研究会〕一〇号、一九九五年。
（23）文殊前掲注（21）論文。
（24）麻野絵里佳「奈良時代における畿外出身女孺に関する一考察」（『史観』一三一、一九九四年九月）。
（25）野村忠夫「第2章　官人の出身方式」（『官人制論』雄山閣、一九七五年）。
（26）文殊前掲注（21）論文。
（27）初期の内教坊が雅楽寮の下部組織的な位置づけであったのだとすると、そちらを本司とみるべきであるのかもしれない。
（28）野村前掲注（25）論文。
（29）増尾伸一郎「歌儛所・風流侍従と和琴師――古代音楽思想史の一面」（『アジア遊学』一二六、二〇〇九年）。
（30）浅井由彦「律令制下の女孺について」（『畿内地域史論集』舟ヶ崎正孝先生退官記念会、一九八一年）。
（31）峰前掲注（22）論文。
（32）この日は正月十六日にあたり、のちには「踏歌節会」として年中行事化し、内教坊の妓女らによる「女踏歌」が行われるようになる。
（33）服藤早苗「五節舞姫の成立と変容――王権と性をめぐって」（『平安王朝社会のジェンダー――家・王権・性愛』校倉書房、二〇〇五年）。
（34）仲瀬志保美「天平十四年正月十六日の宴が現す世界――聖武天皇と恭仁京――」（『古代文学』三八、一九九九年）。
（35）服藤前掲注（33）論文。

(36) 御巫清直「神嘗祭御遊考実」(『神宮神事考證　前篇』増補大神宮叢書7　吉川弘文館、二〇〇六年)。
(37) 榎村寛之「斎宮新嘗祭についての二・三の予察」(『斎宮歴史博物館研究紀要』一二、二〇〇三年)。
(38) 服藤前掲注(33)論文。
(39) 瀧浪貞子「伊勢斎王制の創始」(後藤祥子編『王朝文学と斎宮・斎院』竹林舎、二〇〇九年)。
(40) 榎村前掲注(37)論文。
(41) 榎村寛之「斎王制と天皇制——特に血縁関係を中心に——」(『古代文化』四三—四、一九九一年)。
(42) 榎村前掲注(41)論文。
(43) 榎村前掲注(41)論文。
(44) 斯波辰夫「倭舞について」(直木孝次郎先生古稀記念会編『古代史論集　下』塙書房、一九八九年)。
(45) 服藤前掲注(33)論文。
(46) 服藤前掲注(33)論文。
(47) 仲瀬前掲注(34)論文。
(48) 玉井力「天平期における女官の動向について」(『名古屋大学文学部二十周年記念論集』一九六九年)。
(49) 神護景雲三年(七六九)二月辛酉条には「伊勢国飯高郡人正八位上飯高公家継等三人」に「姓宿禰」を賜うとあるが、家継より上位の正五位上である諸高の名がみえないのは、諸高自身はこれ以前に宿禰の姓を賜っていたためであろう。「君」賜姓のときと同様に、この場合も諸高が先に「宿禰」を賜い、それが一族のものに広げられたものと考えられる。
(50)『大日本古文書』三—五九七、十二—三三四。
(51) 服藤早苗「五節舞師——平安時代の五節舞姫——」(『埼玉学園大学紀要(人間学部篇)』一二、二〇一二年)。

（52）玉井力「光仁朝における女官の動向について」（『名古屋大学文学部研究論集』五〇、一九七〇年三月）。
（53）大野仲千（仲智・仲仟とも）は天平宝字六年（七六二）六月に尚蔵兼尚侍正三位藤原朝臣宇比良古が薨去して後、天応元年（七八一）三月に自身がやはり尚侍兼尚蔵正三位で薨じるまで、尚侍であったものと思われる。
（54）石田敏紀氏も、「由利が単独で行動したとは考えにくく、他の女官、釆女の協力があったものと思われる」とされる（『古代因幡の豪族と釆女』〔鳥取県史ブックレット8〕鳥取県、二〇一一年）。
（55）玉井前掲注（48）（52）論文。
（56）新日本古典文学大系『続日本紀　二』補注12―五八（岩波書店、一九九〇年）。亀田隆之「律令貴族の改名に関する覚書」（関西学院大学『人文論究』四二―四、一九九三年一月）。
（57）服藤前掲注（33）論文。
（58）諸高は文武二年（六九八）生まれであり、大宝元年（七〇一）生まれの聖武天皇の後宮に召されるということも、可能性としてはありえたのではあるまいか。
（59）『続日本紀』天応元年（七八一）正月辛酉朔条。
（60）大川勝宏「光仁・桓武朝の斎宮――方格地割形成にみる斎宮の変革――」（『古代文化』四九―一一、一九九七年十一月）。

但馬君氏についての一考察

紅林　怜

但馬君氏はどのような氏族であろうか。「但馬」のウヂ名を有し、君のカバネをもつこの氏族は、残された史料は少ないが、アメノヒボコ伝承と関係のある有力氏族ではないか、との推測が可能であろう。

但馬君氏の研究としてまず注目されるのは、石田松蔵の『但馬史』（のじぎく文庫、一九七二年）である。石田は、但馬国の国造氏族について日下部氏を基本に論じてはいるものの、日下部氏は但馬君氏からの分派であるとして、最終的に二氏が「転位固定」したとし、この氏族を「多遅摩国造氏」と呼称している。またアメノヒボコの系譜については、「多遅摩氏の系譜が天日槍の系譜に混入した」としており、アメノヒボコ後裔氏族として出石君氏をあげている。同時に出石君氏については、アメノヒボコの妻となったとされる前津見の後裔氏族であるという指摘もしている。

近年では、鷺森浩幸が但馬君氏について論じており（「名代日下部の成立と展開」『市大日本史』三号、二〇〇〇年）、鷺森は、但馬君氏は現地におけるアメノヒボコ後裔氏族の中心であり、また但馬国造でもあったとしている。ただ、アメノヒボコ系譜と但馬国造の系譜との関係については、明確には論じられていない。

アメノヒボコ後裔氏族として知られるのは、『新撰姓氏録』にみえる三宅連氏（右京諸蕃下・摂津国諸蕃）、糸井造氏（大和国諸蕃）、橘守氏（左京諸蕃下）であるが、アメノヒボコが最終的に居住したとされる但馬国にも、当然アメノヒボコ後裔氏族は存在したであろう。従来、その氏族として考えられてきたのは出石君氏である。しかし石田の指摘のとおり、出石君氏はアメノヒボコの妻を祖とする一族である可能性が高い。また、アメノヒボコ関係の伝承は、出石郡内に限らず広く分布しており、但馬国におけるアメノヒボコ後裔氏族としては、鷺森の説くとおり、但馬君氏を中心に考えるのが妥当であろう。

一方、但馬国造は、『古事記』開化天皇段の日子坐王《ひこいますのみこ》系譜において、息長宿禰王の子の大多牟坂王《おほたむさかのみこ》を多遅摩国造の祖としており、『先代旧事本紀』「国造本紀」の多遅麻国造条にも、彦坐王（日子坐王）五世孫の船穂足尼を初代国造と伝えている。したがって、但馬君氏をアメノヒボコ後裔氏族とし、かつ但馬国造に任じられた一族であったと解するのであれば、この点についての説明が不可欠である。

但馬君氏についての残された史料は、次の三点である。

（1）『播磨国風土記』揖保郡越部里条

越部里（旧名皇子代里）土中々。所三以号二皇子代一者。勾宮天皇之世。寵人。但馬君小津。蒙レ寵賜レ姓。為二皇子代君一而。造二三宅於此村一。令二仕奉一之。故曰二皇子代村一。後。至下上野大夫結二卅戸一之時上。改号二越部里一。一云。自二但馬国三宅一越来。故号二越部村一。

（2）『日本三代実録』元慶元年（八七七）四月十六日条

詔曰。朕聞。善政之報。霊貺不レ違。洪化之符。神輪必至。朕以二寡薄一。辱奉二丕基一。徳未レ動レ天。恵非レ感レ物。而去正月即位之日。但馬国獲二白雉一一。二月十日尾張国言。木連理。閏二月廿一日。備後国貢二白鹿一一。或体誤二暁月一。（中略）宜レ復二尾張。但馬。備後等三国百姓当年徭役十日一。就レ中瑞所レ出土。特須二優矜一。其葦田郡勿レ輸二今年之調一。春部及養父郡並免二当年之庸一。其接二得神物一者多治部橘但馬公得継等叙二正六位上一。賜レ物准レ例。（後略）

（3）『先代旧事本紀』「国造本紀」吉備品治国造条

吉備品治国造。志賀高穴穂朝。多遅麻君同祖若角城命三世孫大船足尼定二賜国造一。

（1）の記事は、越部里（旧名皇子代里）の地名起源伝承であり、但馬君小津が勾宮天皇（安閑天皇）の寵愛を受け、皇子代君の姓を賜り、播磨国の越部の地にミヤケを造って奉仕したことから皇子代村と呼ばれたという。

また但馬国の三宅から越して来たから越部とされたという別の伝えも載せている。この記事からは、但馬君氏が、安閑天皇のころ、あるいは但馬・播磨地域にミヤケが設置されたころ（六世紀段階）において、播磨の地にも一定の勢力を有した有力な氏族であったことが推定されるであろう。

（2）の記事は、時代が下って、『日本三代実録』元慶元年四月条における但馬公得継の記事である。得継は、この年の正月に白雉を献上して、本条において正六位上を叙位されている。得継が具体的にどこに住んでいる人物かは記載されていないが、本条において、但馬国内で免税処置を受けているのは養父郡であり、養父郡の人物とみることができる。養父郡は、次に述べるとおり、但馬国の国造氏であった日下部氏の本拠地と考えられるが、この記事は、養父郡にも但馬君氏が存在していたことを示している。

（3）の記事は、吉備品治国造が多遅麻（但馬）君氏と同系であることを述べたものである。吉備品治国造は、『古事記』開化天皇段の日子坐王系譜に息長宿禰王の子の息長日子王を吉備品遅（品治）君の祖とするとあることからすると日子坐王系であろう。従って、但馬君氏も日子坐王系の系譜を称していたことになり、また「国造本紀」の多遅麻国造条において多遅麻国造が日子坐王系とあることは先に見たとおりである。すなわち、「国造本紀」においては但馬国造に任じ、それを但馬君氏であるとしていることが考えられるであろう。

これまで一般に、但馬国造を世襲した一族と考えられてきたのは、日下部氏である。たしかに『田道間国造日下部足尼家譜大綱』によれば、日下部氏は、日子坐王を祖としており、『古事記』や「国造本紀」にいう多遅摩（多遅麻）国造に相当する氏族である。しかし、『田道間国造日下部足尼家譜大綱』の史料性には問題が多い。日下部氏の本来の系譜は、『続群書類従』所収の「日下部系図」、および「日下部系図別本（朝倉系図）」に伝えられる系譜と考えられる。

それによれば、日下部氏は、孝徳天皇を祖とし、その孫にあたる表米《うわよね》（有間皇子の子）が孝徳朝に養父郡の大領に任じられ、天智朝に「日下部」の姓を賜ったという。そして表米の子の都牟自は孝徳朝の養父郡少領、斉明朝に大領に転じ天武朝に至り、都牟自の子の荒島は文武二年に朝来郡大領に任じられ、荒島の子の弘道と孫の大継は国造兵衛（別本では大継の弟の子祖父も国造兵衛）であったとされる。

孝徳朝に養父郡（評）の大領（評造）に任じられたという表米を孝徳天皇の孫とするのは年代的に合わないが、日下部氏が孝徳朝に養父評の評造となり、文武朝以降は養父評（郡）と朝来評（郡）両方の郡領氏族であったことは事実とみてよいであろう。また、八世紀ころの人物と考えられる弘道や大継らが国造兵衛であったことからすれば、日下部氏が但馬国造氏に認定されていたことも事実とみてよいであろう。

しかし、日下部氏は孝徳朝の表米に始まる新興の氏族であって、孝徳朝以前の国造制下において、実際には但馬国造には任命されていなかったと考えられる。ただし、但馬君氏は、孝徳朝ころまでにその勢力を衰退させ、かわって日下部氏が台頭してきたのであり、その結果、国造氏には日下部氏が認定されたということが考えられるのではなかろうか。

また、『粟鹿《あわが》大明神元記』によれば、神部直氏も但馬国造に任命された氏族であったとされる。神部直氏は、朝来郡の粟鹿神社の奉斎氏族と考えられるが、『粟鹿大明神元記』に、神部直根が天智朝の朝来郡（評）大領（評造）であったとあることは、事実とみてよいであろう。しかし、朝来郡の郡領（評造）の地位は、まもなく養父郡を本拠とした日下部氏に奪われていったのであり、そのようななかで、自氏を顕彰する目的で、かつて但馬国造に任じられたとする系譜を称したのではないかと推定される。神部直氏が朝来郡をこえて但馬国内に広くその勢力を及ぼしたことがあったような状況は、ほかの史料からはうかがえないのであり、神部直氏も、実際には但馬国造に任じられたことはなかったとみてよいであろう。但馬国造を任じられているのは、やはりタヂマという国造の国の名をウヂ名とする、但馬君氏であったとみるのが妥当と考えられる。

それでは、なぜアメノヒボコの後裔と称していたであろう但馬君氏が但馬国造であったにもかかわらず、『古事記』や「国造本紀」では多遅摩（多遅麻）国造の系譜を日子坐王系とするのであろうか。おそらくそれは、はじめはアメノヒボコを祖と称していた但馬君氏が、のちに日子坐王系の系譜を称したからと考えられる。その理由としては、新羅王子とされるアメノヒボコを祖とするよりも、王族にその出自を求める方が、自氏を高めることになると判断されたことがあげられるであろう。またそのような系譜の改変は、但馬君氏が但馬国造に任じられることを契機に行われた（それが王権によってみとめられた）という推定も可能なのではなかろうか。（3）の記事は、そのことを示すものと考えられる。

以上、推論を重ねる形になり、叙述も結論的で説明不足なものとなってしまったが、但馬君氏についての一つの見方は示せたのではないかと思う。詳細については、別の機会に論ずることにしたい。

「吉備臣」氏の系譜とその実像

小野里了一

はじめに

「吉備臣」氏については『古事記』『日本書紀』（以下記、紀とし、両書を併せての場合は記紀と表記）に孝霊天皇後裔との系たちがみえ、その祖たちが地方平定に活躍したとの伝承が採録されている。また『日本書紀』雄略天皇七年八月条（以下『日本書紀』の記事は『雄略紀』七年八月条のように表記）にみえる吉備下道臣前津屋《さきつや》（「国造吉備臣山」との異伝あり）や、同七年是歳条の吉備上道臣田狭《たさ》の反乱伝承、『清寧紀』即位前紀の雄略二三年年八月条に記された吉備上道臣女稚媛（『雄略紀』元年三月条一本云によれば吉備窪屋臣女との異伝あり）を母とする星川王の大王位争いなどと相まって、倭の大王とも比肩し得た古代随一の地方有力豪族「吉備臣」氏といった理解は定説であるといってよいだろう。

一方で、『応神紀』二二年九月庚寅条に見える御友別系譜と五県の起源譚は、吉備勢力の首長たちが大王に膳夫として奉饗する伝承であり、吉備の各地域に分散したミヤケやアガタを管掌した首長の奉事根源と関わるものとの見解も出されている。(1) ここに記された御友別らの姿からは倭の大王と対峙するほどの巨大な「吉備臣」氏といった姿は復元できない。

また『雄略紀』から『清寧紀』にかけてみえる一連の反乱伝承は、五世紀前半に造山古墳（墳長三六〇m）・作山古墳（同二八六m）と立て続けに巨大前方後円墳を築造してきた地域(2)において、雄略＝ワカタケル大王治天下の実年代にあたる五世紀後半以降、それに続く巨大古墳が姿を消すことを論拠に史実とされることが多い。しかし時期的な一致だけをもって、紀が伝えるような反乱が史実であったかどうかまでは断定できないだろう。吉田晶氏は造山・作山の築造が部族連合段階にあった吉備勢力の内部で、大首長と中小首長間の階層分化を引き起こし、中小首長層が倭王権に直接的なつながりを求めたことで、吉備勢力の大首長と倭王権の対立が惹起されたとその史的展開を復元された。(3) だが今日通説の位置を占めるこの吉田氏の見解も、氏が自明のことの如く規定された、造山築造時期の吉備勢力内の階層分化からくる内部対立といった前提自体、再検討する余地があると筆者は考える。

そこで本論は、記紀をはじめとした史料にみえる吉備勢力の首長系譜や祖伝承と、「吉備臣」の反乱伝承の背景を再検討することで、「吉備臣」氏の実像を復元することを試みたい。

なお、「吉備臣」という氏姓のような表記が記紀の中に散見するが、実際には庚午年籍による定姓以前は一族全体に及ぶ氏姓は存在せず、一見氏姓とも思われる「吉備臣」の如き呼称も、実は王権と仕奉関係を結んだ吉備勢力の有力者個人に対して与えられたものである。さらに、定姓前後の吉備勢力の首長の氏姓は「上道臣」「下道臣」「笠臣」とはあるが、「吉備臣」とはみえない。この点について「吉備臣」氏から「上道臣」「下道臣」「笠臣」などに分氏したとする説が従来多くみられるが、後述するようにそのような理解については疑問がある。そこで本論では史料上の典拠がある個人名については吉備臣某とその表記に従うが、文中の一般名称として使用する場合には「吉備臣」は使用せず吉備勢力とする。

一、吉備勢力の祖伝承と首長系譜

はじめに吉備勢力の祖伝承ともいうべき系譜を確認しておこう。

①『孝霊記』

大倭根子日子賦斗邇命、坐黒田廬戸宮、治天下也。(中略) 又娶意富夜麻登玖邇阿禮比賣命、生御子、夜麻登登母母曾毘賣命。次日子刺肩別命。次比古伊佐勢理毘古命、亦名大吉備津日子命。次倭飛羽矢若屋比賣。四柱。又娶其阿禮比賣命之弟、蠅伊呂杼、生御子、日子寤間命。次若日子建吉備津日子命。二柱。（中略）大吉備津日子命與若建吉備津日子命、二柱相副而、於針間氷河之前、居忌瓮而、針間爲道口以言向和吉備国也。故、此大吉備津日子命者、吉備上道臣之祖也。次若日子建吉備津日子命者、吉備下道臣、笠臣祖。次日子寤間命者、針間牛鹿臣之祖也。次日子刺肩別命者、高志之利波臣、豊国之国前臣、五百原君、角鹿海直之祖也。

②『孝霊紀』二年二月丙寅条

妃倭国香媛亦名絚某姉。生倭迹々日百襲姫命・彦五十狭芹彦命亦名吉備津彦命。・倭迹々稚屋姫命。亦妃絚某弟、生彦狭嶋命・稚武彦命。弟稚武彦命、是吉備臣之始祖也。

③『応神紀』二二年九月庚寅条

庚寅、亦移居於葉田葉田、此云簸娜。葦守宮。時御友別参赴之。則以其兄弟子孫為膳夫而奉饗焉。天皇、於是、看御友別謹惶侍奉之状、而有悦情。因以割吉備国、封其子等也。則分川嶋県、封長子稲速別。是下道臣之始祖也。次以上道県、封中子仲彦。是上道臣・香屋臣之始祖也。次以三野県、封弟彦。是三野臣之始祖也。復以波区芸県、封御友別弟鴨別。是笠臣之始祖也。即以苑県、封兄浦凝別。是苑臣之始祖也。即以織部、賜兄媛。是以、其子孫、於今在于吉備国。是其縁也。

※本稿では『古事記』『日本書紀』ともに『日本古典文学大系』本（岩波書店）によるが、一部常用漢字に改めた。

記紀に採録されたこれら三つの吉備勢力関連系譜に詳細な検討を加えたものとして代表的なものは吉田晶氏[4]や、湊哲夫氏[5]、篠川賢氏の研究[6]がある。いずれも『孝霊記』系譜（本報告の①、以下孝霊記系譜とする）、『孝霊紀』二年系譜（同じく②、以下孝霊紀系譜とする）、『応神紀』二二年系譜（同じく③、以下応神紀系譜とする）の成立過程、及びその前後関係の検討を通じ吉備勢力の歴史的展開を復元するというスタンスが採られている。

三つの系譜の前後関係を考察し、そこから吉備勢力の実像を復元する方法は確かに有効ではあるが、先行研究でも指摘されるように、これらの系譜それ自体が既に記紀編纂時における史局の方針や吉備勢力内の集団間の消長を反映していると推定されることからは、もっとも古い系譜はどれなのかといった議論はあまり意味がないと思う。言うなれば、これらから吉備勢力の首長たちがある特定の時代に奉じていた古い系譜（以下「原系譜」）の要素を抽出することはできたとしても、それでもそれ自体が二次的な手を加えられることなく、ある時期の吉備勢力の実像を伝えているものだとは断定できないからである。

具体例を挙げれば、吉備武彦という吉備勢力の祖が記紀には記されており、後述するように、ある時期の吉備勢力の上祖（始祖）[7]であったと推測されるが、記紀共にこの人物の系譜上の位置は伝える所がない。

そこで本稿では三系譜の前後関係にはあまりこだわらず、それぞれから読み取れる吉備勢力の姿を明らかにしていくこととする。

まず①の孝霊記系譜とそれに対応する②の孝霊紀系譜をあわせてみてみよう。

まずこの二つの系譜に共通することは、始祖である大吉備津日子命（紀は吉備津彦命とする。以下、記紀に依拠しない記述はキビツヒコと表記する）や、若（日子）建吉備津日子命（紀は稚武彦命とする。以下、記紀に依拠しない記述はワカタケヒコと表記する）が孝霊皇子とされていることである。つまりこれらの系譜成立の前提とし

【図1】『孝霊記』『孝霊紀』にみる吉備勢力の祖系譜

①『孝霊記』系譜

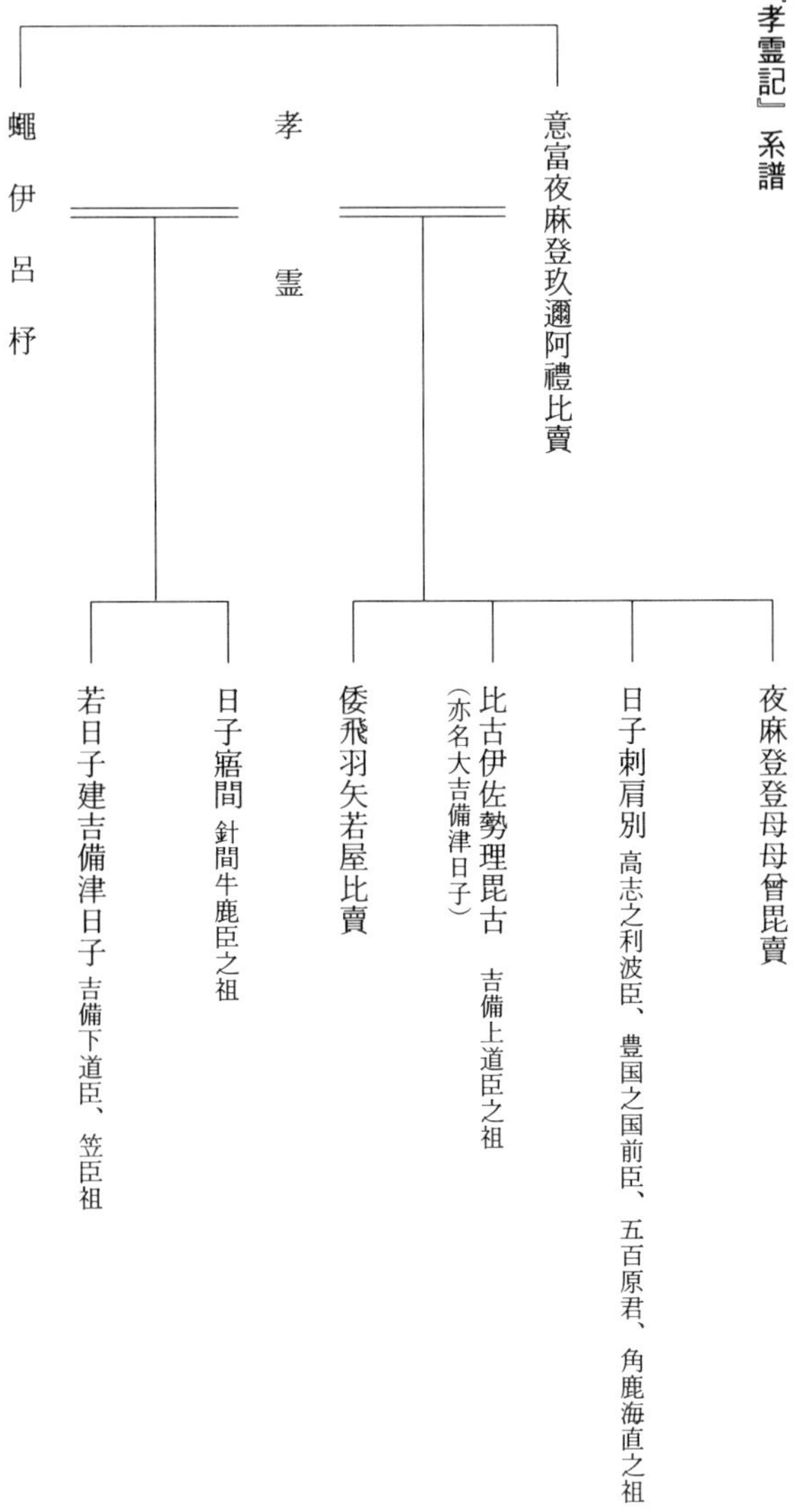

て、王統譜の中に孝霊天皇の位置が定まっている必要がある以上、いわゆる欠史八代の一人、孝霊天皇の王統譜上の位置が決定した七世紀以降に、孝霊と吉備勢力の始祖は親子関係であるとする系譜が成立したこととなる。その場合、それまで吉備勢力が実際に奉じていた始祖某を孝霊の皇子という位置に接続し、その名をキビ

ツヒコやワカタケヒコと改変したのか、それとも全くの新たな始祖としてキビツヒコとワカタケヒコを作成挿入したのかは判断できないが、いずれにせよキビツヒコやワカタケヒコという呼称の始祖は七世紀代に登場したもので、実在性のない始祖名にすぎないことを確認しておこう。

孝霊記系譜では大吉備津日子を吉備上道臣の祖、若（日子）建吉備津日子を吉備下道臣・笠臣の祖とするが、孝霊紀系譜では吉備津彦命の系譜上の位置づけに変更はないものの、吉備上道臣の祖とはせず、また稚武彦命を「吉備臣之始祖」とのみ記し、孝霊記系譜にみえた吉備下道臣・笠臣といったウヂ名はみえない。この孝霊紀系譜の吉備臣とは上記三つのウヂを包括して（さらには他の吉備勢力の有力なウヂも含めての可能性もある）吉備臣と言っているのか、それとも孝霊記系譜を参考にするに、これは吉備下道臣・笠臣のみをさし、吉備上道臣は含まれていないのかが問題となる。

先行研究でもこの点に注目して、孝霊記系譜は「吉備臣」氏といった大きなウヂが上道臣・下道臣・笠臣などに分氏した時期、孝霊紀系譜は

②『孝霊紀』系譜

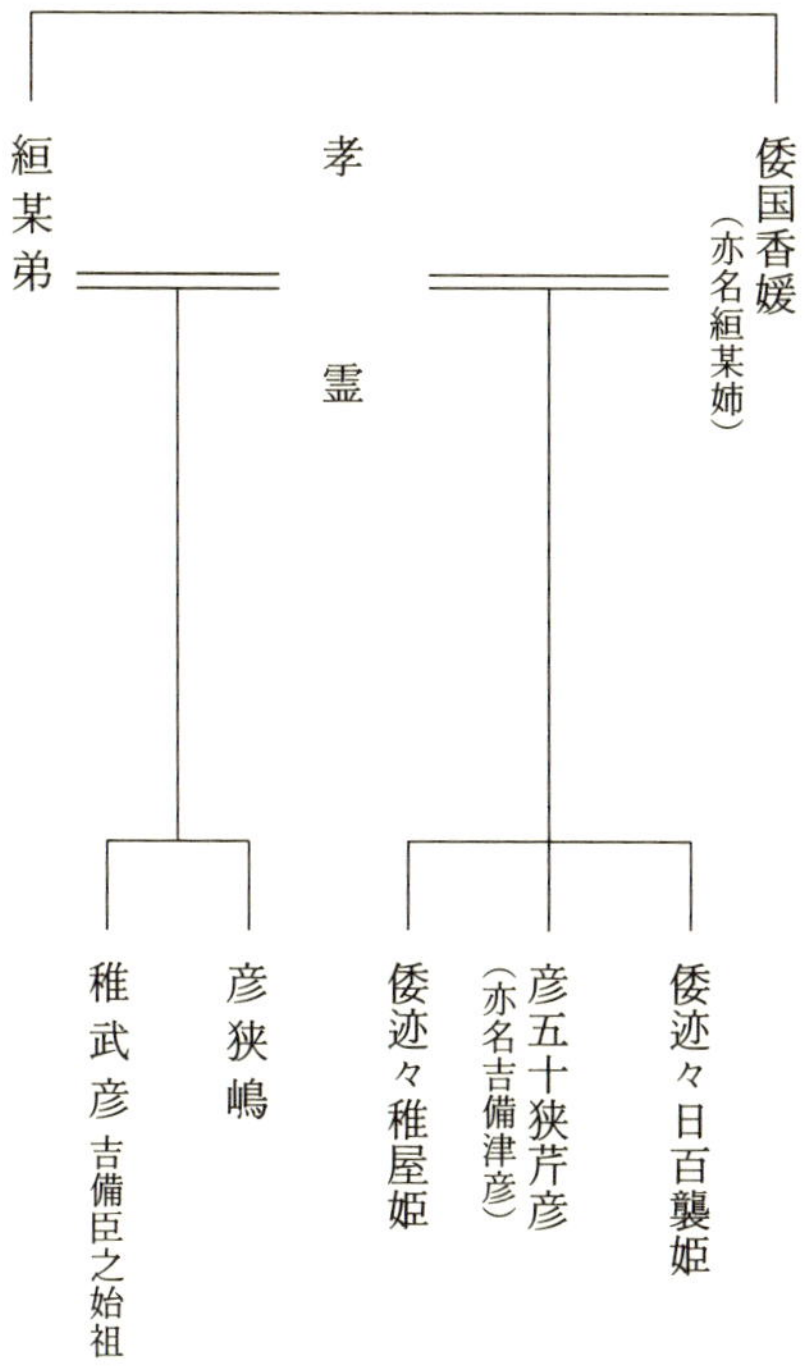

それを遡って「吉備臣」氏としての一体性が保たれていた時期のものといった解釈がなされてきた(8)。しかし孝霊紀系譜については別の視点からの解釈も可能である。

ここにみえる「吉備臣之始祖」の吉備臣に下道臣・笠臣が含まれることは孝霊記系譜との整合性からして間違いない。また従来の説が指摘するように、下道臣・笠臣が天武朝に朝臣を賜姓される一方で上道臣はそれに漏れていることから、七世紀後半の朝廷内において上道臣氏が前二氏に対して劣勢にあったことは推測できる。

吉田氏は孝霊記系譜の成立時期について、七世紀後半に中央で優勢にあった下道臣・笠臣がワカタケヒコの直系を主張する中、劣勢にあった上道臣が系譜上ワカタケヒコの上位にあるキビツヒコを自らの祖とすることで、自氏の下道臣氏・笠臣氏に対する優位性を系譜上で主張し、氏族としての地位を保とうとしたとする(9)。

確かに孝霊記系譜では上道臣の祖とされる大吉備津日子命(キビツヒコ)を亦名で比古伊佐勢理毘古命と同一人物化することで、下道臣・笠臣の祖ワカタケヒコより系譜上上位の地位へと引き上げられたらしいことが読み取れる。だが系譜上のこととはいえ、劣勢にあった上道臣氏がそのような自氏の優位性(伝統性)を主張することを目的とした改変を行い得たとは考えにくいのであって、この系譜が成立した時期は、むしろ上道臣が下道臣・笠臣に対して優勢にあった時と考えるのが自然な解釈ではないか(10)。

これに対して、吉備津彦命と上道臣氏のつながりが見えず、稚武彦命を「吉備臣之始祖」として上道臣氏(だけでなくほかの吉備勢力のウヂ)をもここに取り込んでいるのか、もしくは逆に「吉備臣＝下道臣・笠臣」として、それ以外の吉備勢力を排除しているとも見える孝霊紀系譜の成立時期こそが、朝臣賜姓と近い時期である七世紀後半を想定するのが最も無理がないと言えよう。

この点については後で詳しく取り上げるが、『続日本紀』天平神護元年五月庚戌条の馬養造人上《ひとかみ》の印南臣《いなみ》への改賜姓記事が参考になる。この中で人上は「人上先祖吉備都彦之苗裔、上道臣息長借鎌」と、自氏は上道臣後裔でその祖は吉備都彦（キビツヒコ）であることを主張しており、孝霊紀系譜の稚武彦を始祖とする「吉備臣」には上道臣氏が含まれていないことが判明するのだが、このことから筆者は、下道臣・笠臣の祖であるワカタケヒコよりも系譜上上位にある兄キビツヒコを上道臣の祖とする孝霊記系譜には、上道臣氏没落以前の古い要素が残されており、孝霊紀の系譜からはそれが排除されていると考える。また、後述するように『新撰姓氏録』採録の吉備勢力と関連する氏姓はいずれもワカタケヒコを始祖としており、キビツヒコを始祖とするものは一つもないこともこの点と関連する。(11)

二、『応神紀』の御友別系譜について

次に③の応神紀系譜をみてみよう。御友別（以下、ミトモワケと表記する）を中心に据えるこの系譜は、①・②とは異なり大王との系譜上の結びつきを記しておらず、祖を王統譜とつなげることで自らのウヂを皇別の地位に押し上げたり、奉事根源を遡らせようとする作為がない。また大王の称号にみえる別（ワケ）を含む人名が複数登場し、その人名表記法もあわせ考えた上で吉田晶氏はこの系譜を五世紀代の吉備勢力の実態を反映するものとされた。(12)確かにこの系譜が配置されているのが『応神紀』であることに着目すれば、この系譜を採録した紀編者の史観として、恐らくは下道臣によって史局に提出された墓記（祖伝承）に応神大王治天下時の人とされている氏祖ミトモワケを、某大王の子として王統譜の中に接続することはなかっただろう。ただしだからといって、この系譜が吉備勢力の伝えてきた原系譜そのものであるかどうかは別問題である。

志田諄一氏は長子相続の形で下道臣の優位性（上道臣は次子「中彦」の子孫とされる）が主張されているこの

系譜こそ、上道臣が没落し、「吉備臣」の中核氏族として下道臣が台頭した時期以降の成立とみる。(13) 湊哲夫氏もこれを孝霊紀系譜の後、欽明大王治天下時の白猪ミヤケ設置にからんで、在地の「吉備臣」が分氏して県（コホリ）の官人化する中で形作られたものとする。(14)

筆者も基本的には吉田氏が主張されるように、この系譜に五世紀代の古い要素を認めるが、それでもこれを吉備勢力が奉じた原系譜そのものとはみなせない。以下この点を少し考えてみよう。

【図2】『応神紀』にみる御友別を中心とした系譜

③『応神紀』系譜

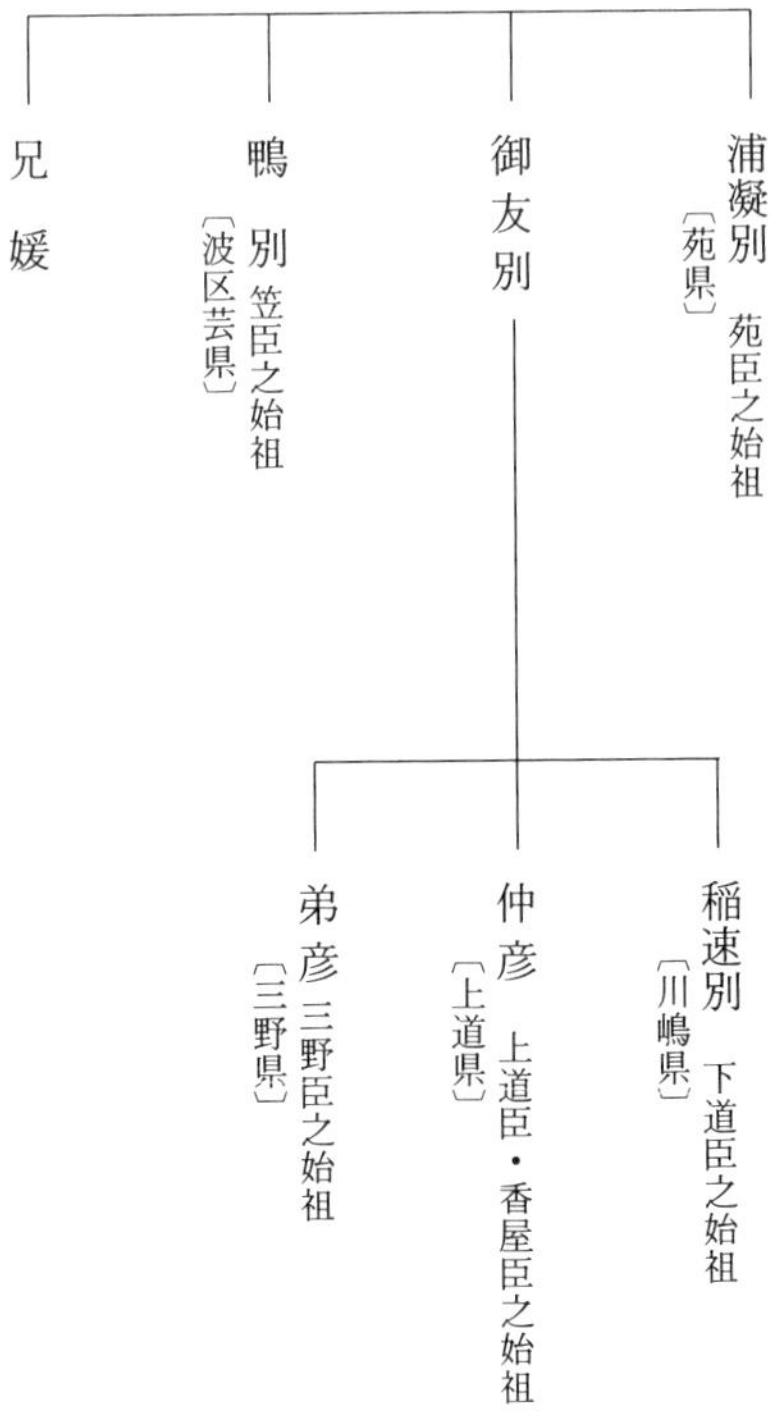

まず応神紀系譜が吉田氏が考えられるように五世紀代の系譜であるとしたなら、この系譜中で兄弟、親子とされる人物の順序には転倒の可能性があるということを指摘しておきたい。このことは辛亥年（四七一年）の銘をもつ稲荷山古墳出土鉄剣銘（以下、稲荷山鉄剣銘とする）に刻まれた人名とその配列が参考となる。稲荷山鉄剣銘では上祖として「意冨比垝」、その児「多加利足尼」、その児「弖已加利獲居」その児「多加披次獲居」と人名が続く。

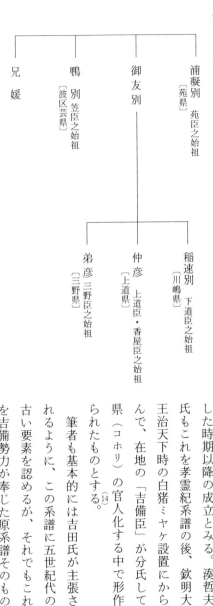

吉田氏は応神紀系譜のワケを含む人名に着目し、平野邦雄氏の人名＋カバネは五世紀代という説⒂を援用して、この系譜を五世紀のものとされたわけだが、確かに辛亥年の干支が刻まれ、五世紀第Ⅲ四半期のものとされる稲荷山鉄剣銘にもワケを含む人名があり、応神紀系譜のワケを含む人名を五世紀代のものと見た吉田氏の指摘に矛盾はない。しかしそれをもってこの系譜自体を五世紀のものと見ることはどうであろうか。

筆者は稲荷山鉄剣銘の名前の配列を参考に、五世紀代にはいると古代ウヂ族は自らの奉事根源を伝えるものとして上祖（始祖）某から現在に至る系譜を奉じていて、その上祖の名は「某ヒコ」や「ヒコ某」であり、次世代以降の氏祖の名は「某ワケ」や「某スクネ」であったのではないかと考えている。

この点を『孝元記』の建内宿禰系譜を例に少し詳しく述べてみよう。この系譜は建内宿禰（タケシウチスクネ）の児として曽都毘古（ソツヒコ）や角宿禰（ツノスクネ）、石河宿禰（イシカワスクネ）などが接続されているが、稲荷山鉄剣銘の祖名配列からするとスクネの下にヒコが来るのは違和感がある。稲荷山鉄剣銘を参考にすればヒコが上祖の位置にあるはずであり、その児がスクネなのである。つまり建内宿禰系譜とは本来は上祖を「ソツヒコ」（記紀の「葛城襲津彦」の原型）とする系譜であり、ソツヒコの児には葛城勢力であれば「タマ

【図3】稲荷山古墳出土鉄剣銘にみえる意冨比垝から乎獲居臣に至る系譜

意冨比垝 ― 多加利足尼 ― 弖已加利獲居 ― 多加披次獲居 ― 多沙鬼獲居 ― 半弖比 ― 加差披余 ― 乎獲居臣

【図4】建内宿禰系譜の成立過程

A　原ソツヒコ系譜

ソツヒコ――タマダスクネ……アシダスクネ……アリオミ
ソツヒコ――ヤシロスクネ
ソツヒコ――ヲカラスクネ
ソツヒコ――イシカワスクネ
ソツヒコ――ツクノスクネ
ソツヒコ――ツヌノスクネ
ソツヒコ――ワクゴノスクネ

B　ソツヒコ系譜

ソツヒコ
├タマダスクネ
├ヤシロスクネ
├ヲカラスクネ
├イシカワスクネ
├ツクノスクネ
├ツヌノスクネ
└ワクゴノスクネ

ダスクネ」や「アシダスクネ」が、紀勢力であれば「ツノスクネ」、蘇我勢力であれば「イシカワスクネ」が接続する系譜が原系譜であったと復元できる。いうなれば「ソツヒコ系譜」とでもいうべきものである。

　この系譜の改変過程を考えてみると、まず七世紀代に蘇我氏がソツヒコを自らの氏祖「イシカワスクネ」と同世代の位置に下げ、ソツヒコ系譜における自氏の地位の相対的上昇を図った可能性が考えられる。この時ソツヒコが一世代下げられて、その代わりに系譜上のソツヒコの位置に新たな上祖某が創作されたと思われる。

　次に王統譜上に孝元が組み込まれた後、上祖某を孝元皇子とすることで皇別となり、最終的にはその上祖某が、

C　建内宿禰系譜

建内宿禰

- 波多八代宿禰　波多臣、林臣、波美臣、星川臣、淡海臣、長谷部君之祖
- 許勢小柄宿禰　許勢臣、雀部臣、軽部臣之祖
- 蘇賀石河宿禰　蘇我臣、川邊臣、田中臣、高向臣、小治田臣、櫻井臣、岸田臣等之祖
- 平群都久宿禰　平群臣、佐和良臣、馬御樴連等祖
- 木角宿禰　木臣、都奴臣、坂本臣之祖
- 久米能摩伊刀比売
- 怒能伊呂比売
- 葛城長江曽都毘古　玉手臣、的臣、生江臣、阿芸那臣等之祖
- 若子宿禰　江野財臣之祖

稲荷山鉄剣銘を参考にすると、五世紀後半頃に上祖をソツヒコとし、自らの氏祖をその児として接続する奉事根源系譜が成立していた［**A　原ソツヒコ系譜**］。A段階では、王権に課せられた職掌上の上祖としてソツヒコを奉じる豪族が複数存在するも、それぞれの豪族間の関係性は未整備であったが、やがてその豪族の氏祖を上祖ソツヒコの下に兄弟関係として一列に配置する形に整備された［**B　ソツヒコ系譜**］。その後、蘇我氏が台頭する中、上祖ソツヒコが直系である葛城勢力の氏祖（本来はタマダスクネやアシダスクネであったと推測する）の地位に引き下げられ、代わりに上祖「某」が設定される。七世紀後半に王統譜が整備される中、上祖某が孝元後裔（比古布都押之信の子）として接続され、最終的に「建内宿禰」とされる［**C　建内宿禰系譜**］。

藤原不比等をモデルとする歴代の大王に仕えた建内宿禰へと換骨奪胎されることで、「建内宿禰系譜」という形が完成したのである。

以上の稲荷山鉄剣銘や「ソツヒコ系譜」から導かれる結論からすれば、応神紀系譜中の人名の序列は落ち着

きが悪い。つまり、いずれもワケを含む浦凝別（ウラゴリワケ）・御友別（ミトモワケ）・鴨別（カモワケ）を兄弟関係とすることや、また御友別の児を稲速別（イナハヤワケ）とする点も稲荷山鉄剣銘において弖已加利獲居（テヨカリワケ）の児を多加披次獲居（タカハ〔ヒ〕シワケ）とする例があるので問題ないが、ワケの世代である御友別の児として、上祖の世代の名であるべきヒコを含む名「仲彦（ナカツヒコ）」や「弟彦（オトヒコ）」が配されていることは明らかにおかしい。

　この点から筆者は応神紀系譜中に五世紀代に遡り得る要素（原系譜の存在）を認めるが、一方でここには世代の齟齬がみられるなど、このままで五世紀代に吉備地方の首長たちが奉じていた系譜とみなすことはできないと思う。[16] しかしここで注目されるのは、この系譜が伝える下道臣以下の吉備勢力のウヂ名であり、苑臣を除けば「国造本紀」が採録する吉備地域の五国造（上道・三野・下道・加夜・笠臣国造）の氏祖伝承と符合している。

④「国造本紀」大伯国造条～吉備品治国造条

大伯国造

軽嶋豊明朝御世。神魂命七世孫佐紀足尼定賜国造。

上道国造

軽嶋豊明朝御世。元封中彦命児多佐臣。始国造。

三野国造

軽嶋豊明朝御世。元封弟彦命。次定賜国造。

下道国造
軽嶋豊明朝御世。元封兄彦命亦名稲建別。定賜国造。

加夜国造
軽嶋豊明朝御世。上道国造同祖元封中彦命。改定賜国造。

笠臣国造
軽嶋豊明朝御世。元封鴨別命八世孫笠三枝臣。定賜国造。

吉備中県国造
瑞籬朝御世。神魂命十世孫明石彦定賜国造。

吉備穴国造
纏向日代朝御世。和邇臣同祖彦訓服命孫八千足尼定賜国造。

吉備品治国造

志賀高穴穂朝。多遅麻君同祖若角城命三世孫大船足尼定賜国造。

※「国造本紀」は鈴木正信編「校訂　国造本紀」（篠川賢・大川原竜一・鈴木正信編著『国造制の研究―史料編・論考編―』（八木書店、二〇一三年）によった。

無論「国造本紀」の系譜は③の応神紀系譜を前提に記されているとの可能性も否定できない。だが国造に任じられた地方豪族は、掌握する地域（国造のクニ）名にカバネ（多くは直だが、それ以前に臣・君などの称号を得ていたものはこれを継続してカバネとした）を付することで国造であることを示しているものが大半である。応神紀の吉備五県の起源譚が御友別の後裔を下道臣・上道臣・香屋（加夜）臣・三野臣・笠臣・苑臣のように吉備の地域名にカバネ「臣」を付した形で採録していることは、この伝承が本来、国造任命と関連性があることを推測させる。となれば「国造本紀」が採録する五国造の氏祖系譜も含め、その原型ともいうべき国造としての奉事根源を吉備勢力の豪族たちが伝えていた蓋然性は十分考えられる。その国造任命時期は、その任命と倭王権への仕奉の拠点となるミヤケの設置が連動するものであることから、白猪ミヤケや児島ミヤケの設置が伝えられる欽明朝の頃とするのが妥当である。

これらのミヤケの設置には蘇我稲目や馬子が主導的役割を果たしていたように伝わるが、対外行動の拠点と考えられる筑紫の那津ミヤケの記事をみると、その設置・運営には大王以下、蘇我、物部、阿倍といった有力マヘツキミが直接的に関わっていることから、(17) 吉備の白猪・児島ミヤケの設置目的も同様に対外行動の拠点という位置づけで理解できよう。

④に挙げたように「国造本紀」は吉備地域の国造として九国造（美作国造条は和銅六年の備前国から美作国の

分置を記すので除く）が伝わるが、五国造は伝統的な吉備勢力[18]、残りの大伯国造・吉備品治国造は特定の職掌をもって王権に仕奉を行った集団から任命されているらしい。吉備穴国造は和邇勢力との同祖関係を伝えていることから、吉備勢力を構成する豪族ではない。吉備中県国造についてはわからない。

大伯国造については「吉備海部直」が任命された可能性が指摘されている[19]。このウヂは古くから海上交通や対外行動を職掌とした吉備勢力の一員であったと推定されるが[20]、そのカバネは吉備勢力の豪族たちが共有している「臣」ではなく「直」であることが注目される。この点について同様の事情が推測される紀臣と紀直の関係も念頭に考えてみよう。

紀直は紀国造、吉備海部直は大伯国造の職掌を得ているが、両者の前身はそれぞれ紀勢力や吉備勢力の大首長の下にあって、対外行動に欠かすことのできない海上活動（水主や水軍）を職掌としていた集団である。おおよそ五世紀代までは、在地における主従関係に依拠して大首長に率いられる形で王権へと仕奉を行っていたと考えられる。それが継体大王治天下以降の地方豪族支配制度再編の中、それまでの大首長との関係が王権によって断ち切られ、王権に直属して仕奉する形へと再編成されることで、彼らが紀勢力や吉備勢力の大首長と共有してきた称号「臣」に替えて（若しくは大首長とは階層差があり、「臣」を共有していなかった可能性もあるが）、新たな仕奉形態に即したカバネ「直」が与えられ、同時に国造に任命されたものと解釈したい。

ところで、『欽明紀』まで「吉備臣」といった表記がみられるのに、それ以降には下道臣や上道臣の如く吉備の小地域名を関したウヂ名＋カバネ臣へと表記が切り替わっていることについては、欽明大王治天下の頃に「吉備臣」氏は上道臣や下道臣・笠臣等に「分氏」したとみる説[21]や、中央に出仕した吉備勢力が「吉備臣」と称せられ、吉備地域に留まっていたものが「上道臣」「下道臣」などと称したとみる「二系統論」とでもいうべき説[22]があり、前者が定説的立場にある。しかし今津勝紀氏が推測されるように、「吉備臣」氏の実態としては、吉備地域の臣姓を共有する豪族たちに対する「あくまでも中央側からの認識が吉備臣であったにすぎない」のであり、この分氏現象はこれまで「吉備臣を構成していた個別の氏族が明確」化されたにすぎず、その背景に国造任命のような「奉仕関係の再編が「分氏」現象、すなわち個別の氏族が明確化する背景に存在した」との理解が妥当であろう。[23]さらに踏み込んでいえば、そもそもウヂ名が存在しなかった時代に活躍した吉備勢力の首長たちやその祖伝承を記紀に採録するにあたって、「中央側からの認識」によって一括りに「吉備臣」と記述しているにすぎないのであって、実際には記紀編纂時点まで「吉備臣」をウヂ名とした豪族は存在しなかったと考えてよい。

『欽明紀』にみえる「吉備臣」については『百済本紀』を出典とするもの故、「吉備臣」氏の実在性を担保するかのような印象を受ける。しかし『百済本紀』を含むいわゆる百済三書については、半島に渡った倭の豪族と現地の女性との間に生まれた「韓子」や、百済滅亡後倭国に迎え入れられた百済人によって纏められたものが、記紀編纂時に史局に提出されたものと判断される以上、百済人が倭国側の意向を受け、幾ばくかの述作を加えている可能性も考えられる。[24]よって百済三書の記事をいわゆる他の外国史料に書かれた記事と同等の客観性を保証するものとして論じることはできないのであり、その表記を絶対視するべきではない。「吉備」をウヂ名とすることが確実な最初の人物は、天平十八年（七四六）十月に賜姓により下道朝臣から吉備朝臣へと改姓を果たした吉備真備であったと筆者は考えている。

三、「吉備臣」氏系譜における吉備武彦の位置

次に記紀に系譜は伝わらないが、吉備勢力の祖としてその伝承が採録されている「吉備武彦」について考えてみよう。

⑤『景行記』

爾天皇、亦頻詔倭建命、言向和平東方十二道之荒夫琉神、及摩都楼波奴人等而、副吉備臣等之祖、名御鉏友耳建日子而遣之時、給比比羅木之八尋矛〈比比羅三字以音〉（中略）此倭建命、（中略）又娶吉備臣建日子之妹、大吉備建比賣、生御子、建貝兒王一柱。（中略）次建貝兒王者、讃岐綾君、伊勢之別、登袁之別、麻佐首、宮首之別等之祖。

⑥『景行紀』五一年条

初日本武尊、（中略）又妃吉備武彦之女吉備穴戸武媛、生武卵王與十城別王。其兄武卵王、是讃岐綾君之始祖也。弟十城別王、是伊豫別君之始祖也。

『景行紀』五一年条にみえる吉備武彦（『景行記』は御鉏友耳建日子、吉備臣建日子ともつくる。以下、史料引用以外はキビタケヒコと表記）については、『景行記』が「吉備臣等之祖、名御鉏友耳建日子」とすることから、吉備勢力の祖の一人と記紀編者が認識していたことがわかる。しかしキビタケヒコの系譜上の位置づけは記紀ともに伝えず、吉備勢力が奉じていた原系譜の中での位置づけも不明といわざるを得ない。

【図5】キビタケヒコに関わる系譜

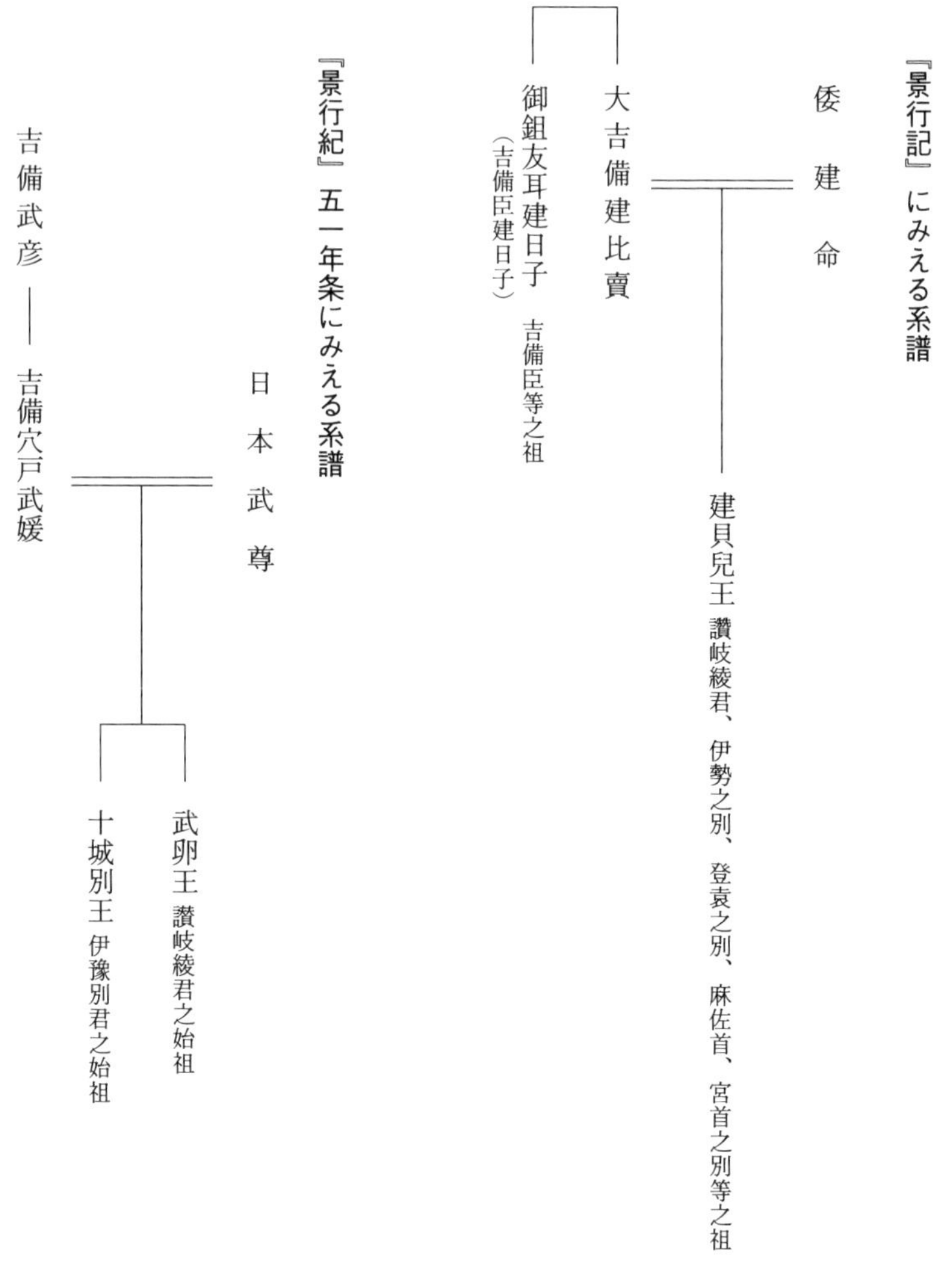

ただこの人物の実在性はともかくとして、記紀編者によって新たに述作された人物ではないことは、讃岐綾君や伊予別君（他には「国造本紀」廬原国造条によれば池田坂井君や廬原国造〔廬原公〕も）といったいずれも君・公のカバネをもつ複数のウヂが祖として奉じていたことから間違いない。記紀ともキビタケヒコの妹（または女）を倭建命（紀は日本武尊）のキサキとし、その所生の王たちが讃岐綾君や伊予別君等の祖となったとするが、本来この系譜ではキビタケヒコと讃岐綾君等が直線的に結ばれていたものを、王統譜が整備される中、キビタケヒコの名から大吉備建比賣（オオキビタケヒメ）／吉備穴戸武媛（キビアナトタケヒメ）という妹／女を創作して、それを倭建命のキサキに配することで、その所生の讃岐綾君等を皇別に位置づけるという改変がなされている。稲荷山鉄剣銘を参考にすれば「上祖キビタケヒコの児某（讃岐綾君氏祖）」、「上祖キビタケヒコの児某（伊予別君氏祖）」といった原系譜が存在したと推測できる。

次に『新撰姓氏録』にみえる孝霊天皇後裔氏族の伝承をとりあげてみよう。

⑦『新撰姓氏録』にみえる孝霊天皇裔氏族

（右京皇別下の「宇自可臣」は「孝霊天皇皇子、彦狭嶋命之後也」とあり、吉備氏とは別系となるので除いた。また未定雑姓　山城国「椋椅部」も大吉備津彦を始祖とするが吉備氏とは別系統と判断して除いてある。）

左京皇別上　吉備朝臣条
大日本根子彦太瓊天皇皇子稚武彦命之後也。

左京皇別上　下道朝臣条
吉備朝臣同祖。稚武彦命之孫吉備武彦命之後也。

右京皇別下　笠朝臣条
孝霊天皇皇子稚武彦命之後也。応神天皇巡幸吉備国。登加佐米山之時。飄風吹放御笠。天皇恠之。鴨別命言。神祇欲奉天皇。故其状爾。天皇欲知其真偽。令獵其山。所得甚多。天皇大悦。賜名賀佐。

右京皇別下　笠臣条
笠朝臣同祖。稚武彦命孫鴨別命之後也。

右京皇別下　吉備臣条
稚武彦命孫御友別命之後也。

右京皇別下　真髪部条
同命男吉備武彦命之後也。

右京皇別下　廬原公条
笠朝臣同祖。稚武彦命之後也。孫吉備建彦命。景行天皇御世。被遣東方。伐毛人及凶鬼神。到于阿倍廬原国。復命之日以廬原国給之。

※『新撰姓氏録』は佐伯有清「校訂新撰姓氏録」（同氏『新撰姓氏録の研究』本文篇、吉川弘文館、一九六二年）によるが、

一部常用漢字に改めた。

一見して明らかなように『姓氏録』に採録されている吉備氏系の氏族は、全てワカタケヒコの後裔氏族であると主張している。これは先に確認したように、孝霊紀系譜が「稚武彦命、是吉備臣之始祖也」としていることと対応しているわけだが、一方でこれと対比すべき孝霊記系譜ではワカタケヒコにあたる人物は「若日子建吉備津日子命」で「吉備下道臣・笠臣祖」とされ、「大吉備津日子命者、吉備上道臣之祖」とあることから、ワカタケヒコの後裔氏族に上道臣を含めることはできない。(25)となれば、『姓氏録』の吉備系氏族はいずれも上道臣系ではないこととなる。だからと言って、キビツヒコの後裔を主張する上道臣系の氏族が存在しなかったわけではない。

上道臣系の奉じていた系譜を確認してみよう。

⑧**『続日本紀』天平神護元年（七六五）五月庚戌条**

播磨守従四位上日下部宿禰子麻呂等言、部下賀古郡人外従七位下馬養造人上款云、人上先祖吉備都彦之苗裔、上道臣息長借鎌、於難波高津朝庭、家居播磨国賀古郡印南野焉。其六世之孫牟射志、以能養馬、仕上宮太子、被任馬司。因斯、庚午年造籍之日、誤編馬養造。伏願、取居地之名、賜印南野臣之姓。国司覆審、所申有実。許之。

この記述から馬養造人上の祖は上道臣息長借鎌で、祖として吉備都彦を奉じていたことがわかる。この系譜と関連して次の史料を確認してみよう。

⑨『日本三代実録』元慶三年（八七九）十月二二日条

左京人左大史正六位上印南野臣宗雄、男三人、女一人、妹一人、賜姓笠朝臣。其先、出自吉備武彦命也。宗雄自言。吉備武彦命第二男、御友別命十一世孫人上、天平神護元年取居地之名、賜印南野臣姓。第三男鴨別命、是笠朝臣之祖也。兄弟之後、宜同姓也。

⑧では、人上自らが上道臣の末裔で、上祖を吉備都彦とだけ述べられていたが、⑨では印南野臣宗雄により印南野臣の上祖は吉備武彦（キビタケヒコ）で、人上はキビタケヒコの二男御友別の十一世孫、宗雄は三男鴨

【図6】印南野臣人上、笠朝臣宗雄が主張した系譜

『続日本紀』天平神護元年（七六五）五月庚戌条による

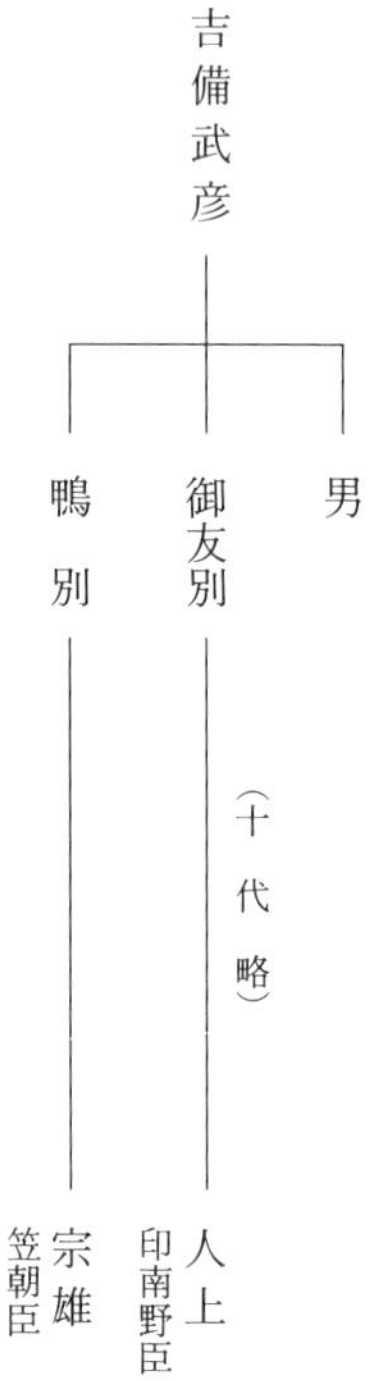

『日本三代実録』元慶三年（八七九）十月二二日条による

別の末裔であると、幾分詳しい系譜が述べられている。応神紀系譜では上道臣は仲彦命の末裔とされるが、仲彦命は御友別の中子とされているので、⑨が上道臣末裔の人上の上祖を御友別とすることは矛盾しない。⑨から上祖吉備武彦（キビタケヒコ）とその児御友別（ミトモワケ）という系譜、上祖吉備武彦とその児鴨別（カモワケ）という系譜が（他に応神紀系譜を参考にすれば、上祖吉備武彦とその児浦凝別〔ウラゴリワケ〕という系譜も）伝えられていたことが推測できる。

前述したようにキビツヒコにせよワカタケヒコにせよ、これらの祖は孝霊が王統譜の中に組み込まれて後、中央豪族化していた上道臣・下道臣・笠臣らが皇別の地位を得るべく孝霊皇子として新たに主張した始祖にすぎないのであり、その実在性は認められない。筆者は吉備勢力が奉じていた原系譜とでもいうべきものは上祖（始祖）をキビタケヒコとする系譜であったが、上道臣や下道臣・笠臣らが孝霊との父子関係を主張するにあたり、上祖の地位がキビタケヒコから、その名を分解して作成した「キビツヒコ」や「ワカタケヒコ」へと置き換えられたと考えている。

ただキビタケヒコについては、記紀で上祖の地位を抹消されても、倭王権で重きをなした吉備勢力の上祖としてその伝承は多く、その中でも他氏族とも関わるものが記紀に採録されていると推測する。そしてキビツヒコやワカタケヒコへの上祖すり替えを行った吉備勢力とは異なり、旧来のまま上祖をキビタケヒコとして奉じていた豪族（特に君・公をカバネとする豪族たち）の系譜においてのみ、本来の位置にその姿を留めているということだろう。

四、吉備勢力の反乱伝承について

はじめにも触れたが、『雄略紀』・『清寧紀』には吉備勢力の三つの反乱伝承が記されている。湊哲夫氏によるとこれを取り上げた先行研究の視点は、伝承の背景に何らかの形で直接的な史実を認めるものと、反乱伝承は一定の政治目的のため述作されたものにすぎないとするものに大別される。[26]

後者の視点に立つ大橋信弥氏は、星川王の乱の本質は清寧が大王に即位することなく夭折し、吉備腹の王の大王位継承が有力化する中、地方豪族である吉備勢力に特権的地位を譲ることを阻止すべく、葛城勢力や和邇勢力が吉備腹の王を排除し、葛城腹の顕宗・仁賢の擁立を画策したという史実があり、一連の吉備氏反乱伝承は何ら史実を示すものではないとする。[27] しかし後述するように、葛城勢力と吉備勢力が婚姻関係で政治的な結びつきを強固なものとしていたことも『雄略紀』からは推察できるのであり、その点を重視すれば吉備勢力の反乱伝承の背景には別の史実も復元できると筆者は考える。そこで本節ではその視点から吉備の反乱伝承について考えてみよう。

⑩『雄略紀』七年是歳条

是歳、吉備上道臣田狭、侍於殿側、盛称稚媛於朋友曰、天下麗人、莫若吾婦。茂矣綽矣、諸好備矣。曄矣温矣、種相足矣。鉛花弗御、蘭沢無加。曠世罕儔。当時独秀者也。天皇、傾耳遥聴、而心悦焉。便欲自求稚媛為女御。拝田狭、為任那国司。俄而、天皇幸稚媛。田狭臣娶稚媛、而生兄君・弟君。別本云、田狭臣婦名毛媛者。葛城襲津彦子、玉田宿禰之女也。天皇聞体貌閑麗、殺夫自幸焉（以下略）

同条は、田狭のキサキを稚媛とする一方で、葛城玉田宿禰女毛媛という別本も伝えている。稚媛は『雄略紀』元年三月是月条には「吉備上道臣女稚姫。一本云、吉備窪屋臣女。生二男。長曰磐城皇子。少曰星川稚宮皇子」とある。この一連の記事からは雄略の治天下時、吉備勢力の首長田狭は吉備勢力出自の稚媛、葛城勢力出自の毛媛をキサキとしていたと復元できる。(28)紀が伝えるように、吉備勢力と葛城勢力は共に倭王権の対外行動に主導的な立場にあり、従来から近い関係にあったことが推測されるのだが、この婚姻関係の成立は単に職掌上の同盟関係が強固になっただけでない。この点についてキサキを軸に据えて考えてみよう。

紀によれば大王のキサキとして葛城勢力出身者は仁徳キサキの磐之媛、履中キサキの黒媛、雄略キサキの韓媛が確認できる。一方、吉備勢力出身のキサキとして応神キサキの兄媛や雄略キサキの稚媛が伝わり、五世紀代には葛城勢力、吉備勢力ともに大王と婚姻関係を結んでいたことが推測される。そして大王の母に注目した時、葛城勢力出身のキサキを母とする大王が四名（履中・反正・允恭・清寧）いることは重要である。(29)

記紀が伝えるように、応神〜清寧の治天下においては、倭王の地位は未だ血統による固定化がなされておらず、有力な大王位継承候補者たちが武力をもって他者を退けて地位継承を果たしている。異母兄弟や従兄弟のような関係でその地位を争う以上、最も頼みとなるのはその母が出身とする豪族であったことは間違いない。

葛城勢力が倭王権の最有力豪族の地位を占めてきた理由はここにある。王権の対外行動を主導し得るだけの軍事力を保持し、先進技術者である渡来系集団を管掌していた葛城勢力は、その出自のキサキ所生の王たちを強力に支持して大王位を代々継承させることで、自らの倭王権内における立場をより強力なものへと再生産してきた。つまり大王位継承においては、葛城勢力との血縁関係が非常に大きな要因となっていたことは疑いようがない。

その葛城勢力が大王以外にも吉備勢力へとキサキを入れていたということは重要である。あくまでも仮説の域を出るものではないが、『雄略紀』七年是歳条別本が伝える田狭と毛姫の婚姻関係に限らず、（特にそれを遡って）両者間で他にも同様の関係が成立していた場合、葛城勢力を母とする吉備勢力の大王位継承候補者が存在した可能性を考える必要がある。葛城勢力との血縁関係がない安康、雄略らにとって、母、キサキ共に葛城勢力の出身とする従兄弟の市辺押磐王同様、葛城勢力の支持を得られる吉備勢力の有力首長は、自らの大王位継承上の大きな脅威となったであったろう。(30) 雄略は大王即位時、多くの継承候補者を倒してその地位を得たことが伝わる。吉備勢力が大王位をうかがったとの伝承は『清寧紀』即位前紀の星川王の乱のみだが、『雄略紀』にみえる前津屋や田狭の反乱伝承は、葛城勢力腹の母を持ち大王位継承の可能性があった吉備勢力の有力首長が、治天下大王の地位を目指す雄略によって攻め滅ぼされたことを反映しているといった視点も成り立つのではないか。となれば、吉備の反乱伝承とは、『雄略紀』即位前紀に伝わる大王位継承候補者討伐と一連のものとして理解できよう。

吉田晶氏は葛城勢力（毛媛）と吉備勢力（田狭）の婚姻関係を、共に雄略によって圧迫されつつある雄族同士の政治的結合とし、その連合を認めない雄略によって田狭は殺され、毛媛が奪われたとする。(31) しかしその政治的結合の目指す所は、吉備勢力から葛城勢力腹の大王位継承者を出すことにあったと筆者は考える。

以上、葛城勢力からキサキを迎えていた田狭は大王位をうかがえる存在であった可能性を考えてみた。五世紀前半の倭王権の権力構造は大王、葛城勢力、吉備勢力の三極が並び立つものとする説(32)や、造山古墳、作山古墳の被葬者を倭の大王に比定する説もある。(33) 造山・作山が治天下大王の奥津城であったとまでは断定できないが、同時期の古市、百舌鳥両古墳群中の大王墓と思われる古墳と比較して墳長はそう差もなく、五世紀後半の両宮山古墳（墳長一九二m）も含めて、その被葬者が倭の大王位継承有力候補者であった可能性は考えてもよいのではないか。紀が伝える雄略大王と吉備勢力の対立は、（雄略と葛城勢力との対立も含め）倭の大王位継承をめぐる史実を反映したものと解釈した場合、従来定説の位置を占める造山をはじめとする吉備の大古墳の築造から復元される吉備勢力の実態――大古墳築造に邁進する大首長と、それに富を搾取される中小首長の対立といった階級闘争的な構図[34]――についても再検討が必要であろう。

吉備地域の三大前方後円墳の築造とそれに続く約一世紀の空白期間といった考古学的現象は、吉備の反乱伝承と雄略大王の治天下における支配の拡大といった政治的要因によって説明されることが多い[35]。

吉田晶氏は、造山・作山の築造時、それ以前とは異なり吉備の他地域から首長墓が姿を消すことから、中小首長たちは大首長から以前にも増して労働力の供給を求められ、さらに前方後円墳の築造に規制がかけられていたとみる。そこで中小首長層はより搾取の少ない倭王権への直接的編成を選択し、吉備勢力の大首長からの離脱・自立を図るのだが、結果としてその地位を脅かされた吉備の大首長は大王との確執を高め、葛城勢力との政治的結合や一族所生の星川王の擁立を図ったが失敗に終わり、最終的に大王への服従を余儀なくされたと解釈された[36]。

要点をまとめれば、吉備の大首長と中小首長たちの対立を好機とみた倭王権は大首長へは制圧を、中小首長にはこれまでの大首長による支配に比して搾取が少ない形への編成といった懐柔をもって、吉備勢力を束ねる大首長から中小首長層を離反させることに成功し、吉備勢力の弱体化に成功したというのである。これは同氏が吉備勢力の実態を部族同盟と想定し、造山・作山築造時に、その部族同盟内の階層差が頂点に達していたという仮説を立てたことから導かれた推論であるが、その仮説の論拠は造山・作山築造時、吉備の他地域に首長墓が築造されていないという現象を規制とみたことにある。

確かに造山築造以前には一〇〇m超級の前方後円墳が吉備地域に分散しつつ存在していたが、造山の築造をみた五世紀第Ⅰ四半期には他地域から一〇〇mクラスの前方後円墳が姿を消している。吉田氏はこの現象を造山被葬者がこれまで一〇〇mクラスの古墳を築造し得た中小首長層に対して墳形と規模の規制を行ったものとみて、そこに造山被葬者の専制的な（またはその実現を目指す）支配者の姿を読み取るわけだが、この現象を規制とみることが唯一の解釈だろうか。

吉田氏の解釈によれば、専制化を志向して邁進する大首長と、その影響で自己の権力基盤が損なわれる中小豪族の対立が起こり、後者は大首長よりも上級権力者である倭の大王との直接的な交流を図り、その支配を受け入れることで大首長からの自立を果たしたはずである。だがこのような状況にあったと仮定すると、五世紀後半の両宮山、宿寺山古墳（一一八m）以降、約一世紀後の六世紀後半の築造とされるこうもり塚古墳（一〇〇m）まで吉備地域において目ぼしい前方後円墳が築造されていない現象の説明が難しい。確かに大型前方後円墳が姿を消していることのみに目を向ければ、専制化を志向した部族同盟の大首長が力を失ったとの理解と矛盾するものではない。

しかしその一方で、中小首長たちを被葬者に比定できるような一〇〇m以下の前方後円墳さえも築造されていないことをどう理解すべきであろうか。新たに倭王権との間に直接的な関係を結ぶことで、大首長の支配からは離脱・自立を果たした中小首長たちだったが、今度は倭王権の規制により前方後円墳の築造が認められなかったということだろうか。

むしろ造山・作山・両宮山といった巨大前方後円墳の出現からは、倭の大王と比肩するほどの勢力を保持したその被葬者の下、中小首長層も含めた吉備勢力の構成員が一丸となって倭王権に対してその勢力を誇示するためのモニュメントの築造に力を集結したものと考えることもでき、その場合、結果として中小首長層がそれまでのような労働力を自らの墳墓造営に投入できなかったとみることが自然な解釈といえよう。造山・作山といった巨大古墳の築造と中小首長層の前方後円墳築造停止に関連性をみることは首肯できるが、その現象の要因を大首長による上からの規制と解釈するよりは、吉備勢力一丸となっての倭王権への勢力誇示であったと考えたい。それ故、倭王権と吉備勢力の武力衝突が現実のものとなった後、後者の中心であった大首長の墳墓だけでなく、吉備勢力を形成した中小首長の墓にまで倭王権による規制が及び、結果として、吉備全域から大形の前方後円墳が姿を消すこととなったのであろう。

以上述べてきたように、筆者は造山・作山・両宮山古墳の築造は、大王位継承者を送り出そうとする吉備勢力の力の結集によるものとみておきたい。時代を同じくした上石津ミサンザイ古墳（履中陵古墳）と並ぶ規模の造山の築造は、倭王権に対する吉備勢力の強力なデモンストレーションと理解すべきであろう。

おわりに

以上雑駁な論述に終始したが、本稿で述べてきたことをまとめると、

①『応神紀』二二年系譜は吉備地域への国造制施行時の奉事根源系譜である。

② 吉備勢力の首長が王権からウヂ名を与えられた契機は、吉備地域への国造任命であり、地域名に前代までの称号「臣」をカバネとして附することで「下道臣」「上道臣」「笠臣」などが成立した。

③ ②から考えると、五～七世紀代を通じて「吉備」氏というウヂは実在せず、「吉備臣」氏から「下道

臣」「上道臣」「笠臣」へといった分氏論や、中央氏族化したものが「吉備臣」氏で、地方豪族として残ったものが「吉備下道臣」「吉備上道臣」「吉備窪屋臣」などを名乗ったという二系統論など、「吉備臣」氏の存在を前提とした説は成立しない。八世紀における下道朝臣真備への「吉備朝臣」賜姓こそが「吉備」姓の成立と考えられる。

④　吉備勢力が本来奉じていた系譜（原系譜）における上祖は、記紀に吉備臣建日子や吉備武彦などとして伝承が採録されているキビタケヒコであったが、王統譜上の孝霊の位置が定まった後、上道臣・下道臣・笠臣らが自氏の出身を皇別へと高めるべく、その皇子として、キビタケヒコの名を分解したキビツヒコ・ワカタケヒコを作成し、これを自らの上祖とした。

⑤　吉備の反乱伝承の背景には、倭の大王位継承の可能性があった吉備勢力の有力首長と、雄略大王の武力衝突といった史実が想定できる。

⑥　造山・作山・両宮山古墳の築造は、大王位継承における吉備勢力のデモンストレーションとみるべきで、そこから吉備勢力内の階層分化は読み取れない。

といったことを論じてきた。ただし、吉備勢力の倭王権における職掌である対外行動と関わる祖伝承や渡来系氏族とのつながり、巨大前方後円墳の築造の前提となる生産性向上にも大きく寄与したであろう鉄器生産と製鉄遺跡、多種多様な部姓の分布が確認されている部民制の問題など、本来なら論ずべきでありながら、紙幅の関係で触れられなかった重要な問題も多い。他日を期してひとまず擱筆する。

【注】

（1）篠川賢「吉備氏の始祖伝承と吉備の国造」（同氏『日本古代国造制の研究』吉川弘文館、一九九六年）。

（2）以下、本稿で取り上げる吉備地域の古墳の編年や規模については、宇垣匡雅「吉備の首長墓系譜」（広瀬和雄・岸本道昭・宇垣匡雅・大久保徹也・中井正幸・藤沢敦『古墳時代の政治構造　前方後円墳からのアプローチ』青木書店、二〇〇四年）を参考にした。

（3）吉田晶「吉備地方における国造制の成立」（同氏『日本古代国家成立史論』東京大学出版会、一九七三年、のち同氏『古代吉備史の展開』塙書房、一九九五年、に補注・新たな表を加えて採録）。

（4）吉田氏前掲注（3）に同じ。

（5）湊哲夫「吉備氏始祖伝承の形成過程」（日本史論叢会編『歴史における政治と民衆』日本史論叢会、一九八六年）。

（6）篠川氏前掲注（1）に同じ。

（7）本論では、伝承上の祖で複数の勢力が共通して奉じていた人物、例えば大彦命のようなものを「上祖／始祖」とし、あるウヂごとが特定の職掌を王権から負わされた契機として奉じていた人物を奉事根源の祖として「氏祖」と使い分ける。氏祖はウヂにおいて必ずしも一人とは限らない。本論に即して具体例を挙げれば、後述するが吉備勢力の場合、上祖の位置には吉備武彦（キビタケヒコ）が、氏祖としては下道臣系には御友別（ミトモワケ）や稲速別（イナハヤワケ）、笠臣系には鴨別（カモワケ）が伝わっていたと考える。

（8）吉田氏前掲注（3）に同じ。

（9）吉田氏前掲注（3）に同じ。

（10）湊氏前掲注（5）は孝霊記系譜を上道臣の没落以前、七世紀前半から中葉における中央貴族化した上道臣・下道臣・笠臣の政治的位置を示しているとみる。

（11）吉備勢力との関連性は不明だが、キビツヒコを始祖とするものに、『新撰姓氏録』未定雑姓　和泉国の「椋椅部首　吉備津彦五十狭芹彦命之後也」がある。
（12）吉田氏前掲注（3）に同じ。
（13）志田諄一「吉備臣」（同氏『古代氏族の性格と伝承』雄山閣、一九七一年）
（14）湊氏前掲注（5）
（15）平野邦雄「わが氏姓表記法の発展」（同氏『大化前代社会組織の研究』吉川弘文館、一九六九年）
（16）篠川氏前掲注（1）は、この系譜中にみえる県地名には令制下の郡名と一致するもの（上道県、三野県）と、そうでないもの（川嶋県、波区芸県、苑県）があり、本来は一致していない三県の分封伝承こそが原型であると指摘する。
（17）『宣化紀』元年五月辛丑条
（18）吉田晶氏は笠臣国造について、七世紀後半から八世紀前葉にかけての時期の中央貴族としての発展を基礎として吉備一族内の有力氏であることを主張するにいたったのであり、「本来の国造ではなかった」とその実在性を疑問視されている。同氏「吉備と大和」（『岡山県史　第三巻　古代Ⅱ』岡山県史編纂委員会、一九八九年）。
（19）吉田晶「古代邑久地域史に関する一考察―木簡を中心にして―」（同氏前掲注（3）『吉備古代史の展開』）
（20）牛窓湾地域に牛窓天神山（八一m）、黒島一号（八一m）、鹿歩山（八一m）、波歌山（六一m）、二塚山（五五m）の順に築造された五基の前方後円墳が、後に大伯国造となる吉備海部直氏の墳墓に比定できるなら、これら古墳の被葬者たちはその築造年代にあたる四世紀後半から六世紀半ばにかけて、吉備勢力の一員として「臣」を共有して大王に仕奉していたと考えたい。
（21）吉田晶「吉備氏伝承に関する基礎的考察」（同氏前掲注（3）『吉備古代史の展開』）

(22) 門脇禎二『吉備の古代史』(山陽放送、一九八八年)
(23) 今津勝紀「吉備をめぐる予備的考察」(鈴木靖民編『日本古代の地域社会と周縁』吉川弘文館、二〇一二年)
(24) 木下礼仁「『百済史料』と『日本書紀』素材論」(同氏『日本書紀と古代朝鮮』塙書房、一九九三年)
(25) 篠川氏前掲書(1)に、吉備氏の始祖伝承は分氏以前から二系統あり、上道臣氏一族はキビツヒコ、下道臣・笠臣氏一族はキビタケヒコを始祖とする伝承を奉じており、これは「吉備臣」氏という単一の氏族として王権に掌握される前からの始祖伝承という指摘がある。しかし上道臣と下道・笠臣が始祖を異にしたのは古いことではないだろう。後述するが、筆者は吉備勢力に共通する上祖(始祖)はキビタケヒコで、その下に各自の氏祖(ミトモワケやカモワケなど)を接続していたが、七世紀以降、上道臣や下道臣・笠臣を孝霊皇子として王統譜の中に組み込むために、キビタケヒコの名を分解して新たな始祖「キビツヒコ」・「ワカタケヒコ」が述作されたと考えている。
(26) 湊哲夫「吉備の首長の「反乱」」(門脇禎二・狩野久・葛原克人編『古代を考える　吉備』吉川弘文館、二〇〇五年)
(27) 大橋信弥「「吉備氏反乱伝承」の史料的研究―星川皇子反乱事件をめぐって―」(同氏『日本古代の王権と氏族』吉川弘文館、一九九六年)
(28) 湊哲夫「吉備氏反乱伝承の再検討」(古代を考える会『古代を考える三一号　古代吉備の検討』一九八二年)、吉田氏前掲注(21)
(29) 筆者は、履中キサキの黒媛を母とする市辺押磐王も治天下大王の地位にあったと推測しているので、母を葛城勢力とする大王は五名と考えている。拙稿「六世紀前半における倭王権の変質と磐井の乱」(篠川賢・大川原竜一・鈴木正信編著『国造制の研究―史料編・論考編―』(八木書店、二〇一三年)を参照されたい。

（30）筆者は、安康は治天下大王の地位になく、市辺押磐王が治天下大王であったと考えているのだが（前掲注（29）拙稿参照）、その場合、履中、反正、允恭、市辺押磐王と葛城勢力出身者を母とする大王が続いていたこととなる。そのような中、非葛城系である雄略が大王位を継承するということは、これまでの半ば慣習化しつつあった前例からは異例なことであっただろう。岸俊男氏が指摘されたように、雄略朝が古代人にとって一つの画期と意識されていたことは確かだが（岸俊男「画期としての雄略朝―稲荷山鉄剣銘付考―」同氏『日本古代文物の研究』塙書房、一九八八年）、雄略の後には再び清寧、顕宗、仁賢と葛城勢力出身者を母とする大王が続いていることからは、大王位継承の上で葛城勢力との補完関係とでもいうべき関係は大きかったことが推測される。その即位事情を考える限り、「ワカタケル」は盤石の支持基盤に支えられて、なるべくして即位した大王であったとは考えられないことを強調しておきたい。

（31）吉田晶「王権に抵抗した吉備一族の消長」（同氏前掲注（3）『吉備古代史の展開』）

（32）松木武彦『古墳とはなにか―認知考古学からみる古代』（角川選書、二〇一一年）

（33）出宮徳尚「吉備の首長伝承の形成」（前掲注（26）『古代を考える　吉備』）

（34）吉田氏前掲注（3）に同じ。

（35）今津勝紀・新納泉「瀬戸内海地域」（上原真人・白石太一郎・吉川真司・吉村武彦編『列島の古代史―ひと・もの・こと1　古代史の舞台』岩波書店、二〇〇六年）の中で新納氏は、「政治的モデル」に依拠すれば王権の意図といういささか便利な用語によって、さまざまな変化を説明することが可能であるが、政治的要因の背後には、実際には経済的な要因が隠れていることが一般的であるとして、政治的要因のみによって前方後円墳分布の変化を論ずるべきでないと指摘している。

（36）吉田氏前掲注（3）に同じ。

倭王権と蝦夷の服属

——倭王権の支配観念の変化に注目して——

永田　一

はじめに

『日本書紀』(以下『書紀』と略記)には、蝦夷について書かれた多くの条文がある。しかし、その条文には説話的なものや造作されたもの、『書紀』編纂段階で潤色されたものなどがあり、全てが史実を伝えるものではない。『書紀』の蝦夷関係記事は、それが確かな記録に基づくものか、潤色を受けていないかなどに注意しながら解釈していかなければならない。

斉明紀の阿倍比羅夫の北征記事が越方面からの蝦夷支配の展開について伝えているが、七世紀以前の東北地方太平洋側の蝦夷支配の展開を『書紀』から直接うかがうことはできない。そこで今回注目したのが、六世紀末～七世紀にかけてある程度連続的に見られる蝦夷の来朝・朝貢記事である。これを検討することで、蝦夷の服属のあり方と倭王権の支配観念の変化との関係を明らかにしていきたい。

一　敏達紀までの蝦夷関係記事について

『書紀』の中で蝦夷に触れた記事は景行天皇二十七年二月壬子条から持統天皇十年(六九七)三月甲寅条まで四〇条にのぼる。[1] 一方『古事記』は、日本武尊(倭建命)の東征説話で「自レ其入幸、悉言二向荒夫琉蝦夷等一、亦平二和山河荒神等一、而、還上幸時、到二足柄之坂本一」と短く触れるのみである。[2] 坂本太郎氏は、六世紀以前に記憶されるほどの大きな蝦夷征討が行われず、中央人が蝦夷をさほど強く意識しなかったため、帝紀や旧辞に蝦夷に関する記録が残されなかったことを示すとしている。[3] 七世紀末～八世紀初頭は律令国家が成立し夷狄に対する支配観念が明確化していった時期であり、[4] そうしたなかで『古事記』は和銅五年(七一二)、『書紀』

は養老四年（七二〇）に成立した。しかし、日本が蝦夷をはじめとする夷狄を支配する小帝国だったという意識は、『書紀』の方にずっと強く現れていると言えるだろう。

坂本太郎氏は『書紀』の斉明天皇元年（六五五）以前の蝦夷関係記事を検討し、旧辞潤色型・氏族伝承型・造作型・実録型の四つに分類できるとした[5]。また、皇極紀ぐらいから信頼できる公的記録によった実録型の記事が現れるが、それより古い記事は史料としての信憑性が乏しいとしている[6]。この分類方法はその後の研究においても継承されている。

『書紀』清寧天皇三年九月癸丑条から同四年九月丙子条にかけての記事の大部分が『隋書』高祖紀をもとに造作されたものであることが指摘されているが、清寧天皇四年八月癸丑条の「天皇親録囚徒。是日、蝦夷・隼人並内附」という記事も、『隋書』巻一・帝紀第一・高祖上・開皇四年九月己巳条の「上親録囚徒。庚午、契丹内附」という記述をもとに造作されたものである[7]。『書紀』編者が『隋書』高祖紀の記述を構造的に取り入れて清寧紀の一年分の記事を造作したことは明らかだが、これにより『書紀』編纂段階で五世紀代の倭王権と蝦夷との関係を伝える確かな記録が存在しなかったことが推測される。少なくとも清寧紀以前の蝦夷関係記事が史実を伝える確かな記録をもとに書かれているかどうかは疑わしいとせざるを得ない。

清寧紀より前の蝦夷関係記事を順に確認していきたい。景行紀には武内宿禰の東国視察についての記事[8]、日本武尊の東征説話とその後日談など一連の記事があり[9]、日本武尊が竹水門で「蝦夷」と戦い服属させたこと、捕虜とした「蝦夷」を伊勢神宮に献上するも騒動を起こしたため御諸山の麓に移し、さらに畿外に移したことなどが記されている。『古事記』の日本武尊（倭建命）の東征説話における蝦夷についての記述は極めて簡略であり、これらの記事は『書紀』編纂時に旧辞の記事に大幅な潤色を施して書かれたものである。

景行紀には他に御諸別王による「蝦夷」征討記事がある。(10) 御諸別王の父の彦狭島王は豊城命の孫に当たるが、豊城命は崇神天皇の皇子で、上毛野君・下毛野君らの祖とされる人物である。(11) そのため、この条文は上毛野氏の家記をもとにした始祖伝承と考えられる。(12)

応神紀には朝貢してきた「東蝦夷」に厩坂道を作らせたという記事がある。(13) 蝦夷の朝貢を記した最初の条文だが、前後に「蝦夷」や東北地方に関する記事などはなく唐突に語られている。坂本太郎氏は、蝦夷が道を作ったという伝承があり、『書紀』編者がそれを取り上げて朝貢記事を造作したとし、応神紀に厩坂のことがしばしば触れられているため、ここに条文が設けられたのだろうとしている。(14)

仁徳紀には上毛野氏の祖先の田道と「蝦夷」の戦いの記事がある。(15) 「蝦夷」の反乱の鎮圧に向かった田道はかえって伊峙水門で敗死し、後に「蝦夷」が田道の墓をあばくと大蛇が現れ、その毒で「蝦夷」が死亡したという説話的なもので、これも上毛野氏の家記によるものである。

雄略紀には吉備尾代が「蝦夷」の反乱を平定したことが見える。(16) 雄略天皇の崩御を知った尾代の配下の「蝦夷」が反乱を起こし、尾代が丹波国浦掛水門で鎮圧したという記事である。尾代が「行至㆓吉備国㆒過㆑家」時に「蝦夷」が反乱を起こしたとあるので、反乱は吉備で発生したことになるが、「蝦夷」を丹波まで追い詰めて鎮圧したとあり、地理的な広がりに疑問がある。尾代が「空弾㆓弓弦㆒」して蝦夷を射たなど、尾代個人の武勇が強調された説話的な内容となっており、吉備氏の家記によるものとされている。(17)

上毛野氏や吉備氏の家記による記事は、それぞれの説話の核心が何らかの事実に基づいている可能性はあるが、あくまで説話の域を出るものではない。『書紀』編纂段階において、上毛野氏や吉備氏の家記からこれらの説話を取り上げ、現在の『書紀』の条文の位置に配置したと考えるべきである。

このように、清寧紀より前の蝦夷関係記事は『書紀』編纂段階で旧辞を潤色して作られたものや、上毛野氏や吉備氏の家記をもとにした説話的なもの、造作されたものなどであり、倭王権が蓄積した蝦夷に関する確かな記録に基づいた記事と言えるものは無い。それでは『書紀』の蝦夷関係記事は、いつ頃の時期の条文から確かな記録をもとに書かれたのだろうか。

周知のように『宋書』巻九七・夷蛮伝の倭王武の上表文には「自レ昔祖禰、躬擐二甲冑一、跋二渉山川一、不レ遑二寧処一東征二毛人一五十五国」という記述がある。倭王武は雄略天皇に当たるとされているが、この記述によれば五世紀後半頃までに倭王権は支配に従わない東方の人々を「毛人」と位置づけ、代々の倭王が「毛人」と戦ってきたとされている。埼玉県行田市稲荷山古墳出土鉄剣銘には乎獲居（ヲワケ）臣の祖先の系譜が記されるとともに、代々杖刀人の首として仕えていたこと、獲加多支鹵（ワカタケル）大王が斯鬼宮にいた時に乎獲居臣は天下を治めるのを補佐していたことなどが記されている。雄略天皇（倭王武・ワカタケル大王）の時代に関東地方にまで倭王権の勢力が及んでいたことは確実で、東方の「毛人」とも戦ったのだろう。「毛人」の語について工藤雅樹氏は、『山海経』「海外東経」の中に毛民の国のことが記されており、中国人がこうした知識を持っていることを前提に倭王武の上表文は「毛人」表記を使い、倭国のはるか東方まで倭王権の勢力が及んでいたことを主張したと指摘している。[18] また、『古事記』や『書紀』に見られる「東国」の語が示す領域について検討した荒井秀規氏は、倭王権が五世紀後半までに関東地方に進出し、関東地方の東夷を意識したことで「アヅマ」という言葉が成立したと述べている。[19] よって五世紀段階の「毛人」とは関東地方やさらに東方に居住し倭王権に未服属の人々ということになるだろう。主に東北地方の人々を「蝦夷」と認識するようになる段階にはまだ至っていないのである。よって五世紀段階で「毛人」と戦ったという事実があったとしても、『古事記』『書紀』の編纂段階で雄略天皇の時代以前の蝦夷に関する確かな記録が残っていたかどうかは分けて考えなければならない。

冒頭でも述べたように『書紀』において東北地方の蝦夷支配の展開について具体的に伝えるのは斉明紀の阿倍比羅夫の北征記事のみである。阿倍比羅夫の北征記事からは越の国から北の日本海側における倭王権と蝦夷との関わりを知ることができるが、福島県以北の地域、東北地方の太平洋側における倭王権の蝦夷支配の展開は『書紀』からうかがうことができない。倭王権はいつ頃から東北地方の太平洋側において蝦夷と関わりを持つようになったのか。そこで、倭王権の関東地方に対する支配展開に注目したい。

井上光貞氏は関東地方における名代・子代の部の分布について、東京湾沿岸を中心とする南関東には五世紀代に相当するとされる刑部・藤原部・孔王部・日下部などが多く、北武蔵・毛野・常陸などの北関東には六世紀代の檜前舎人部・他田部・壬生部などが存在すると指摘している[20]。こうした名代・子代の分布や稲荷山古墳出土鉄剣銘などをもとに、大山誠一氏は倭王権の関東地方への進出について次のように述べている。まず、倭王権成立当初からその影響下にあった南関東が五世紀代に部民制的支配下に入った。しかし、この段階では、北方の上毛野君などの勢力は依然として独立的勢力を有しており、ヤマト政権に参加したものも一定の自立性を有していた。ところが五世紀末に倭王権は明らかに衰退し、上毛野君などはその地域において政治的影響力を最大限に広げた。その後、継体朝になると倭王権は中国南朝の権威に依存せず自身の政治的基盤を強化していき、六世紀前半の安閑朝に武蔵国造家の内紛に倭王権・上毛野君両者が介入し、倭王権が勝利したことでその支配が全関東に拡大したとしている[21]。

大山氏の指摘に従えば、倭王権が関東全域に支配を拡大したのは六世紀代ということになる。東北地方に住む人々を蝦夷という倭王権に服属していない人間集団と位置づけ朝貢させるには、関東地方の支配が確立している必要があるだろう。『書紀』崇峻天皇二年（五八九）七月壬辰条には、「遣二近江臣満於東山道使一、観二蝦夷国境一。遣二宍人臣雁於東海道使一、観二東方浜レ海諸国境一。遣二阿倍臣於北陸道使一、観二越等諸国境一」とある。近江臣満らを派遣した目的は、倭王権の政治的支配下にある領域を巡察させ、東海・東山・北陸道の辺境まで視察させることにあっただろう。つまり、東北地方南部で倭王権の支配下と蝦夷の勢力範囲の明確化が強く意識されだしたのは六世紀末なのである。倭王権と蝦夷との間で朝貢関係が築かれ、倭王権が蝦夷に関する確かな記録を蓄積しはじめるのも、これをそう遡らない時期だろう。よって、『書紀』の蝦夷関係記事が確かな記録に基づき記されるようになるのは、早くても六世紀末の条文からと考える。

『書紀』欽明天皇元年三月条には「蝦夷・隼人、並率レ衆帰附」とあるが、倭王権と蝦夷の間で継続的な交渉が持たれるのに、六世紀中葉の欽明朝は早すぎるように思われる。坂本太郎氏はこの条文があまりに簡略で、蝦夷と隼人が同時に内附すること自体が考えられないとし造作型に分類している[22]。また、原口耕一郎氏はこの条文が『冊府元亀』や『旧唐書』に見える突厥の服属記事と酷似していることから、『書紀』編纂時に伝来していた初唐の実録を模倣したものであると指摘し、史実かどうか疑わしいとしている[23]。この条文以外に欽明紀に蝦夷に関する記事が無いことも不自然であり、欽明紀の蝦夷の服属記事をそのまま史実とするのは躊躇される。

以上、検討したところ『書紀』の蝦夷関係記事で確かな記録に基づくと考えてよいのは、敏達天皇十年（五八一）閏二月条からではないかと考える。六世紀末の倭王権と蝦夷との関係はどのようなものだったのだろうか。章を改めて考察する。

二　『書紀』敏達天皇十年閏二月条の検討

『書紀』には蝦夷の服属や朝貢に関する多くの記事があるが、その中でも特に詳しい内容を持つのが次の条文である。

【史料1】『日本書紀』敏達天皇十年閏二月条

蝦夷数千、寇二於辺境一。由レ是、召二其魁帥綾糟等一。〈魁帥者、大毛人也。〉①詔曰、惟、儞蝦夷者、大足彦天皇之世、合レ殺者斬、応レ原者赦。今朕遵二彼前例一、欲レ誅二元悪一。於レ是、綾糟等懼然恐懼、乃下二泊瀬中流一、面二三諸岳一、歃レ水而盟曰、臣等蝦夷、自今以後、②子々孫々、〈古語云二生児八十綿連一。〉③用二清明心一、事二奉天闕一。臣等若違レ盟者、④天地諸神及天皇霊、絶二滅臣種一矣。

この条文に注目し、その重要性を指摘したのが熊谷公男氏である。熊谷氏は記事前段の蝦夷の反乱と敏達の詔の部分は記述が抽象的・観念的で『書紀』編者の造作のにおいがすると指摘しつつ、後段の綾糟等の誓約の場面は記述が具体的であるとし、このような形態の蝦夷の服属儀礼は律令国家段階には無く七世紀中葉〜後半の時期とも異なるので、六世紀末のあり方を伝えたものであると論じている[24]。

前章で検討したように、倭王権は六世紀代を通じて関東地方の支配を安定させ、六世紀末頃には蝦夷と朝貢関係を築いていたと考えられる。そのため、蝦夷の綾糟が服属したこと自体は史実と見てよいだろう。綾糟が泊瀬川（初瀬川）に入り三諸岳（三輪山）に向かって誓約したのは、敏達天皇の訳語田幸玉宮（奈良県桜井市戒重）から近い初瀬川が禊の場とされ、三輪山が神聖な山として信仰の対象とされていたからと考えられる。しかし、熊谷氏も指摘するように、この条文には明らかに『書紀』編者の造作した部分があり文飾も加えられている。以下、詳しく検討していきたい。

傍線①部分には「大足彦天皇之世」とあり、敏達天皇の詔は景行紀の出来事を引き合いに出している。しかし、これは景行紀の蝦夷征討記事が成立した後にこの部分が造作されたことを意味している。景行紀の蝦夷征討記事としては、日本武尊の東征説話が有名だが、もう一つ御諸別王による蝦夷征討記事がある。

まず『書紀』景行天皇四十年是歳条の日本武尊と蝦夷の戦いについて見ていく。日本武尊が上総から転じて陸奥国に入っていくと、「蝦夷賊首嶋津神・国津神等」が竹水門でこれを阻もうとした。そこで日本武尊が自分は現人神の子であると名乗ると、蝦夷等は戦意を喪失し日本武尊の船の着岸を手伝い自ら面縛服罪した。こうした蝦夷等の処遇について、「故免㆓其罪㆒。因以、俘㆓其首帥㆒而令㆓従身㆒也」とされている。この条文によると日本武尊は蝦夷と直接交戦せず、投降させたことになる。

一方、景行天皇五十六年八月条には御諸別王が景行天皇の命を受けて騒動を起こした蝦夷を討ったことが見える。「蝦夷首帥《ひとごのかみ》 足振辺《あしふりべ》・大羽振辺《おおはふりべ》・遠津闇男辺《とおつくらおべ》等」は頓首して罪を受け、領有していた土地を献上したが、これに対し「免㆓降者㆒、而誅㆑不㆑服」と述べられている。降伏した蝦夷の処遇について比較すると、史料1の「合㆑殺者斬、応㆑原者赦」により近いのは、景行天皇五十六年八月条の「免㆓降者㆒、而誅㆑不㆑服」である。傍線①部分は御諸別王の蝦夷征討記事を指していると考えられる。

次は傍線②部分について検討する。『書紀』における「生児八十綿連（ウミノコノヤソツヅキ）」の類例としては、神代下・第十段（一書第二）の「吾已過矣。従㆑今以往、吾子孫八十連属、恒当為㆓汝俳人㆒」、神代下・

第十段（一書第四）の「汝生子八十連属之裔」「若活レ我者、吾生児八十連属、不レ離二汝之垣辺一、当為二俳優之民一也」、雄略天皇十四年四月条の「根使主、自レ今以後、子々孫々八十連綿、莫二預群臣之例一」があげられる。史料1の「古語云」は、「昔は生児八十綿連と言った」という意味になるので、史料1本文の「子々孫々」が『書紀』編纂段階で用いられていた新しい表現ということになる。雄略天皇十四年四月条には「子々孫々八十連綿」と両方を合わせた表現が用いられているので、史料1と同時期に記述が整えられたということになる。神代下・第十段の一書第二と一書第四の記述は海幸山幸神話において海幸彦が山幸彦に服従を誓う一節の中に見られる。

熊谷公男氏は、神代下・第十段の一書第二に「是以、火酢芹命苗裔諸隼人等、至レ今不レ離二天皇宮墻之傍一、代吠狗而奉事者矣」とあり、また一書第四に「自レ爾及レ今、曽無二廃絶一」と見えるなど、現実に行われた隼人の服属儀礼の縁起譚となっていることに注目し、隼人の服属儀礼と「ウミノコノヤソツヅキ」という語句が深く結びついていたと指摘する。そして、隼人は服属儀礼の場においてホスセリ命と同様に王権に奉仕しつづける誓約を行ったとし、蝦夷も同様の誓約を行ったと論じている。[25]確かに神代下・第十段の一書第二と一書第四からは隼人が服属儀礼において王権への奉仕を誓約したことがうかがえ、蝦夷も似たような誓約を行った可能性は高い。しかし「生児八十綿連」という文言を含む史料1の「臣蝦夷等…絶二滅臣種一矣」の部分は、六世紀末の誓約をそのまま正確に記していると考えてよいのだろうか。

永山修一氏は、隼人が具体的な姿をもって現れてくるのは天武朝以降であるとし、文化的に独自性を強めていた南九州の住民を朝貢すべき隼人として位置づけたとする。そして、七世紀後期頃から『古事記』『書紀』の編纂が開始されたが、その頃、阿多地方（薩摩半島）を中心に政府への抵抗が強まっていたため、政府は阿多地方に居住する隼人たちが服属すべき由来を神話にさかのぼって説く必要があったと論じている。(26) 永山氏が指摘するように、隼人の服属に関する海幸山幸神話が天武朝以降の隼人支配における必要性から生み出されたのだとすると、神代下・第十段の一書第二と一書第四の記事も七世紀後半以降に述作されたものであり、隼人の誓約の記述にも七世紀後半以降に行われた隼人の服属儀礼が反映されていると考えられる。六世紀末の綾糟の服属とは百年近く離れているため、「ウミノコノヤソツヅキ」という語句を含むなど共通点があるとはいえ、神代下・第十段の一書第二と一書第四の隼人の誓約の記事は、六世紀末の蝦夷の誓約が同様のものであることを裏付けるとまでは言えないだろう。

続いて傍線③の「清明心」について検討する。『書紀』斉明天皇四年（六五八）四月条には「齶田蝦夷恩荷、進而誓曰、不下為二官軍一故持中弓矢上。但奴等、性食レ肉故持。若為二官軍一、以儲二弓矢一、齶田浦神知矣。将二清白心一、仕二官朝一矣」とあり、「清明心」とよく似た「清白心」という語句が見える。これは斉明朝における阿倍比羅夫の北征の中で、齶田《あぎた》の蝦夷恩荷《おが》が服属を誓約したことを伝える記事である。『書紀』の斉明天皇四年四月条から同六年（六六〇）五月条にかけて阿倍比羅夫の北征に関する多くの記事が見られるが、阿倍比羅夫の凱旋後に中央で書かれた資料をもとにした記述と、阿倍氏の家記をもとにした記述があり、それらをもとに各条文がどのように記されたのかについて熊谷公男氏が詳細に論じている。齶田蝦夷恩荷の誓約の部分は阿倍氏の家記をもとに記されたものだが、史実に基づくものと考えてよいとされている。(27) よって「清明心」あるいは「清白心」という語句が七世紀中葉までに蝦夷の誓約において使われるようになっていたとしてよいだろう。ただし、綾糟の誓約は大王の宮付近で行われたのに対し、恩荷の誓約は現地で服属した際に行われたものであり、状況が異なるものである。そのため、恩荷も現地の神である齶田浦神に誓いを立てている。つまり、恩荷の誓約も六世紀末の綾糟の誓約の文言が同様のものであったことを完全に裏付けるとまでは言えないのである。

最後に傍線④の「天地諸神及天皇霊」について検討する。天皇号の成立については膨大な研究があり、[28] ここで詳しく論じる準備はできていない。かつては津田左右吉氏の提唱した推古朝成立説が一般的だったが、[29] 近年では天武・持統朝成立説が有力視されており、[30] 筆者も基本的にそのように理解している。ただ、いずれの説に立つにせよ「天皇霊」の「天皇」の部分が後に文飾されたのは明らかである。

「天皇霊」の解釈については、次の二つの説がある。「天皇霊」は王権・国家を守護する皇祖の諸霊を意味しているとする説、[31] もう一つは「天皇霊」とは当代天皇の霊の意味であり、「天皇霊」と皇祖の霊は区別されているとする説である。[32]『書紀』の中で「天皇霊」とほぼ同じ意味と考えられる語句は「天皇之霊」である。これを検討し、皇祖の霊が意味として含まれると解釈し得るかどうかを明らかにすることで「天皇霊」の意味を推測するのが妥当な方法と考える。

欽明天皇十三年五月乙亥条には、百済・加羅・安羅が使者を派遣し、高句麗と新羅が連合して自分達の国と任那を侵略しようとしているので、援軍の派遣を要請したことが記されている。この使者に対して欽明天皇は「今百済王・安羅王・加羅王、與㆓日本府臣等㆒、倶遣㆑使奏状聞訖。亦宜㆘共㆓任那㆒、并㆑心一㆖力。猶尚若㆑茲。必蒙㆓上天擁護之福㆒、亦頼㆓可畏天皇之霊㆒也」と答えている。百済・加羅・安羅の使者の援兵要請に応えており、また任那と力をあわせて力を尽くせば「必蒙㆓上天擁護之福㆒、亦頼㆓可畏天皇之霊㆒也」と言葉をかけているのであり、ここでは欽明天皇が百済王・安羅王・加羅王より優位に立っているという意識が示されている。よって、この「天皇之霊」とは欽明天皇自身の霊威を指していると解釈される。仮に、ここに皇祖の霊という意味を含めて読んだ場合、欽明天皇自身の優位性を強調する描写の一貫性が失われてしまう。

天武天皇元年（六六二）六月丁亥条には、壬申の乱で天武天皇が桑名郡家から不破郡家に移動し、さらに野上に向かったことが記されている。そこで天武天皇が、近江朝廷側には左右の大臣や知謀ある群臣などいて共に謀ることができるが、自分にはそうした人々がいないのでどうしたらよいかと高市皇子に相談したところ、高市皇子が「近江群臣雖レ多、何敢逆二天皇之霊一哉。天皇雖レ独、則臣高市、頼二神祇之霊一、請二天皇之命一、引二率諸将一而征討、豈有レ距乎」と答えている。高市皇子の言葉の主旨は、近江朝廷側に群臣が多いといえども天武天皇には逆らい得ないというものである。よって、「天皇之霊」が近江朝廷側と対決している天武天皇自身の霊威を指しているは明らかで、皇祖の霊という意味が含まれるとは考えられない。

二つの「天皇之霊」の用例を検討したところ、それぞれ欽明天皇自身の霊威、天武天皇自身の霊威という意味で解釈すべきであり、そこに皇祖の霊という意味が含まれることはなかった。『書紀』の文脈としては、「天皇之霊」「天皇霊」は敵を倒し味方を守る当代の天皇自身の霊威を意味していると考えられ、史料1の「天皇霊」も敏達天皇自身の霊威を指しているとすべきである。

それでは、「天皇霊」と三輪山の関係はどのように考えればよいのだろうか。この問題についても、三輪山に「天皇霊」が籠もるとする説と、(33)三輪山と「天皇霊」を結びつけて考える必要はないとする説に分かれているのだが、(34)六世紀の三輪山祭祀の状況を踏まえて検討することが大切だと考える。

和田萃氏は三輪山祭祀の変遷について次のように述べている。三輪山は五世紀より自然神のいる山として観念されており、古くから素朴な日神祭祀も行われていた。また三輪山の頂上は大王の国見の舞台でもあり、王権による祭祀の性格を強めていった。しかし、雄略朝以降に伊勢での日神祭祀が王権の祭祀として定着すると三輪山祭祀は衰え、六世紀中葉に三輪君により三輪山祭祀が再興されたが、従来の国家的祭祀と異なり祟り神としてのオオモノヌシ神を祀るものとなったと論じている。[35]

しかし近年、鈴木正信氏が異なる見解を示されている。鈴木氏は三輪山周辺から出土した祭祀遺物について資料整理を行い、三輪山周辺の祭祀遺跡群の遺物の出土量が五世紀後半から増加しはじめて六世紀代にピークを迎え、七世紀代に入り減少することから、三輪山祭祀は五世紀後半に本格的に開始され、六世紀代に最盛期を迎えたが、七世紀に入って急速に衰退したと述べている。また、こうした三輪山周辺の祭祀遺物の増減は、『古事記』『書紀』に見える大神氏の盛衰と一致しており、五世紀後半から六世紀後半まで大神氏が一貫して三輪山祭祀を担当していたと論じている。[36] さらに、大三輪神は祭祀が開始された当初から祟り神や山林樹木の神をはじめとする複数の神格をあわせ持っていたとしている。[37] 祭祀遺物の増減と『古事記』『書紀』の大神氏の動向の両面から考察し、共通性を見出した鈴木氏の指摘は説得力がある。

欽明天皇の磯城嶋金刺宮（桜井市金屋付近）、敏達天皇の訳語田幸玉宮、用明天皇の磐余池辺双槻宮（桜井市阿部）、崇峻天皇の倉梯宮（桜井市倉橋）というように、欽明天皇から崇峻天皇まで続けて桜井市付近に宮を営んでおり、六世紀代の王権は宮から近い三輪山の祭祀を一貫して重視していたと考えられる。にもかかわらず、『書紀』に「天皇霊」と三輪山が一緒に見られる条文は史料1しかない。もし「天皇霊」が三輪山に籠もるとした場合、これは不可解とせざるを得ない。鈴木氏の考察によれば三輪山祭祀は六世紀代にピークを迎えていたが、和田氏が指摘するような王権による国家的祭祀から三輪君による大物主神の祭祀へという六世紀中葉の段階的変化は見られないとされている。つまり、敏達朝前後まで三輪山に「天皇霊」が籠もるという観念があり国家的祭祀が行われていたが、後に大物主神の祭祀へと変化したというようなことも想定できない。また、史料1によると敏達天皇は綾糟の誓約を直接聞いている。「天皇霊」が当代の天皇自身の霊威であれば、綾糟の前にいる敏達天皇の霊威が三輪山に籠もるとは考えられない。

さらに『書紀』において倭王権の東国支配と三輪山が密接に結びついていることも重要である。景行天皇五十一年八月壬子条には、日本武尊が伊勢神宮に献上した「蝦夷」が騒動を起こすため大和の御諸山の麓に移したが、神山の樹を切り隣里の人民を脅かすので邦畿之外に移し、これが播磨等五ヵ国の佐伯部の祖となったことが見える。日本武尊の東征説話の後日談で、蝦夷と三輪山の接点が見出せる。

崇神天皇四十八年正月戊子条には、崇神天皇の命により豊城命（上毛野君・下毛野君らの祖）と活目尊（後の垂仁天皇）がそれぞれの見た夢を比べる話が載せられている。御諸山に登り東を向いて八廻弄槍し八廻撃刀したと述べた豊城命は東国を治めよと言われ、御諸山の嶺に登り、四方に縄をめぐらせ粟を食べに来た雀を追い払ったと述べた活目尊は朕の位を継げと言われたことが見える。[38] 景行天皇五十五年二月壬辰条には、豊城命の孫の彦狭嶋王が東山道十五国の都督に任じられるが春日の穴咋村で死亡してしまい、悲しんだ東国の人民が彦狭嶋王の屍を盗み出して上野国に葬ったとある。景行天皇五十六年八月条には彦狭嶋王の死を受けて子の御諸別王に「蝦夷」の征討を命じたことが見えるが、御諸別王という名が御諸山と関連づけられているのは明らかである。これらの記事は上毛野氏の家記をもとに、上毛野氏の祖先による東国統治の正統性を説明するため書かれたものだが、上毛野氏と三輪山・東国統治・蝦夷征討が結びつけられている。[39] 史料1で綾糟が三輪山に向かって誓約しているのは、三輪山の神に東国統治や蝦夷征討を支える神として信仰される面があったからである。これらの点から、三輪山と「天皇霊」は結びつかないと考える。

「天地諸神」と三輪山はどのような関係にあるのだろうか。欽明天皇十三年五月乙亥条や天武天皇元年六月丁亥条を改めて見てみると、「天皇之霊」とともに「上天擁護之福」や「神祇之霊」という言葉が見られる。これらは「天皇之霊」とセットで記述されていると思われ、史料1の「天地諸神及天皇霊」も同様のものではないかと考えられる。つまり『書紀』は、「天皇霊」「天皇之霊」という当代の天皇の霊威の他に、「天地諸神」「上天擁護之福」「神祇之霊」など王権を守護する別の力があることをセットで記述しているのである。よって、「天地諸神」も「天皇霊」と同様、三輪山とは結びつかないとすべきだろう。そもそも「天皇霊」「天皇之霊」が天皇号成立後に潤色された言葉である以上、こうしたセットでの記述そのものが『書紀』編者によって統一的になされたものである可能性が高い。よって、史料1において綾糟が誓約したのは「面二三諸岳一」とある通り、三輪山の神に対してだったとすべきである。

これまでの考察から、史料1については次のように解釈される。まず、六世紀末の敏達朝に蝦夷が服属儀礼を行ったことは事実だろう。初瀬川に入り三輪山に向かい水をすすって誓約を行ったという所作も事実と考えられる。この時、誓約したのは東国統治や蝦夷征討を支える三輪山の神の神格に対してだった。しかし、敏達天皇の詔は『書紀』編者により造作されたものである。綾糟の誓約の「臣等蝦夷…絶二滅臣種一矣」の部分についても六世紀末の実際の誓約の文言をそのまま伝えているとまでは言えず、七世紀中葉以降に使われていた誓約をもとに書かれた可能性が高い。「天地諸神及天皇霊」については、『書紀』編者により統一的に記述されたものと考える。

三　七世紀における蝦夷の服属と倭王権の支配観念

七世紀中葉以降になると『書紀』に蝦夷の来朝に関する記事が多く見られるようになる。七世紀代の蝦夷の服属儀礼について詳細に検討された熊谷公男氏は次のように述べている。まず、律令制以前の服属儀礼の場について、宮近傍の泊瀬川部（六世紀後半の敏達朝）→宮の中心施設である朝庭（推古朝〜斉明初年）→飛鳥寺の西の広場の須弥山像（倭京段階の斉明朝）→飛鳥寺西の槻のもと、または飛鳥川辺（天武・持統朝）という変遷をたどったとし、蝦夷の服属儀礼が行われた場は朝庭も含めて全て神聖な神々や仏教上の諸天などの勧請が可能な場であるとする。そして、律令制以前の蝦夷の服属儀礼の特色は、王権への服属・忠誠を誓う誓約が神々を媒介とした誓約という形式をとることにあるとしている。[40] 七世紀代の蝦夷の饗応、服属儀礼の変化を示す主な史料としては次のものがあげられる。

【史料2】『書紀』斉明天皇元年七月己卯条

於二難波朝一、饗二北〈北、越。〉蝦夷九十九人、東〈東、陸奥。〉蝦夷九十五人一。并設二百済調使一百五十人一。仍授二柵養蝦夷九人・津刈蝦夷六人、冠各二階一。

【史料3】『書紀』斉明天皇五年（六五九）三月甲午条

甘檮丘東之川上、造二須弥山一、而饗三陸奥与二越蝦夷一。〈檮、此云二柯之一。川上、此云二箇播羅一。〉

【史料4】『書紀』持統天皇二年（六八八）十二月丙申条

饗二蝦夷男女二百一十三人於飛鳥寺西槻下一。仍授二冠位一、賜レ物各有レ差。

饗応や服属儀礼の場の変遷が重視されているのは、そこから倭王権と蝦夷との関係性、倭王権の蝦夷等に対する支配観念の変化をうかがうことができるからである。場の変化と支配観念の変化に注目し、改めて七世紀代の蝦夷の服属について考察する。

皇極天皇元年（六四二）に越蝦夷数千人が内附したとあり[41]、直後に蝦夷を「朝」において饗応したとされる[42]。舒明天皇は百済宮で没しているが[43]、その後皇極天皇は小墾田宮（或本には東宮南庭之権宮とある）に遷り[44]、そこから飛鳥板蓋宮に遷ったので[45]、皇極天皇元年に蝦夷を饗応したのは百済宮だったと思われる。大化二年（六四六）には孝徳天皇が子代離宮に御し、蝦夷が親附した[46]。子代離宮については、造営時期が近く先行する施設に手を加えて宮としたなどの共通点があることから、小郡宮と同一のものであることが指摘されている[47]。そして史料2に見るように、斉明天皇元年にも蝦夷を饗応している[48]。

今泉隆雄氏は「朝」「難波朝」とは朝堂と朝庭（朝堂に囲まれた庭）に当てることができるとしている。また、『書紀』白雉五年（六五四）十二月己酉条に「皇太子、奉㆓皇祖母尊㆒、遷㆓居倭河辺行宮㆒」と遷宮していることが見えるのに、斉明天皇元年に「難波朝」が用いられたのは、新宮の後飛鳥岡本宮が未完成だったことによると指摘している[49]。史料2の「難波朝」は白雉三年（六五二）に完成した孝徳朝の難波長柄豊碕宮（前期難波宮）の朝庭と考えられる[50]。ところで、熊谷公男氏は推古朝～斉明初年に蝦夷の服属儀礼が行われたのは宮の中心施設の朝庭であるとしているが、その朝庭の性格について次のように述べている。大王の統治の場である王宮は王権と「天下」的世界の守護神のいる世界（「高天原」的天）に通じ、それらの神々の降臨する空間と意識されていた。そして、王宮の朝庭もまた天上の世界に連なる神聖・厳粛な空間と意識されていたと論じている[51]。朝庭が神聖な空間として認識されていたことは確かだと思われるが、推古朝～斉明初年という時期の朝庭には別の側面もあったのではないかと考える。

前期難波宮の内裏南門の東西には八角形の楼閣（八角殿院）が東西対称に建てられていたことが発掘調査によって明らかにされている。その性格については諸説あるが、近年、古市晃氏は仏殿説をさらに発展させ、須《しゅ》弥《み》山《せん》と耆《ぎ》闍《しゃ》崛《くっ》山《せん》（霊《りょう》鷲《じゅ》山《せん》）を擬したものを一対の形で造営したとする説を提起している。[52] 須弥山とは仏教の宇宙観において構想される世界の中心にあるとされる高山であり、耆闍崛山は中インドの摩《ま》掲《が》陀《だ》国の首都の東北に位置し、釈迦による説法の地とされる山である。白雉三年に難波長柄豊碕宮の内裏で無量寿経を講読させているが、[53] 無量寿経において耆闍崛山は釈迦による法華経・無量寿経説法の地とされている。このことから、古市氏は孝徳朝段階で仏教世界の中心である須弥山とともに耆闍崛山に対する信仰が存在したことを指摘する。そして、倭の仏教制度に大きな影響を与えた北魏の都平城において「耆闍崛山及須弥山殿」が一対の関係で造営されていたことから、この北魏の観念が前期難波宮の内裏の八角殿院の構造に影響を与えたと論じている。舒明天皇十二年（六四〇）には僧恵隠に無量寿経を講読させており、[54] 大化四年（六四八）には左大臣阿倍内麻呂が四天王寺を拡充した際に霊鷲山像を造らせているなど、[55] 七世紀中頃には霊鷲山や無量寿経も重要視されていたことがうかがわれる。よって、古市氏の指摘を重視し、難波長柄豊碕宮の朝庭は孝徳朝の仏教的世界観に基づく支配観念を示す場という側面もあったと考える。蝦夷の饗応や服属儀礼の場として機能した場合の性格を「神々の降臨する空間」という側面だけで捉えることはできないだろう。

『書紀』における須弥山の初見は推古天皇二十年（六一二）是歳条で、百済より渡来した路《みち》子《この》工《たくみ》芝《し》耆《き》麻《ま》呂《ろ》に小墾田宮の「南庭」に「須弥山形及呉橋」を造らせたことが見える。古市晃氏は、小墾田宮の「南庭」も饗宴の場となり得る場所だとしている。[56] 他に須弥山像を設置したことが見えるのは斉明紀である。斉明天皇三年（六五七）には須弥山像を飛鳥寺西に造り盂蘭盆会を設け、都《と》貨《か》邏《ら》人を饗応しており、[57] 二年後には、甘檮丘の東の川上に須弥山像を造り陸奥と越の蝦夷を饗応した（史料3）。最後の事例は斉明天皇六年で、石上池辺に廟塔のような高さの須弥山像を造り粛慎を饗応したとある。[58]今泉隆雄氏は、斉明朝に須弥山像を設置した飛鳥寺西・甘檮丘の東の川上・石上池辺は同じ場所（以下、飛鳥寺西の地域とする）を指しているとしている。[59]須弥山像が設置された場所は、小墾田宮の「南庭」（推古朝）→難波長柄豊碕宮の八角殿院（孝徳朝の白雉三年～斉明初年）→飛鳥寺西の地域（斉明天皇三年～六年）という変遷をたどったと考えられる。

このように須弥山像は推古朝～斉明朝にかけて断続的に設けられていた。推古天皇二十年から白雉三年の間は四〇年ほど開いているが、この期間にも舒明朝の無量寿経の講読、大化四年の霊鷲山像の設置などが確認できることから、推古朝の須弥山像設置時より取り入れられた仏教的世界観に基づく支配観念が斉明朝に至るまで一貫して継承されていたと考えられる。敏達朝頃は宮に近い三輪山の神への誓約が重要視されていたが、推古朝の須弥山像設置により、倭王権の支配観念は大きく転換した。

推古朝～斉明初年にかけて朝庭には須弥山像など仏教的施設が設置されることがあった。しかし斉明天皇三年以降、須弥山像は新たに整備された飛鳥寺西の地域に設置されることとなった。つまり、仏教的世界観に基づく支配観念は継承されたが、それを表す場が朝庭から飛鳥寺西の地域に移ったのである。史料2と史料3の間にはこうした支配観念の継承と場の変化があった。

ところが飛鳥寺西の地域のこうした性格は長くは続かず、天武朝以降に新たな性格が表に出てくるようになる。天武天皇六年（六七七）に飛鳥寺西槻下で多禰嶋人を饗応し、[60]四年後に飛鳥寺西河辺で再び多禰嶋人を饗応した。[61]天武天皇十一年（六八二）には飛鳥寺の西で隼人らを饗応して種々の楽を発し、賜禄している。[62]持統天皇二年に飛鳥寺西槻下で蝦夷の男女二一三人を饗応し、冠位を授け、物を賜っており（史料4）、持統天皇九年（六九五）には西の槻の下で隼人に相撲をとらせている。[63] 天武天皇六年〜持統天皇九年にかけて飛鳥寺西の地域は多禰嶋人・蝦夷・隼人などの化外の人々を饗応し服属儀礼を行う場として引き続き機能したが、大槻が重視されるようになっている。

この大槻は天武朝以前から特別な樹木として神聖視されていた。乙巳の変の最中、天皇・皇祖母尊・皇太子・群臣等が天神地祇に誓盟したのは大槻樹の下だったとされている。[64] 今泉隆雄氏は、飛鳥寺西の地域の大槻は「齋槻」といわれる神木で、神の依り坐す依代と観念されていたと指摘している。[65]

天武朝以降における飛鳥寺西の地域の大槻の重視は、推古朝〜斉明朝まで蝦夷などの化外の民の支配に用いられた仏教的世界観に基づく支配観念が影をひそめ、新たな支配観念を持つに至ったことを意味している。熊谷公男氏は、天武朝以降に天皇号の採用など「現神」イデオロギーの体系化を強力に推し進め、「現神」＝「天下」的世界の秩序形成者という地位の確立を目指していったことを指摘し、飛鳥寺西の地域の大槻を用いるなど王権の守護神を媒介に倭王権に忠誠を誓わせる段階は、守護神としての諸神格の庇護を受けながら「天下」的世界を統治する存在と観念されていたとしている。[66] 化外の人々の支配において諸神の媒介を必要としない超越的権威を有するのが律令天皇制であり、それが形成される過渡期の状況を明確にした重要な指摘である。

斉明朝まで継承された仏教的世界観による支配観念はなぜ表に出てこなくなったのか。これを明らかにするには、須弥山像設置により示された仏教的世界観について改めて考える必要がある。石上英一氏は、倭は仏教の宇宙像・世界像により、水平の次元では中国をその一部とする世界が実在すること、垂直の次元では須弥山を中心とする天に通じることを知ったと指摘する。そして、六〜七世紀の仏教的世界観は中国の天下から倭国の離脱と自立の理論的根拠となったと論じている。[67] この石上氏の指摘に従えば、須弥山像は東アジアの支配秩序の中で、中国の冊封体制から倭が離脱する理論的根拠を示すものであり、倭王権に対する蝦夷の誓約を媒介する存在という位置づけに収まるものではない。『隋書』巻八一・倭国伝には、大業三年（六〇七）の遣隋使の国書に「日出処天子致二書日没処天子一」と書かれていたことが見えるが、七世紀の倭王権にとって隋・唐との国力差は明白であり、遣隋使派遣の目的は隋との対等な関係の構築ではなく、隋との関係強化により朝鮮半島の諸国に対し優位性を確保することにあったと考えるのが穏当だろう。推古朝〜斉明朝において須弥山像設置により示された倭王権の仏教的世界観による支配観念とは、隋・唐の冊封体制から離脱しつつ、列島内の蝦夷などの化外の人々や朝鮮半島の諸国に対し、倭王権を中心とする天下観を示すというものだったと考える。

しかし、倭王権が推古朝から約半世紀にわたり継承してきたこの支配観念も、天智天皇二年（六六三）の白村江の戦いの敗北により倭国の外交関係が破綻したことで、その効力を失った。そして、これまでと異なる倭王権を中心とする天下観、新たな支配論理の構築が必要とされた。それが、天武朝以降の飛鳥寺西の地域の大槻を媒介とした化外の人々の支配、「現神」イデオロギーの体系化などに繋がっていった。史料3と史料4の間には場の継承とともに、こうした倭王権の重大な支配観念の変化があったのである。持統天皇三年（六八九）には蝦夷の出家を許可し、仏像を与えたことなどが知られる。(68) 蝦夷支配における仏教の用いられ方が変わったのも、倭王権の支配観念と仏教の関係が変化したことの現れと見られる。

おわりに

これまでの考察をまとめてむすびとしたい。『書紀』の蝦夷関係記事の中で、蝦夷の来朝・朝貢に関する記事を中心に検討し、倭王権の蝦夷支配について考察した。まず『書紀』の蝦夷関係記事において確かな記録に基づく記述が見られるのは敏達紀以降であることを指摘した。

次に『書紀』敏達天皇十年閏二月条（史料1）の綾糟の服属記事について検討した。敏達朝に蝦夷が服属したこと、その服属儀礼の所作そのものは史実とみられ、誓約した相手は東国統治や蝦夷征討を支える三輪山の神の神格だと指摘した。しかし、綾糟の誓約の文言については、七世紀後半頃の蝦夷や隼人の誓約の文言をもとに述作された可能性が高く、「天地諸神及天皇霊」は『書紀』編者によって統一的に記述されたものだと指摘した。

さらに、七世紀以降の蝦夷の来朝記事について検討した。蝦夷の饗応や服属儀礼の場は、宮の中心施設の朝庭（推古朝～斉明初年）→飛鳥寺西の地域（斉明天皇三年～持統朝）と変化しているが、推古期～斉明初年にかけては朝庭に仏教的世界観を象徴する須弥山像など仏教的施設を断続的に設置し、斉明天皇三年～同六年にかけては飛鳥寺西の地域に須弥山像が設置されたことから、仏教的世界観に基づく支配観念が推古朝～斉明朝を通じて一貫して継承されたこと、敏達朝頃までは宮に近い三輪山の神が重要視されたが、推古朝に倭王権の支配観念が大きく転換したことを論じた。そして、須弥山像などが示す仏教的世界観に基づく支配観念とは、隋・唐の冊封体制から離脱し、列島内の化外の人々や朝鮮半島の諸国に対し倭王権を中心とする天下観を示すというものだったが、白村江の戦いの敗北で効力を失ったと考えた。

今回は『書紀』の蝦夷の来朝・朝貢記事を中心に検討し、倭王権の支配観念の変化と蝦夷に対する支配の関係に注目して考察した。今後は蝦夷支配の実態について検討し、倭王権と蝦夷の関係についてさらに考えを深めていきたい。

【注】

（1）『書紀』神武即位前紀戊午年十月癸巳条には道臣命が大来目部を率い、大和の忍坂邑で八十《やそ》梟師《たける》の残党を討ち、「愛瀰詩（エミシ）を一人百《ひだりもも》な人、人は云へども抵抗《たむかい》もせず」という戦勝歌を歌ったことが見える。「エミシ」という言葉の初出だが、東北地方の蝦夷を指している訳ではないので対象外とした。この歌謡に注目した工藤雅樹氏は、「エミシ」という語は古い時期の日本語で、もとは異民族に対する蔑称ではなく、「強くて恐ろしい」畏怖と尊敬の念の入り混じった語だったと論じている。工藤「古代国家と蝦夷」（『蝦夷と東北古代史』吉川弘文館、一九九八年。初出は一九八二年）四四二～四四三頁

　また、『書紀』斉明天皇六年五月是月条、天智天皇七年（六六八）七月条には「夷」と見えるが、これらも蝦夷を指していると考えて数えると四〇条となる。

（2）『古事記』景行天皇段

（3）坂本太郎「日本書紀と蝦夷」（『坂本太郎著作集2　古事記と日本書紀』吉川弘文館、一九八八年。初出は一九五六年）二七二～二七三頁

（4）石母田正氏は、天皇の統治のおよぶ範囲を「化内」、その外部の領域を天皇の教化のおよばない「化外」とし、「化外」を①隣国＝唐、②諸蕃＝新羅など朝鮮諸国、③夷狄＝蝦夷・隼人、の三類型に区分する日本を中心とする小帝国構造が大宝律令の制定時に成立したと論じている。石母田「天皇と「諸蕃」―大宝令制定の意義に関連して―」（『石母田正著作集4　古代国家論』岩波書店、一九八九年。初出は一九六三年）一五～一七頁

（5）坂本太郎前掲注（3）論文、二七八～二八四頁

（6）坂本太郎前掲注（3）論文、二八四頁

（7）日本古典文学大系『日本書紀』上（岩波書店、一九六七年）五〇七～五〇八頁、頭注

なお、原口耕一郎氏が『書紀』の隼人関係記事を出典論の面から詳細に検討している。「『記・紀』隼人関係記事の再検討（二）」（名古屋市立大学大学院人間文化研究科『人間文化研究』一五、二〇一一年）

（8）『書紀』景行天皇二十七年二月壬子条

（9）『書紀』景行天皇四十年七月戊戌条、同四十年是歳条、同五十一年八月壬子条

（10）『書紀』景行天皇五十六年八月条

（11）『書紀』崇神天皇四十八年四月丙寅条、『古事記』崇神天皇段

（12）『書紀』編纂における豪族の家記の利用について坂本太郎氏は、持統天皇五年（六九一）八月辛亥条に見える一八氏に墓記を進上させたことを契機として、背後にある家記も提出させたと指摘している。坂本氏前掲注（3）論文、二八八頁。坂本「纂記と日本書紀」（前掲注〔3〕『坂本太郎著作集2』初出は一九四五年）一四九～一五〇頁

なお、上毛野氏の家記をもととした記事については、志田諄一氏や前沢和之氏が詳しく検討している。志田「上毛野君」（『古代氏族の性格と伝承』〔復刻再版〕、雄山閣、一九八五年。初版は一九七一年）。前沢「豊城入彦命系譜と上毛野地域―その歴史的特性をめぐって―」（『国立歴史民俗博物館研究報告』四四、一九九二年）

（13）『書紀』応神天皇三年十月癸酉条

（14）坂本太郎前掲注（3）論文、二八三頁

（15）『書紀』仁徳天皇五十五年条

（16）『書紀』雄略天皇二十三年八月丙子条

（17）尾代の蝦夷鎮圧の説話について、志田諄一氏は吉備氏が従事した内外征討のひとこまを宮廷儀礼として演じたものをもとにしている可能性を指摘している。志田「吉備臣」（前掲注〔12〕『古代氏族の性格と伝承』）一四八

〜一四九頁

（18）工藤雅樹前掲注（1）論文、四四三〜四四四頁

（19）荒井秀規「「東国」とアヅマ―ヤマトから見た「東国」―」（水野祐監修、関和彦編『古代王権と交流2　古代東国の民衆と社会』名著出版、一九九四年）四九頁

（20）井上光貞「国造制の成立」（『井上光貞著作集4　大化前代の国家と社会』岩波書店、一九八五年。初出は一九五一年）

（21）大山誠一「五世紀の王権」「継体朝の成立と王権の確立」（『古代国家と大化改新』吉川弘文館、一九八八年）

（22）坂本太郎前掲注（3）論文、二八二頁

（23）原口耕一郎氏は、『冊府元亀』巻一七〇・帝王部・来遠、『同』巻九七七・外臣部・降附、『旧唐書』巻三・本紀第三・太宗下の太宗貞観二十二年（六四八）二月の条文に「西蕃沙鉢羅葉護率衆帰附」という記事があることを指摘する。そして、『冊府元亀』の唐代の記事は唐の実録に基づく部分があるとされているが、『書紀』の文飾にも初唐の実録が利用されたと考えられるとし、これらは「唐太宗実録」に拠るものではないかとしている。原口耕一郎前掲注（7）論文、二二三頁。原口「『日本書紀』の文章表現における典拠の一例―「唐実録」の利用について」（大山誠一編『日本書紀の謎と聖徳太子』平凡社、二〇一一年）

（24）熊谷公男a「蝦夷の誓約」（奈良古代史談話会編『奈良古代史論集』一、真陽社、一九八五年）。同b「蝦夷と王宮と王権と―蝦夷の服属儀礼からみた倭王権の性格―」（奈良古代史談話会編『奈良古代史論集』三、真陽社、一九九七年）

（25）熊谷公男前掲注（24）a論文、二〇〜二一頁

（26）永山修一「隼人の登場」（『隼人と古代文化』同成社、二〇〇九年）

(27) 熊谷公男「阿倍比羅夫北征記事に関する基礎的考察」(高橋富雄編『東北古代史の研究』吉川弘文館、一九八六年)六二~六九頁

(28) 天皇号の研究史については、大和岩雄「「天皇」号の始用時期をめぐって」(横田健一先生古稀記念会編『日本書紀研究』一五、政治・制度篇、塙書房、一九八七年)、森公章「天皇号の成立をめぐって—君主号と外交との関係を中心として—」(『古代日本の対外認識と通交』吉川弘文館、一九九八年。初出は一九八三年)などが詳しくまとめている。

(29) 津田左右吉「天皇考」(『津田左右吉全集3　日本上代史の研究』岩波書店、一九六三年。初出は一九二〇年)

(30) 渡辺茂「古代君主の称号に関する二、三の試論」(吉村武彦・小笠原好彦編『展望　日本歴史5　飛鳥の朝廷』東京堂出版、二〇〇一年。初出は一九六七年)。東野治之「天皇号の成立年代について」(『正倉院文書と木簡の研究』塙書房、一九七七年。初出は『続日本紀研究』一四四・一四五、一九六九年)。増尾伸一郎「天皇号の成立と東アジア—近年出土の木簡と朝鮮の金石文を手がかりにして—」(大山誠一編『聖徳太子の真実』平凡社、二〇〇三年)

(31) 熊谷公男「古代王権とタマ(霊)—「天皇霊」を中心として」(『日本史研究』三〇八、一九八八年)

(32) 小林敏男氏は「神祇之霊」(景行天皇四十年七月戊戌条)、「皇祖之霊」(神功皇后摂政前紀条)、「天皇之霊」(欽明天皇十三年五月乙亥条、天武天皇元年六月丁亥条)などの類似した用語を検討し、当代天皇の霊・神祇の霊・皇祖の霊に分類できると指摘している。小林「天皇霊と即位儀礼」(『古代天皇制の基礎的研究』校倉書房、一九九四年)二三二~二三三頁

(33) 岡田精司「河内大王家の成立」(『古代王権の祭祀と神話』塙書房、一九七〇年。初出は一九六八年)二九一~二九二頁。熊谷公男前掲注(31)論文、九頁

（34）田中卓「大神神社の創祀」（『田中卓著作集1　神話と史実』国書刊行会、一九八七年）三五四～三六〇頁。小林敏男前掲注（32）論文、二三四～二三七頁。鈴木正信「大神氏の分布とその背景」（『彦根論叢』三九五、二〇一三年）一〇～一一頁

（35）和田萃「三輪山祭祀の再検討」（『日本古代の儀礼と祭祀・信仰』下、塙書房、一九九五年。初出は一九八五年）四六頁

（36）鈴木正信「三輪山祭祀の構造と展開―大神氏との関係を中心として―」（『早稲田大学日本古典籍研究所年報』六、二〇一三年）三～六、一一～一三頁

（37）鈴木正信「大三輪神の神格とその重層性」（『彦根論叢』三九三、二〇一二年）一四～一五頁

（38）『書紀』崇神天皇四十八年四月丙寅条には活目尊を皇太子に立て、豊城命に東国統治を命じたことが見える。

（39）この他に、『書紀』仁徳天皇五十五年条の上毛野氏の祖先の田道による蝦夷との戦いの説話、舒明天皇九年（六三七）是歳条の上毛野君形名による蝦夷征討など、上毛野氏による蝦夷征討が繰り返し述べられている。

（40）熊谷公男前掲注（24）b論文、六～一二頁

（41）『書紀』皇極天皇元年九月癸酉条

なお、皇極天皇年十月丁酉条にも蘇我大臣（蝦夷）が自身の邸宅に蝦夷を招いて饗応したことが見え一連の内容と考えられることから、数千人という人数は誇張されたものだろうが、これらは信頼できる公的な記録によった記事と考えられると坂本太郎氏は指摘している。坂本太郎前掲注（3）論文、二八三頁

（42）『書紀』皇極天皇元年十月甲午条

（43）『書紀』舒明天皇十三年（六四一）十月丁酉条

（44）『書紀』皇極天皇元年十二月壬寅条

（45）『書紀』皇極天皇二年（六四三）四月丁未条

（46）『書紀』大化二年正月是月条

（47）直木孝次郎「難波小郡宮と長柄豊碕宮」（難波宮址を守る会編『難波宮と日本古代国家』塙書房、一九七七年）。田中卓「郡司制の成立」（『田中卓著作集6　律令制の諸問題』国書刊行会、一九八六年。初出は一九五二～五三年）。鎌田元一「難波遷都の経緯―飛鳥より難波宮へ―」（『律令国家史の研究』塙書房、二〇〇八年。初出は一九八七年）。吉川真司「難波長柄豊碕宮の歴史的位置」（前掲注〔30〕『展望　日本歴史5　飛鳥の朝廷』。初出は一九九七年）

（48）『書紀』斉明天皇元年是歳条には「蝦夷・隼人、率レ衆内属。詣レ闕朝献」と見えるが、この条文は史料2の重複記事であると熊谷公男氏は指摘している。熊谷公男前掲注（27）論文、八一頁

（49）今泉隆雄「蝦夷の朝貢と饗給」（前掲注〔27〕『東北古代史の研究』）一一三頁

（50）『書紀』白雉三年九月条

（51）熊谷公男前掲注（24）b論文、六～九頁

（52）古市晃「孝徳朝難波宮と仏教世界―前期難波宮内裏八角殿院を中心に―」（『日本古代王権の支配論理』塙書房、二〇〇九年。初出は二〇〇四年）三〇四～三〇九頁

（53）『書紀』白雉三年四月壬寅条

（54）『書紀』舒明天皇十二年五月辛丑条

（55）『書紀』大化四年二月己未条

（56）古市晃前掲注（52）論文、三〇六頁

（57）『書紀』斉明天皇三年七月辛丑条

（58）『書紀』斉明天皇六年五月是月条
（59）今泉隆雄「飛鳥の須彌山と齋槻」（『古代宮都の研究』吉川弘文館、一九九三年。初出は一九九二年）二二頁
（60）『書紀』天武天皇六年二月是月条
（61）『書紀』天武天皇十年（六八一）九月庚戌条
（62）『書紀』天武天皇十一年七月戊午条
（63）『書紀』持統天皇九年五月丁卯条
（64）『書紀』大化元年（六四五）六月乙卯条
（65）今泉隆雄前掲注（59）論文、三一～四五頁
（66）熊谷公男前掲注（24）b論文
（67）石上英一「古代東アジア地域と日本」（『日本の社会史1　列島内外の交通と国家』岩波書店、一九八七年）八四～八五頁
（68）『書紀』持統天皇三年正月丙辰条、同年正月壬戌条、同年七月壬子条

大宝令前後における隼人の位置付けをめぐって

原口耕一郎

一・はじめに

七世紀終わりから八世紀はじめにかけ、古代国家がその一応の完成へ向けて動きつつあるとき、列島の君主は天皇を名乗り、列島周縁部には「化外《けがい》」の「夷狄《いてき》」とされた人々が設定されることになる。(1)その際、南九州の隼人も夷狄として位置付けられていたと考えることが、これまでの通説的理解であった。(2)しかし、伊藤循によりこの通説は大きな批判にさらされることになる。(3)

本稿に関わる範囲で伊藤説の概略(注3参照)を述べると、次のようになる。大宝令の注釈書である『古記』は隼人を夷狄だとしていない。蝦夷と隼人は行政上の扱いが異なり、蝦夷と対応する夷狄は南島人である。夷狄概念の成立は浄御原令段階であり、「隼人」は夷狄概念成立以前の表記である。隼人は化外人として扱われておらず、隼人の異俗を示す記事はない。『日本書紀』(以下、『書紀』)『続日本紀』(以下、『続紀』)などが蝦夷と隼人を並記するが、必ずしも蝦夷と隼人を同列に扱うわけではなく、隼人はあくまで「賊」として認識されている。国郡制に組み込まれた隼人(4)は夷狄とはいえず、また日向神話において天皇家と隼人が同祖とされていることも不審である。十世紀の『延喜式』の隼人関係諸規定は八世紀段階までさかのぼると考えてよく、その『延喜式』隼人関係諸規定を検討すると、華夷思想による概念は確認されない。(5)したがって、隼人は夷狄ではない。

ところで、かつて通説であった隼人=夷狄説は、隼人を通時的(隼人登場から隼人消滅まで)に夷狄だとみなしていたように思われる。伊藤の隼人≠夷狄説も、隼人を通時的に夷狄ではないとみなしているようである。また伊藤説の特徴として、法概念の重視があげられる。伊藤は『令集解』所載の各明法家説を分析し、そこから隼人は夷狄ではないという結論を導き、それに基づいて『書紀』や『続紀』の記事をも読み解くという方法を採っている。伊藤説においては七世紀終わり以来、基本的に隼人の位置付けに変遷がないことが前提となっている。

しかしこのような方法に問題はないのであろうか。伊藤が用いるのは主に『古記』であるが、すでに武廣亮平[6]と永山修一[7]は『古記』の成立が天平年間であることに注意を促し、隼人の位置付けについては時間軸に沿った検討が不可欠であることを指摘している。なお蝦夷研究の側からも、政府の蝦夷認識/蝦夷政策には時期的変遷があったという指摘[8]がなされている。また日本古代史研究という分野においては、律令法の規定と政策の実態がどの程度重なり合うのか、すなわち「法に基づいた統治」がどの程度実施されていたのか、かなり繊細な問題となっていることは周知の通りである。つまり、隼人に関する法の規定と実際の対隼人政策とがどの程度一致しうるのか、具体的な検証作業が必要となるであろう[9]。

以上のように伊藤の問題提起は、隼人という存在の根本を問うものであり、重く大きい。しかしすでに反論も試みられているように、いささか再検討の余地があるように思われる。そこで、七世紀終わりから八世紀はじめにかけての古代国家の画期において、隼人はどのような位置付けをなされていたのかをあらためて考察することが、本稿の目的である[10]。以下、隼人が史上に登場する天武朝から[11]『書紀』編纂時にかけての時期を中心として考察していきたい[12]。

二．多禰嶋人の位置付けをめぐって

夷狄とされた人々に対しても政策的変遷がありえたかを考えるにあたり、多禰嶋人の位置付けを考察することで事例研究としたい。

【史料1】

A『日本書紀』巻二十六　斉明天皇三年（六五七）七月辛丑条

作二須弥山像於飛鳥寺西一、且設二盂蘭瓮会一、暮饗二覩貨邏人一。〈或本云、堕羅人。〉

B『日本書紀』巻二十六　斉明天皇五年（六五九）三月甲午条

甘檮丘東之川上、造二須弥山一、而饗二陸奥与レ越蝦夷一。〈割注省略〉

C『日本書紀』巻二十六　斉明天皇六年（六六〇）五月是月条

〈前略〉又阿倍引田臣〈闕レ名。〉献二夷五十余一。又於二石上池辺一作二須弥山一。高如二廟塔一。以饗二粛慎四十七人一。〈後略〉

D『日本書紀』巻二十九　天武天皇六年（六七七）二月是月条

饗二多禰嶋人等於飛鳥寺西槻下一。

E『日本書紀』巻二十九　天武天皇十年（六八一）九月庚戌条

饗二多禰嶋人等于飛鳥寺西河辺一、奏二種種楽一。

F『日本書紀』巻二十九　天武天皇十一年（六八二）七月戊午条

饗二隼人等於飛鳥寺之西一、発二種々楽一。仍賜レ禄各有レ差。道俗悉見之。〈後略〉

G『日本書紀』巻三十　持統二年（六八八）十二月丙申条

饗二蝦夷男女二百一十三人於飛鳥寺西槻下一。仍授二冠位一、賜レ物各有レ差。

H『日本書紀』巻三十　持統九年（六九五）五月丁卯条

観二隼人相撲於西槻下一。

これら記事をみると斉明朝の記事（A～C）には須弥山が登場するが、天武朝以降の記事（D～H）は飛鳥寺の西という場所ではあるが須弥山は登場しない[13]。須弥山は一般に仏教的世界観をあらわすとされる[14]が、それが登場しなくなるということは、斉明朝から天武朝の間に何らかの思想的転換、あるいは政策転換があったことを示唆する[15]。斉明朝前後までと天武朝以降の対辺境あるいは「夷狄」政策は、何らかの点において変化した可能性があるものと思われる。むろん両朝の間に位置する天智朝について無視することはできないが、ここに天武朝の途中から始まるという天皇号の成立の影響を考えることも、あながち的外れとはいえまい。

さて、上記天武朝の記事で多禰嶋人（D～E）は、誰もが夷狄だと認める蝦夷（G）、および隼人（F）と同じ扱いを受けている。また、浄御原令制下の多禰嶋は「蛮」だとされ[16]、

【史料2】『日本書紀』巻三十　持統九年（六九五）三月庚午条

遣二務広弐文忌寸博勢・進広参下訳語諸田等於多禰一、求二蛮所居一。

天武朝から浄御原令制下にかけては、天平年間に成立した『古記』においても夷狄として扱われる阿麻弥人と並記される。

【史料3】

A『日本書紀』巻二十九　天武天皇十一年（六八二）七月丙辰条

多禰人・掖玖人・阿麻弥人賜レ禄。各有レ差。

B『続日本紀』巻一　文武三年（六九九）七月辛未条

多褹・夜久・菴美・度感等人、従二朝宰一而来貢二方物一。授レ位賜レ物各有レ差。其度感嶋通二中国一、於レ是始矣。

C『令集解』巻十三　賦役令10辺遠国条所引『古記』

古記云。夷人雑類謂二毛人。肥人。阿麻彌人等類一。問。夷人雑類一歟。二歟。答。本一末二。仮令。隼人。毛人。本土謂二之夷人一也。此等雑二居華夏一謂二之雑類一也。一云。一種無レ別。

なお史料3B記事に登場する南島人は、華夷思想に基づく「中国」とは対の存在、すなわち化外の「夷狄」「蕃夷」として認識されているものと思われる。(17)

さらに多禰嶋人は、「切レ髪草裳」と化外の異俗であることが強調される。(18)

【史料4】『日本書紀』巻二十九　天武天皇十年（六八一）八月丙戌条

遣二多禰嶋一使人等、貢二多禰国図一。其国去レ京五千余里、居二筑紫南海中一。切レ髪草裳、粳稲常豊、一殖両収。土毛支子・莞子及種々海物等多。〈後略〉

したがって以上より、天武朝から浄御原令制下にかけての多禰嶋人は、行政上の扱いという実際の政策においても、史料の文章表現から窺われるイデオロギー的な認識においても、化外の夷狄として扱われていた可能性が高い。なお、天武朝における華夷思想／夷狄概念の有無については、のちほど検討したい。

その多禰嶋はやがて、いわゆる令制国に準じる嶋制に組み込まれるが、嶋制多禰嶋は大宝二年前後から和銅七年前後にかけて成立する。(19)

【史料5】

A『続日本紀』巻二　大宝二年（七〇二）八月丙申条

薩摩・多褹、隔レ化逆レ命。於レ是発レ兵征討、遂校レ戸置レ吏焉。〈後略〉

B『続日本紀』巻四　和銅二年（七〇九）六月癸丑条

〈前略〉勅、自二大宰率一已下至二于品官一、事力半減。唯薩摩・多禰両国司及国師僧等、不レ在二減例一。

C『続日本紀』巻六　和銅七年（七一四）四月辛巳条

給二多褹嶋印一面一。

先にみたように、文武三年に多禰嶋人は掖玖人、阿麻弥人と並記され朝貢する（史料3B）が、霊亀元年には蝦夷、阿麻弥人、掖玖人は登場しても多禰嶋人は登場しなくなる。

【史料6】『続日本紀』巻六　霊亀元年（七一五）正月甲申朔条

天皇御二大極殿一受レ朝。皇太子始加二礼服一拝朝。陸奥・出羽蝦夷幷南嶋奄美・夜久・度感・信覚・球美等、来朝各貢二方物一。其儀、朱雀門左右、陣二列鼓吹・騎兵一。元会之日、用二鉦鼓一、自レ是始矣。〈後略〉

このように遅くとも和銅七年前後には、多禰嶋人は政策的に蝦夷や他の南島人とは別の扱いを受けるようになっている。つまり蝦夷や他の南島人とは異なり、多禰嶋人は実際の政策において夷狄として扱われなくなった可能性が高い。ただし、大宝令制定段階で多禰嶋人の位置付けが変化した可能性もあるが、詳細は不明である。なおイデオロギー的認識についても、この時期の史料が不足しているため同じく詳細は不明とするほかない。しかし多禰嶋人の位置付けの検討から、夷狄政策にも時期的変遷がありうることが判明し、それはまた、身分上の変遷をともなう場合もあろうことをも推測させる[20]。

三．隼人関係記事の文飾をめぐって

ここでは『書紀』および『続紀』隼人関係記事の文飾をめぐって、その諸問題について検討を行いたい。

【史料7】

A『日本書紀』巻十五　清寧天皇四年（四八三）

秋八月丁未朔癸丑、天皇親録二囚徒一。是日、蝦夷・隼人並内附。

B『隋書』巻一　帝紀第一　高祖上

〔開皇四年（五八四）〕九月〈中略〉己巳、上親録二囚徒一。庚午、契丹内附。〈後略〉

この記事は『隋書』高祖紀の契丹服属記事の模倣である。『隋書』高祖紀は『書紀』編纂時にあたる和銅元年（七〇八）二月の「平城遷都詔」の潤色にも用いられており[21]、この記事の述作時期は八世紀はじめである可能性がある。

【史料8】

A『日本書紀』巻第十九　欽明天皇元年（五四〇）

三月、蝦夷・隼人、並率レ衆帰附。

B『冊府元亀』巻之一百七十　帝王部　来遠

〔太宗貞観〕二十二年（六四八）、西蕃沙鉢羅葉護率レ衆帰附。〈後略〉

C『冊府元亀』巻之九百七十七　外臣部　降附

〔太宗貞観〕二十二年二月、西蕃沙鉢羅葉護率レ衆帰附。〈後略〉

D『旧唐書』巻三　本紀第三　太宗下

〔貞観二十二年〕二月〈中略〉癸丑、西番沙鉢羅葉護率レ衆帰附。〈後略〉

この記事は初唐実録の突厥服属記事の模倣である。初唐の実録は『書紀』編纂時にあたる霊亀元年九月の「元明譲位詔」の潤色にも用いられており[22]、この記事の述作時期はやはり八世紀はじめである可能性がある。

【史料9】

A『日本書紀』巻二十六　斉明天皇元年（六五五）

是歳、高麗・百済・新羅、並遣レ使進調。〈百済大使西部達率余宜受、副使東部恩率調信仁、凡一百余人。〉蝦夷・隼人率レ衆内属、詣レ闕朝献。新羅別以二及飡弥武一為レ質、以二十二人一為二才伎者一。弥武遇疾而死。是年也、太歳乙卯。

B『後漢書』本紀一　光武帝紀第一下

〔建武二十五年（四九）〕是歳、烏桓大人率レ衆内属、詣レ闕朝貢。

この記事は『後漢書』[23]の烏桓服属記事の模倣である。『後漢書』は『書紀』編纂時にあたる養老元年（七一七、『続紀』十一月癸丑条）の「養老改元詔」において利用が指摘されており[24]、この記事の述作時期はこれまた八世紀はじめである可能性がある。

これら記事はそれぞれ『書紀』編纂時に述作されたことを示唆する出典論的証拠に支えられており、その述作時期について私は八世紀はじめである可能性が高いものと考える。

ところで、『書紀』述作者の推定をめぐって主に国文学者を中心に、ボキャブラリー、注の形式、仮名の字種などの検討から『書紀』三十巻をグルーピングし分類する、いわゆる『書紀』区分論の試みがなされてきた。それらの分類はおおよそにおいて一致することが多かったというが、小島憲之の出典調査による分類は必ずしもこれらと一致しなかったという。これについて小島は、漢籍や仏書により『書紀』の文飾がなされたのは、『書紀』編纂の最終段階である可能性を示唆した[25]。近年では森博達もこれを支持し[26]、通説的位置を占めているといえよう。実際に『書紀』においては、仏教伝来記事が七〇三年成立の『金光明最勝王経』により文飾されていること[27]、大化改新詔が大宝令文により文飾されていることなど[28]、少なくとも最終的な文飾が加えられたのが八世紀代に入ってからであることが確実視される事例が確認されている。先にみた隼人関係記事も、これらと同様に扱ってよいであろう。

さて、前述の隼人関係諸記事はいずれも、中国史書の夷狄関係記事の直接的模倣であり、蝦夷と隼人が並記されている。すなわち、八世紀はじめの政府の認識としては、少なくともイデオロギー政策の次元では、隼人は蝦夷と並び記されるべきものであり、中国の夷狄概念にて形容されるべき存在だったということになろう。

次に隼人の献じた「方物」について考えてみよう。

【史料10】『日本書紀』巻二十九　天武天皇十一年（六八二）七月甲午条

隼人多来貢二方物一。是日、大隅隼人与二阿多隼人一、相二撲於朝庭一。大隅隼人勝之。

天武朝に隼人は方物を貢じている。中国史書を検ずると、例えば『漢書』五行志第七下之上で百蛮が、『三国志』呉主伝第二赤烏六年十二月条で扶南が、『晋書』武帝紀泰始二年十一月己卯条で倭人が、『晋書』成帝紀咸康二年二月庚申条で高句驪が、『宋書』文帝紀元嘉五年是歳条で天竺国が、『梁書』武帝紀天監二年秋七月条で扶南・亀茲・中天竺国が、『陳書』高祖紀永定三年五月景寅条で扶南が、『隋書』高祖紀開皇元年三月壬午条で白狼国が、『旧唐書』高宗紀上元二年二月条で新羅が、それぞれ方物を貢じている。このように「方物」や「朝貢」は、蕃夷が中華に貢上するという華夷思想に関わる用語だという[29]。

伊藤はこの方物について、『書紀』や『続紀』で方物を貢じているのは朝鮮諸国、渤海、蝦夷、南島であり化外の朝貢物に関する用語だが、ここから『書紀』に隼人を化外の夷狄だとする認識があったとは言えない。八世紀において隼人の貢献物は「調」でありこれと不整合であるから、ここでの方物は、単に『書紀』成立段階の天下観を示すに過ぎないと指摘する(30)。

しかしこの記述が『書紀』編纂時における潤色だとすれば(31)、そこから八世紀はじめの政府には、隼人を方物という夷狄に関わる用語で形容するという認識が存在したということになる。これは先に検討した史料7、8、9記事の事例とも矛盾せず、むしろそれらと整合的に理解できる。逆にこの記事の方物が原資料の表記を反映したものであるならば、隼人は政策上、天武朝には夷狄という概念で捉えられていたことになる。当然、華夷思想に基づく夷狄観が天武朝に存在した証拠となろう。また隼人の「調」の初見は『続紀』天平元年（七二九）六月庚辰条であり、『書紀』編纂時までとは異なる政策／認識である可能性にも留意しておきたい。いずれにせよ、ここでも八世紀はじめまでのある時期において、少なくともイデオロギー政策の次元において、隼人が化外の存在、夷狄として認識されていたという事実は動かしがたいのである。

次に隼人を「賊」視することについて検討しよう。

【史料11】『続日本紀』巻八　養老四年（七二〇）六月戊戌条

詔曰、蛮夷為レ害、自レ古有之。漢命二五将一、驕胡臣服、周労二再駕一、荒俗来王。今西隅《(小カ)》等賊、怙レ乱逆レ化、屢害二良民一。因遣二持節将軍正四位下中納言兼中務卿大伴宿禰旅人一、誅二罰其罪一、尽二彼巣居一。治レ兵率レ衆、剪二掃兇徒一、酋帥面縛、請二命下吏一。寇党叩頭、争靡二敦風一。然将軍暴二露原野一、久延二旬月一。時属二盛熱一。豈無二艱苦一。使二々慰問一。宜レ念二忠勤一。

この詔勅の文章表現からは、隼人に対する政府側の次のような認識がえられる。隼人は「蛮夷」「驕胡」の故事を引いて説明されるべき存在だという認識があり、また隼人は王化に逆らう存在であり、王化という「敦風」になびくべき存在でもある。なお『史記索隠』三王系家第三十に戎狄酋帥、『晋書』苻堅伝に巴獠酋帥、『魏書』皮豹子伝に吐谷渾の酋帥、『隋書』梁睿伝に獠の酋帥、『旧唐書』太宗紀武徳九年八月癸未条に突厥の酋帥などとあり、岩波大系本の注の通り「酋帥」は蕃夷の首領に対しても用いられる語句である。さらに隼人は「巣」に住んでいるのだという認識である。もちろんこれは観念的言説にすぎないが、隼人の「異俗」を強調した表現だといえよう。景行紀四十年秋七月条では蝦夷を「夏は巣に住む」人々だと表現するが、これは『礼記』礼運第九にみえる、いまだ〝文明化〟されず〝未開〟で〝野蛮〟だった太古の人々の描写を踏まえたものである。[32]つまりここでも隼人は蝦夷と同列に扱われており、蝦夷同様、隼人も〝未開〟で〝野蛮〟なため〝文明化〟という王化に浴すべき存在だとして認識されている。このように『書紀』が成立した年に、隼人を風俗を異にする化外人として捉えるというイデオロギー政策が存在したことは、無視できない。同様の例として史料5A記事の「薩摩・多褹、隔ㇾ化逆ㇾ命」、『続紀』和銅三年（七一〇）正月庚辰条の「日向」隼人曽君細麻呂が人々を「聖化」に導いたという表現などがあげられよう。

さて、蝦夷や隼人を賊視した表現を調べてみると、景行紀十二年十二月丁酉条で熊襲を、『続紀』和銅五年（七一二）九月己丑条で蝦狄を、和銅六年（七一三）七月丙寅条で隼人を、養老五年（七二一）六月乙酉条で蝦夷と隼人を、養老六年（七二二）閏四月乙丑条で蝦夷と隼人を、養老七年（七二三）四月壬寅条で隼人を、それぞれ「賊」と表現している。これらは基本的に政府と交戦した際にみられる表現であり、蝦夷も隼人も「反乱」すれば賊視されるのである。したがって、これは隼人が夷狄ではないこと、蝦夷と隼人が異なる扱いを受けていることを示さない。関口明と武廣はこれに関連して、『続紀』では前半に蝦夷を「夷」「狄」といった語句であらわすが、後半になるにつれ「賊」という語句で表現することが多くなる（三十八年戦争など）。蝦夷に対する認識は八世紀前半までの「夷狄」＝非百姓集団という認識から、現実に存在する列島内の異質な敵対勢力という認識に変化していき、蝦夷関係の史料に「賊」や「敵」という表現が多くなるのはそのような認識の変化のあらわれだと指摘する。(33) この指摘のように夷狄に対する政策や認識は、時期によって異なることを確認しておきたい。

四．七一〇年代における対隼人政策をめぐって

日本古代の夷狄をめぐる研究において、風俗歌舞奏上の有無が争点となっている。大平聡は伊藤説を踏まえ、隼人と蝦夷・南島人の違いとして風俗歌舞奏上の有無をあげた。大平によると隼人は風俗歌舞を奏上するが、これは蝦夷と南島人には確認されず、ここから隼人は夷狄ではなかったと指摘する。(34) この問題について私は別稿で取り上げたので、ここではその結論のみ示したい。

大平の指摘に対して永山は、以下のように反論した。『書紀』『続紀』にみえる隼人、南島人と蝦夷が並記される記事をみていくと、隼人は和銅三年まで(35)は蝦夷と並記されるが、霊亀元年以降(36)は南島人が隼人にかわって蝦夷と並記されるようになる。もちろん天武朝より前の時期の記事を歴史的事実とみることはできないが、『書紀』編纂段階で隼人は蝦夷と並記されるべき存在として認識されていた。また隼人の風俗歌舞奏上初見記事は養老元年(37)である。ようするに隼人が蝦夷や南島人と明らかに区別されて扱われるようになるのは、和銅三

年から養老元年の間であり、大宝令制定時点で隼人が夷狄ではなかったとは言い切れない、と指摘した[38]。永山の指摘を本稿の主題に引き寄せて理解するならば、もともと化外の夷狄であった隼人は、和銅三年から養老元年あたりを境にして夷狄ではなくなった、ということになろう[39]。

隼人と蝦夷・南島人との差異については、風俗歌舞奏上の有無とともに、特に呪力による王権守護的性格の有無についても指摘される[40]。これらの点について私は、永山の指摘を踏まえ、隼人の風俗歌舞奏上と呪術的機能を中心とした王権守護的性格がスタートしたのは、隼人と蝦夷・南島人との扱いが異なりはじめる和銅三年から養老元年の間であろうと別稿にて論じた[41]。隼人の位置付けをめぐっては、やはり、その時期的変遷を考慮せねばならないであろう。

なおここで、「日向神話」において隼人と天皇が同祖とされることについてみておこう。

【史料12】

A『芸文類聚』巻十一　帝王部一　帝夏禹

帝王世紀曰。伯禹夏后氏。姒姓也。〈中略〉長㆓於西羌㆒。西羌夷人也。〈後略〉

B『初学記』巻九　帝王部　總叙帝王

伯禹帝夏后氏。帝王世紀曰。禹。姒姓也。〈中略〉長㆓於西羌㆒。西夷人也。〈後略〉

C『太平御覧』巻八十二　皇王部七　夏帝禹

帝王世紀曰、伯禹夏后氏、姒姓也。〈中略〉長㆓於西羌㆒。夷人。〈後略〉

『帝王世紀』によると、禹は「西羌」に長じた「夷人」だという。晋・皇甫《こうほ》謐《ひつ》『帝王世紀』は、特に『書紀』編纂に際して参考にされた可能性が高い史書として、最近注目されている。[42] したがって、隼人が夷狄であること、隼人が天皇と同祖であること、天皇家が「蕃夷の地」に出自を持つことは、禹という「偉大なる聖帝」の類例が中国にあるため、異とするには及ぶまい。[43] さらに『晋書』にも類似した表現がある。

【史料13】

A『晋書』巻一百一　載記第一　劉元海

元海曰「〈前略〉夫帝王豈有レ常哉、大禹出ニ於西戎一、文王生ニ於東夷一、顧惟徳所レ授耳。〈後略〉」

B『晋書』巻一百八　載記第八　高瞻

「〈前略〉奈何以ニ華夷之異一、有レ懐ニ介然一。且大禹出ニ于西羌一、文王生ニ于東夷一、但問ニ志略何如一耳、豈以ニ殊俗一不レ可ニ降心一乎。〈後略〉」

史料13Aは、前趙の創始者である匈奴出身の劉元海（劉淵）の言葉であり、「帝王となるのに（漢族だけという）常であることがあろうか、漢族が聖人と崇め伝説の夏王朝の創始者である禹は西戎の出身、同じく聖人とされる周王朝の創始者である文王も東夷の出身ではないか。帝王になるにはただ授けられた徳によるのみである」として、「夷狄」である自身の皇帝即位を正当化しているのだという。[44] 史料13Bは、前燕の創始者である鮮卑出身の慕容廆《ぼようかい》に対して漢人の高瞻《こうたん》が出仕を拒んだときの、慕容廆の言葉である。こちらも史料13Aの場合と同様に理解できよう。[45]

詳細については中国史家に教えを乞わねばならないが、晋代には禹や文王が蕃夷に出自を持つという観念が、少なくとも一部にはあったようである。

五．天皇制と夷狄概念

第三章で「朝貢」について簡潔に触れたが、ここであらためて考察してみよう。

【史料14】『続日本紀』巻九　養老七年（七二三）五月辛巳条

大隅・薩摩二国隼人等六百廿四人朝貢。

朝貢は先にみた通り華夷思想に関する用語であるが、『書紀』や『書紀』編纂時に重なる『続紀』記事をみてみると、熊襲、朝鮮諸国、蝦夷、遣隋使関連記事に用いられており、やはり蕃夷に関わる用語だとすることができる。また養老四年の詔勅（史料11）では、隼人を化外の存在だとしており、夷狄として認識していた可能性が高い。そうであるならば、養老元年には隼人の風俗歌舞奏上が史料上確認される（前章参照）が、その後も隼人は夷狄視されていることとなる。つまり、実際の政策において隼人は蝦夷や南島人とは異なる扱いを受けるようになり実質的には夷狄だとして扱われなくなったと思われるが、イデオロギー的認識／政策において隼人は、『書紀』が成立した養老年間においても依然として化外の夷狄だとみなされ続けるのである。同様に次の記事も参考となろう。「酋帥」の語句に注意したい。

【史料15】『続日本紀』巻九　養老七年（七二三）五月甲申条

賜二饗於隼人一。各奏二其風俗歌舞一。酋帥卅四人、叙レ位賜レ禄、人有レ差。

夷狄だとされる蝦夷や南島人と、隼人の扱いが異なるようになっても、しばらくは隼人を夷狄視する状況は続くので、夷狄概念の総体的な認識はいまだ揺れ動いていたと評価することができよう。

持統元年（六八七、『書紀』五月乙酉条）に天武の殯で隼人の「魁帥」が誄を述べる。『後漢書』祭遵伝に烏桓の魁帥、『三国志』呉書・黄蓋伝に武陵蛮夷の魁帥、『隋書』鉄勒伝に鉄勒の魁帥、『太平御覧』巻五九八に引く『晋中興書』に谿蛮の魁帥などとあるが、『書紀』で「魁帥」の語句が用いられているのは、兄猾と弟猾（神武即位前紀戊午年八月乙未条）、神夏磯媛（景行紀十二年九月戊辰条）、熊襲の首領（景行紀二十七年十二月条、景行紀二十八年二月乙丑朔条）、蝦夷の綾糟（敏達紀十年閏二月条）、隼人の首領（持統紀元年七月辛未条）である。[46] 以上のうち弟猾は東征軍を「牛酒」で饗し、神夏磯媛は景行に「帰徳」したいと申し出るなど、記事内容に中国的色彩が感じられる。したがって中村明蔵の指摘通り、「魁帥」は化外の蕃夷の首領に対して用いられる語句だという可能性に留意しておきたい。[47] なお持統元年はいまだ浄御原令が施行されていない時期であることに注意したい。

ここまでみてきた通り、天武・持統朝の隼人が化外の夷狄であったことを否定する要素はない。例えば伊藤が指摘する通り、天武十年（史料4）の多禰嶋人は化外の異俗を強調されており、天武紀五年九月戊寅条と持統紀二年十一月戊午条に「諸蕃」の語句がみえるため、萌芽的にせよこの時期にも華夷思想／夷狄概念の存在は認められよう。さらに隼人の相撲は天武・持統朝の二度だけ史料上にあらわれ（史料1H、史料10）、これ以外に一切確認できないものである。したがって隼人の相撲儀礼はこの時期に特徴的な服属の形態だと考えられ、また蝦夷やこの時期には夷狄であったと考えられる多禰嶋人には、相撲儀礼が確認されない。この点、この時期の対隼人政策の特色であるといえるが、しかしそれでもなお、天武・持統朝の隼人が夷狄ではなかったということにはならないことを、確認しておきたい。

私は夷狄概念を理解するうえで、天皇制の問題は軽視できないと考える。列島の君主が天武朝に天皇号を名乗り始めたことの意義は大きい。「中華を統べる王者たる皇帝」＝天皇は「未開人」「野蛮人」を教化せねばならないという徳治主義と、夷狄・蛮夷概念／王化思想はセットになっていると思われ、天皇号成立とともに夷狄概念の成立を考えることが可能である。そもそも東アジアにおける皇帝／天皇という概念は、礼的秩序／華夷思想抜きには理解しがたいであろう。よって天武朝においても、少なくとも理念としては礼的秩序／華夷思想／夷狄概念が存在したことは認めてよいと考える。ただし、これらがより明確化された、あるいは法制化されたのは、伊藤らの指摘通り浄御原令段階を重視すべきかもしれない。したがって天武朝は、いまだこれら概念の揺籃期というべきかもしれない。また夷狄政策の実務レベルにおいては、夷狄概念成立以前の儀礼のあり方などを踏襲、あるいは混在していた可能性もある。蝦夷は持統二年（六八八、十一月己未条）に「調賦」を負って誄を述べる。夷狄の代表格たる蝦夷でさえ「方物」ではなく「調」なのであるから、この時期の夷狄概念は流動的であったと評価されよう。

六．おわりに

ここまで本稿で検討してきたことをまとめてみよう。多禰嶋人の例から、夷狄政策にも時期的変遷があるこ

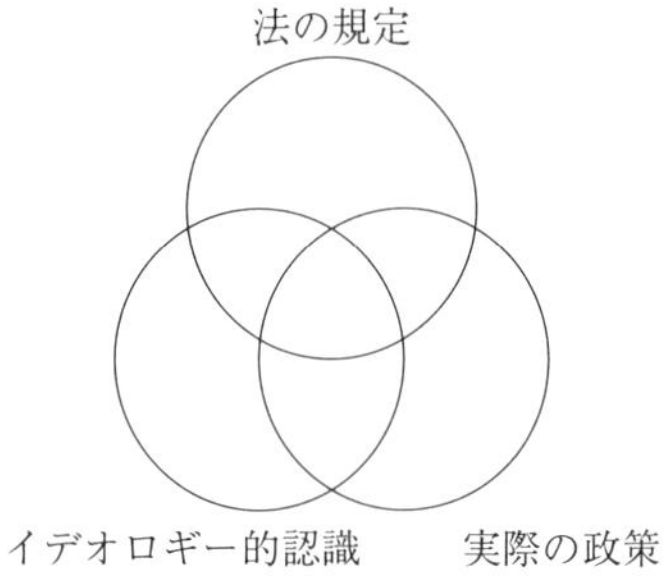

8世紀はじめの隼人の位置付け

とが確認された。これはまた、身分的変遷をもともなうことを想定させた。実際の政策上、隼人が蝦夷・南島人と明らかに区別されて扱われるようになり夷狄ではなくなるのは、和銅三年から養老元年の間にかけてであることを確認した。さらに『続紀』記事の文章表現の検討から、隼人は養老年間頃までは蕃夷／夷狄に関する用語で形容されることを確認した。これに関連し、隼人関係記事の文章表現の検討から、『書紀』に描かれた隼人、あるいは『書紀』編纂時において隼人は、少なくともイデオロギー的な認識においては夷狄視される場合があることを確認した。以上の検討より、実際の政策における隼人の位置付けと、史料の文章表現などから窺われる隼人のイデオロギー的位置付けは、必ずしも一致しないことが判明した。

　ここで、大宝令において隼人が夷狄だと規定されたと仮定してみよう。その場合、史料の文章表現などイデオロギー的認識において隼人は、養老年間頃までは夷狄として扱われるが、実際の政策においては和銅年間以降蝦夷や南島人とは異なる扱いとなっていき、夷狄ではなくなった可能性が高い。逆に大宝令において隼人が夷狄ではないと規定されたと仮定してみよう。すると、実際の政策において隼人は蝦夷や南島人とは異なる扱いとなっていき、夷狄として扱われなくなった可能性が高い。しかし史料の文章表現などイデオロギー的認識においては、養老年間頃までは夷狄として扱われ続ける。大宝令で隼人の位置付けが夷狄あるいは非夷狄と明確化されていたとしても、いずれにせよ、少なくともその運用面には齟齬が認められるのである。これについては、大宝令で隼人を夷狄／非夷狄と規定しても運用の実態は異なっていたのか、あるいは大宝年間から養老年間にかけて対隼人政策が変化していく中で法の整備が追い付かない状況にあったのか[48]、現状では明らかにしえず今後の研究の進展を俟ちたいが、ようするに、法の規定、実際の政策、イデオロギー的認識がズレており、三者は必ずしも重なり合わないことが認められるのである。

最後に本稿の主張をまとめてみたい。天武朝に隼人は化外の夷狄として設定されたものと考える。この時期の隼人にあるのは夷狄的性格のみであり、風俗歌舞奏上および呪術的機能を含む王権守護的な性格は付与されていなかったのではなかろうか。夷狄である隼人は、八世紀に入ると政策転換によって内国化／非夷狄化の方向性が目指され、和銅～養老年間を境に、実質的に夷狄ではなくなったものと考えられる。しかしイデオロギー政策においては、隼人は養老年間頃までは夷狄として扱われ続ける。これが隼人を夷狄として扱う場合もある『書紀』の認識の根拠となる。『書紀』や『続紀』は政府が編纂した「正史」であり、そこにみえるのは国家の公式見解である。また、詔勅も国家の公式見解である。隼人はある時期、確かに夷狄だったのである。そしてその後、おそらくは隼人の非夷狄化政策の一環として、和銅～養老年間に風俗歌舞奏上や王権守護的性格がスタートするのではないか。したがって夷狄的性格と王権守護的性格という隼人の二面性が両立するのは、和銅～養老年間のみであり、それとて夷狄的性格はイデオロギー面に限られる。これが『記・紀』の隼人観ではあるまいか。つまり、「神話」を含め天武朝より前の時期の『記・紀』隼人関係記事には、夷狄的性格と王権守護的性格という両面がある。これらで隼人像がそのように描かれているのは、端的にいえばこれらの記事が最終的にまとめられたのが、和銅～養老年間の時期だったからではあるまいか[49]。また大宝令で隼人の位置付けが明確化されていたとしても、それがただちに貫徹されたわけではなかった。実際の政策、イデオロギー的認識、そして法の概念は重なり合いながらも微妙に異なり、いくぶんズレを有する可能性がある。これらの点を踏まえ、七世紀終わりから八世紀はじめにかけての夷狄政策の「実質」を探るべきであろう。[50] したがって、隼人の位置付けをめぐって、法の概念を根本とし、それをもとに他の隼人関係史料をも「読解」するという伊藤の方法論は、困難を抱え込んでいると言わざるをえないのである。はじめにみたように、伊藤の立論は天平年間に成立した『古記』の見解によっている。[51] 伊藤はその『古記』の認識から導かれた隼人観を、七世紀終わりから八世紀はじめの隼人関連史料の読解にあてはめようとする。しかし『古記』の認識は、あくまで天平年間の一明法家の隼人認識を反映したものだとまずは考えるべきではなかろうか。[52]

隼人の位置付けや夷狄概念については、例えば天武朝、浄御原令制下、大宝令制下、養老年間以降といったように、時期的変遷を跡付けていかねばならないであろう。これを今後の課題として確認したうえで、ひとまず擱筆したい。[53]

【付記】

本稿を成すにあたっては、竹森友子、永山修一、吉田一彦の諸氏よりご意見を賜った。本稿は、平成二十四年七月十五日、同二十五年十月二十日に鹿児島市の鹿児島県歴史資料センター黎明館にて開催された隼人文化研究会例会における口頭報告「七世紀における隼人の位置付けについての予察」「大宝令前後の隼人」に基づいている。なお同二十四年六月十日に同所にて開催された同会における永山修一の報告「「隼人＝夷狄論」批判について―伊藤循氏の高論に接して―」に大きな示唆を得た。また本稿は、公益財団法人松下幸之助記念財団二〇一二年度研究助成「中国文献および中国思想の伝来と受容からみた古代日本天皇制の特質に関する政治思想史的研究」による成果の一部である。

【追記】

本稿脱稿後、大高広和「大宝律令の制定と「蕃」「夷」」（史学会編『史学雑誌』一二二―一二、二〇一三年）を知った。本稿の議論と重なり合う点が多く、参照を乞いたい。大高は、律令によって「蕃」と「夷」の区別、「諸蕃」と「夷狄」の観念は成文化されなかったと指摘する。なお隼人については、「化外」の存在であったとする。大高の議論は、特に法概念を中心に、従来の「夷狄」論に見直しを迫るものであり、後日あらためて検討したい。

【注】

（1）天皇号の成立とその意義をめぐる私見については、拙稿「隼人研究の背景」（宮崎考古学会編『宮崎考古』二四、二〇一三年）を参照されたい。

（2）例えば、石母田正「天皇と「諸蕃」」（同『石母田正著作集4　古代国家論』岩波書店、一九八九年）、井上辰雄『隼人と大和政権』（学生社、一九七四年）、石上英一「古代東アジア地域と日本」（『日本の社会史1　列島内外の交通と国家』岩波書店、一九八七年）、中村明蔵『新訂　隼人の研究』（丸山学芸図書、一九九三年）、中村明蔵『隼人と律令国家』（名著出版、一九九三年）などを参照されたい。

（3）伊藤循「蝦夷と隼人はどこが違うか」（吉村武彦ほか編『争点日本の歴史3　古代編Ⅱ』新人物往来社、一九九一年）、伊藤循「古代王権と異民族」（歴史学研究会編『歴史学研究』六六五、一九九四年）、伊藤循「延喜式における隼人の天皇守護と「隼人＝夷狄論」批判」（東京都立大学人文学部／首都大学東京都市教養学部人文・社会系編『人文学報』四六〇、二〇一二年）など。

（4）国郡制が南九州全域を覆うのは、大隅国が成立した和銅六年（七一三）である。永山修一「隼人の戦いと国郡制」（同『隼人と古代日本』同成社、二〇〇九年）、八九頁。

（5）この点について永山は、『延喜式』の隼人関係諸規定が八世紀代までさかのぼりえない可能性を指摘した。また河原梓水は、九世紀代の蝦夷には華夷思想の体現という役割は求められておらず、九世紀の国家は八世紀とは異なり華夷思想的秩序を維持しようとはしていないと指摘した。永山「隼人の「消滅」」（永山注〔4〕『隼人と古代日本』）、一五七頁以下。河原梓水「九世紀における蝦夷の宮廷儀式参加とその意義」（『立命館文学』六二四、二〇一二年）。

（6）武廣亮平「八世紀の「蝦夷」認識とその変遷」（『国立歴史民俗博物館研究報告』八四、二〇〇〇年）、九五―九六頁。

（7）永山注（4）「隼人の戦いと国郡制」、八九―九四頁。

（8）関口明「古代蝦夷論」（同『蝦夷と古代国家』吉川弘文館、一九九二年）、熊谷公男「養老四年の蝦夷の反乱と多賀城の創建」（前掲注〔6〕『国立歴史民俗博物館研究報告』八四）、武廣注〔6〕「八世紀の「蝦夷」認識とその変遷」、関口明「八世紀における蝦夷呼称の変化の問題――天平の陸奥国産金をとおして――」（天野哲也／小野裕子編『古代蝦夷からアイヌへ』吉川弘文館、二〇〇七年）、など。

（9）この点についてもすでに永山が問題提起を行っている。永山注（4）「隼人の戦いと国郡制」、四七頁。

（10）本稿を成すにあたっては、次の論考に示唆をえた。河内春人「日本古代における礼的秩序の成立―華夷秩序の構造と方位認識―」（『明治大学人文科学研究所紀要』四三、一九九七年）。また本稿と同様のテーマを論じるものとして、菊池達也「隼人の「朝貢」」（広島史学研究会編『史学研究』二七六、二〇一二年）がある。

（11）現在の隼人研究においては、天武紀の記事からが信頼するに足る隼人関係記事だと考えられている。拙稿『記・紀』隼人関係記事の再検討（一）（二）」（名古屋市立大学大学院人間文化研究科編『人間文化研究』九・一五、二〇〇八・二〇一一年）を参照されたい。

（12）拙稿も伊藤の批判対象となっている。拙稿注（11）二論文、拙稿「「日向神話」と南九州、隼人―出典論との関わりから―」（鹿児島地域史研究会編『鹿児島地域史研究』五、二〇〇九年）を参照されたい。
（13）吉村武彦『古代天皇の誕生』（角川選書、一九九八年）、一七三頁以下。辰巳和弘『聖樹と古代大和の王宮』（中央公論新社、二〇〇九年）、二六一頁以下。
（14）ただし和田萃は、須弥山が崑崙山と混同された可能性に注意を促している。和田萃「飛鳥のチマタ」（同『日本古代の儀礼と祭祀・信仰　中』塙書房、一九九五年）、三二九頁以下。
（15）熊谷公男「蝦夷と王宮と王権と――蝦夷の服属儀礼からみた倭王権の性格――」（奈良古代史談話会編『奈良古代史論集』三、一九九七年）、北條勝貴「日本的中華国家の創出と確約的宣誓儀礼の展開――天平期律令国家を再検討する視点として――」（仏教史学会編『仏教史学研究』四二―一、一九九九年）、九頁以下。また、今泉隆雄「飛鳥の須彌山と齋槻」（同『古代宮都の研究』吉川弘文館、一九九三年）も参照されたい。
（16）鈴木靖民「南島人の来朝をめぐる基礎的考察」（田村圓澄先生古稀記念会編『東アジアと日本　歴史編』吉川弘文館、一九八七年）、三五三頁。
（17）拙稿「文章表現からみた隼人」（大隅国建国一三〇〇年記念事業実行委員会・霧島市・霧島市教育委員会編『大隅国建国一三〇〇年記念シンポジウム資料集　大隅国建国がもたらしたもの』、二〇一三年）。
（18）伊藤注（3）「延喜式における隼人の天皇守護と「隼人＝夷狄論」批判」、一〇頁。
（19）中村明蔵「古代多褹嶋の成立とその性格」（前掲注〔2〕『隼人と律令国家』）、山里純一「古代の多褹嶋」（同『古代日本と南島の交流』吉川弘文館、一九九九年）、永山修一「天長元年の多褹嶋停廃をめぐって」（東京大学古代史研究会編『史学論叢』一一、一九八五年）。
（20）伊藤は「当初は南島の一つであった「多禰国」」との表現で、多禰嶋人の位置付けに時期的変遷があることを認めている。伊藤注（3）「延喜式における隼人の天皇守護と「隼人＝夷狄論」批判」、一〇頁。

（21）『書紀』においては他にも『隋書』高祖紀が用いられている箇所がある。岩波新日本古典文学大系本『続日本紀』の注釈、拙稿「『日本書紀』の文章表現における典拠の一例—「唐実録」の利用について—」（大山誠一編『日本書紀の謎と聖徳太子』平凡社、二〇一一年）、拙稿注（11）二論文などを参照されたい。

（22）『書紀』においては他にも「唐実録」が用いられている箇所がある。拙稿注（21）「『日本書紀』の文章表現における典拠の一例—「唐実録」の利用について—」、拙稿注（11）二論文を参照されたい。またあわせて、高松寿夫「元明朝の文筆—『続日本紀』掲載「元明譲位詔」を中心に」（東京大学国語国文学会編『国語と国文学』八七—一一、二〇一〇年）、高松寿夫「元明朝文筆の初唐文献受容」（針原孝之編『古代文学の創造と継承』新典社、二〇一一年）、高松寿夫「「元明譲位詔」注解—元明朝文筆の解明への手がかりとして—」（『万葉集研究』三三、二〇一一年）も参照されたい。

（23）『後漢書』を直接利用したのではなく、類書経由の間接利用であった可能性がある。池田昌広「范曄『後漢書』の伝来と『日本書紀』」（日本漢文学研究編集委員会編『日本漢文学研究』三、二〇〇八年）を参照されたい。

（24）岩波新日本古典文学大系本『続日本紀』の注釈、拙稿注（11）二論文、などを参照されたい。

（25）小島憲之「日本書紀の文章」（同『上代日本文学と中国文学　上』塙書房、一九六二年）、特に四五二頁。また四七六—四七九頁も参照されたい。

（26）森博達『日本書紀の謎を解く——述作者は誰か』（中公新書、一九九九年）、森博達『日本書紀成立の真実——書き換えの主導者は誰か』（中央公論新社、二〇一一年）。

（27）例えば、吉田一彦『仏教伝来の研究』（吉川弘文館、二〇一二年）など。

（28）このことについては周知の通り膨大な研究史があるため、ここでは次を掲げるにとどめたい。井上光貞「大化

改新の詔の研究」(『井上光貞著作集1　日本古代国家の研究』岩波書店、一九八五年)。

(29)武廣亮平「渡嶋エミシの朝貢とその展開」(前掲注〔8〕『古代蝦夷からアイヌへ』)、三頁。

(30)伊藤注(3)「延喜式における隼人の天皇守護と「隼人＝夷狄論」批判」、一〇—一一頁。

(31)念のため付言すれば、仮にこの記事が『書紀』編纂時における潤色だったとしても、隼人が土地の産物をもって朝貢したという歴史的事実を否定するには及ばないと考える。この点、私は天武朝より前の隼人関係記事と天武朝以降の隼人関係記事を明確に区別する。拙稿注(11)二論文を参照されたい。

(32)関口明『『正史』に記されたエミシ』(『歴史読本』三七—一七、一九九二年)、拙稿注(1)「隼人研究の背景」、拙稿注(17)「文章表現からみた隼人」、を参照されたい。

(33)関口注(8)二論文、武廣注(6)「八世紀の「蝦夷」認識とその変遷」。

(34)大平聡「古代国家と南島」(宮城学院女子大学キリスト教文化研究所編『沖縄研究ノート』六、一九九七年)。

(35)清寧紀四年八月癸丑条(史料7A)、欽明紀元年三月条(史料8A)、斉明紀元年是歳条(史料9A)、『続紀』和銅三年正月壬午朔条、和銅三年正月丁卯条。

(36)『続紀』霊亀元年正月甲申朔条(史料6)、霊亀元年正月戊戌条。

(37)『続紀』養老元年四月甲午条。

(38)永山注(4)「隼人の戦いと国郡制」、八九—九四頁。

(39)議論の詳細については、拙稿「「日向神話」の隼人像」(名古屋市立大学大学院人間文化研究科編『人間文化研究』二三、二〇一五年刊行予定)を参照されたい。

(40)伊藤注(3)「蝦夷と隼人はどこが違うか」七一—七二頁、など。

(41)拙稿注(39)「「日向神話」の隼人像」。

（42）勝村哲也「修文殿御覧天部の復元」（山田慶兒編『中国の科学と科学者』京都大学人文科学研究所、一九七八年）、瀬間正之「日本書紀開闢神話生成論の背景」（『上智大学国文学科紀要』一七、二〇〇〇年）、角林文雄「『日本書紀』・『古事記』冒頭部分と中国史書」（『京都産業大学日本文化研究所紀要』六、二〇〇〇年）、瀬間正之「古事記序文開闢神話生成論の背景」（『上智大学国文学科紀要』一八、二〇〇一年）、戸川芳郎『漢代の学術と文化』（研文出版、二〇〇二年）、毛利正守「日本書紀冒頭部の意義及び位置づけ――書紀における引用と利用を通して――」（東京大学国語国文学会編『国語と国文学』八二―一〇、二〇〇五年）、瀬間正之「アメツチノハジメ」（『国文学―解釈と教材の研究―』五一―一、二〇〇六年）、池田昌広「『日本書紀』書名論序説」（『仏教大学大学院紀要』三五、二〇〇七年）、池田昌広「『日本書紀』は「正史」か」（鷹陵史学会編『鷹陵史学』三三、二〇〇七年）、尾崎勤「中大兄皇子と周公旦：斉明朝の「粛慎」入朝が意図すること」（日本漢文学研究編集委員会編『日本漢文学研究』二、二〇〇七年）、拙稿注（12）「「日向神話」と南九州、隼人―出典論との関わりから―」、森注（26）『日本書紀成立の真実』、瀬間正之「『古事記』序文生成論典拠再考―上代日本の作文の一例として」（『アジア遊学』一六二、二〇一三年）。なお『書紀』述作者が『帝王世紀』を直接参照したのか、それとも類書などを経由した間接利用であったのかについては、今後検討する必要があろう。

（43）拙稿注（17）「文章表現からみた隼人」、七二頁。

（44）大久保秀造「東晋元帝の勧進の新研究」（『大正大学大学院研究論集』三五、二〇一一年）、六頁。川本芳昭「五胡における中華意識の形成と『部』の制度の伝播」（古代学協会編『古代文化』五〇―九、一九九八年）、五頁。

（45）前掲注（44）に同じ。

（46）『続日本紀』に「魁帥」の用例はない。

(47) 中村明蔵「天武・持統朝における隼人の朝貢」(中村注〔2〕『隼人と律令国家』)、一三四頁。
(48) この点については、隼人文化研究会での議論において示唆を得た。付記参照。
(49) 天武朝より前の時期の『記・紀』隼人関係記事の史料批判については、拙稿注(11)二論文を参照されたい。
(50) 本稿では実際の政策、イデオロギー的認識、法の規定が必ずしも一致しないという現象について、事実認識として示すことしかできなかったが、今後はそのプロセスの解明が求められるであろう。その際、時間軸に沿った分析とともに、同時期の対蝦夷政策との比較検討が重要になるものと予想される。例えば武廣は以下のように指摘する。養老年間頃までは蝦夷社会の内国化・百姓化がある程度計画されていたが、これに対する蝦夷の抵抗は、結果的にそのような支配の実現化が非常に困難であることを政府側に認識させた。養老、神亀における蝦夷の「反乱」は、蝦夷百姓化政策の限界を示し新たな支配の方式を模索させることになったのだという。武廣注(6)「八世紀の「蝦夷」認識とその変遷」、九九頁。
(51) ただし賦役令辺遠国条所引『古記』(史料3C)は、隼人を夷狄ではないと断定できていない。隼人文化研究会における永山の報告による。付記を参照されたい。『古記』はかつて隼人が夷狄であった事実をひきずっているのではないか。
(52) 大高広和は辺境政策の時代的変遷に関する論考の中で、「古記の注釈であっても、大宝律令編纂時の意図を量る上では慎重に取り扱わなければならない」と指摘する。大高広和「律令継受の時代性——辺境防衛体制からみた——」(大津透編『律令制研究入門』名著刊行会、二〇一一年)、一六七頁。
(53) 隼人の名義をめぐっては諸説あるが、これについては、拙稿「隼人論の現在」(古代学協会編『古代文化』六六—二、二〇一四年)を参照されたい。

上総の伊甚屯倉と中央・地方の豪族

前之園亮一

はじめに

上総の伊甚屯倉《いじみのみやけ》は、『日本書紀』安閑天皇紀に設置伝承が記載されている。また、大伴氏の系譜を記した『古屋家家譜』に、大伴頬垂連公《おおとものほおたりのむらじきみ》という人物が伊甚屯倉を管掌した記事がみえる。伊甚屯倉関連の史料は僅少であるものの、それを吟味しつつ、伊甚屯倉の設置伝承、設置年代、範囲・領域、設置前史、開発や経営、開発・経営に参加した氏族、輸送ルート、また伊甚屯倉と周辺の国造との関係などについて論じてみたい。

一　伊甚屯倉の設置年代と領域

伊甚屯倉の設置に関する伝承は、『日本書紀』安閑天皇元年四月癸丑朔条に次のように記されている。

内膳卿《かしわでのつかさのきみ》膳臣《かしわでのおみ》大麻呂、勅を奉りて、使を遣して珠を伊甚に求めしむ。伊甚国造等、京に詣づること遅晩《おそ》くして、時を踰《こ》ゆるまでに進《たてまつ》らず。膳臣大麻呂、大きに怒りて、国造等を収《とら》へ縛りて、所由を推問ふ。国造稚子直等、恐懼《かしこま》りて、後宮の内寝に逃げ匿る。春日皇后、直に入れるを知らずして、驚き駭《いわ》けて顚《たお》れたまひぬ。慚愧《は》ぢたまふこと已《や》むこと無し。稚子直等、兼ねて闌入之罪《みだれがわしくまいれるつみ》を贖はむと請す。因りて伊甚屯倉を定む。今分ちて郡として、上総国に属《つ》く。

右の伊甚屯倉設置伝承は、安閑天皇紀に集中的に記載されている屯倉設置記事の一つである。これらの屯倉記事は、何を原資料としているのであろうか。安閑紀の屯倉記事はすべて国ごとに分類されているので、推古天皇朝における屯倉整備に関する資料が、聖徳太子・蘇我馬子の編纂した「国記」に取り入れられ、さらに「国記」の屯倉記事を原資料にして安閑紀の屯倉記事が書かれた、という見解が角林文雄氏によって提示されている（角林氏は、「国記」は国ごとに記述する体裁をとっていたという[1]）。

仮に角林説に従うと、伊甚屯倉をはじめ安閑紀に記された屯倉関係記事は、推古朝における屯倉整備に関する資料に起源するのであるから、実際にこれらの屯倉が安閑朝に置かれたかどうかは再検討しなければならないことになる。安閑朝の前後に置かれた屯倉までも、安閑紀に一括して設定記事を載せた可能性もあるので、伊甚屯倉設定が安閑元年条に記載されているからといって、それを史実と即断することはできないのである。ただし、角林氏は安閑・宣化朝に設定された屯倉は対朝鮮軍事戦略の影響が強く見られるので、安閑紀前後の屯倉設置の記事はほぼ事実を反映している、といわれる[2]。

また伊甚屯倉は、伊甚国造が贖罪のために安閑天皇の皇后春日山田皇后に献上したと伝え、しかも実際に上総国夷灊《いじみ》郡には春部直黒主売が居住しているので（『日本三代実録』貞観九年四月二十四日条）、伊甚屯倉が安閑朝に置かれたのは事実であるかのようにみえる。しかしながら、春部（春日部）は春日山田皇后のために安閑朝に設定された名代とは断定しがたいのである。雄略天皇の娘春日大娘皇女（仁賢天皇の皇后、武烈天皇の母）のために雄略朝ないし仁賢朝に設置されたという説も存するからである[3]。さらに第三章に後述のごとく、伊甚屯倉の経営に久米部も参加していたが、春日大娘皇女の夫の仁賢天皇は、屯倉や久米部とも関係の深い人物と伝えられているからである。「記紀」によると、父親を雄略天皇に殺された億計王《おけのみこ》（仁賢天皇）は同母弟の弘《を》計王《けのみこ》（顕宗天皇、又の名は来目稚子《くめのわくご》）とともに播磨の縮見屯倉《しじみのみやけ》に身分を隠して亡命していたが、縮見屯倉にやってきた伊予来目部小楯《いよのくめべのおだて》によって二人の兄弟は王子として大和へ送り返され、弟顕宗天皇・兄仁賢天皇の順に即位したと伝えられている。

このように、伊甚屯倉の設置年代を特定することは容易なことではない。ただし、第三章に後述のごとく、伊甚屯倉は大伴頬垂連公（大伴金村の孫）が管掌しており、大伴金村は屯倉の設置にも積極的であったので、ここでは大伴金村が大連として政権の座にあった武烈天皇朝から欽明天皇朝初期までの間に設定された、というふうに幅をもたせて考えておきたい(4)。

伊甚国造が献上を命じられた「珠」については、真珠説と琥珀説(5)の両説が提示されているものの、前者が優勢である。古代の真珠は、大部分がアワビ・アコヤ貝からとれる天然真珠であり、伊甚国造の領域の沿海は房総で最大・最良のアワビ漁場であった。今日でも、いすみ市の大東崎から八幡岬にかけての南北約十〜十四キロメートルの沿岸海域には、水深二十メートルほどの岩盤礁とその沖合にある大小数十の付属礁が発達しており、千葉県最大のアワビ漁場となっている(6)。

また、左記の平城宮址出土の木簡からも、夷灊郡から鮑を貢進したことを知ることができる（『平城宮発掘調査出土木簡概報』十二）。なお、木簡に記された「若□□□」は、第四章の末尾に述べたように、若麻績部《わかおみべ》ないし若田部のことと推測される。

「上総国夷灊郡盧道郷戸主若□□□×　×□人部味酒凡鮑調陸斤条卅一国司員外大目××□正六位上□□ □当郡司擬少領外大初位上□□□□」
「　宝亀五年十月」

伊甚国造の「珠」と無縁とは思われないのが、上総国埴生郡の式内玉前神社（名神大社、一宮町一宮に鎮座）である。玉前神社の「玉」も真珠・琥珀いずれか決しがたいものの、この神社は伊甚国造ゆかりの社であろう。なお、伊甚国造と祖神（天穂日命）を同じくする志摩国の嶋津国造も、真珠を貢進していたらしい。それは、『延喜式』巻十五・内蔵寮式諸国年料供進条に「白玉一千丸志摩国所進。臨時有増減。」と見えることから推察できる。御食国の一つ志摩も膳氏と有縁の国であった。

図1　上総国略図（『国史大辞典3』による）

さて、次に伊甚屯倉の中心部と範囲・領域について考えてみよう。伊甚屯倉の中心部は、太平洋に注ぐ夷隅川の中流いすみ市の旧夷隅町域・下流同市の旧岬町域に形成された沖積平野に存在したようである。[7] 夷隅町の国府台《こうのだい》の小字下小倉・東小倉・西小倉は、伊甚屯倉に関連する地名と推定され、[8] 国府台の北東約一・五キロメートルの同市苅谷にも小字大倉谷・南大倉台・北大倉台があり、これも屯倉ゆかりの地名といわれている。なお、国府台は夷灊郡衙の推定地である。国府台の北側の国吉は、房総で最も整然とした条里制が敷かれた場所であるといわれ、下流のいすみ市岬町の桑田・押日・中滝一帯も条里制地割りの痕跡が残されている(9)。

伊甚屯倉の範囲・領域は、安閑紀に「今分ちて郡として、上総国に属く」と伝えるので、かなり広域にわたっていたらしく、大化以後に分割して幾つかの郡に編成されたようである。それは、夷灊郡とその北側の埴生郡・長柄郡に分けられたと推定される。ただし、後述のごとく埴生郡は伊甚国造の本拠地ゆえ、埴生郡の大部分は伊甚屯倉の範囲から除くべきであろう。また、長柄郡刑部郷の刑部集団と同郡谷部（長谷部）郷の長谷部集団は、それぞれ特定の王族に相続・領有されていたので、刑部郷と長谷部郷も伊甚屯倉の領域から除外するのがよいと思う。すると伊甚屯倉の範囲・領域は、夷灊郡六郷全域と長柄郡六郷のうち刑部郷・長谷部郷を除く残り四郷、埴生郡六郷のうちの一部分を合わせた地域となり、かなり広大な面積を占める。現在の市町村でいうと、夷隅川流域の千葉県いすみ市・夷隅郡大多喜町・御宿町・勝浦市北部と、太平洋に流入する一宮川流域の茂原市北部・長生郡長柄町・長南町南部にほぼ相当するであろう。

伊甚屯倉の範囲・領域は右のように推定できるが、そこは元々伊甚国造の領域であった。伊甚国造は、もとは埴生郡を本拠にして夷灊郡と長柄郡をも含む広い地域を領有・支配していた。しかし、のちに夷灊郡六郷と長柄郡四郷の地を伊甚屯倉として割き取られたために、大幅に支配領域を狭められ、本拠地の埴生郡に押し込められてしまったものと思われる。なお以下では、夷隅川と一宮川の流域の夷灊郡・埴生郡・長柄郡を合わせた地域をイジミ地域と仮称することにしたい。夷隅川、一宮川の流域面積は、二九九・四平方キロメートル、二二二平方キロメートルであり、房総で最大級の流域面積を誇っている。

夷灊郡と長柄郡のほぼ中間に位置する埴生郡は、伊甚国造やその前身の伊甚首長の本拠地と推定される。埴生郡は一宮川中流・下流の茂原市南部・長生郡長生村・長南町南部・一宮町にあたり、上総の太平洋側の地域（上総東部）のなかで最も早く有力な首長が出現した所であった。それは、埴生郡の古墳文化が物語っている。上総東部において、墳丘全長六〇メートル以上の規模を有する大型の前方後円墳が分布するのは埴生郡だけである。それは、一宮川の下流域（一宮川支流の埴生《はぶ》川流域）の長南町に残る油殿《あぶらでん》一号墳（九五メートル、四世紀後半）と能満寺古墳（七四メートル、四世紀後半）である。この二基の古墳は、伊甚国造の前身にあたる伊甚首長の奥津城であろう。油殿一号墳と能満寺古墳の被葬者は、一宮川流域のみならず夷隅川流域も合わせたイジミ地域全域に君臨した有力首長であったのではなかろうか。イジミ地域の有力首長は、すでに四世紀から大和政権と交流して、大型の前方後円墳を築いていたのである。

伊甚国造は「国造本紀」によると、成務天皇朝に任命されたと伝えるが、それは信用しがたい。伊甚の首長が伊甚国造に任命された時期は分明でないものの、五世紀中葉の允恭天皇朝、あるいは五世紀後期の雄略天皇朝頃ではあるまいか。というのは、本来伊甚首長の支配領域であった長柄郡に允恭の皇后忍坂大中姫の名代刑部の集住する刑部郷や、雄略の名代長谷部の居住する谷部郷（長谷部郷）が存在するからである。伊甚国造の氏姓については、春（日）部直とする説(10)、膳大伴部を管掌する伴造として大伴直と称していたとする見解がある(11)。

なお「国造本紀」によると、豊前の豊国造は伊甚国造と同祖であると記されている。それは、「豊国造　志賀高穴穂朝御代。伊甚国造同祖。宇那足尼。定賜国造」という記事である。豊国造は豊前の東部地域を支配した勢力と思われるが、なぜ豊国造は遠く離れた上総の伊甚国造と同祖関係に結ばれているのであろうか。その一因は、両国造が屯倉や膳氏・車持君を介して親密な間柄にあったからであろう。安閑紀二年五月条に「豊国の媵碕屯倉《みさきのみやけ》・桑原屯倉・肝等屯倉《かとのみやけ》・大抜屯倉・我鹿屯倉《あかのみやけ》」などを定めたとあり、この五つの屯倉の所在地を豊前東部に比定する見解があるから、(12) 豊国造はこれらの屯倉と無関係ではあるまい。また、大宝二（七〇二）年の豊前国仲津郡丁里戸籍には、膳臣や車持君・春日部を名乗る者が記載されているが、伊甚国造・伊甚屯倉も膳臣・車持部・春日部とつながりを有しているのである。仲津郡は、もとは豊国造の領域であった。

二　伊甚屯倉の前史―刑部屯倉・長谷部屯倉・丁籍―

『日本書紀』によると、伊甚屯倉は安閑朝にはじめて設置されたと伝えているが、それ以前のイジミ地域は屯倉と無縁な所であったのだろうか。無縁ではなくて、伊甚屯倉設置以前から県や屯倉に類似する土地柄であったと思われる。海産物の宝庫である海域・海岸を擁するイジミ地域の首長は、四・五世紀から大王への服属のしるしにアワビ・真珠などの海産物やモヒ（飲料水）を貢納していた。また伊甚国造とその一族は、名代の現地伴造の刑部直・長谷部直・春日部直などに任命されて、名代で構成される仮称刑部屯倉（長柄郡刑部郷）・仮称長谷部屯倉（同郡谷部郷）の管理にも従事していた。このようにイジミ地域は早くから大王家の支配が強く及んでいた地域であり、いわば県や屯倉に準ずるような状態にあった。そのような前史を受けて、次に伊甚屯倉という本格的な屯倉が設置されるに至ったと考える。

四世紀に大型前方後円墳二基を築いた伊甚首長は、四世紀末～五世紀から大和政権の我孫公《あびこのきみ》の指揮のもと、内廷にモヒ（飲料水）や山海の幸（食料）を献上して大王に服属していた。それは、長柄郡車持郷の比定地の長南町蔵持に我孫子という小字が存在することから推測できる。車持郷の遺称地に小字我孫子があることは、この小字が古代に遡るものであることを告げている。というのは、我孫公と車持公は同祖・同族の関係に結ばれているからである。『新撰姓氏録』によると、我孫公と車持公はいずれも豊城入彦命の後裔であると称している。

未定雑姓和泉国

我孫公　豊城入彦命の男倭日向健日向八綱田命の後なり。

左京皇別下

車持公　上毛野朝臣と同祖。豊城入彦命八世の孫射狭君の後なり。雄略天皇の御世。乗輿を供進す。仍て姓車持君を賜ふ。

我孫子の起源は、四世紀末頃まで遡る可能性も指摘されているが、五世紀頃に設置された内廷にかかわる古い官職・氏族（のちにカバネにもなる）であり、屯倉にも関与したといわれている。(1)我孫子は大王へモヒ（飲料水）・酒・食料などの御饗を貢納することに従事したので、我孫子の語義は御饗を献上する「饗彦《あへひこ》」に由来する。(2)そして井上辰雄氏は長柄郡車持郷の我孫子も「一宮川や、それが注ぐ海岸などの産物を、天皇家に御饗を供した」といわれ、篠原幸久氏は車持郷の我孫子は「一宮川の支流三途川の上流・水源」から「清冽なモヒや山産物を採取・貢進した」のであり、その運搬に関与したのが同系統の車持部であった、と説かれている。(3)

イジミ地域がアワビや真珠などの海産物の宝庫であることと、我孫子が大王の食料を貢進する氏族・官職であることは相互に関連がある。また、伊甚首長が四世紀後半に大型古墳を築いた古い勢力であることと、我孫子が四世紀末まで遡る可能性を有する古い官職・氏族であることとも矛盾しない。思うに、我孫子という小字が伊甚首長の領域の一角車持郷に存在することは、伊甚屯倉設置以前の五世紀から伊甚首長は我孫公の指揮のもと、山海の産物やモヒを大王へ献上していたのであろう。そのなかには、真珠や琥珀も含まれていたはずである。そののち、膳臣もイジミ地域へ進出してきた。その理由は、ここが大王に食料を献上する土地であり、膳氏も大王の食膳に奉仕する氏族であったからである。

五世紀中葉・後期になると、イジミ地域の長柄郡にも大和政権が進出し、伊甚首長の人民を割き取って名代に編成した。すなわち五世紀中葉に一宮川上流の長柄郡刑部郷（長柄町刑部・金谷・大津倉から長富にかけての一帯）に允恭天皇の皇后忍坂大中姫の名代の刑部が設定され、ついで五世紀後期に一宮川中流の谷部（長谷部）郷（茂原市長谷・内長谷一帯）に雄略天皇の名代長谷部が設置された。刑部郷推定地の東側に谷部郷推定地が隣接しているわけは、忍坂大中姫と雄略天皇が親子だからであろう。雄略は、母親の名代刑部集団（刑部郷）のすぐ隣に自分の名代長谷部集団（谷部郷）を置いたのである。大和政権は、伊甚国造の人民の一部を割き取って刑部・長谷部を設定し、その地方的伴造の刑部直・長谷部直には伊甚国造の一族を任命したと思われる。

大和政権が意図的に一宮川の上流に刑部集団を、中流に長谷部集団を置いた結果、下流域に本拠を有する伊甚首長は以前にも増して大和政権の圧迫を被ることになったはずである。それは、油殿一号墳・能満寺古墳以後、五世紀になると大型の前方後円墳の築造が跡絶えることと無関係ではあるまい。ただし、伊甚国造の本拠地の埴生郡には名代や中央氏族の名称を冠した郷名は見られないので、伊甚首長・伊甚国造は在地首長としての自立性を維持できたはずである。ちなみに『和名類聚抄』によると、埴生郡は埴生・埴石・小田・坂本・横栗・河家の六郷で構成されている。

かくしてイジミ地域のなかでは、まず最初に長柄郡と埴生郡が大和政権の支配下に組み込まれていった。ついで雄略朝ないし五世紀終末期の仁賢天皇朝には、後進地帯であった夷灊郡にも大和政権の支配が伸びてきた。

それは、夷灊郡に春日部が分布することから推測できる。
『日本三代実録』貞観九年四月二十日条に、

節婦、上総国夷灊郡人春部直黒主売叙二階。免戸内役。以表門閭。

と見える夷灊郡の春部直黒主売は、カバネ直を帯びているので伊甚国造の系譜に連なる人物であろう。この春部（春日部）は、安閑の皇后春日山田皇女（母は和珥臣日爪《わにのおみひづま》の娘糠君娘《あらきみのいらつめ》）の名代として安閑朝に設定されたとみる説が、有力視されているように見受けられる。その一因は、伊甚屯倉の起源伝承が安閑紀に記載され、伊甚屯倉は安閑の皇后春日山田皇女に献上されたと伝えられているからであろう。もう一つの理由は、安閑二年五月条に「火国の春日部屯倉」「阿波国の春日部屯倉」の設定記事が見え、春日部を冠する屯倉が安閑朝に設置されたと記されているからであろう。

しかしながら、伊甚屯倉が安閑の皇后春日山田皇女に献上されたという伝承や、火国・阿波国の春日部屯倉設置記事を安閑朝の史実とみなしてよいのだろうか。というのは、伊甚屯倉設置以前の雄略朝ないし仁賢朝から夷灊郡に春日部が設定されていた可能性も存するからである。

筆者は、春日部は雄略の皇女で仁賢天皇の皇后となった春日大娘《かすがのおおいらつめ》皇女（母は春日和珥臣深目の娘童女君）の名代とみる説が妥当であると考える。その理由は、イジミ地域には春日大娘皇女の父雄略の名代長谷部の集住地の谷部（長谷部）郷、祖母忍坂大中姫の名代刑部が居住する刑部郷が分布しており、春日大娘皇女は祖母・父を介してイジミ地域との縁が薄くないからである。夷灊郡の春日部は、春日大娘皇女の祖母忍坂大中姫ないし父雄略の計らいによって刑部郷・谷部郷のあるイジミ地域に設置されたのではなかろうか。その結果、イジミ地域には祖母の名代刑部・子の名代長谷部・孫の名代春日部、という具合に三代にわたる大王家の名代が分布することになった。そして春日大娘皇女の没後は、春日部は同じ和珥氏の血を引く春日山田皇女（安閑の皇后）に伝領されたと思われる。

このようにイジミ地域のうち長柄郡と夷灊郡の地は、伊甚屯倉設置以前から刑部・長谷部や春日部が集団的に設置され、大王家の強い支配を被っていた。なかでも長柄郡刑部郷・長谷部郷の地は、屯倉に近い状態になっていたと推測される。というのは、名代が集団的に設置された所には、その名代によって構成される屯倉が置かれていたからである。たとえば、刑部が集団的に設置された長柄郡刑部郷には刑部で構成される屯倉が置かれていたのである。直木孝次郎氏は「東国には天皇家に直属する名代・子代の部の民が多く」「そうした部民によって構成される村落（中略）の性格は」「屯倉の性格と近似している点が少なくないであろう」といわれている。(5)

刑部の集団が居住する長柄郡刑部郷の性格も、屯倉の性格に近似していた。それは、『日本書紀』大化二年（六四六）三月壬午（二十日）条の記事から推察できる。この日、孝徳天皇が「昔在《むかし》の天皇の日に置ける子代《こしろの》入部《いりべ》、皇子等の私に有《たも》てる御名入部《みなのいりべ》、皇祖大兄《すめみおやおほえ》の御名入部 彦人大兄を謂ふ。及び其の屯倉、猶古代の如くにして、置かむや不《いな》や」と諮問したのに対して、皇太子中大兄皇子は奏請文をたてまつり、天に雙《ふた》つの日なく国に二人の王無し、万民を使うべきはただ天皇のみと称して、「入部五百廿四口・屯倉一百八十一所」を天皇に献上したと記されている。

この記事を考察された薗田香融氏は、「皇祖大兄の御名入部」とは刑部のことであり、刑部は大化二年当時は中大兄皇子が伝領していたことを明らかにされた。また薗田氏は、「入部五百廿四口・屯倉一百八十一所」の意味について「入部」は刑部を指し、「五百廿四口」は三十戸ごとに一人を出す仕丁の人数であると解釈された。すると三十戸に仕丁一人を出すとして計算すれば（三十戸×五百二十四口）、中大兄によって献上された入部＝刑部は一万五千七百二十戸（令制の郷に換算して三百十四郷分に相当）になるという。さらに薗田氏は、一万五千七百二十戸の刑部は「屯倉一百八十一所」を構成していたという。[6]

右の薗田氏の所説は妥当な見解であると思う。薗田説に従って推計してみると（一万五千七百二十戸÷屯倉一百八十一所）、一つの屯倉は平均して約八十六戸の刑部で構成されることになる。なお、薗田氏は全国に存在した「大化当時の正倉（屯倉）の総数は一五〇〇所となり、皇太子の返上した一八一所は、その約一二パーセントに当る」といわれる。その論拠は、『出雲国風土記』などに見える正倉は屯倉の後身であり、諸国には平均して一郡に約三ヵ所の正倉があると推測でき、大化当時の全国の総郡数は約五百と推定できるからであるという。[7]

大化二年当時、刑部で構成される「一百八十一所」の屯倉（これを刑部屯倉と仮称する）が存在していたわけであるが、上総の長柄郡刑部郷もその一つであったと思われる。長柄郡の刑部屯倉の管理は、伊甚国造の一族（刑部直）に委任していたのであろう。刑部郷の遺称地の長生郡長柄町大字刑部の周辺には、屯倉関連の地名・神社も存在する。刑部の南東約一キロメートルに同町大字大津倉があり、さらにその南東約一キロメートルに犬飼神社が鎮座する。この一帯は刑部郷の比定地であり、大津倉の大津は一宮川上流に設けられた屯倉の港、倉は屯倉の倉庫、犬飼神社は屯倉の犬養部ゆかりの神社の可能性が考えられる。ただし、大津倉の倉は谷地形を意味する語、犬飼神社は真言宗寺院関連の神社の可能性もある。

『和名類聚抄』によると、刑部郷の分布は上総の長柄郡刑部郷のほか、下野から備後まで一二ヵ国に一八郷分布する。これらの刑部郷も「屯倉一百八十一所」の後身であろう。なかでも摂津国有馬郡忍壁郷は上下二郷に分かれているので、ここには特に大きな刑部集団が存在していたと推察される。だからこそ、刑部を伝領していた舒明天皇は、有馬郡の「有間温湯」へ二度も行幸したのであろう（舒明天皇紀三年九月・十年十月条）。この刑部集団も刑部屯倉に編成されており、大化後に上・下の忍壁郷に二分されたと推察される。

なお、刑部は息長氏によって管掌されたことを薗田氏は論証されており、筆者もそれに異存はない。ただし、息長氏は諸国に散在する一万五千七百二十戸もの膨大な刑部と、百八十一所もの多数の刑部屯倉をどのようにして管理したのであろうか。推察するに、息長氏のもとで刑部史（押坂部史）等が刑部の丁籍を造って管理していたのではあるまいか。孝徳天皇の諮問を受けた中大兄皇子が、ただちに「入部五百廿四口、屯倉一百八十一所」を天皇に奉還できたのは、中大兄の手許に全国の刑部の丁籍があったからであろう。刑部史の初見は用明天皇二年（五八七）条に押坂部史毛屎が物部守屋の配下として登場するので、その頃には上総国長柄郡刑部郷の刑部の丁籍をはじめ諸国の刑部の丁籍が、刑部史によって作成されていたと思われる。それは、男だけを対象にした木簡に書かれた丁籍であろう。

屯倉で丁籍を造ったことは、欽明天皇紀三十年正月・四月条に見える。吉備の白猪屯倉に船（白猪）史膽津《いつ》を派遣して「白猪田部の丁《よぼろ》の籍を検《かんが》へ定め」させたという。この記事について、平田耿二氏は次のようにいわれている。「六世紀半ばの欽明三十年にはじめられた、男を対象とする『丁籍』の作成こそ、わが国における初の本格的な戸籍の作成であった」「しかも造籍の対象となった人民の数が数万人におよんだことから」「わが国戸籍史上特筆すべき造籍」であった、と。[8] また平田氏は、白猪屯倉で作成された丁籍の形態を次のように推定されている。それは紙に書かれたものではなく、木簡の両端と中ほどの二ヵ所を紐で編んでつなげたものに、朝鮮経由で伝わった中国北朝の戸籍記載様式にならって、一行ごとに三人の名前を三段に整理して記載しており、男だけが登録されていたという[9]。すると、長柄郡刑部郷の刑部屯倉で造られた丁籍の形態も、同様なものだったのではなかろうか。

長柄郡刑部郷は大化以前には刑部屯倉を構成していたことから類推するに、同じ長柄郡の谷部（長谷部）郷の長谷部集団も屯倉を構成していたと思われる（これを長谷部屯倉と仮称する）。その管理は、伊甚国造の一族の長谷部直に委任していたのであろうが、長谷部についても丁籍が作成されていたのではなかろうか。すると、伊甚屯倉においても丁籍が造られた可能性は低くない。

これまで述べたごとく、イジミ地域の長柄郡刑部郷や谷部郷は伊甚屯倉設置以前から名代によって構成される屯倉的な地域となっていた。イジミ地域と伊甚首長・伊甚国造は、もともと大王家や屯倉とつながりの強い土地柄・勢力であったのである。そのような前史を受けて、さらに本格的で広大な伊甚屯倉が置かれることになったのであろう。

三　伊甚屯倉の経営1――強制移住・築堤・造池――

伊甚屯倉の範囲は夷灊郡と長柄郡にまたがっていたが、屯倉の中心部は夷灊郡にあったと思われる。夷灊郡にはめぼしい前方後円墳が築かれず、名代や中央氏族の部曲名を冠した郷名も存在しないので、早くから開発された地域とは考えがたい。また、夷灊郡は広大な面積を占めるにもかかわらず、郷は六つしかない。これは、土地は広く人口は少なかったことを物語っている。宇野貴和氏によると、八世紀の夷灊郡は下総国葛飾郡についで房総で二番目に人口密度が低い郡であったという[1]。つまり夷灊郡は開発の遅れていた地域であったのである。

そのような所に屯倉を設置するには、まず耕地を造成・開発しなければならないが、そのための労働力が必要となる。伊甚国造支配下の人民を割き取ったり徴発するだけでは不足するので、大和政権は伊甚屯倉の周辺の国造支配下の人民の一部を強制的・集団的に移住・移民させたはずである。それは、『和名類聚抄』の夷灊郡の郷名や、いすみ市の大字・小字などの地名から推測できるのである。といっても高山寺本・名博本には夷灊郡の郷名が一切記されていない。しかし、東急本・元和古活字本には雨霑《うるう》・蘆道・荒田・長狭・白羽・余戸郷の六郷が記載されている。また、『和名抄』の夷灊郡蘆道郷は平城宮出土木簡に「夷灊郡盧道郷」とみえ、上総国分寺出土の土器にも「蘆道」という墨書銘がある。したがって東急本・元和古活字本に記された夷灊郡の郷名は、信用に値すると考える。

さて、まず夷灊郡長狭郷は、南隣の長狭国造領（安房国長狭郡一帯）の人民の集団を強制的に移住させた所であり、後に郷に編成されたと推察される。長狭郷は、いすみ市夷隅町大字今関の小字に大長サ・下長サ・扇子長サがあるので、この周辺に比定できよう。ここは夷隅川中流に形成された沖積平野に位置し、伊甚屯倉の中心部にあたる所である。前述のごとく、今関の南東約一・五キロメートルの苅谷に屯倉ゆかりの地名と思われる小字が分布し、今関の南東約三キロメートルの国府台は夷灊郡の郡衙推定地と目されている。

安房の長狭国造支配下の人民集団が伊甚屯倉に移住させられた理由は、長狭国造領（長狭国）が伊甚屯倉に隣接していたからだけではあるまい。長狭国には大伴連の部曲の大伴部が設定されていること（長狭郡大伴郷）から推測して、長狭国造が大伴氏の指揮も受けていたからであろう。というのは次章に述べるごとく、伊甚屯倉は大伴金村が政権の座にあった時代に設定され、大伴頬垂連公（金村の孫、崇峻天皇妃小手子の兄弟）が管掌していたので、大伴氏の指図によって長狭国造の人民が伊甚屯倉へ強制移住させられたと推察されるからである。長狭国造は、支配下の人民を割き取られたわけであるから、長狭国造も伊甚屯倉の開発・経営に動員されたといってよい。

なお、夷灊郡に長狭郷が存在することについては、『和名抄』の誤写説や郡境変更説もある。すなわち安房国の「長狭郡に長狭郷がなく、夷隅郡にあるのは、『和名抄』の誤写でなければ郡境の変更の可能性がある」という見解である(2)。また、長狭郷をいすみ市長志の付近に比定する説も存するが(3)、いずれにも従いがたい。

次に夷灊郡雨霑郷は、東京湾の入口の浦賀水道に面する上総国天羽郡雨霑郷（富津市売津《うるづ》が遺称地）から須恵国造支配下の人民を強制的に集団移住させた所であろう。ただし、夷灊郡雨霑郷については、天羽郡雨霑郷の重出の疑いがかけられている。それは『大日本地名辞書』に「原書天羽郡雨霑郷の次に、当郡当郷を挙げたれば、或は前記に渉りて、後の一郷を重複したりとも疑はる」と述べていることである(4)。しかし、この重複説には同意しがたい。天羽郡には三宅郷があり宗我部(5)や子田部(6)が居住しているので、天羽郡にも須恵国造の領地を割いて屯倉が置かれていた公算が小さくない（これを天羽屯倉と仮称する）。すると、同じ大和政権の支配下にある天羽屯倉から伊甚屯倉へ住民の集団移住が行われて不思議ではないからである。この強制移住には、須恵国造も協力させられたことであろう。というのは、天羽郡（雨霑郷）はもとは須恵国造の支配下にあったからである。なお、夷灊郡雨霑郷の位置について『大日本地名辞書』は、「当郡夷隅川の下游の地に、旧郷名の配すべきを知らざれば、雨霑を以て仮に之に充つると云ふのみ」と記しているが(7)、穏当な意見ではなかろうか。

次は、いすみ市若山の馬来田という小字に注目したい。若山は太平洋に注ぐ夷隅川の河口から南へ約三キロメートルに位置し、その前面の海は房総最大のアワビの産地である。この若山の小字馬来田は、馬来田国造支配下の馬来田国（木更津市・袖ケ浦市一帯）から移住してきた人々の集落があった所と思われる。小字馬来田のある一帯は、「夷隅川の下游の地」に比定される夷灊郡雨霑郷の範囲に含まれるのではなかろうか。伊甚国造と伊甚屯倉は「珠」（真珠説が有力）を貢進していたので、真珠（および海産物）の確保・貢上に資するために、夷隅川河口付近の海岸部（雨霑郷）の開発にも力を注いだはずである。従って、そこに天羽屯倉や馬来田国からの移民を投入しても不思議ではないであろう。馬来田国造も、伊甚屯倉の開発に動員されたのである。

次に伊甚屯倉では、河川に堤防を築いて治水や水田開発を行ったことを述べてみよう。伊甚屯倉の領域に含まれる長柄郡に管見《つつみ》郷があり、『和名抄』高山寺本・東急本は「豆々美」の訓を付しているので、管見郷の郷名は堤にちなむものと推定してよい。管見郷の比定地は、一宮川の支流豊田川上流の長柄町味庄・船木・国府《こふ》里《り》から千代丸・力丸などにかけての一帯（刑部郷推定地の北隣）に比定する説と、一宮川下流左岸の長生村本郷・宮城・曽根などの一帯に比定する説があるが、[8]前者が妥当と思われる。というのは、国府里は長柄郡の郡衙が置かれて長柄郡の中心地となっており、[9]そこを流れる豊田川に堤が築かれても不思議ではない土地柄だからである。ただし、管見郷の郷名の起源となった堤は、溜池の堤の可能性もある。後述のごとく、伊甚屯倉開発のために多くの溜池を築造したからである。

それでは、管見郷の堤を築いたのは誰であろうか。堤といえば、河内の茨田堤《まんだのつつみ》を築いて茨田屯倉を開いたという『日本書紀』仁徳天皇十一年十月条の伝承が想起される。淀川に築かれた茨田堤の工事は難工事だったので、武蔵人の強頸《こわくび》と河内人の茨田連衫子《まんだのむらじころものこ》とが人柱にたてられた。強頸は泣きながら水没して死んでしまったが、衫子は一計を案じて「河伯《かはのかみ》」を鎮めたので死なずにすみ、堤も完成したと伝える。茨田連は築堤の専門家であり、大和川に沿う河内国大県郡津《つ》積《つみ》郷の堤も茨田連によって築かれた。[10]

渡里恒信氏によると、築堤の専門家茨田氏は「水田開発のため畿内を中心に各地へ進出した」[11]という。茨田連は関東へも進出した。それを物語るのが、武蔵国荏原郡の満田《まんだ》郷という郷名と、武蔵人強頸の伝承である。満田郷について渡里氏は、「河内人茨田連衫子と築堤・治水技術を競った武蔵人強頸の本貫は、『和名抄』武蔵国荏原郡満田郷（満田は上音下訓）と解することができる。これは多摩川下流左岸（現大田区矢口付近）の地らしい」[12]といわれている。この渡里氏の見解は傾聴に値する。荏原郡九郷（蒲田・田本・満田・荏原・覚志・御田・木田・桜田・駅家郷）のなかに堤にもとづく郷名は見えないものの、御田《みた》郷（東京都目黒区目黒・大崎・三田付近）[13]は、『日本書紀』安閑元年閏十二月条に記された多氷（多末《たま》）屯倉の御田にちなむ郷名と思われる。荏原郡は御田郷・満田郷をはじめ、蒲田・田本・木田・桜田郷など田のつく郷名が多く、九郷のうち六郷を占めている。これは、荏原郡が多末屯倉の一部として広く水田開発が行われたことを物語っている。思うに荏原郡満田郷は、多末屯倉の治水や水田開発のために大和ないし河内から派遣された茨田連が拠点とした所であろう。

武蔵国荏原郡満田郷（多末屯倉）にまで至った茨田連が、次に東京湾を渡って対岸の上総の長柄郡管見郷（伊甚屯倉）へ進出するのはさほど困難ではない。上総に着岸したのち、東へ陸上を約十五キロメートル進むと管見郷に到達できるからである。ただし、茨田氏が到来した時間的な順序は、満田郷→管見郷とは限らない。その逆、あるいはほぼ同時であったかもしれない。いずれにしろ長柄郡管見郷は、伊甚屯倉の治水と水田開発のために畿内から派遣された築堤の専門家茨田氏が、堤を築いた所であったと考える。

なお、茨田連は上総の馬来田国造（前述のごとく配下の人民を伊甚屯倉へ強制移住させられた）とも無関係ではない。というのは、継体天皇の娘に茨田皇女と馬来田皇女がいるからである。この二人の皇女は同母の姉妹であり、母は坂田大跨王《さかたのおおまた》の娘の広媛（『古事記』では黒比売）と伝える。茨田皇女、馬来田皇女という名前がつけられた理由は、それぞれ茨田連、馬来田国造の一族によって養育されたからであろう。すると、同母の両皇女の養育を媒介にして、茨田氏と馬来田国造とが親密な関係、協力関係に結ばれても不思議ではない。思うに茨田連は、武蔵国荏原郡満田郷から東京湾を渡って馬来田国に上陸し、さらに東進して伊甚屯倉へ至ったのであろう。

次に長柄郡兼陀郷も、伊甚屯倉の水田開発と関連する郷名と推察される。兼陀郷は高山本等どの写本も訓を欠いている。カネタと訓んで一宮川下流左岸の長生郡長生村金田付近に比定する説と、兼陀は邑陀《おおた》の誤りとみて一宮川の支流阿久川上流の茂原市上太田・下太田一帯に比定する説に分かれているが[14]、後者の説が妥当と思われる。というのは、カネタよりオオタのほうが屯倉の地名として相応しく、またオオタ郷は管見郷の東隣に位置するので、堤の築造によって大田（屯倉の水田）が開かれたというふうに理解することができるからである。邑陀郷の水田造成は、茨田連の技術が活用されたのではなかろうか。

次に、伊甚屯倉の開発とイジミ地域の池との関連について述べてみよう。寺沢薫氏は、国土地理院発行の二万五千分の一の関東地方の各地形図に記された溜池を精査する作業を行なって、図2「関東における築池の数的分布」を作成された（近・現代に築造されたダムや貯水池の類、自然に形成された潟湖、近世に造られた溜井は除外されている[15]）。

図2を眺めると、伊甚屯倉をはじめ屯倉の設置地域に溜池が集中していることに気づくであろう。さらに寺沢氏は、溜池の集中する地域は群集墳・横穴群の集中地域とも重なり合うことを指摘される。そして関東地方における溜池集中地域・屯倉設置地域・群集墳集中地域は、相互に重複していることを図3の「池と古墳群の「集中地域」と屯倉との関係」に示し、「各地域の群集墳の集中に相応する、池を築くという行為の背景には、六世紀後半から七世紀頃にかけての屯倉の設置という中央権力の侵蝕が少なからず関係していそうである」と

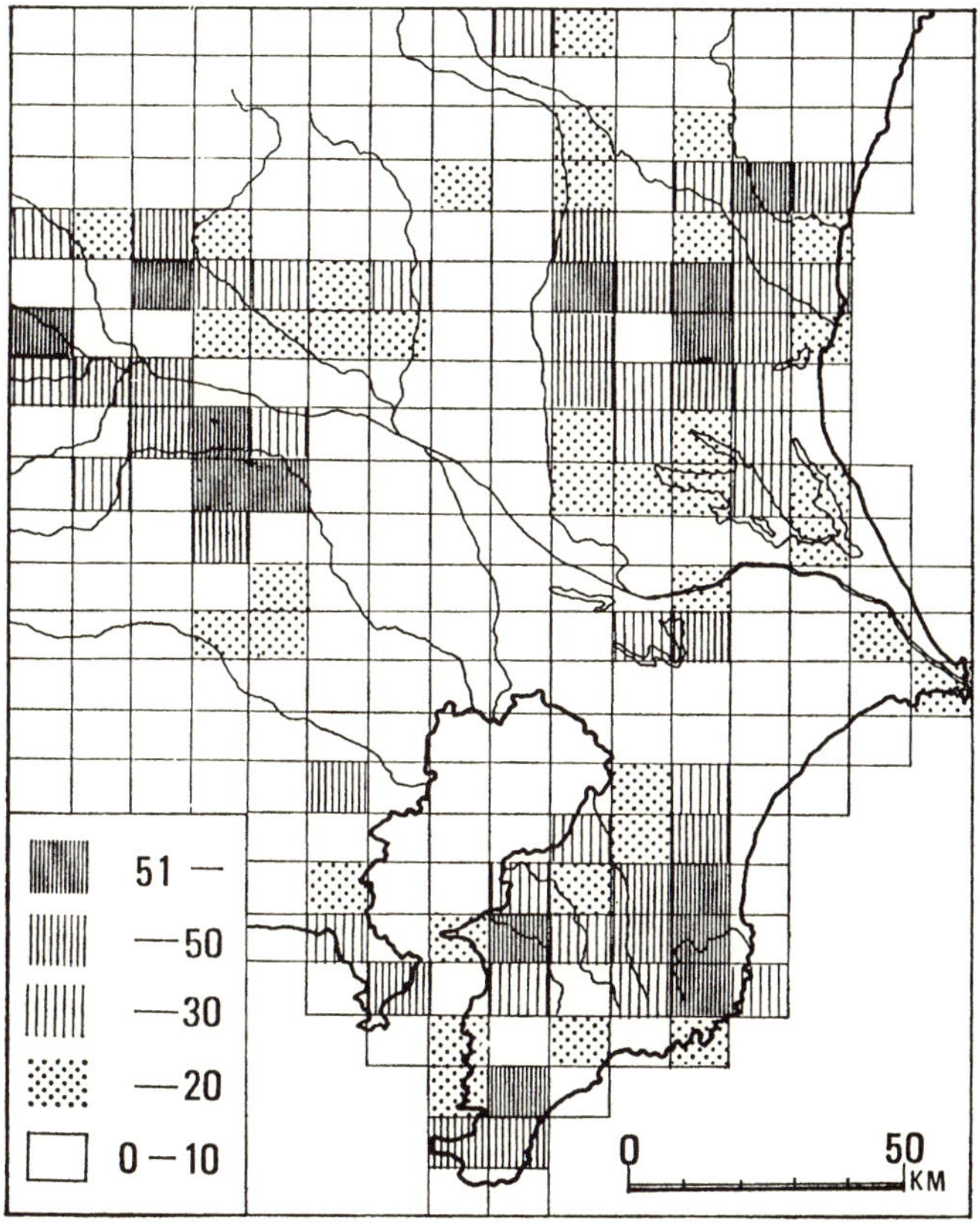

図2　関東における築池の数的分布

いう見解を提示されている。(16)

寺沢氏の研究によって、伊甚屯倉開発の一環として多くの溜池が築造されたことが明らかになったと思う。これらの溜池を築くにあたっても、茨田連が技術指導を行なったのではあるまいか。

これまで論じてきたごとく、伊甚屯倉設置にともなってイジミ地域は急速かつ大規模に開発されていった。その労働力は屯倉の領域の人民を徴発しただけでは不足したので、伊甚国造をはじめ長狭国造・馬来田国造・須恵国造の支配下の人々を大々的に徴発したり、集団移住させたりしたと推察される。夷灊郡の長狭郷・雨霑郷や、いすみ市の小字大長サ・馬来田などは、開発の労働力ないし钁丁《くわのよぼろ》として国造の領民を強制移住させた所であった。

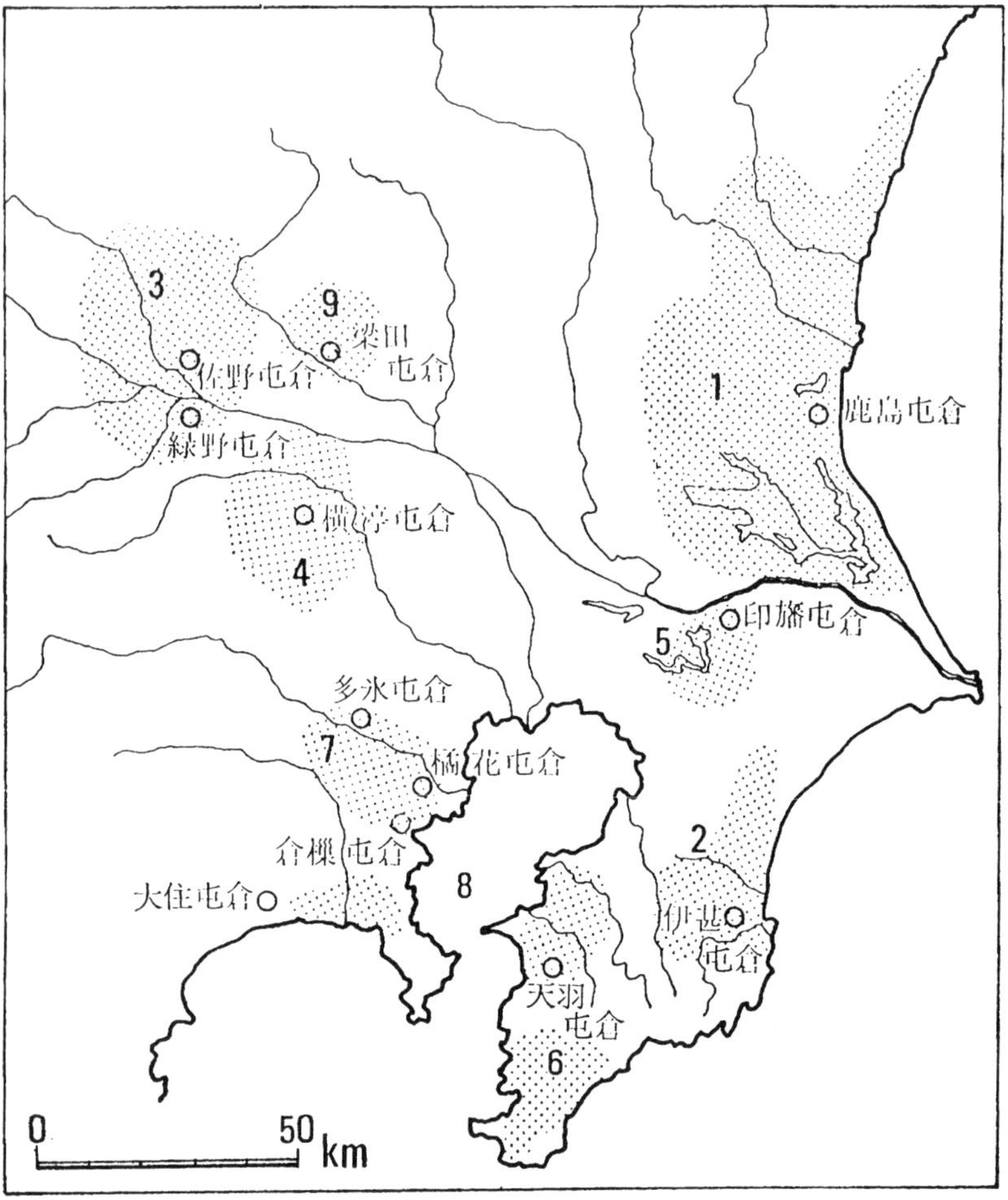

図３　池と古墳群の「集中地域」と屯倉との関係

四　伊甚屯倉の経営２―管理氏族・貢納品・輸送径路―

前章において、茨田連が伊甚屯倉の築堤や水田開発の技術者として中央から派遣されたことを指摘したが、茨田氏は開発が一段落した後も伊甚屯倉の経営・管理に従事したと思われる。伊甚屯倉の経営・管理に参加した氏族は、茨田連のほかにもあった。それは、大伴・久米部・膳・車持・我孫・麻績氏などである。

これら諸氏のなかで伊甚屯倉を管掌したことが、史料に明記されている氏族は大伴氏だけである。鎌田純一氏編『甲斐国一之宮浅間神社誌』所載「史料篇」に紹介されている大伴氏の系譜を記した『古屋家家譜』のなかに、大伴頬垂連公が伊甚屯倉を掌ったことが記されている。溝口睦子氏著『古代氏族の系譜』（六四～六六ページ）に載録された『古屋家家譜』のなかから必要な部分を図４に掲示してみる。

図４の『古屋家家譜』（以下『家譜』と略称）によると、大伴「頬垂連公」は「掌上総之伊甚屯倉」り、「是丸子連祖也」と記されている。これは、伊甚屯倉の管掌者の姓名が判明する唯一の記録である。頬垂連公は、姉妹の「小手子比咩《こてこひめ》連公」が「倉梯宮《くらはしのみや》 天皇」すなわち崇峻天皇の妃となっているので、崇峻天皇（在位五八七～五九二年）の時代前後の頃の人物であろう。頬垂と弟の加爾古連公は他の記録に見えない人物であるが、その父糠手古《あらてこ》連公と姉の小手子比咩は『日本書紀』に記されている。

さて、大伴頬垂連公が「掌上総之伊甚屯倉」ったという『古屋家家譜』の記事は信用できるのであろうか。筆者は、信用して差し支えないと考える。その理由を①～⑩まで挙げてみよう。なお、『古屋家家譜』についてすぐれた研究をされた溝口睦子氏によると、図４に掲示した部分は、「八世紀に遡る」「高い史料価値をもつ」系譜であるという[1]。

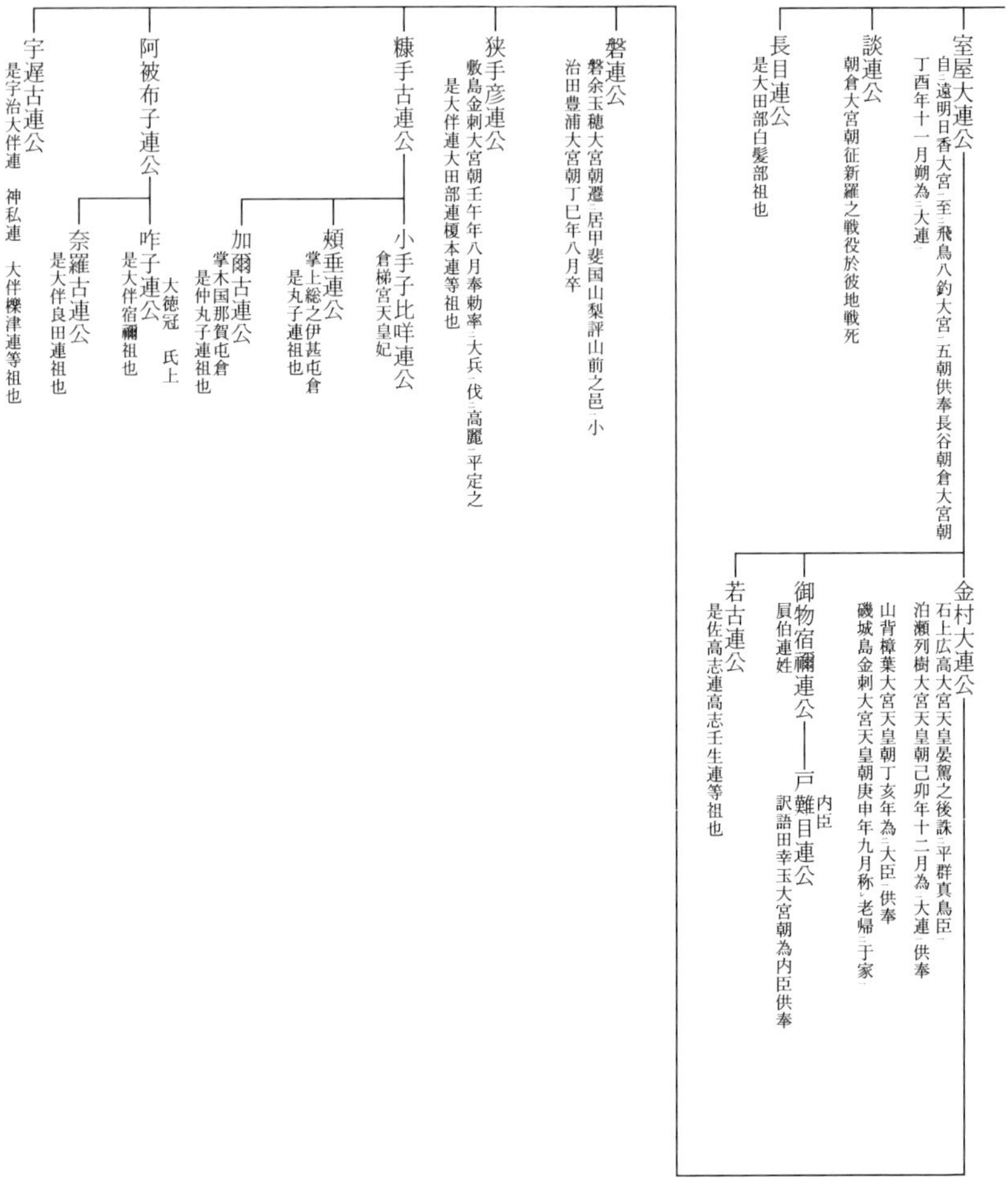
室屋大連公
自遠明日香大宮至飛鳥八釣大宮五朝供奉長谷朝倉大宮朝
丁酉年十一月朔為大連
談連公
朝倉大宮朝征新羅之戦役於彼地戦死
長目連公
是大田部白髪部祖也
金村大連公
石上広高大宮天皇晏駕之後誅平群真鳥臣
泊瀬列樹大宮天皇朝己卯年十二月為大連供奉
山背樟葉大宮天皇朝丁亥年為大臣供奉
磯城島金刺大宮天皇朝庚申年九月称老帰于家
御物宿禰連公
肩伯連姓
戸難目連公
内臣
訳語田幸玉大宮朝為内臣供奉
若古連公
是佐高志連高志壬生連等祖也
磐連公
磐余玉穂大宮朝遷居甲斐国山梨評山前之邑小
治田豊浦大宮朝丁巳年八月卒
狭手彦連公
敷島金刺大宮朝壬午年八月奉勅率大兵伐高麗平定之
是大伴連大田部連榎本連等祖也
糠手古連公
小手子比咩連公
倉梯宮天皇妃
頬垂連公
掌上総之伊甚屯倉
是丸子連祖也
加爾古連公
掌木国那賀屯倉
是仲丸子連祖也
阿被布子連公
咋子連公
大徳冠　氏上
是大伴宿禰祖也
奈羅古連公
是大伴良田連祖也
宇遅古連公
是宇治大伴連　神私連　大伴櫟津連等祖也

図4　古屋家家譜

①頬垂連公の伯父にあたる磐連公の注記に「山梨評」とか、磐連公の孫稲人の注記に「庚午年籍」とか見え、大宝元年（七〇一）以前の古い表記が含まれているので、頬垂の前後の世代の系譜は信憑性が高い。②頬垂の祖父の金村は、『書紀』によると武烈朝から継体・安閑・宣化・欽明朝初期まで大連として政権の座にあって大伴氏全盛を築いた人物であるが、彼は屯倉の設定伝承と関係が深い。安閑元年、三人の妃のために屯倉をたてることを天皇に勧め、小墾田屯倉、桜井屯倉、難波屯倉を定めた。天皇に随行して摂津の三嶋に至り、三嶋県主に命じて三嶋竹村屯倉をたてさせた。また安閑二年に諸国に合計二十六の屯倉が設置されたと記されているが、これも金村の主導によって行なわれた公算が大である。宣化元年、外寇に備えるために筑紫の那津屯倉を設置したのも金村の計らいであろう。なぜなら、翌年金村の子の磐が筑紫に駐屯して三韓に備え、狭手彦は渡海して任那を鎮め、百済を救ったからである。思うに、伊甚屯倉も大伴金村によって設定されたのではなかろうか。

③「正倉院文書」によると、夷灊郡の南隣の長狭郡に大伴郷があり、「上総国長狭郡大伴郷戸主白髪部千足」とみえる。[2] この大伴郷は『和名抄』の安房国長狭郡伴部郷にあたるが、大伴氏の部曲大伴部の居住地であろう。この大伴部は膳氏の配下の膳大伴部ではあるまい。というのは、「大伴郷戸主白髪部」の白髪部は、大伴室屋（金村の祖父）によって設定されたと伝えられているからである（清寧天皇二年二月条）。大伴室屋は五世紀末に白髪部を房総に設定しただけでなく、五世紀中葉にも藤原部を房総に設置している。それは、室屋が允恭天皇に勧めて、妃弟姫（衣通郎女）の名代藤原部を定めたという允恭十一年三月条の記事であり、それに対応して養老五年（七二一）の下総国葛飾郡大嶋戸籍には大伴部（大伴氏の部曲）と藤原部が共存する。また、上総周淮郡に藤原部郷があり、これは藤原部郷のことであろう。房総は、名代や屯倉の設置を介して、五世紀中

葉以来大伴氏との間に密接なつながりを保有していたのである。

④頰垂の従兄弟に咋子連公が見える。『古屋家家譜』には記載されていないものの、咋子の子に壬申の乱に大海人皇子方として活躍した馬来田がいる。これも大伴氏と上総とのつながりを示している。というのは、馬来田という名は伊甚屯倉の開発に参加した上総の馬来田国造に因むものであり、馬来田国造の一族に養育されたがゆえに命名されたと推定できるからである。⑤頰垂連公は「丸子連祖」、その兄弟の加爾古連公は「仲丸子連祖」と伝え、いずれも丸子連の祖となっているが、夷灊郡の南隣の安房国も丸子・丸子部と関係が深い。安房国朝夷《あさひな》郡の防人上丁に丸子連大歳があり（『万葉集』巻二十）、同郡に満禄郷（訓は万呂）が存在する（『和名抄』）。満禄郷は丸子部が設置された土地である。また同国安房郡片岡郷に丸子部麻々呂（『平城宮発掘調査出土木簡概報』二十二）、同国平群郡大里郷に丸子部三國（正倉院布袍墨書銘）が見える。⑥加爾古連公は「掌木国那賀屯倉」ったとあり、やはり兄弟の頰垂と同じく屯倉を管掌している。また紀伊国を「木国」と記しており、古い表記を残している。⑦頰垂連公の姉妹で「倉梯宮天皇妃」の小手子比咩連公は、崇峻天皇（長谷部若雀命、泊瀬部皇子）の妃となった「大伴糠手連が女小手子」（崇峻天皇紀元年三月条）と同一人物であるが、「倉梯宮天皇」という表記は漢風諡号成立以前のものである。

⑧伊甚屯倉に隣接する長柄郡谷部（長谷部）郷は、崇峻天皇ゆかりの土地である。雄略天皇の名代として設定された長谷部は、雄略没後は天皇家の間で領有・相続されるうちに、六世紀後半には崇峻天皇によって相続されたらしい。崇峻が本名を長谷部命（泊瀬部皇子）といったのは、長谷部を相続して長谷部に養育されたからであろう。従って伊甚屯倉に隣接していた長柄郡谷部郷の長谷部集団も、崇峻即位以前から長谷部命（崇峻）の支配下にあった。長谷部命は即位して崇峻天皇となると、妃の兄弟の大伴頰垂連公を伊甚屯倉の管理者

に任命したのであろうか。ただし、大伴氏は頬垂の祖父金村の代から伊甚屯倉を管掌していたと思われる。⑨夷灊郡の西隣の海上郡に倉橋郷があり、この倉橋郷も崇峻天皇と有縁の地である。倉橋郷という郷名は、大和の倉橋宮に都した崇峻の名代倉橋部（椋椅部、椋橋部）の集団が居住していたことに因んで命名された、と考えてよいであろう。[3] しかも倉橋郷には崇峻天皇が相続していた長谷部も居住していた。それは、上総国分尼寺跡出土の瓦篦書銘に「倉椋郷長谷マ稲□」とあることから知ることができる。海上郡倉橋郷の推定地は定かでないものの、養老川中流左岸の市原市栢橋《かやはし》に比定する説がある。[4] 仮にこの説に従うと、栢橋とその周辺は伊甚屯倉や谷部（長谷部）郷の貢納品を東京湾側へ輸送したり、畿内から派遣された人士・氏族らが東京湾側と伊甚屯倉・長谷部郷を往来したりするルートの途中に位置している。よって栢橋に倉橋部の集団を設定した理由は、伊甚屯倉・長柄郡長谷部郷（長谷部屯倉）の輸送や経営に資するためではないかと思われる。⑩さらに後述のごとく、夷灊郡には大伴氏とつながりの深い久米部が居住していることも、大伴頬垂が伊甚屯倉を管掌したことの裏付けになるであろう。

右に述べたごとく、大伴頬垂連公の祖先の室屋・金村や兄弟姉妹・従兄弟は、名代・屯倉の設定や管理に関与しており、伊甚屯倉および上総・安房とのつながりが深いのである。よって、大伴頬垂が伊甚屯倉を掌ったという『古屋家家譜』の記述は、信頼に値すると判定してよいと思う。頬垂は崇峻天皇妃の兄弟であるから、彼が伊甚屯倉を管掌したのは崇峻朝ないしその前後の頃であろう。推測するに、上総の伊甚屯倉は、頬垂連公の祖父にあたる大伴金村の主導によって諸国に設定された多数の屯倉の一つであろう。だからこそ、金村の孫の頬垂が伊甚屯倉を管掌することになったと思われる。頬垂連公の役目は、田令のごときものであろうか。

なお、大伴頬垂は大連金村の孫にして崇峻天皇妃の兄にあたる人物である。そのような重要人物が、はるばる上総の伊甚屯倉へ赴任したのか疑問が生ずる。しかし、金村の子息の磐は、外征のために筑紫へ派遣されて那津屯倉を管理している。『日本書紀』宣化二年十月条によると、磐は「筑紫に留まりて、其の国の政を執りて、三韓《みつのからくに》に備ふ」と伝えられているので、那津屯倉も支配したと推測される。また、欽明天皇紀十七年七月条によると、大臣の蘇我稲目を「備前の児嶋郡へ遣して屯倉を置かしむ」とあり、ときの最高執政官の大臣ですら屯倉設置のために遠路吉備へ赴いている。

思うに、屯倉の設置・管理を行なうに際しては、むしろ大伴頬垂連公のような重要人物や、蘇我稲目のごとき権力者を派遣する必要があったのであろう。前章に述べたごとく、伊甚屯倉を開発するために周辺の国造から人民の集団を割き取って強制移住を行なったが、そのような強権を発動したり、国造等を命令に従わせたりするためには、中央の重要人物や実力者を派遣する必要があったのであろう。頬垂がはるばる上総まで出向いて伊甚屯倉を管掌したことは、事実の可能性が高い。ただし、頬足は伊甚に常駐したのか定かではない。

大伴頬垂連公という崇峻天皇や大和政権の中枢につながる重要人物が、伊甚屯倉まで遠路はるばる赴任して管掌したのが事実ならば、伊甚屯倉は数ある屯倉の中でもかなり重要な屯倉であったといえる。重要な屯倉であるならば、伊甚屯倉では先進的な開発や管理・経営が行なわれても不思議ではない。それは、すでに前章に述べた茨田連による築堤や、丁籍の作成などであった。なお、伊甚屯倉は前期屯倉・後期屯倉という分類でいえば、田令を派遣して経営した後期屯倉に分類できるであろう。

次に久米部に移る。夷灊郡の税長として久米部当人という人物が見える。それは、『類聚国史』巻第八十四・政理六・焼亡官物条に、次のように記されている。弘仁七年（八一六）「八月丙辰、公卿奏言。上総国夷灊郡官物所焼、准穎五十七万九百束、正倉六十宇、刑部省断罪言、検焼損使散位正六位上大中臣朝臣井作等申、

税長久米部当人、臨失火時、逃亡自殺（下略）」。

これは、夷灊郡の税長の久米部当人が、官稲五十七万余束・正倉六十宇を焼失した罪により逃亡・自殺した事件に関する記事であるが、久米部当人は伊甚屯倉の経営に従事していた久米部の後裔ではなかろうか。というのは、久米部や久米氏は屯倉や「税長」と縁が浅くないからである。顕宗天皇即位前紀によると、伊予来目《いよのくめ》部小楯は「新嘗の供物を弁《そな》ふ（一に云はく、郡県を巡り行きて、田租を収斂《おさ》む）」ために播磨の縮見《しじみ》屯倉へ派遣されている。さらに「一に云はく」では「田租を収斂む」とあるので、伊予来目部小楯は「税長」に類する職務を負っていたと推測できる。

また、垂仁天皇二十七年是歳条に「屯倉を来目邑《くめのむら》に興《た》つ。屯倉、此をば彌夜気と云ふ」と記されており、これは『日本書紀』における屯倉の初見である。来目屯倉は奈良県橿原市久米町付近の地で、神武天皇二年の論功行賞において久米直の始祖大来目が賜った「来目邑」に当たり、久米氏の拠点の一つであった。ここには式内久米御県神社が鎮座するので、古くから天皇家と関係の深い土地柄である。思うに夷灊郡の税長久米部当人は、伊甚屯倉の管理に従事していた久米部の後裔であろう。久米氏・久米部は大伴氏の指揮下にあった歴史を有しているので、伊甚屯倉の久米部も大伴金村や大伴頰垂のもとで、伊甚屯倉経営の一翼を担っていたのである。

なお、焼失した夷灊郡の「正倉六十宇」はかなりの棟数である。これについて宮原武夫氏は、次のように推察されている。夷灊郡は「わずか六郷の郡にしては、異例の大規模な倉庫群を備えていたといえる。伊甚屯倉を継承しているからであろうか」と。[5] 支持すべき見解である。

次は膳臣である。安閑元年条によると、膳臣大麻呂が伊甚国造稚子直に対して「珠」を進上せよという勅命を伝えたこと、「珠」の進上に遅参した稚子直を捕縛して詰問したこと、それを恐れた稚子直が皇后の宮殿に逃げ隠れた重罪を贖うために伊甚屯倉を献上することになったことが記されているので、膳氏が伊甚屯倉の経営・管理に関与していた公算は大であろう。それに膳臣の食膳奉仕という職掌と膳大伴部の起源に関する伝承が、房総と関係深く伝えられていることも右の推測を助けている。『日本書紀』景行天皇五十三年条を見ると、天皇が淡水門《あわのみなと》（千葉県館山市湊か）へ行幸した折、膳臣の遠祖の磐鹿六鴈《いわかむつかり》が「白蛤《うむき》」を膾に作って献上したので、その功を褒めて膳大伴部を賜ったと伝え、『高橋氏文』には更に詳細な異伝が記されている。

磐鹿六鴈の伝承を研究された加藤謙吉氏は、「膳氏を大王や朝廷の食膳に奉仕した中央の統轄的伴造と一方的に理解することにも疑問が生じる。膳氏というウジの組織の中に地方出身者が含まれ、東国出身のそれがかなり大きなウェートを占めていた可能性も考慮してみる必要がある」という注目すべき見解を提示されている。また加藤氏は、伊甚国造も現地の膳大伴部を管掌する伴造として、大伴直の氏姓を名乗っていたとも言われている。(6)

次に車持君（公）に移る。車持君の本貫は上野国群馬《くるま》郡であるが、その一派は伊甚屯倉の領域の一角に位置する長柄郡車持郷にも進出したようである。この車持郷は長生郡長南町の蔵持一帯と推定され、周辺の笠森・深沢なども含まれるという。(7) 車持郷という郷名は、車持君の支配下にあった車持部の集団が居住していたがゆえに命名されたと考えてよい。車持君と車持部は、車を用いて陸上輸送や車の製造に従事した氏族・部民であると考えられている。(8) その点、車持郷の北に隣接する長柄郡刑部郷の遺称地長生郡長柄町刑部に、車道という小字が存在することは看過できない。(9) 小字の車道が古代にさかのぼる地名なのか不明であるものの、車道という地名は希少の部類に属する。推測するにこの小字車道は、車持郷の車持部の車両による輸送径路にちなむ地名ではあるまいか。刑部郷（刑部屯倉）の貢納品（猪膏、胡麻油、モヒ、薪炭、鉄製品）(10) も車持部によって運搬されていたのであろう。

さて、車持郷という郷名は、関東全域を見渡しても、上総の長柄郡にしか存在しないのである。一方、車持部の陸上輸送に対して水上輸送を受持ったのは海人・海部であるが、彼らが居住した海部郷は長柄郡車持郷の西に隣接する市原郡にある。市原郡海部郷は、東京湾に注ぐ養老川の下流右岸の千葉県市原市海士有木一帯に比定されている。海部郷・海部郡は、関東全域はおろか伊豆・甲斐・駿河まで見渡しても上総国市原郡に唯一存在するだけである。また、養老川河口付近には「船はとどめむ小夜ふけにけり」と『万葉集』巻十四の東歌に歌われた海上潟があり（海上郡）、天然の船着き場となっていた。

車持郷と海部郷が伊甚屯倉の一角と近辺のみに分布するということは、特別な歴史的理由によるものにほかなるまい。思うに、長柄郡車持郷の車持部と市原郡海部郷の海人集団は、伊甚屯倉の陸上輸送・水上輸送に資する目的で、輸送ルートの要所に計画的に配置されたのであろう。ただし、車持部・海人と輸送ルートは、伊甚屯倉設置以前に長柄郡刑部郷・谷部郷に刑部・長谷部が設定された五世紀中葉・後半から存在していた可能性も低くない。

海産物や「珠」など伊甚屯倉からの貢上品の輸送ルートは、次のように推測できないだろうか。車持君の指揮のもと車持郷の車持部の車ないし牛馬に積載し、伊甚屯倉から内房・外房の境界の房総丘陵を越え、古養老川中流の市原市江子田や牛久あたりへ陸送された。そこで待機していた海部郷の海人の川舟に積み替え、さらに古養老川を下って下流の海部郷ないし河口の海上潟において海船に再度積み替えたのち、東京湾から海路遠く伊勢湾または大阪湾へ運漕されたのであろう。(11) なお、このルートの江子田・牛久から海部郷・海上潟までの道筋は上海上国造の領域に属するので、上海上国造とその人民も運送の労役を負担させられたと思われる。

考えられるもう一つの輸送径路は、伊甚屯倉から東京湾の入口の浦賀水道に面する仮称天羽屯倉（上総国天羽郡三宅郷一帯）へ出るルートである。それは、車持部が伊甚屯倉の中心部いすみ市夷隅町から出発し、夷隅郡大多喜町（近世は城下町。軍事・交通の要衝）を経て房総丘陵を越えたのち君津市久留里（近世は城下町。軍事・交通の要衝）あたりへ進み、さらに鹿野山の山麓付近を通って浦賀水道に注ぐ湊川河口の富津市湊へ至る道筋である。富津市湊は、天羽屯倉の港があった所であろう。そこで貢進の物品を車・牛馬から海船に積み替え、海路畿内へ運送されたと思われる。このルートは、天羽屯倉の天羽郡雨霑郷の人民が伊甚屯倉の夷灊郡雨霑郷へ移住した径路とも重なっている。従って、伊甚屯倉と天羽屯倉とを結ぶ交通路が存在した公算は小さくない。なお、天羽郡は古東海道が通り、天羽駅がおかれていた。右の推定ルートは、馬来田国造領と須恵国造領を通過するので、両国造とその人民も運搬の労役を負担させられたはずである。

第二章に述べたごとく、我孫公も伊甚屯倉の経営に参加していた。長柄郡車持郷の遺称地長南町蔵持に我孫子という小字が残り、これは車持君の同族の我孫公ゆかりの地名である。この我孫公も畿内から伊甚屯倉の経営に派遣され、海産物やモヒの貢進に従事していたと考えられる。

麻績氏も伊甚屯倉の経営に参加していたようである。夷灊郡六郷のなかに白羽郷があるが、これは伊勢の麻績連・麻績君と配下の麻績部ゆかりの郷名ではあるまいか。というのは、長白羽神は伊勢の麻績氏の祖先神と伝えられており、イジミ地域には若麻績部も分布しているからである。長白羽神は、『古語拾遺』の天石窟《あまのいわや》の段に「長白羽神をして麻を種えて以て青和幣を為ら令む」と見え、長白羽神に注して「伊勢国の麻績の祖なり。今俗に、衣服をば之を白羽と謂ふは此の縁なり」と記されている。また、イジミ地域の長柄郡の防人上丁に若《わか》麻績部羊《おみべのひつじ》があり、(12)上総（安房）国平群郡狭隈郷にも若麻績部麻呂がおり、『和名抄』下総国海上郡には麻続郷が存在する。

しかも白羽郷のある夷灊郡にも若麻績部がいたらしい。それは、第一章に掲げた平城宮出土木簡に「上総国夷灊郡盧道郷戸主若□□□×　×□人部味酒（下略）」と記された若□□□である。古代の房総において若を冠する氏姓は、若麻績部のほかに若田部（上総国周准郡、安房国安房郡）が知られるだけであるから、[13]木簡の若□□□は若麻績部ないし若田部の可能性が高いと思われる。若麻績部だとすると、夷灊郡白羽郷には若麻績部の集団が居住していたがゆえに、白羽郷と命名されたと推定される。伊勢の麻績氏も伊甚屯倉の経営に参加しており、伊甚屯倉から朝廷ないし伊勢神宮に麻布・麻糸を貢納していたのであろう。なお、若□□□が若田部某という人名だとすると、伊甚屯倉には耕作に従事する若田部が設定されていたことになる。

夷灊郡の白羽郷という郷名と無関係とは思われないのが、上総の天羽郡という郡名である。天羽も白羽と同様に房総の外部から伝わった外来の名称であり、倭文連の祖神天羽槌雄神にちなむ郡名ではないかと思われる。この神は、『古語拾遺』天石窟の段に「天羽槌雄神倭文の遠祖なりをして文布《しどり》を織ら令む」と記されている。天羽槌雄神を祭る神社は、大和国葛上郡に鎮座する式内葛木倭文坐天羽雷命神社であるが、これは倭文連（宿禰）の祭祀する社であろう。上総の天羽郡にも倭文姓の古代人名は存在する。それは、富津市小久保（旧天羽郡）の岩井作横穴群の三号横穴墓の壁に書かれた「倭文」という線刻である。[14]

上総国天羽郡の南に隣接する安房国平群郡の郡名も外来の名称であろう。大和の平群臣（朝臣）にゆかりの郡名と思われるものの、すでに多くの紙数を費したので、その詳細は後日を期すことにしたい。

まとめ

これまで上総の伊甚屯倉について論述したことを、簡単にまとめてみよう。

①設置年代は、安閑朝とは即断できない。大伴金村が大連として権勢の座にあった五世紀終末の武烈朝から六世紀前半の欽明朝初期までの間に設置された。

②範囲・領域は広大で、夷灊郡全域と埴生郡の一部および長柄郡六郷のうち刑部郷・谷部郷を除く四郷を含み、屯倉の中心部はいすみ市の夷隅川中流・下流の沖積平野にあった。

③伊甚国造はイジミ地域（夷灊郡・長柄郡・埴生郡）全域を支配していたが、伊甚屯倉の設置によって支配領域を埴生郡だけにせばめられた。

④イジミ地域のうち長柄郡刑部郷・谷部郷は、伊甚屯倉設置以前から大王家とのつながりが深く、刑部・長谷部よりなる屯倉的な地域（仮称刑部屯倉・長谷部屯倉）を形成していた。そこでは刑部や長谷部の丁籍が造られていた。そのような前史を受けて、次に本格的な伊甚屯倉が大伴金村によって設定され、そこでも丁籍が造られた。

⑤伊甚屯倉の開発・経営のために、周辺の国造支配下の人民が徴発されたり移住させられた。長狭国造・須恵国造・馬来田国造の支配下の人民集団を割き取って、これを強制的に移住させた。

⑥大和・河内ないし武蔵国荏原郡満田郷から築堤の専門家の茨田連が派遣されて堤を築き、溜池を造り、水田を開いた。

⑦後期屯倉に分類できる。

⑧屯倉の経営・管理のために大伴金村の孫で崇峻天皇妃の兄弟大伴頬垂連公が、大和からはるばる赴任した。
⑨膳臣や久米部・車持君・我孫公・麻績連も派遣されて経営に参加した。
⑩屯倉からの貢納品は、真珠やアワビ等の海産物のほか、夷灊郡白羽郷の若麻績部の作った麻糸・麻布などがあった。琥珀が貢進された可能性もある。
⑪屯倉の貢納品は、車持部と海人によって東京湾に面する海上潟や、浦賀水道に面する天羽屯倉へ輸送したのち、海路畿内・大和へ運ばれた。

このような伊甚屯倉が設定された結果、房総の様相は大きく変貌した。特に周辺の諸国造は大きな影響を受けるようになった。房総は十二の国造が分布しており、これほど多くの国造が密集する地域は希であるが、伊甚屯倉の設置によって、房総の国造が圧迫・制約を被ったことは間違いあるまい。なかでも上総の上海上国造と下総の下海上国造は、その中間に伊甚屯倉という楔を打ちこまれて、両者の連携は分断されたと思われる。その一方、武社国造のように隆盛するものもあった。武社国造は、伊甚屯倉を伝領した安閑天皇の皇后春日山田皇女の外戚和珥氏の一派が大和から上総へ進出した勢力であり、六世紀後半から七世紀前半にかけて大型の前方後円墳や方墳を築造して栄えたのである。(1)

また、上総と下総の分離の様相も現れてきた。(2) 東京湾側（内房）における上総・下総の境目は、古くからある程度はっきりしていた。それは東京湾に注ぐ村田川右岸あたり（千葉市南部）である。村田川右岸を境目にして、それ以南は古墳文化の先進地帯の上総、それより北は古墳文化の後進地帯の下総に分かれていた。一方、太平洋側（外房）における上総・下総の境目はあまり分明でなかった。しかし、伊甚屯倉が置かれ、その北側に伊甚屯倉と有縁の武社国造の武社国（ほぼ山辺郡・武射郡に相当）が成立したために、伊甚屯倉と武社国までがのちの上総国の範囲となり、太平洋に注ぐ栗山川がのちの下総国との境目となった。栗山川より北側は、下海上国造の領域である。いま一度図1の上総国の形を見ると、太平洋側が角《つの》のように北へ突き出た形になっている。そうなったわけは、伊甚屯倉と武社国が設定されたからであろう。

伊甚屯倉は、東北地方や蝦夷との関係も浅くなかったと思われるが、準備不足のために述べることができなかった。これも他日を期したいと思う。

【補足】

伊甚屯倉の輸送経路と管理氏族について補足したい。伊甚屯倉から車持郷・市原市牛久を経て、東京湾に面する上総国望陀郡飫富《おふ》郷（袖ケ浦市飯富《いいとみ》から木更津市牛袋野・十日市場・有吉一帯か）の式内飫富神社（袖ケ浦市飯富）・延喜兵部式藤潴《ふじぬま》駅（袖ケ浦市飯富小字フノド付近、拙稿第四章注11）あたりに至るルートもあった。飫富郷には約六〇〇〇年前に形成された潟湖が残存し（土屋陽子「東京湾小櫃川沖積平野の地形発達史」『お茶の水地理』二一号、一九八〇年）、天然の良港となっていた。その潟湖（馬来田《まぐた》潟《がた》と仮称する）の入口の高台（袖ケ浦市坂戸市場）には、前期古墳の坂戸神社古墳（前方後円墳、全長六三メートル）が存在する。この古墳は馬来田潟を支配した首長の墳墓と考えられ、すでに四世紀から馬来田潟が大和政権とつながった港津であったことを物語っている。伊甚屯倉から馬来田潟まで陸送された貢上品は、ここで海船に積替えて海路大和へ漕運されたのだろう。なお古東海道の藤潴駅は、馬来田潟の内奥部のほとりに存在したと推測され、藤潴とは「淵沼《ふちぬま》」の意味ではなかろうか。八～一〇世紀頃の馬来田潟の内奥部は徐々に湖沼化しつつあったのだろう。

想定されるもう一つの輸送径路は、伊甚屯倉の中心部を貫流する夷隅川の河口付近から船出して太平洋へ乗りだし、安房の南端を迂回して海上を大和方面へ向かうルートである（このルートは房総古代道研究会の筑紫敏夫氏の教示による）。

つぎに大和の多（太）臣も伊甚屯倉の開発・管理に参加しており、上総国望陀郡飫富郷と飫富神社は多氏ゆかりの郷名・神社名と思われる。というのは、第三章に述べたごとく、多氏同族の茨田連は伊甚屯倉の築堤に従事していたし、多氏自身も「倭屯田・屯倉開発・管理に与」り、屯倉と関係が浅くない氏族だからである（渡里恒信第三章注11）。多氏と茨田氏は、畿内から海路東進して上総の馬来田潟に入港し、そこに拠点（飫富郷・飫富神社）を定め、さらに陸路を東へ進んで伊甚屯倉へ赴いたのであろう。

【注】

第一章

（1）角林文雄「白猪屯倉と児島屯倉」『日本古代の政治と経済』吉川弘文館、一九八九年、一六〇～一六三ページ

（2）角林「武烈～欽明朝の再検討」注（1）前掲書の六二・六三ページ

（3）平野邦雄「子代と名代」『大化前代社会組織の研究』吉川弘文館、一九六九年、二九六ページ、重松明久「尾張氏と間敷屯倉」『日本歴史』一八四号、一九六三年

（4）筆者は旧稿（「房総の国造と中総首長連合」『千葉県の歴史』二八号、一九八四年）において、伊甚屯倉の設置年代は仁賢朝に遡るとした。しかし、その後『古屋家家譜』所載の大伴氏の系図に大伴金村の孫の頬垂連公が伊甚屯倉を管掌したことが記されていることを知った。それで、伊甚屯倉は金村が政権の座にあった時代に設定されたと理解することにした。

（5）琥珀説は、武田宗久「上代房総の玉」『房総史学』第一巻四号、篠崎四郎『一宮町史』一七ページ、寺村光晴

「伊甚の珠」『古代玉作の研究』吉川弘文館、一九六六年、森浩一『図説日本の古代6　文字と都と駅』中央公論社、一九九〇年、一〇一ページ、菱沼勇・梅田義彦『房総の古社』有峰書店、一九七五年、などがある。
(6) 川戸彰「伊甚国造と古墳」『千葉県の歴史』一八号、六九ページ、佐々木虔一「古代王権と貢納―上総・安房地方のアワビと真珠」『古代東国社会と交通』校倉書房、一九九五年、九五ページ
(7)『岬町史』一二〇ページ
(8)『日本歴史地名大系12　千葉県の地名』一九九六年、八六四ページ
(9) 前掲注（7）の一八一〜一二〇ページ
(10) 佐々木虔一前掲注（6）の九七ページ
(11) 加藤謙吉「磐鹿六鴈命の伝承」『日本歴史』六六二号、二〇〇三年、九二ページ
(12) 日本古典文学大系『日本書紀　下』五四九ページ補注

第二章
(1) 直木孝次郎「阿比古考」『日本古代国家の構造』青木書店、一九五八年
(2) 井上辰雄「雄略朝期の南関東―上総長柄郡の場合―」『東アジアの古代文化』一〇〇号、一九九九年、一九一ページ、篠原幸久「我孫の源流と遺称」『鎌倉』一一〇号、二〇一〇年、一八ページ
(3) 井上前掲注（2）、篠原前掲注（2）に同じ
(4) 篠原前掲注（2）の一七ページ
(5) 直木孝次郎「古代税制と屯倉」『人文研究』第二〇巻第九分冊、一九六八年、一三・一四ページ
(6) 薗田香融「皇祖大兄御名入部について―大化前代における皇室私有民の存在形態―」『日本書紀研究』第三冊、

塙書房、一九六八年
（7）薗田前掲注（6）の二〇五ページ
（8）平田耿二「古代の戸籍」十二『戸籍時報』三七〇号、一〇ページ
（9）平田耿二「古代の戸籍」十四『戸籍時報』三七二号、三一・三二ページ

第三章
（1）宇野貴和「八世紀における関東平野の開発について」『続日本紀研究』一五九号
（2）第一章注（8）前掲『千葉県の地名』六九三ページ
（3）吉田東伍『増補 大日本地名辞書 第六巻 板東』冨山房、一九九二年、六二二ページ
（4）吉田前掲注（3）の六二四ページ
（5）『続日本紀』宝亀三年七月二十二日条に宗我部虫麻呂の名が見える。
（6）天長五年十月の庸布墨書銘に子田部家長の名が見える。『千葉県の歴史』資料編古代、五〇五ページ
（7）前掲注（4）に同じ
（8）『角川日本地名大辞典12 千葉県』角川書店、一九八四年、五六三ページ
（9）吉田前掲注（3）の六三〇ページ
（10）塚口義信「茨田氏と大和河―安堂遺跡・津積郷・津積駅家に関連して―」『河内古文化研究論集』一九九七年
（11）渡里恒信「茨田試考」『日本古代の伝承と歴史』思文閣、二〇〇八年、二〇〇ページ
（12）渡里前掲注（11）に同じ
（13）吉田前掲注（3）の二三一ページ

(14) 吉田前掲注(3)の六三二ページ
(15) 寺沢薫「関東地方の池」(森浩一編『日本古代文化の探究　池』社会思想社、一九七八年)一一三ページ
(16) 寺沢前掲注(15)の一二七ページ

第四章
(1) 溝口睦子『古代氏族の系譜』吉川弘文館、一九八七年、一一六ページ
(2) 『大日本古文書』二十五、三六ページ
(3) 太田亮『姓氏家系大辞典　第二巻』二一八〇ページ
(4) 第一章注(8)前掲『千葉県の地名』六九八ページ
(5) 宮原武夫「伊甚屯倉と国造」『図説千葉県の歴史』河出書房新社、一九八九年、五四〜五五ページ
(6) 加藤謙吉「磐鹿六鴈命の伝承」『日本歴史』六六二号、二〇〇三年、九三ページ
(7) 第三章注(8)前掲『角川日本地名大辞典』三三九ページ
(8) 志田諄一「車持君」『古代氏族の性格と伝承』雄山閣、一九七一年
(9) 第三章注(8)前掲『角川日本地名大辞典』一四八八ページ
(10) 刑部が猪膏・胡麻油を貢進したことは拙稿「刑部と宍人部・猪使部」『「王賜」銘鉄剣と五世紀の日本』(岩田書院、二〇一三年)に、モヒ・薪炭を貢納したことは拙稿「隼人と葦北国造の氷・モヒ・薪炭の貢進」(新川登亀男編『西海と南島の生活・文化　古代王権と交流8』名著出版、一九九四年)に、鉄や鉄製品を上納していたことは「刑部と王賜銘鉄剣と隅田八幡人物画像鏡」『東アジアの古代文化』最終号(二〇〇九年)に述べた。
(11) 拙稿「上総国嶋穴駅周辺の古代水陸交通路」『古代上総国の嶋穴駅と官道』市原市文化財研究会紀要第一輯

(12)『万葉集』巻二十、四三五九

(13)『千葉県の歴史13　資料編　古代』巻末人名索引、一三ページ

(14)『君津郡市文化財センター発掘調査報告書』第二一集

まとめ

(1)拙稿「武社国造について」『早稲田大学経僧塚古墳発掘調査団　武射　経僧塚古墳　石棺篇　報告』

(2)吉田晶氏は、五世紀以前の下総は上総の支配下にあったが、六世紀前半以後に下総の首長が台頭し、ここに総《ふさ》の第一次分割がおこった、といわれている。『日本古代国家成立史論—国造制を中心として—』東京大学出版会、一九七三年、七〇ページ

III

古代の神仏関係と氏族系図の成立

八世紀の神仏関係に関する若干の考察

――越中国（越中・能登）を中心として――

川﨑　晃

はじめに

小稿は奈良・平安初期の神仏関係について越中国（越中・能登）を通して考察を加えたものである。従来、地方においては神身離脱・神宮寺の造営といった神仏習合現象が注目されてきたが、実はこうした現象が神たる聖武天皇の出家を契機とし、孝謙・称徳治世に顕著となる王権の仏教を優位とする神仏関係の変化（護法善神）と密接な関係をもつことをあらためて検証したい。また、十一世紀後半になると神仏を同体とする本地垂迹思想が成立するが、後述するように垂迹思想の受容がまず仏教信仰に篤く、教義にも理解の深い文室真人同族の延暦十七年「文室真人長谷等仏像并一切経等施入願文」（東大寺文書3ノ五九二）に認められる。長谷の子息の永主が関わる越中国東大寺領荘園の経営を通して越中の地に垂迹思想の種が播かれた可能性に言及してみたい。

一、気多神社

（一）『萬葉集』の「気太神宮」

『延喜式』神名帳に見える能登国羽咋《はくい》郡の気多神社は、早く『萬葉集』に大伴家持が天平二十年（七四八）の国内巡行の際に参拝したことがみえ、「氣太神宮」（元暦校本）と表記されている。

氣太神宮に赴き参り、海辺を行く時に作る歌一首

之乎路可良《しをぢから》　多太古要久礼婆《ただこえくれば》　波久比能海《はくひのうみ》　安佐奈芸思多理《あさなぎしたり》　船梶母我毛《ふねかぢもがも》（巻十七・四〇二五）

気多神社は石川県羽咋市寺家《じけ》町に鎮座する神社で、現在は気多大社と称し、主祭神は大己貴命《おおなむちのみこと》である。ケタは「気多」、「気太」とも表記される。ケタの語義については、間のあいている渡し木（桁）のことで、海から寄り来る神の陸地へ上がる足溜まりの意とする折口信夫の説(1)などがある。吉岡康暢氏は折口説を踏まえ、上陸の際の足溜まりをランドマークとしての岬として捉え、具体的には滝岬（滝崎）とされている。(2)

能登国は養老二年（七一八）に越前国から羽咋・能登・鳳至《ふげし》・珠洲《すず》の四郡を割いて立国したが、天平十三年（七四一）から天平宝字元年（七五七）までの間、越中国に併合され、天平宝字元年に再び立国するという複雑な変遷をたどる。大伴家持が越中守として赴任した天平十八年（七四六）から天平勝宝三年（七五一）の間は、能登国が越中国に編入されていた時期に当たる。

家持は国内巡行に際して越中国府から「之乎路」（近世の「御上使往来」か）を通って羽咋郡家に向かっている。『萬葉集』に気太神宮への参拝が特に記録されているのは、気多神が能登の地域神、或いは国家神として、航海の安全や人民に豊饒と安寧をもたらす神として崇敬を集めていたからに違いない。羽咋は能登半島の口元に位置し、口能登といわれるにふさわしい位置にあり、気多神は元来この一帯を支配した羽咋国造の祀る神であったと思われる。しかし、七世紀後半の阿倍比羅夫の北方遠征や神亀四年（七二七）の渤海使の来朝による渤海との通交、さらには蝦夷討伐を背景として、古代王権によって気多神が重視されるようになり、国家的な祭祀が行われるように変容していったと推測される。

気多大社の南に位置する寺家《じけ》遺跡は気多神の祭祀場として知られるが、八世紀になると、銅製品やガラス製品などが供献され、焚火の祭祀も行われるようになり、考古遺物の上からも国家的関与がうかがえる。(3)また、シャコデ廃寺を気多神宮寺とみる向きもあるが、シャコデ廃寺は七世紀末〜八世紀初頭に建立されたとみられており、当初は気多神社の神威を高めるために造立された在地豪族の氏寺（羽咋君の退潮後、羽咋郡擬主帳能登臣乙美（『萬葉集』巻十八・四〇六九左注）が確認されるように、能登臣の進出が想定される）であった可能性がある。気多神宮寺は九世紀半ばに常住僧を置くようになるが、シャコデ廃寺では九世紀後半に出土遺物が減少するという。この時期に気多神宮寺の移転も想定されているが、[4] なお検討を要しよう。

（二）「神宮」の表記

冒頭に掲げたように『萬葉集』巻十七・四〇二五題詞は気多神社を「氣太神宮」と記している。これを大伴家持の筆になるものとすれば、なぜ家持は「神宮」と表記したのであろうか。

「神宮」は神社と区別された呼称で『延喜式』神名帳では伊勢大神宮、香取神宮（下総国香取郡）、鹿嶋神宮（常陸国鹿嶋郡）の三社のみが神宮と表記されている。

これを遡ると『古事記』本文では垂仁記の「石上神宮」（垂仁記・履中記）を初見とし、「（出雲）（大）神宮」（垂仁記）、「伊勢（大御）神宮」（景行記、継体記）などがみえる。また『日本書紀』では崇神紀八年冬十二月条の「神宮」を初見とし、「出雲大神宮」、「伊勢神宮」、「天照太神宮」、「石上神宮（石上振神宮）」がみえる。さらに『続日本紀』には「多気大神宮（伊勢）」、「伊勢（大）神宮」、「八幡（大）神宮（宇佐八幡）」、「気比神宮」がみえる。なお、王権の武器庫・神宝庫で「天神庫《あめのほくら》」（垂仁紀八十七年春二月辛卯［五日］条）、「神府《ほくら》」（天武紀三年八月庚辰［三日］条）と称された石上神宮が、『続日本紀』になると「石上神」（神護景雲二年十月甲子［二十四日］）と記され、『延喜式』神名帳では「石上坐布都御魂神社」と記されるようになる。『続日本紀』に石上神宮に代わって新たに「八幡神宮」、「気比神宮」が登場するのは背後の社会変化を物語ろう。

「正倉院文書」では神亀六年（七二九）「志摩国輸庸帳」に「伊勢大神宮」（『大日本古文書』〔以下『大日古』と略記〕1ノ三八五）とあり、天平十三年（七四一）閏三月二十四日付「一切経納櫃帳」丁櫃の項（『大日古』7ノ四九四）に「八幡神宮」とある。この八幡神宮とは後述するように宇佐八幡のことである。

また、藤原宮朝堂院回廊東南隅の第一二八次調査で南北溝SD九八一五から「神宮」と記された木簡が出土している。[5] 伴出の紀年木簡から大宝以後の可能性が高い。

『日本書紀』で「神宮」の語が単独で用いられる場合は、伊勢神宮を意味する場合（景行紀四十年是歳条、景行紀五十一年秋八月壬子〔四日〕条）と神殿、社殿を意味する場合（崇神紀八年十二月乙卯〔二十日〕条、欽明紀十六年春二月条、天武十年正月己丑〔十九日〕条）とがあるが、「宮」が天皇・皇族の居所、離宮、皇族自体を指す言葉であるように、「神宮」の呼称・表記は、いずれも王権（天皇家）と深い繋がりをもつ神社に用いられている。[6]

このようにみてくると、「神宮」の表記はひとまず大宝年間まで遡ることができるが、天武・持統治世に伊勢神宮が重視されることを勘案するならば、七世紀末までは遡らせることが可能であろう。しかし、伊勢神宮は持統治世には天皇奉幣の神社の「四所」、或いは「五社」の筆頭とされているものの、諸社と隔絶した差異はない（持統紀六年五月庚寅〔二十六日〕、同十二月甲申〔二十四日〕条）。ところが文武治世になると「伊勢大神宮と諸社とに奉る」（『続日本紀』文武三年八月己丑〔八日〕条）の如く伊勢神宮と諸社とが明確に区別されるようになる。これは『日本書紀』と『続日本紀』との筆法の相違ではなく、国家最高神である天照大神を祭る伊勢神宮の地位が確立されたことを示していよう。[7]

ここで「氣太神宮」に立ち返ると、『新抄格勅符抄』所引「大同元年（八〇六）牒」に「気比神二百卌四戸

越前国　天平三年十二月十日符従三位料二百戸」とみえる。これに従えば越前の気比神は天平三年（七三一）十二月十日符により従三位になったか、既になっていたかのいずれかである。神亀四年（七二七）に渤海使が来朝し、神亀五年には日本から遣渤海使が派遣され、天平二年八月に無事帰国した。『続日本紀』天平二年十月庚戌〔二十九日〕条には「使を遣して渤海の信物を諸国の名神の社に奉る」とみえる。こうした新たな事態を背景として、気比神に破格の神階が賜与されたということは充分あり得ることである。

一方、気多神が従三位から正三位に昇叙したのは延暦三年（七八四）三月丁亥〔十六日〕（『続日本紀』）のことである。いつから従三位になったかは不明であるが、渤海との通交を契機としていると推測される。『萬葉集』四〇二五番歌題詞の「氣太神宮」という表記は、能登の気多神社を越前の気比神宮と肩を並べる北陸の有力神とみた大伴家持の認識を示すものであろう。このような中央官人の認識があったからこそ称徳不予の際に両社に幣帛が奉られたのである。

(三)「神宮」表記の淵源

伊勢神宮は『日本書紀』では「伊勢神宮」の他に「伊勢大神祠」（雄略紀元年春三月是月条、継体紀元年三月癸酉〔十四日〕条）、「伊勢祠」（敏達紀七年三月壬申〔五日〕条）、「伊勢神祠」（持統称制前紀朱鳥元年十一月壬子〔十六日〕条）といった別表記があるが、『続日本紀』はほぼ一貫して「伊勢大神宮」であり、国家最高神として確立された地位を表現している。

「神宮」の語は古代中国では仏典に見られるほか、古典にはあまり例が無く、史書では『晋書』、『隋書』、『新・旧唐書』など唐代以後に増加していく。一方、「神祠」は仏典や史書（『史記』孝武本紀や封禅書、『漢書』など）に多くの例があり、また唐祠令にも見える語で、神の堂、神の社の意味である。「祠」、「神祠」、「神宮」

といった表記は、国家最高神（皇祖神）を祭る「神宮」へと収斂されていったと思われる。

ところで、この「神宮」の表記については、早く前川明久氏により新羅の始祖廟を意味する「神宮」に由来するであろうことが指摘されている(8)。

『三国史記』新羅本紀に拠ると「神宮」の設置は炤知麻《しょうちま》立干《りつかん》の治世のこととされている。

炤知麻立干七年（四八五）夏四月、「親祀㆓始祖廟㆒。増㆓置守㆑廟二十家㆒。《親《みずか》ら始祖廟を祀る。廟を守る二十家を増置す。》」

炤知麻立干九年（四八七）春二月、「置㆓神宮於奈乙㆒。奈乙始祖初生之處也。《神宮を奈《な》乙《いつ》に置く。奈乙は始祖の初めて生まれる処なり。》」

炤知麻立干十七年（四九五）春正月、「王親祀㆓神宮㆒。《王親ら神宮を祀る。》」

とある。始祖の誕生した聖地奈乙に始祖廟を置き、それを神宮と称したという。

また『三国史記』祭祀志には「第二十二代智證王、於㆓始祖誕降之地奈乙㆒、創㆓立神宮㆒。以亨之。《始祖誕降の地奈乙に神宮を創立し、以て亨《まつ》る。》」とあり、神宮の創立を炤知麻立干を継いだ智證王の治世とする異伝を伝える。智證王は五〇〇～五一三年の在位とされるので、いずれにしても六世紀前後に始祖廟である神宮が置かれたと推測される。

濱田耕策氏も「文武大王陵碑」の碑文中の「祭天之胤傳七葉」の文言に着目され、新羅の神宮での祭祀は祭天の儀であり、「胤傳七葉」、すなわち王族金氏によって行われて七代の意味で、七代遡ると智證麻立干（王）に相当することから、智證王に始まる傍証とされている。また、岡田精司氏も新羅王の称号「麻立干」から中国に倣った「王」への変化に国政上の画期を認め、「神宮」の創建を智證王の時期に求めている(9)。

このように新羅の「神宮」の創建時期については智證王代でほぼ一致をみるが、注意されるのは濱田氏が、新羅の神宮は祭天の儀を行う祭殿であり、その祭祀は王自らが行う「王の祭祀」で、即位儀礼とも密接な結びつきをもち、神文王代に定立される礼制に基づく五廟制とは性格を異にするとされている点である。新羅本紀は宗廟祭祀を一貫して「祀」と記すが、祭祀志では「享」としている。唐の祠令では「在レ天称レ祀、在レ地為レ祭、宗廟名レ享《天に在るを祀と称し、地に在るを祭となし、宗廟を享と名す。》」としている。また『唐六典』には「人鬼を享と曰ふ」とあることからすると、宗廟とは人鬼、すなわち祖先の霊魂を祭ることであった。『三国史記』祭祀志の「享」という表現は、唐の宗廟祭祀の制に拠っていることが知られる。(10)

なお、『周書』異域伝高麗条によると、高句麗にも「神廟」二所があり、河伯の女と始祖朱蒙とみられる「扶余神」と「登高神」とを祭っていたことが見えるが、神宮の語はみえない。

前述のように、日本における「神宮」の表記は確実な所では大宝令以後、恐らく七世紀末、天武・持統治世に始まるとみられるが、唐との通交が途絶え、新羅の政治制度や文化的影響の強い時期でもあり、「神宮」表記も新羅の影響を受けているとみてよかろう。(11)

但し注意されるのは、新羅の神宮は祭天の儀の祭殿の呼称であり、日本の国家最高神（皇祖神）を祭る神宮とは性格を異にする。唐の宗廟・新羅の神宮・宗廟は京内に置かれたが、伊勢神宮は京外に置かれている点や古代王権に関わる重要な神社にも神宮の呼称が用いられている点など大きな違いがある。従って、『日本書紀』は皇祖神天照大神を祭る「祠」、「社」に新羅の「神宮」の表記を充てたとみるのが穏当であろう。(12)

二、気多神宮寺の成立

（一）古代王権と気多神社

はじめに奈良時代の気多神社に関する史料を掲げておく。

(1)天平二十年（七四八）春、越中守大伴家持が「気太神宮」を参拝（『万葉集』巻十七・四〇二五題詞）

(2)『新抄格勅符抄』所引「大同元年（八〇六）牒」に「天平神護元年（七六五）神封三〇戸」

(3)『続日本紀』神護景雲二年（七六八）十月甲子［二十四日］条

能登国気多神に（神封）二十戸、（神）田二町（を充つ）。

(4)『続日本紀』神護景雲四年（宝亀元、七七〇）八月辛卯［二日］条、

神祇員外少史正七位上中臣葛野《かどの》連飯麻呂を遣して、幣帛《みてぐら》を越前国気比神と能登国気多神とに奉らしむ。

気多神宮の初見は八世紀半ば、(1)『萬葉集』巻十七・四〇二五題詞であるが、その後(2)(3)に見る如く称徳天皇治世に神封が増加し、(4)神護景雲四年（七七〇）称徳天皇不予に際しては、中臣葛野連飯麻呂が派遣されて幣帛が奉られるに至る。

この年、まず八月一日に幣帛と赤毛の馬二疋を伊勢大神宮に、鹿毛《かげ》の馬各一匹を若狭国の若狭彦神と豊前国の八幡神に奉納し、翌日には(4)にみるように中臣葛野連飯麻呂を遣して越前国の気比神と能登国の気多神とに奉幣した。これらの神社に共通するのは神仏習合が早く及んでいることである。伊勢神宮と宇佐八幡を除けば、若狭彦神、気比神、気多神はいずれも北陸道に属する神々であり、律令国家にとっては外界より災厄の寄り来る、いわば境界領域に位置する防疫防遏《ぼうあつ》神であった。しかも気比神、若狭彦神は共に仏教に帰依し神身離脱を

願ったという伝承を持つ神々であり、八世紀半ば頃までには神宮寺（神願寺）が建立されたとみられる。(13)

従来、仏教帰依により神身離脱をはかる神宮寺の成立を八世紀前半に想定する向きもあったが、史書を離れれば管見の限り「神宮寺」の語の初見は天平勝宝二年（七五〇）十二月二十四日付「造東大寺司櫃納幷未返経論注文」（『大日古』11ノ四四九）の「豊前国大神宮寺」（宇佐八幡）であり、地方の神仏関係も八世紀半ばの王権の仏教を優位とする神仏関係の変化と密接な繋がりを持っていることを確認しておきたい。

自然災害を神々の祟りとみて、供物を奉献して鎮静化をはかろうとする観念から、神々が荒ぶる神の属性を持つこと自体に苦悩して仏にすがるという神身離脱の観念へと転換するにはあまりに大きな飛躍がある。在地豪族や官大寺僧・遊行僧の媒介があったにしても王権の仏教を優位とする神仏関係の変化と無縁とは思われない。吉田一彦氏が指摘されるように、中国の神仏関係の影響が大きいと思われるが、(14) 王権の神仏関係の変化という受容条件があって中国の高僧の模倣・実践がなされたのであろう。

気多神宮にも神宮寺が造営されたと推測されるが、文献で確認されるのはこれから一世紀も後の斉衡二年（八五五）のことになる。

(5)『文徳実録』斉衡二年五月辛亥［四日］条、「気多大神宮寺」

五月辛亥［四日］、詔。能登国氣多大神宮寺、置㆓常住僧㆒。聴㆓度三人㆒、永永不㆑絶。

《詔して「能登国気多大神宮寺に常住僧を置き、度三人を聴《ゆる》せ。永く絶やさざれ」と。》

右によると、斉衡二年五月までには気多神宮に神宮寺が設けられており、新たに常住僧が置かれたことが知られる。それでは気多神宮寺の成立はいつ頃まで遡るのであろうか。近年、その手がかりとなる木簡が検出されている。

（二）高岡市東木津遺跡出土「気多大神宮寺」木簡

この木簡の釈読の経緯については別稿で述べているので、それに譲り[15]、ここでは問題点のみを述べておく。

東木津遺跡は富山県高岡市木津・佐野地区に所在し、庄川が形成した扇状地の末端部、佐野台地と呼ばれる微高地の北東端部に立地する。奈良・平安時代の遺物・遺構は八世紀半ば～九世紀前半に集中している。計画的な建物配置、食膳具の比率の高い土器類、木簡・墨書土器・漆紙文書、人形・斎串や油煙の付着した土器・瓦塔破片など祭祀や仏教儀式に関わる祭具が出土しており、きわめて官衙的色彩の強い遺跡である。郡の出先機関、郷の施設、庄所などが想定されるが、その性格は決定しがたい[16]。しかし、近年「助郡」（郡の少領の意）墨書土器や倉庫状建物遺構が発見されており郡の出先機関の可能性が強まった[17]。

さて、気多神宮寺に関わる木簡であるが、一九九八年（平成十）に遺跡東側の自然地形の落ち込み凹地（SX06）から出土した。次に再読された釈文を掲げる（写真は『木簡研究』第二三号、図版四）。

・「氣夛神宮寺涅槃浄土稀米入使　」
・「□暦二年九月五日廿三枚入布師三□」　154×21×5

当該木簡は当初裏面「布師」を「御師」と釈読し、それを伊勢神宮の御師と推定され、中世に下る木簡とされたが（『木簡研究』第二一号）、遺跡の年代観と合わないばかりか、写真を見ると「御師」は「布師」と釈読できることから、保存処理に出されている木簡の精査を発掘担当者に要請した。その結果、右のような釈文に訂正された。

釈読上の問題の第一は年号部分「□暦」である。『木簡研究』第二三号では「正暦」と釈読し、正暦二年（九九一）としているが、筆者は文字の残画と遺跡の年代観から「延暦」と推定し、延暦二年（七八三）が穏当と判断した。[18] 第二の問題は、二つ目の合せ字「絺」である。当初は紙の異体字「帋」かと思われたが、「氣」、「大」が合成字になっていること、下半部が「巾」では無く「布」であることから「紙布」と釈読した。「幣米」の可能性も無くはないが、神宮ではなく神宮寺への納入品であることからすると、やはり「紙布米」と読んでおくのが穏当であろう。第三には「布師三□」の不明部分であるが、門構えが読み取れるものの釈読し難い。「布師三□」は射水郡布師郷（『和名抄』）に由来する人名であろう。遺跡西側溝（SD60）から出土した土器片（須恵器横瓶胴部外面）には「布忍郷」というヘラ書きがあるが、別稿でも述べたように「布忍」は布師の別表記である（川崎注〔9〕）。

さて、釈読上の問題を離れると、最大の問題はこの木簡が東木津遺跡から発見、すなわち破棄されていることである。供物を納入するための荷札木簡であれば気多大神宮寺で破棄されてしかるべきである。当地に一旦集積されたのであろうか。中央左右にある切り込みは転用された痕跡とも考えられる。或いは納入されたのちに転用されたのであろうか。遺跡の性格と併せて大きな問題である。[19] ともあれ、気多神の越中への勧請は八世紀には確認できず、この木簡の出土により延暦二年に、能登の気多神宮に神宮寺が存在したことが確認されるのである。

(三) 八幡神宮（宇佐八幡）

ここで『続日本紀』に気比神宮と並んで新たに登場した八幡神宮について触れておく。『続日本紀』天平十三年（七四一）閏三月甲戌［二十四日］条には次のように伝える。

八幡神宮《やはたのかみのみや》に秘錦冠《ひごむのくわん》一頭、金字最勝王経・法華経各一部、度者十人、封戸、馬五疋を奉る。又三重塔一区を造らしむ。宿禱《しゆくたう》を賽《むく》ゆればなり。

天平十二年（七四〇）に大宰府で起きた藤原広嗣の乱の際に八幡神宮に戦勝を祈願したことへの報賽として国分寺に納められたと同じ仏典が賜与され、加えて三重塔が造営されることになったという。このことは「正倉院文書」の「一切経納櫃帳」丁櫃の項（『大日古』7ノ四九四）に「紫檀軸十八枚、奉請八幡神宮最勝王経十巻・法華経八巻借着」（天平十三年閏三月二十四日付）とあり、八幡神宮の最勝王経、法華経に紫檀軸を着装していることからも裏付けられる。この八幡神宮は『延喜式』神名帳の豊前国宇佐郡に「八幡大菩薩宇佐宮【名神大】」とある宇佐八幡（現宇佐神宮、大分県宇佐市南宇佐に鎮座）のことである。

すなわち、宇佐八幡に神前読経のための経典と社僧、さらに三重塔が供奉されたのである。三重塔は神社の境域に造立された寺院、いわゆる神宮寺である。しかし、前述したように「神宮」が限定された神社への呼称であるのに対して、「神宮寺」（神願寺）は奈良時代半ばの王権の神仏関係の変化にともない生まれた呼称である。八幡神が「八幡神宮」と表記されたのは、王権の要請に応え、国家の安寧と守護に努めたからであろう。従って、三重塔の造立を以てただちに神身離脱を願い菩薩業に努める神のための寺とすることはできない。まして八幡神宮は広嗣の乱の戦勝祈願を実現した神威をもつ神社である。地域神として国家守護の神として、当初はその神威を増すために三重塔が造営され、その呪的効果が期待されたのであろう。地方の八幡神と王権の接触は神仏関係に大きな転機をもたらし、八幡神の入京、さらには盧舎那仏造営の助力という形になって展開した。禰宜《ねぎ》尼《に》大神朝臣杜女《もりめ》の託宣を借りた策謀であるにせよ、八幡大神が「天神《あまつかみ》・地祇《くにつかみ》を率ゐ伊左奈比《いざなひ》て必ず成し奉らむ」と宣したという（『続日本紀』天平勝宝元年（七四九）十二月丁亥〔二十七日〕条）。

奈良時代の神仏関係における最大の変化は神たる天皇の出家であろう。聖武・孝謙（称徳）の出家により一大変化が生じた。そのことは天平神護元年（七六五）十一月に孝謙が重祚した際の大嘗祭の宣命の「朕は仏の御弟子として菩薩の戒を受け賜はりて在り。此に依りて上つ方は三宝に供奉《つかへまつ》り、次には天社・国社の神等をもゐやびまつり……復勅《の》りたまはく、神等をば三宝より離《さ》けて触れぬ物そとなも人の念ひて在る。然れども経を見まつれば仏の御法を護りまつり尊びまつるは諸の神たちにいましけり。故、是を以て、出家せし人も白衣《しろきぬ》も相雑《まじ》はりて供奉るに豈障《さは》る事は在らじと念ひて……」(『続日本紀』第三十八詔)といった神仏隔離の否定と護法善神の観念に端的に示されている。八幡大神による仏法支援という杜女の託宣は、ここに神は仏法を護り尊ぶものという新たな神仏関係(護法善神)となって具現する。

また、神護景雲四年(七七〇)七月に発布された称徳天皇の勅の次のような一節が注目される。

疫気生《えききいきもの》を損《そこな》ひ、変異物を驚かす。永く言《ここ》に懐《こころ》を疚《や》みて、惜《お》く所を知らず。唯、仏出世の遺教応感《ゐけうおうかむ》すること有らば、苦は是れ必ず脱《まぬか》れむ、災は則《すなわ》ち能《よ》く除かれむ。故《かれ》、彼の覚風《かくふう》を仰ぎて、斯の祲霧《しむむ》を払はむとす

(『続日本紀』神護景雲四年七月乙亥[十五日]条)

尼天皇称徳は疫病、天変地異に苦悩するが、自分の行動に仏陀が感応するところがあれば救われるとし、仏陀の徳にすがり妖気を払おうとしている。称徳天皇の場合は道鏡との関係も考慮しなくてはならないが、神格をもつ天皇が疫病や天変地異に苦悩して仏にすがる姿は、仏教帰依によって神身離脱を願う神々の姿と二重写しとなる。このようにみると聖武太上天皇と孝謙(称徳)天皇の出家が神仏関係に与えた影響はきわめて大きいものがあったと推測される。(20)

八世紀半ばに神宮寺の存在が確認される伊勢神宮においても、(21)称徳天皇の逝去、称徳・道鏡政権の崩壊後には神仏隔離論が復活した。宝亀三年(七七二)八月には暴風雨による災いを月読神の祟りとして度会《わたらい》郡にあった伊勢神宮寺を飯高郡の度瀬《わたらせ》山房に移し、さらに宝亀十一年にはなお神郡(多気・度会二郡)が近く祟りがや

まないので隣接する飯野郡から更に離している（『続日本紀』）。伊勢の神官は暴風雨による災異を神の苦悩とせず、月読神の祟りとして神意を鎮めるために神仏を隔離したのである。この点からも聖武・孝謙（称徳）治世の神仏関係の特殊性がうかがえよう。

右述のことからすると、八世紀半ば、北陸の若狭彦神社、気比神宮、気多神宮に神宮寺が造営されたのは、王権の守護神、さらには王権の仏教信仰を支える護法善神へと位置づけられたためと推察される。

三、文室真人長谷等仏像并一切経等施入願文

（一）石田女王

ところで、奈良時代の神仏関係を考える上で古代越中国に関わる看過できぬ史料がある。延暦十七年「文室真人長谷等仏像并一切経等施入願文」（『大日本古文書』家わけ第十八・東大寺文書3ノ五九二）がそれで、故石田女王の遺志をついだ、文室真人長谷とその子息らの施入願文である。石田女王はあまり知られることのない人物であるが、奈良時代の政争に巻き込まれ、数奇な運命をたどった女性の一人である。出自・生没年などは一切不明であるので、はじめに石田女王に関連すると思われる史料を掲げる。

1、神護景雲元年（七六七）十一月十六日付「越中国礪波郡井山村墾田地図[22]」

「石田女王家治田」

右の開田図により石田女王家が越中国礪波郡井山村に治田を所有していたことが知られる。

2、大治五年（一一三〇）三月十三日付「東大寺諸荘文書并絵図等目録[23]」所引の神護景雲三年（七六九）

三月二十八日付「礪波郡司買売券文」

「西小長谷部若麻呂墾田幷伊波田王墾田」

井山荘の四至記載に「西小長谷部若麻呂墾田幷びに伊波田王墾田」とある。史料1と史料2に見える「石田女王家治田」と「伊波田王墾田」は井山荘の西に位置し、その所在から同一地と考えられ、従って、「石田女王」と「伊波田王」とは同一人物であり、「石田」はイハタと訓むことが判明する。井山荘の現地比定には若干の揺れがあるが、砺波平野の東端、庄川右岸とみる点はほぼ一致している。(24)

3、『続日本紀』神護景雲三年（七六九）五月丙申［二十九日］宣命第四十三詔

神護景雲三年五月、石田女王は県犬養姉女らに誘われ、不破内親王（聖武皇女、母県犬養広刀自、貶名厨真人厨女）と謀って塩焼王と内親王との間に生まれた氷上志計志麻呂を擁立しようとして称徳天皇を厭魅呪詛したが、事現れて流罪に処せられたという。

しかし、この厭魅事件はその後意外な展開をみせた。史料4にあるように丹比宿禰乙女の誣告であったというのである。

4、『続日本紀』宝亀二年（七七一）八月辛酉［八日］条

外従五位下丹比宿禰乙女の位記を毀《こほ》つ。初め乙女は、忍坂女王・県犬養姉女ら乗輿《じょうよ》を厭魅《えむみ》すと誣告《むがう》す。是に至りて姉女が罪雪《きよ》む。故に乙女の位記を毀つ。

厭魅事件により流罪（配流地不明）に処せられて約二年後、姉女らは誣告と判明し罪を許された。

5、宝亀二年（七七一）九月辛丑［十八日］条

犬部内麻呂・姉女らに本の姓の県犬養宿禰を復す。

犬部と貶姓された県犬養姉女らは同年九月に本姓に復された。石田女王の名は見えないが、同様に許されたと推測される。

6、『続日本紀』天応元年（七八一）二月庚寅朔条
无位磐田《いはた》女王に従五位下を授く。

桓武天皇治世の天応元年二月に無位の磐田女王が従五位に叙せられている。誣告と判明してから実に十年が経過しているが、「磐田女王」は石田女王である可能性が高い。

7、延暦十七年（七九八）八月二十六日付「文室真人長谷等仏像幷一切経等施入願文」
「故従五位上石田女王」

願文は後掲するが、願文に「故従五位上石田女王」とあることから、石田女王は延暦十七年八月以前に亡くなったことが知られる。6と位階に矛盾はなく、磐田女王と石田女王は同一人物であろう。

史料1、2、3、6、7に見える「石田（伊波田王）女王」、「磐田女王」は、いずれも位階・年代的に矛盾は無く、同一人物と見て誤りないのではなかろうか。(25)

（二）「文室真人長谷等仏像幷一切経等施入願文」

右に見たように石田女王に関わる史料として「文室真人長谷等仏像幷一切経等施入願文」（延暦十七年）がある。初めに煩を厭わず願文を掲げることにする。(26)

（表題）「東大寺中阿弥陀別院文」

故従五位上石田女王圖仏像一切経等并水田入寺願文〈副券一通〉

夫極楽浄刹、量等二虚空一、衆聖登二真之勝境一、浄二過三界一群有入二道之英縁一、金池帯二八徳一而流芳、玉樹引二七覚一以宣レ法、爰 釋迦能仁垂二迹此土一、獎率二四生一、施陁種覚馭二彼浄域一、引二導三有一、故能聞二徳号一者則減二重障一、念二相好一者無レ不二往生一、是以三故女王弘発二誓願一、近報二四恩一、遠期二菩提一、奉レ造二阿弥陀・観音・勢至等像一、奉レ写二一切経等一、儲二備水田六十町一、成二往生之因一、而未レ果レ志、早移二浄方一者也。今長谷等、歓二先遺跡一、欲レ継二後業一、其仏像等、永奉レ納レ寺、請二次第僧一、読経悔過、奉レ助二先霊一。仰願、以二此功徳一、弘奉レ資、生生四恩、世世六親、永出二三界六道一、速往二生極楽浄土一、脩二六度万行之因一、證二菩提涅槃之果一、普及二法界一、共成二覚道一

延暦十七年八月廿六日従五位下文室真人「長谷」
男　「宮守」
「廣吉」
「長主」

願文によれば、石田女王は阿弥陀三尊像、一切経、水田六十町を施入して往生することを願ったが、志を果たさず亡くなったために、延暦十七年（七九八）に文室真人長谷とその子息らがその遺志を継ぎ、阿弥陀三尊像等を東大寺に施入して女王の極楽往生を願ったという。また、これによって阿弥陀院（表題には阿弥陀別院とある）が創建されたという（『東大寺要録』巻四、諸院章）。

この願文では石田女王と長谷との関係は「故女王」、「先霊」とあるのみで不明である。長谷の親族（妻、母、もしくは姉妹）と思われるが、長谷とその子息が発願者となっていることからすると、長谷の室である可能性が高い。文室真人長谷はこの後、延暦二十四年（八〇五）十二月己酉［十四日］に従五位下で周防守となっており、弘仁十四年（八二三）十一月庚午［二十日］には従五位上に昇叙していることが知られる。

また、長谷の男、宮守、広吉についてては手がかりがないが、長主については左に掲げる「某家政所告状案」（『平安遺文』一ノ六八号）に見える。(27)

政所告　□中国諸庄別当文室長主　「案」
　可㆓勘定申上㆒浪人事【礪波郡大野郷井山庄邊幷／宇治虫足之保者】
右、造東大寺所去正月十五日牒状偁、件浪人元是寺
家庄所管也。以㆑此成㆓農業㆒、而頃年被㆑寄㆓院庄㆒、毎㆑
事不㆑□㆓寺家業㆒、歴年廃怠、地子累時闕乏、望請、
件浪人濟㆓庄家事㆒者。宜㆓也知㆑状子細勘定㆒、早
速申「　」不㆑得㆓延引㆒、故告、
別当散位藤原朝臣輔嗣　　内舎人高階真人菅根
　散　位秦　廣　継
　散　位六人部古佐美
承和八年二月十一日

藤井一二氏によれば、右の文書は淳和院領の形成過程を物語るものであり[28]、政所（淳和院）から越中国諸庄別当の文室長主に、礪波郡大野郷井山庄辺や宇治虫足の保に居住する浪人について調査するよう依頼があった。造東大寺所が牒状により、管轄下にあった浪人が某院（淳和院）の荘に寄せられたため、寺家の仕事に従事せず地子の欠乏という事態が生じており、その解決を訴えたことによる。ここで注意されるのは文室長主が造東大寺所の「越中国諸庄別当」であったことである。越中国の東大寺領荘園は射水郡四ヵ所、礪波郡四ヵ所、新川郡二ヵ所、計一〇ヵ所が知られており、そのすべての荘園を管轄、必要に応じて下向していたのであろう。

翻ってみるに、東大寺に施入された水田六十町には「石田女王家治田」が含まれていた可能性がある。石田女王の井山荘の西側にあった治田は、恐らく厭魅事件により一時的には没官され、誣告と判明した後に復されたとみられる。また、石田女王の没後は文室長主が治田の維持管理にあたったことが推測される。

そもそも文室真人は天武天皇の孫で、長親王の子である智努王が、天平勝宝四年（七五二）に臣籍降下して賜姓されたことにはじまる。弟に大市王（文室大市〔邑珍〕）がある。文室真人智努は鑑真から菩薩戒を受戒して文室浄三と名乗った。『日本高僧伝要文抄』所引『延暦僧録』の沙門釈浄三菩薩伝によると、東大寺大鎮に任じ、また法華寺大鎮、浄土院別当を兼ねた。熱心な仏教信者であり、大神寺で『六門陀羅尼経』を講じ、東大寺に「十二分教義」を立てたといい、『顕三界章』一巻、『仏法伝通日本記』一巻などの著作があった。また周知のように「亡夫人茨田郡主（女王）」のために仏足石を造らせている（薬師寺蔵「仏足石記」）[29]。文室真人長谷の系譜（血縁関係）は不明であるが、文室真人は仏教に篤い信仰をもつ一族であった。

従来、教学書を離れて「垂迹」の語の初見は、辻善之助氏が指摘された『日本三代実録』貞観元年（八五九）八月二十八日条の延暦寺僧恵亮の表請（上表文）[30]、或いはさらに遡って福井康順氏が指摘された天長二年（八二五）成立の最澄の伝記『叡山大師伝』（釈一乗忠［真忠］撰）とされてきたが[31]、近年、吉田一彦氏が指摘されているように右に掲げた「文室真人長谷等仏像幷一切経等施入願文」とするのが妥当であろう[32]。

そこに見る「垂迹」の文言は神仏を同体とするような本地垂迹思想ではなく、「釈迦能仁は此土に垂迹し」、すなわち釈迦が仏（理念としての釈迦）となって示現し、此土に教え（極楽往生）を説いたというのである。この「垂迹」の語が、仏教に理解の深い文室真人一族が作成した願文に認められるのであり、しかも造東大寺所の「越中国諸庄別当」であった長主の関与により礪波郡にあった「石田女王の墾田」が東大寺阿弥陀院に寄進された可能性が高いことからすると、荘園経営を媒介とした中央官人（仏教信奉者）と在地との交流により、越中の地に「垂迹」思想の種が播かれていったことは想像に難くない。右の願文からは本地垂迹思想形成の媒介者として中央官人の姿が浮かび上がるのである。

平安時代末、十一世紀後半になると仏と神を同体とする本地垂迹思想が成立するが、ここではその第一歩、「垂迹」思想の受容が中央官人である文室真人同族の「文室真人長谷等仏像幷一切経等施入願文」に認められ、長谷の一族が関わる越中国東大寺領荘園の経営を媒介として越中の地にも種播かれた可能性を指摘しておく。

【注】

（1）折口信夫「春来る鬼」（『折口信夫全集』第十五巻　民俗学篇1・中央公論社）。拙稿「気太神宮」（辰巳正明・城﨑陽子監修『万葉集神事語辞典』國學院大學研究開発推進機構日本文化研究所編、二〇〇八年）を参照されたい。

（2）吉岡康暢「末松廃寺をめぐる問題」（文化庁『史跡　末松廃寺跡』第Ⅴ章第三節、二〇〇九年）。

（3）羽咋市教育委員会『柳田シャコデ廃寺跡』（一九八七年三月）、羽咋市教育委員会『寺家遺跡発掘調査報告書総括編』（二〇一〇年三月）などを参照。

（4）小島芳孝「寺家遺跡と周辺遺跡」（羽咋市教育委員会『寺家遺跡―第14次～第18次発掘調査報告書―』二〇〇六年）。

（5）『飛鳥・藤原宮発掘調査出土木簡概報（十九）』二四頁下（480）。

（6）直木孝次郎氏も「皇室と密接な関係のある神に対してのみ、神宮、または宮の称を与えた」と指摘されているが、神宮の語の成立を天武朝よりそれほど古くない時代、六世紀乃至七世紀とされている（直木孝次郎「森と社と宮」同『古代史の窓』学生社、一九八二年、初出一九五八年）。筆者は皇祖神たる天照大神の祭祀が確立する七世紀末以降に降ると推測する。

（7）高天原神話の完成は大宝三年（七〇三）に献呈された持統天皇の和風諡号である大倭根子天之広野日女尊《おほやまとねこあまのひろのひめのみこと》が『続日本紀』十二月癸酉［十七日］条）、養老四年（七二〇）に完成した『日本書紀』では高天原広野姫に変更されていることからすると、諡号献呈以後のことになろう。上田正昭「和風諡号と神代史」（『上田正昭著作集2古代国家と東アジア』角川書店、一九九八年、初出一九七二年）、溝口睦子『アマテラスの誕生―古代王権の源流を探る』（岩波書店、二〇〇九年）などを参照。

（8）前川明久「伊勢神宮と朝鮮古代諸国家の祭祀制―神宮の称号をめぐって―」（『日本史研究』八四号、一九六六年）、のち同『日本古代氏族と王権の研究』（法政大学出版局、一九八六年）に所収。

（9）濱田耕策「新羅の神宮と百座講会と宗廟」、岡田精司「伊勢神宮の成立をめぐる問題点」は共に『東アジアにおける儀礼と国家』（東アジア世界における日本古代史講座・第九巻、学生社、一九八二年）に収載。

(10) 唐の祠令と日本の神祇令との関係については井上光貞『日本古代の王権と祭祀』(東京大学出版会、一九八四年)を参照した。
(11) 唐を中心とする国際的秩序において、新羅に対抗しうる律令国家体制の樹立を課題とした時期である。『日本書紀』が神の啓示に高句麗や新羅の王言である「教」を用いている点なども注意される(川﨑晃「古代の王言について」同『古代学論究—古代日本の漢字文化と仏教—』慶應義塾大学出版、二〇一二年、初出二〇〇二年)。
(12) 岡田精司氏は新羅の「神宮」の影響は認めるものの祭儀までは及ばぬとする(前掲注〔9〕)。また、榎村寛之氏は神宮という言葉はやまと言葉ではなく、用字を取り込んだ可能性が高いとするが、「神宮」の語の大宝令以前の使用を疑問視される(同『伊勢神宮と古代王権』筑摩書房、二〇一二年)。
(13) 気比神宮については藤原武智麻呂伝(『家伝』下)、若狭彦神社については『類聚国史』一八〇、仏道部。なお、浅香年木「古代の北陸道における韓神信仰」(『日本海文化』六、一九七九年三月)、のち中井真孝編『論集　奈良仏教5　奈良仏教と東アジア』所収(雄山閣出版、一九九五年)。本郷真紹「天平期の神仏関係と王権」(初出一九九五年)、同「古代北陸の宗教文化と交流」(初出一九九六年)、いずれも同『律令国家仏教の研究』所収(法蔵館、二〇〇五年)。川﨑晃「古代北陸の宗教的諸相」(前掲注〔11〕、初出二〇〇三年)を参照されたい。
　また、神仏習合については、曽根正人編『論集　奈良仏教4　神々と奈良仏教』(雄山閣、一九九五年)を参照した。特に曽根正人「研究史の回顧と展望」は有用であった。他に、速水侑「神仏習合の展開」(『東アジア世界における日本古代史講座』第八巻、学生社、一九八六年)、義江彰夫『神仏習合』(岩波書店、一九九六年)、逵日出典『八幡神と神仏習合』(講談社、二〇〇七年)、藤本誠「日本古代の「堂」と村落の仏教」(『日本歴史』七七七号、二〇一三年二月)などを参照した。
(14) 吉田一彦「多度神宮寺と神仏習合—中国の神仏習合思想の受容をめぐって—」(梅村喬編『古代王権と交流4

伊勢湾と古代の東海』名著出版、一九九六年。同「日本における神仏習合思想の受容と展開—神仏習合外来説〈序説〉—」(『仏教史学研究』四七—二、二〇〇五年)。
(15)『木簡研究』第二一号(一九九九年)、同第二三号(二〇〇一年)、及び川﨑晃「「越」木簡覚書」(『高岡市万葉歴史館紀要』第一一号、二〇〇一年三月)、同「東木津遺跡出土木簡補論」(『高岡市万葉歴史館紀要』第一二号、二〇〇二年三月)。
(16)高岡市教育委員会『石塚遺跡・東木津遺跡調査報告』(高岡市埋蔵文化財調査報告・第七冊、二〇〇一年)。
(17)高岡市教育委員会『東木津遺跡調査概報Ⅱ』(高岡市埋蔵文化財調査報告・第五三冊、二〇〇三年)、高岡市教育委員会『市内遺跡調査概報XⅧ』(高岡市埋蔵文化財調査報告・第六七冊、二〇〇九年)。「助郡」墨書土器については、川﨑晃「覚書 高岡市東木津遺跡出土「助郡」墨書土器について」(『高岡市万葉歴史館紀要』第一五号、二〇〇五年)を参照されたい。
(18)渡辺晃宏氏より西大寺食堂院井戸跡出土の木簡に、文字としては「正暦」であるが、「延暦」を意図して書いた例、いわば「延」の異体字としての「正」があることをご教示いただいた(奈良文化財研究所編『西大寺食堂院・右京北辺発掘調査報告』二〇〇七年)。
(19)吉岡康暢氏は東木津遺跡を郡家別院とみて、ここに一旦集積の上、国府から奉納した可能性を想定されている(吉岡康暢・前掲注〔2〕)。
(20)早く家永三郎氏は「神仏の並行発展の関係は天平勝宝年間を以て終を告げ、その後新しく神仏習合の歴史が始まる」と指摘されているが、天平末年の聖武の出家・譲位が転機となっていることはいうまでもない(家永三郎「飛鳥寧楽時代の神仏関係」『神道研究』三—四、一九四二年、のち注〔13〕前掲、曽根正人編『論集 奈良仏教4 神々と奈良仏教』に所収)。

(21)『続日本紀』天平神護二年（七六六）七月丙子［二十三日］条に「遣レ使、造二丈六仏像於伊勢大神寺一」とある。国史大系本が「大神寺」を「大神宮寺」と校補するように、この時点で伊勢大神宮寺が存在したことは誤りなかろう。
(22)『大日古』家わけ第十八（東大寺文書之四［東南院文書之四］）一四図
(23)『平安遺文』五ノ二一五六号（古文書編・第五巻、一八六二～六三頁）。
(24)井山荘の現地比定については、庄川右岸とする点では諸説ほぼ合致するが、南北の比定位置に相違をみる。芹谷野段丘崖下とする説は弥永貞三・亀田隆之・新井喜久夫「越中国東大寺領庄園絵図について」（『続日本紀研究』五〇号別冊、一九五八年）があるが、その後、金田章裕氏は現砺波市徳万西部付近に比定された（「越中国砺波郡東大寺領荘園図」『古代荘園図と景観』東京大学出版会、一九九八年）。一方、金田説より南の雄神大橋から三谷付近とする木倉豊信「東大寺墾田地を主としたる呉西平野の古代地理（上・中）」（『富山教育』二八〇号・一九三六年、二八七号・一九三七年）や『砺波市史』（一九八四年）がある。
(25)『日本古代人名辞典（第一巻）』（吉川弘文館）、『日本古代氏族人名辞典』（吉川弘文館）共に同一人物説を採っている。なお、『萬葉集』巻三にみえる石田王は養老七年（七二三）以前に亡くなっており、また、『日本後紀』弘仁六年（八一五）正月庚辰条に「正六位上石田王に従五位下を授く」とある石田王は石田女王没後の別人であり、共に考察の対象からは除外した。
(26)「東南院文書」第四櫃第十一巻所収。『大日古』は文書名を「文室真人長谷等仏像一切経等施入願文」とするが（家わけ第十八・東大寺文書三ノ四一～四二頁）、『平安遺文』一ノ一七号は「故石田女王一切経等施入願文」（古文書編・第一巻、九～一〇頁）と改めている。また、三行目「引」を『平安遺文』は「分」と釈読する。
(27)『平安遺文』六八号「某家政所告状案」（古文書編・第一巻、六〇頁）［内閣文庫所蔵］。なお、文書写真は砺波市史編纂委員会編『砺波市史―資料編1、考古、古代・中世―』（砺波市、一九九〇年）口絵を参照した。

（28）藤井一二「正倉院蔵「越中国砺波郡井山荘絵図」の史的世界」（『砺波散村地域研究所紀要』四、一九八七年）、のち藤井『東大寺開田図の研究』（塙書房、一九九七年）に所収。他に河合久則「越中国東大寺荘園」（注〔27〕前掲『砺波市史―資料編1、考古、古代・中世―』所収）を参照した。

（29）川﨑晃「藤原夫人と内親郡主」（前掲注〔11〕、初出二〇〇七年）。

（30）辻善之助「本地垂迹説の起源について」（同『日本仏教史之研究』金港堂書籍、一九一九年）。同『日本仏教史』第一巻上世篇、岩波書店、一九四四年）。

（31）福井康順「「本地垂迹説」弁妄」（日本宗教学会『宗教研究』二一四、一九七三年）。

（32）吉田一彦「垂迹思想の受容と展開―本地垂迹説の成立過程―」（速水侑編『日本社会における仏と神』吉川弘文館、二〇〇六年）。

神郡の成立と古代寺院

三舟　隆之

Ⅰ、はじめに

古代における地方寺院の成立については、鎮護国家的仏教行事を全国で行うという国家仏教の成立と関係して、天武朝を中心に成立したとする見解が従来から指摘されていた[1]。古代の地方寺院は在地豪族層によって造営されたと考えられるが、その中には郡司層が造営したとする郡名寺院の例が指摘されてきた[2]。そしてこれらの寺院が一郡一寺的な分布をする例があるところから、郡衙周辺寺院として「官寺」的な性格を与える説がある[3]。

しかし地方寺院の中には一郡の中に数寺がある例や、反対に郡によっては寺院が存在しない例もあり、古代の地方寺院は多様的な分布を示している。その成立過程についても、大化改新による評制の施行という在地の政治権力の変動が大きな影響を与えた、という見解もある。「国造本紀」によれば大化前代の国造の数は百二十六～百二十七前後であるが、『律書残篇』によれば奈良時代の郡の数は五百五十五であるから、四倍強の郡司（評司）が採用されたことになる。この観点からすれば、地方寺院の成立を国家仏教の影響によるものだけではなく、在地の郡司層が大化前代の国造圏からその勢力を維持、または独立することによって新たに評司となったが、さらに自らの在地共同体の結束を強化するために、仏教を積極的に受容したとする説である[4]。

評制の成立については、在地共同体では国造圏の維持、もしくは新興豪族の台頭による領域の解体と再編成が行われたわけであるが、その中で特定の神祇祭祀を行う神郡と古代寺院の関係については、八世紀以降の神宮寺に関する論考はあるが、七世紀後半の神郡の成立時については余り触れられていないようである。そこで本稿では、七世紀後半の神郡の成立と古代寺院について検討を行いたい。

Ⅱ、各地域の神郡と古代寺院

神郡は、律令制国家において特定の神社とその祭祀氏族が密接に関係する郡であり、古代においては神郡の郡司は特定の氏族から選任されていた。また『続日本紀』天平勝宝元年（七四九）二月壬戌条などによれば、神郡の郡司は譜第職であり、同時にその他の郡と異なり、『令集解』選叙令同司主典条釈説の養老七年（七二三）十一月十六日太政官処分によれば、

養老七年十一月十六日太政官処分、伊勢国渡相郡・竹郡・安房国安房郡・出雲国意宇郡・筑前国宗像郡・常陸国鹿島郡・下総国香取郡・紀伊国名草郡、合八神郡、聴レ連二任三等以上親一也

とあり、[5] 同一氏族による三等親以上の連任が許されていた。この史料から奈良時代の神郡は、常陸国鹿島郡（鹿島神宮）・下総国香取郡（香取神宮）・安房国安房郡（安房坐神社）・伊勢国度会・多気郡（太神宮）・紀伊国名草郡（日前神社・国懸神社）・出雲国意宇郡（熊野坐神社・杵築大社）・筑前国宗像郡（宗像神社）が該当することが知られる。まずこれら八つの神郡と関連する寺院について、考察を加えたい。

（1）常陸国鹿島郡

『常陸国風土記』香島郡の条では、

古老曰、難波長柄豊前大朝馭宇天皇之世、己酉年、大乙上中臣（　）子、大乙下中臣部兎子等、請二総領高向大夫一、割二下総国海上国造部内軽野以南一里、那賀国造部内寒田以北五里一、別置二神郡一、其処所レ有、天之大神社、坂戸社、沼尾社、合二三処一、惣称二香島之大神一、因名レ郡焉

とあり、[6] この条によれば鹿島郡は「己酉年」、すなわち孝徳天皇の大化五年（六四九）に、中臣氏と中臣部氏

が総領高向大夫に申請して、下総国の海上国造の軽野以南の一里と常陸国那賀国造の寒田以北の五里を分割し、神郡として鹿島郡を建郡している。『常陸国風土記』では香島神の成立時期については不明であるが、崇神天皇の時に神宝の奉幣記事があり、天智天皇の時に神宮を修造した記事が見られる。『常陸国風土記』の建郡記事では、申請者はそのまま郡領に任じられたと考えられるから、(7)鹿島郡も中臣氏が郡司に任ぜられたと思われる。『類聚三代格』天安三年（八五九）二月十六日太政官符には、天平勝宝年中に神宮寺を建立した縁起として、僧満願の他に「元宮司従五位上中臣鹿島連大宗」と「大領中臣連千徳」の名が見え、累代の宮司は中臣鹿島連氏であることが記されているところから、鹿島郡の場合は神宮司と郡司は同族であったと思われ、鹿島神宮寺はその氏寺であったことが知られる。(8)

鹿島郡の郡衙遺跡は神野向《かのむかい》遺跡で、郡庁と正倉域が発掘調査で確認されている。(9)また鹿島神宮の周辺には宮中野古墳群が存在し、宮中条里遺跡大船津地区や厨台遺跡などの集落遺跡から祭祀遺物も出土しているところから、これらの遺跡が鹿島神宮に関係する祭祀集団のものと考えられている。(10)しかし七世紀後半の古代寺院については、周辺には見られない。

常陸国の古代寺院については、各郡に分布するのが特徴で、以下の郡に古代寺院が分布する（図1）。まず畿内系の軒瓦が見られるのは信太《しだ》郡の塔の前廃寺で、川原寺式系の鋸歯文縁複弁八葉蓮華文軒丸瓦に重弧文軒平瓦が組み合う。基壇状の高まりが認められるが、未調査のため詳細は不明で、時期としては七世紀末と考えられる。(11)常陸国の古代寺院はこの時期に創建された寺院が多く、新治郡の新治廃寺は、新治郡衙跡と考えられる古郡遺跡に隣接し、双塔式の伽藍配置である。出土した軒瓦は下野薬師寺跡系統の鋸歯文縁複弁八葉蓮華文で、三重弧文軒平瓦が組み合う。この新治廃寺系の複弁軒丸瓦は真壁郡下谷貝廃寺・河内郡九重廃寺などにも

図１　常陸国の初期寺院（７世紀後半～８世紀初）
　1．鹿島神宮　2．大津廃寺　3．長者屋敷遺跡　4．台渡里廃寺　5．新治廃寺
　6．茨城廃寺　7．中台廃寺　8．九重廃寺　9．下谷貝廃寺　10．塔の前廃寺

見られ、これらの寺院の創建年代は七世紀末から八世紀初頭と考えられている。また法隆寺式伽藍配置である茨城郡茨城廃寺や、同系統の素文縁単弁八葉蓮華文軒丸瓦が出土する筑波郡中台廃寺、文字瓦が出土している那賀郡台渡里廃寺、また陸奥国石城郡夏井廃寺系の軒丸瓦が出土する多珂郡大津廃寺や、「久寺」の墨書土器が出土した久慈郡長者屋敷遺跡（薬谷廃寺）などの寺院も、この時期に相当すると考えられている。[12]

このように常陸国の古代寺院は大体一郡一寺の傾向を示し、新治廃寺・茨城廃寺・中台廃寺・台渡里廃寺などのように、郡衙遺跡に隣接する寺院が多い。またその創建時期も大体七世紀末から八世紀初頭に集中し、畿内系の軒瓦文様は少なく、下野薬師寺跡や夏井廃寺などの軒丸瓦の影響を受けて成立した、在地系の瓦当文様が多い。この中でも行方《なめかた》郡と鹿島郡では造寺が遅れ、行方郡井上廃寺は八世紀後半の時期と考えられている。鹿島郡の神宮寺跡は、天平勝宝年中に満願によって創建されたが、[13]昭和五十年に鹿島町教育委員会によって調査され、[14]塼積基壇などが確認されたものの消滅し、詳細は不明である。『常陸国風土記』では大化五年に建郡された郡が多いが、寺院造営までにはある程度時間がかかったようである。その中でも鹿島郡は、とりわけ一世紀以上の時間がかかっている。

（2）下総国香取郡

下総国の香取神宮は、『常陸国風土記』行方郡条に「即有二枡池一。此高向大夫之時、所レ築池。北有二香取神子之社一」とあり、[15]香取神社が『常陸国風土記』の成立以前に存在していたことを示している。『常陸国風土記』の建郡記事に登場する総領の高向大夫の伝承に関係する枡池の記事に登場するから、香取神も鹿島神と同じ大化五年前後には存在していたことも想定できよう。

さて香取郡の成立だが、下総竜角寺から出土する文字瓦から、印波国造の領域を分割する形で印旛・埴生評が成立し、その後さらに埴生評から分割されて香取評ができた可能性が示されている。下総竜角寺と供給瓦窯である竜角寺瓦窯・五斗蒔《ごとまき》瓦窯から出土する文字瓦の地名には、「朝布」（麻生）・「服止」（服部）・「玉作」（玉作）・「加刀利」（香取）・「小加」（小川）などの郷名を記した文字瓦が出土し、(16)これらの郷名は『和名抄』でも確認され、埴生郡内の郷に相当すると考えられる。(17)しかし一方では「加刀利」（香取）・「小加」（小川）という文字瓦も出土しており、香取郡香取郷・小川郷の可能性が考えられるから、竜角寺創建時には埴生と香取郡は分割されていないと考えるべきであろう。

埴生郡の竜角寺が所在する地域は印波国造の支配地域と考えられ、律令制下の印旛郡と埴生郡はこの領域に含まれていたと考えられるが、竜角寺の造営主体者の勢力範囲は埴生・香取の二郡にまたがるものであると考えられる。しかしその後創建後期の郷名文字瓦は埴生郡域に限定されるので、印波国造の印波国は評制の施行によって印旛郡と埴生郡に分割され、さらに埴生郡は香取郡の設置に伴い、また分割されたことが推定される。(18)川尻秋生氏は、印旛郡の郡領氏族である丈部直氏から埴生郡の郡領氏族の大生部直氏へ印波国造が交替したと指摘する。(19)この竜角寺の文字瓦から推測すれば、香取評の成立は大化五年より遅れる七世紀後半の中頃に想定できる。

『和名抄』によれば香取郡は、大槻・香取・小川・健田・礒・譯草《おさかや》郷があり、養老五年の戸籍には「少幡《おばた》郷」が見られる。『続日本紀』養老七年（七二三）十一月丁丑条では、常陸国鹿島郡・紀伊国名草郡などとともに三等親以上の郡司の連任が許されているので、この時期には神郡として確立していたと考えられる。また神亀元年（七二四）二月壬子条では、外従七位上の香取連五百嶋《いほしま》が、陸奥国の鎮所に私穀を献上した功で外従五位下を授けられている。このような献物叙位を行う在地豪族は有力豪族であることが多いので、この香取連五百嶋も

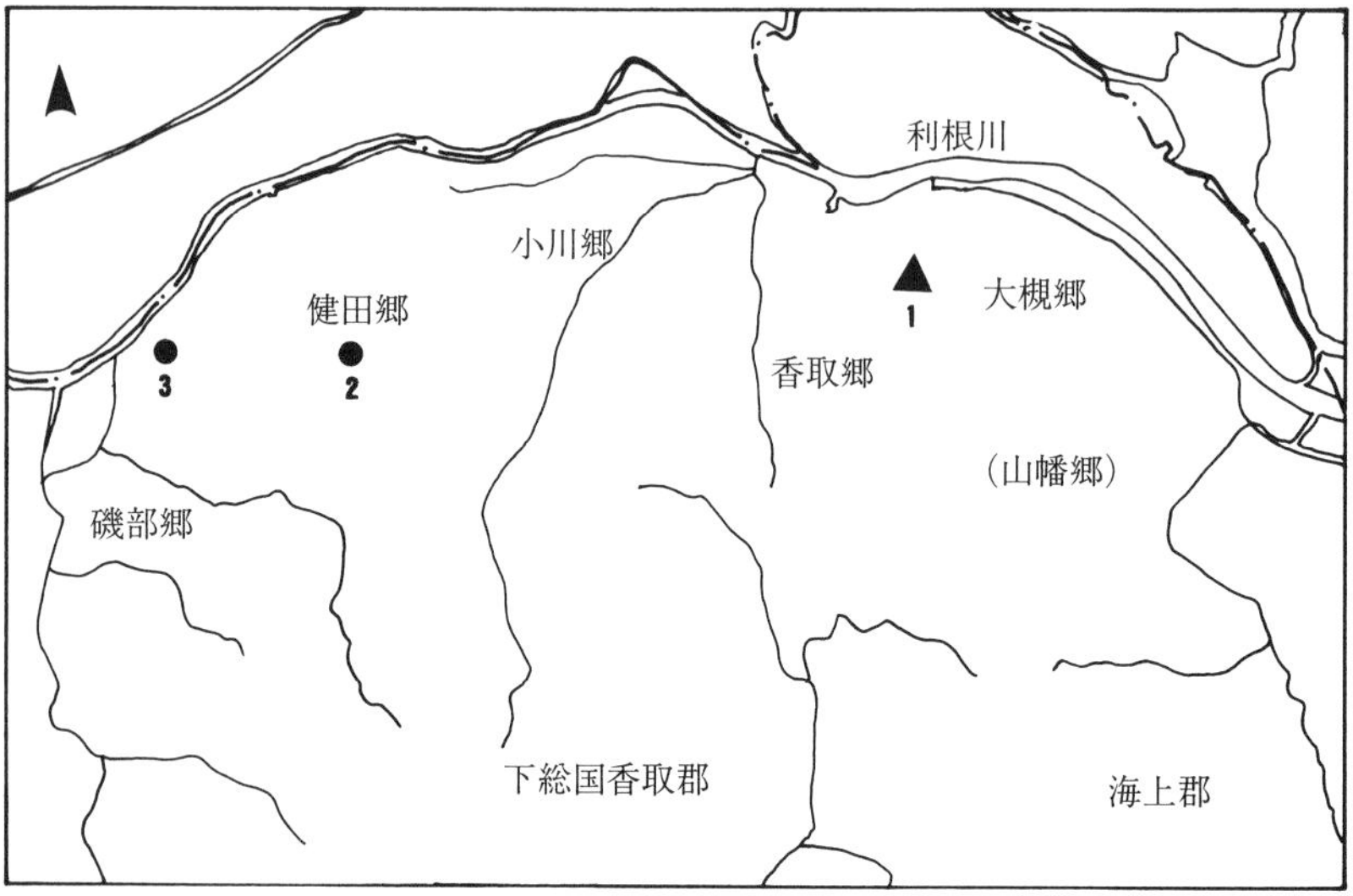

図2　香取郡の古代寺院と推定郷
1．香取神宮　2．名木廃寺　3．龍正院

香取郡香取郷の在地有力豪族で、香取郡の郡司であった可能性が高い。

この香取郡の古代寺院であるが、「竜角寺式」と称される三重圏文縁単弁八葉蓮華文軒丸瓦と三重弧文軒平瓦などが出土する龍正院廃寺が存在する。周辺には瓦窯跡も存在するが[20]、寺跡は未調査のため詳細は不明である。また「竜角寺式」の軒丸瓦は名木廃寺からも出土し、唐草文軒平瓦は海上郡の木内廃寺と同笵である。香取郡の名木廃寺は、昭和五十八年に発掘調査が行われ、基壇一基が検出されている[21]。龍正院廃寺も名木廃寺もその地形や調査結果などから見ると大規模な伽藍配置を持った寺院ではなく、単宇程度の小規模な寺院であったと思われる。

またこの「竜角寺式」の軒丸瓦は、山田寺式の影響を受けて成立した竜角寺創建瓦の二次系統であるので、年代としては七世紀末〜八世紀初頭頃に位置すると考えられる。「竜角寺式」軒丸瓦の同笵関係から見ると竜角寺との関係が強く、埴生・香取郡の分割後も竜角寺を造営した勢力との関係は継続していたと考えられる。図2は香取郡の寺院・推定郷分布図であるが、これから見ると香取神宮のある香取郷周辺には古代寺院は存在していない。

（3）安房国安房郡

安房国については、『令集解』養老七年十一月十六日太政官処分に見られるように、八神郡の内のひとつである。『続日本紀』文武四年（七〇〇）二月乙酉条には「上総国司、請三安房郡大少領連二任父子兄弟一」とあり、(22)文武四年には神郡であった可能性が高い。『新抄格勅符抄』第十巻「神事諸家封戸」の大同元年（八〇六）牒には、安房神は九十四戸の神封を所有していた。(23)この数は鹿島神の百五戸には及ばないものの、香取神七十戸を上回るものである。『延喜式』神名帳には安房国六座の内、安房郡に「安房坐神社」があり、(24)この神が『本朝月令』所引の「高橋氏文」の「安房大神」であるとされる。その「高橋氏文」には、「是時上総国安房大神乎、御食都神止□奉天」とあって、(25)さらに大膳職の祭神となっていることが知られる。

また安房国は、藤原宮跡出土木簡に「己亥年（文武三年＝六九九）上挟国阿波評松里」という木簡があって、(26)上総国に属していたことが知られる。その後養老二年（七一八）に上総国から分割されて独立するが、天平十三年（七四一）には再び上総国に併合され、天平宝字元年（七五七）には再度独立するという経緯を持つ。『和名抄』によれば、安房国は平群・安房・朝夷・長狭の四郡からなる小国である。また『先代旧事本紀』巻十の「国造本紀」には、「阿波国造　志賀高穴穂朝御世、天穂日命八世孫弥都侶岐孫大伴直大滝、定二賜国造一」とあり、(27)安房国造氏が大伴直氏で、安房郡を本拠とする大伴直氏が安房国造であることが判明する。

安房郡が神郡であり、安房大神が大膳職の祭神となることについては、川尻秋生氏の論考に詳しいので詳述は避けるが、(28)『延喜式』内膳司条供御月料には「東鰒卅五斤」「安房雑鰒廿三斤四両」などとあり、『延喜式』

段階でも安房産の鰒《あわび》は天皇の食膳で特殊な地位を占めている。安房国と鰒の関係は、平城宮跡出土の荷札木簡から「調鰒」として貢納されていたことが明らかであり、(29)安房国からの鰒の貢納が大化前代から贄として行われていた可能性が高い。(30)安房郡の神郡化がいつの時代かは不明であるが、少なくとも『常陸国風土記』の香島郡成立の「己酉年」＝大化五年（六四九）から、郡司の連任が認められた文武四年までの間であることは明らかである。しかし安房郡には大規模な古墳は存在せず、古代寺院についても七世紀後半から八世紀初頭の古代寺院も存在せず、安房国分寺以外の古代寺院は存在していない。

（4）伊勢国度会・多気郡

伊勢国の神郡についてはすでに先学の研究が多数あり、(31)その成立事情は『皇太神宮儀式帳』（以下『儀式帳』）や『神宮雑例集』（以下『雑例集』）に詳しい。

まず『儀式帳』によれば、

一初神郡度会多気飯野三箇郡本記行事

右従二纏向珠城朝庭一以来。至二于難波長柄豊前宮御宇天萬豊日天皇御世一。有爾鳥墓村造二神庤一弖。為二雑神政行一仕奉支。而難波朝庭天下立レ評給時仁。以二十郷一分弖。度会乃山田原立二屯倉一弖。新家連阿久多督領、磯連牟良助督仕奉支。以二十郷一分。竹村立二屯倉一。麻績連広背督領。磯部真夜手助督仕奉支。（中略）近江大津朝庭天命開別天皇御代仁。以二甲子年一。小乙中久米勝麻呂仁。多気郡四箇郷申割弖。立二飯野高宮村屯倉一弖。評督領仕奉支。即為二公郡一之。右元三箇郡摂二一処一。太神宮供奉支。所二割分一由顕如レ件。

とあり、(32)次に『雑例集』には、

難波長柄豊前宮御世。飯野・多気・度相惣一郡也。其時多気之有爾鳥墓立レ郡。時爾以二己酉年一。始立二度相郡。以二大建冠神主奈波一任二督造一。以二少山中神主針間一任二助造一。

とある[33]。この建郡については、かつての国造国が度会一郡として己酉年＝大化五年（六四九）に成立し、同じ孝徳朝に度会・多気郡に分割されたとする直木孝次郎・薗田香融氏の説と[34]、大化二年（六四六）を建評の年とし、その年に国造国から一某郡にまず移行し、その後度会と多気に分割されたとする熊田亮介氏の説[35]、そして国造国から度会・多気の二郡が同時に建てられたとする森公章氏の説がある[36]。

いずれの説にせよ度会・多気評の建評については元々ひとつであったのが、孝徳朝の大化五年にはじめ度会評として建評され、それが分立して度会・多気郡の神郡が成立したと解釈できるが、建評氏族としては『雑例集』では神主奈波・針間が度会郡の建評を行い、それぞれ督造・助造に任ぜられている。また『儀式帳』では、新家連阿久多と磯連牟良が度会評の督領と助督にそれぞれ任ぜられ、麻績連広背と磯部真夜手が多気評の督領と助督にそれぞれ任ぜられ、さらに天智朝の甲子年（天智三年＝六六四）では、多気評の四郷を割いて飯野評を建てて公郡とし、小乙中久米勝麻呂を督領としたとある。平野邦雄氏は度会郡助督の磯連氏、多気郡助督の磯部氏が度会氏の本姓であったと述べ、新家連氏もかつて屯倉首として地名を負う豪族であったとして、度会神主の祖としての在地豪族であった可能性を指摘する[37]。

このように考えると、神郡としての度会・多気郡は元々ひとつの領域であったが、久米氏のように異なる勢力も存在したところから、飯野評が分割されたのであろう。そのことによって度会・多気郡は、磯連氏・磯部氏を中心とする同族関係を強化し、常陸国鹿島郡と同様に神郡として律令制下では特殊な郡として存在したのである。

そこで他の神郡と同様に古代寺院との関係について見ていくが、伊勢の古代寺院については、大きく五グループに分かれるとされている[38]（図3）。この内七世紀後半から八世紀初頭の古代寺院については、まず桑名・朝明・三重郡では桑名郡西方廃寺・北小山廃寺・南小山廃寺・額田廃寺・員弁廃寺が所在し、朝明郡では縄生廃寺が、三重郡では智積廃寺が存在する。この内南小山廃寺の軒瓦は百済系、智積廃寺は高句麗系の軒瓦で最も古く、その後山田寺式の単弁軒丸瓦の額田廃寺・縄生廃寺が続き、その亜流が西方廃寺などに見られる。さらに川原寺式軒瓦の北小山廃寺・額田廃寺などが続き、この川原寺式の軒瓦は縄生廃寺や一志郡天花寺廃寺などでも見られる。

一方、第二グループの鈴鹿・河曲《かわわ》郡では、河曲郡の伊勢国分寺跡から川原寺式系の軒丸瓦が出土するので、国分寺以前の寺院が存在した可能性がある。また片岡天王屋敷遺跡は百済系、土師南方遺跡からは山田寺式の軒瓦が出土しているが出土量は少なく、寺院遺跡としては不明である。

第三グループは安濃郡で、伊勢四天王寺跡から退化した百済様式の素弁系と山田寺式軒丸瓦が出土する。また第四グループの一志郡は寺院跡の集中する地域で、川原寺式軒瓦が出土する天花寺廃寺を中心に、八太廃寺や須賀廃寺・嬉野廃寺に見られ、川原寺式の影響を受けた天花寺廃寺系の同笵瓦が上野廃寺・嬉野廃寺から、その系統の亜式の軒丸瓦が一志廃寺から出土している。この天花寺廃寺の軒丸瓦は、七世紀末から八世紀初頭と考えられる[39]。最後の第五グループは飯高郡で、ここでも川原寺式系の軒丸瓦が伊勢寺廃寺から出土している。

しかし飯野・多気郡では七世紀代の寺院遺跡は存在せず、八世紀代の天花寺廃寺亜式の軒丸瓦が大雷寺廃寺などにわずかに見られるだけである。伊勢国の神郡内に存在する寺院跡は、大雷寺廃寺の他に伊勢神宮寺に比定される逢鹿瀬廃寺[40]、四神田廃寺の三ヵ寺であり、この内四神田廃寺も式内社佐那神社の神宮寺である可能性が高く、出土する軒瓦からすると、いずれも八世紀代中頃以降と考えられる。

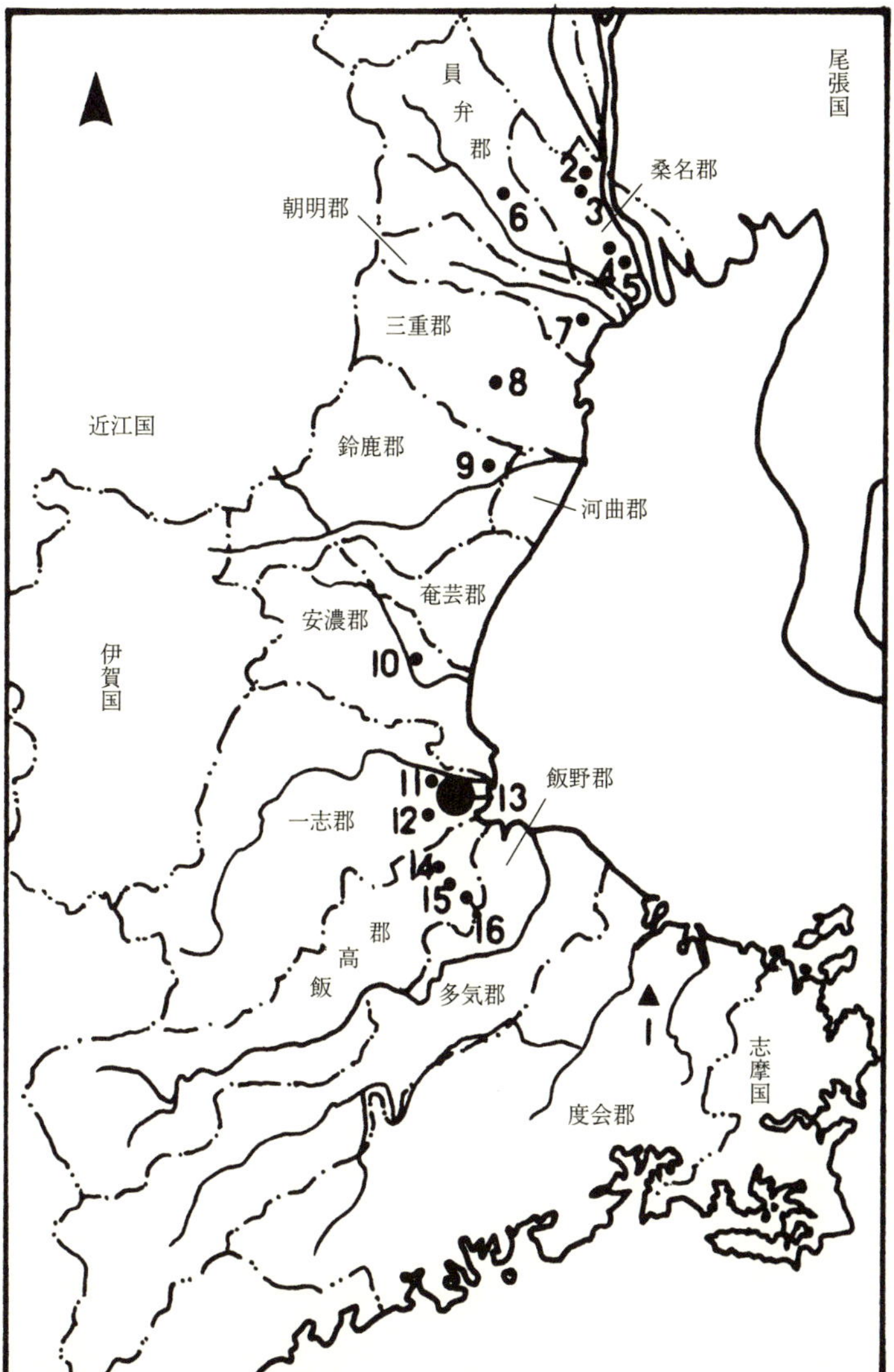

図３　伊勢国の初期寺院と神宮

1．伊勢神宮　2．北小山廃寺　3．南小山廃寺　4．額田廃寺　5．西方廃寺
6．員弁廃寺　7．縄生廃寺　8．智積廃寺　9．大鹿廃寺　10．安養寺跡
11．高寺廃寺　12．八太廃寺　13．天花寺廃寺・一志廃寺・嬉野廃寺
14．伊勢寺廃寺　15．丹生寺廃寺　16．大雷寺廃寺

このように見ていくと、伊勢国の古代寺院では天花寺廃寺式・亜式の軒丸瓦が一志郡を中心として、その周辺郡にも分布していることが分かる。その反対に神郡である度会・多気郡では、神宮寺に比定される寺院遺跡は認められるものの、その他の寺院遺跡は全く存在していない(41)。このことは、七世紀から八世紀の初頭では神祇祭祀を行っている地域では、仏教が浸透していないことを示していると思われる。

(5) 紀伊国名草郡

紀伊国名草郡は、『令集解』選叙令同司主典条釈説の養老七年十一月十六日太政官処分の段階ではすでに神郡となり、創設の年代も他の神郡と同様に大化の建郡の時期と考えられる(42)。日前神宮・國懸神宮の神職を務めた紀氏に伝わる『国造次第』には、それには十九代忍穂が「大山上忍穂、忍勝男、立二名草郡一兼二大領一」とあって(43)、紀直忍穂が建郡したことを記しているが、この人物は他には見えない。ただ押勝については、『日本書紀』敏達十二年(五八三)秋七月丁酉条に紀国造押勝が百済に派遣された記事があるので(44)、実在の人物である。紀伊国造に関係する資料については、『国造次第』の他に『紀伊国造系図』や『紀伊国造系譜』などの史料があるが、これらについては鈴木正信氏の詳細な研究があるので(45)、ここでは省略するが、紀伊国造である紀直氏が日前神・國懸神の奉祭氏族であることは明らかである。

日前神宮・國懸神宮は名草郡に所在し、日前神は『日本書紀』神代上第七段一書第一に「紀伊国所坐日前神也」と見えるが(46)、朱鳥元年(六八六)七月癸卯条には「奉下幣於居二紀伊国一國懸神、飛鳥四社、住吉大神上」と見え(47)、さらに持統六年(六九二)五月庚寅条に「遣二使者一奉幣于四所、伊勢・大倭・住吉・紀伊大神。告以二新宮一」とあり(48)、これからすれば「紀伊大神」は、日前神・國懸神を示すものと思われる。日前神・國懸神は、『新抄格勅符抄』大同元年(八〇六)牒には、「日前神　五十六戸　紀伊国、國懸須神　六十戸　紀伊国」

とあり、(49)両方合わせると計百二十六戸の神封が与えられていたことが知られる。これは伊勢・宇佐・大倭・気比・住吉・大神などの神社に次ぐ保有数であり、この両神が重要視されていたことが分かる。薗田香融氏は日前神・國懸神を一社二座の神社ではなく、二社一座の神社であるとし、「農耕神」としての性格を見いだすが、(50)鈴木正信氏は紀氏が海上交通に活躍する氏族であるところから、「航海神」としての性格も保有していたとする。(51)

さて紀伊国の古代寺院であるが、紀伊国は名草・海部・那賀・伊都・在田・日高・牟婁郡からなり、七世紀後半から八世紀初頭の寺院遺跡が存在するのは、南部では日高郡道成寺、三栖廃寺、有田郡田殿廃寺ぐらいで、大半は紀の川流域の名草・那賀・伊都郡に集中する。この三郡の寺院遺跡から出土する軒丸瓦では、名草郡では川原寺式系の複弁蓮華文の子葉部が凹弁となる上野廃寺式系、那賀郡では坂田寺式系、伊都郡では本薬師寺式系と、各郡ごとに異なる技術集団が寺院造営に関係していたことが指摘されている。(52)

この内神郡である名草郡では、川原寺式軒丸瓦と法隆寺式系均整忍冬唐草文軒平瓦を創建瓦とする上野廃寺、塔心礎が残り上野廃寺式系軒丸瓦が出土する山口廃寺、同様な上野廃寺式系軒丸瓦が出土する直川廃寺が所在するが、これらは皆紀の川の北岸に存在する（図4）。一方、紀の川南岸部では『日本霊異記』中巻三十二縁に登場する「薬王寺（勢多寺）」に比定される薬勝寺廃寺が所在する。薬勝寺廃寺は現在の薬勝寺の周辺に存在したと考えられ、川原寺式系の軒丸瓦が出土している。『日本霊異記』の説話から造営氏族は渡来系の岡田村主氏であることが明らかで、周辺には平安時代の紀三井寺が存在する。

『日本書紀』欽明十七年（五五六）冬十月条では、蘇我大臣稲目が紀伊国に海部《あま》屯倉を設置した記事があり、分注で渡来人を田部としたとあるところから、この海部郡周辺や名草郡の東南辺には渡来人が集住していたと

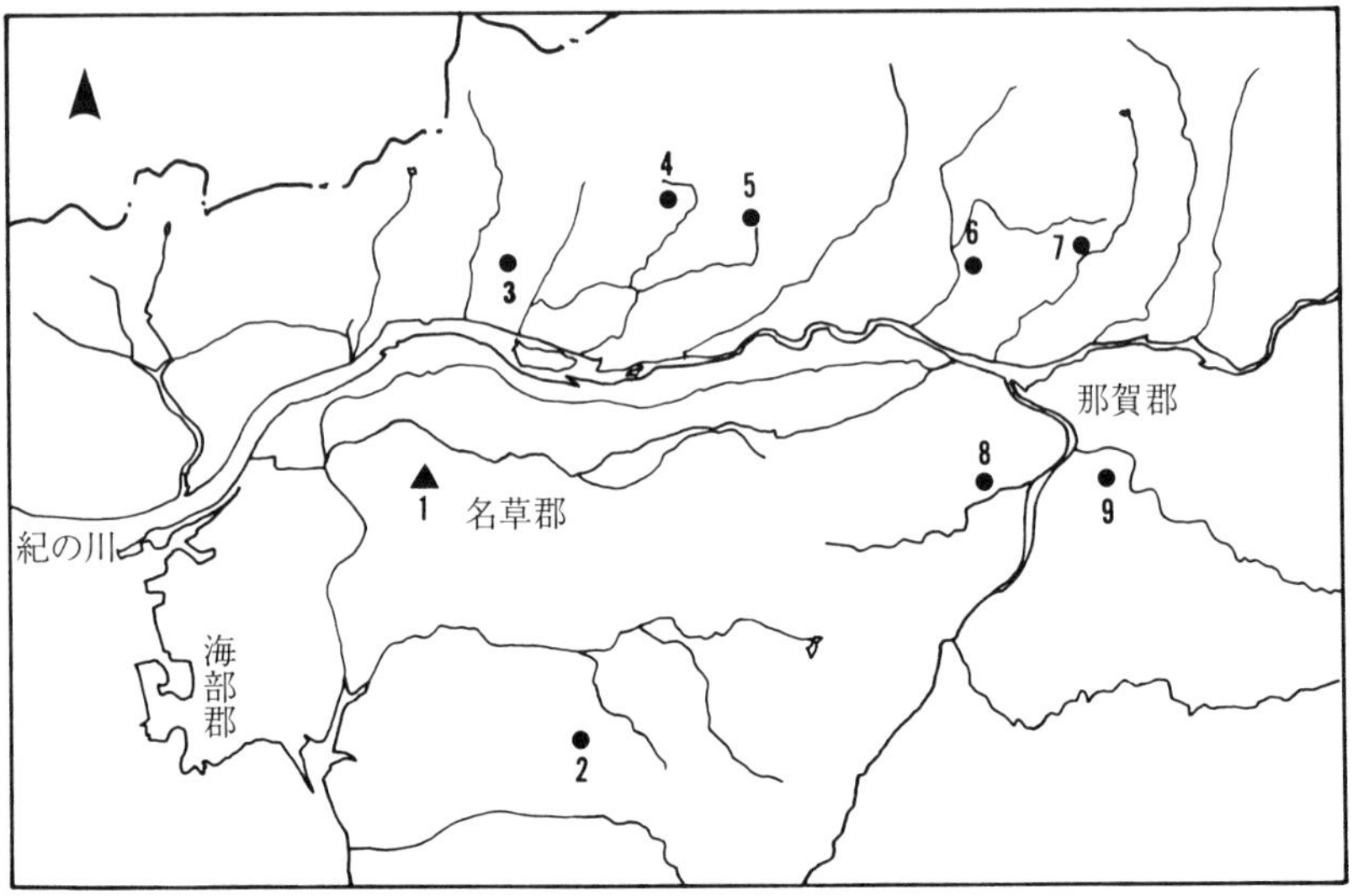

図４　名草郡周辺の古代寺院
　１．日前神宮　２．薬勝寺廃寺　３．直川廃寺　４．上野廃寺　５．山口廃寺
　６．西国分遺跡　７．紀伊国分寺跡　８．北山廃寺　９．最上廃寺

考えられる。名草郡三上村の岡田村主氏も、そのような渡来人の系列の一人であったかもしれない。薗田氏は国造集団の本拠地と思われる河南部を避け、河北地域及び河南地域の東南辺に居地を占めたと推定し、国造領と屯倉に関係する渡来人集団のすみ分けの様相が見られることを指摘している。(53)

紀伊国名草郡の郷についてはすでに薗田氏の研究があるが、(54)近年では栄原永遠男氏がその復元を行っている。(55)また『続日本紀』神亀元年（七二四）十月壬寅条では、「名草郡大領外従八位上紀直摩祖為㆓国造㆒、進位三階。少領正八位下大伴櫟津連子人・海部直士形二階」とある。(56)この内、海部直士形は名草郡少領とあるが、この記事の前には名草・海部二郡の田租を全免しているから、海部郡の郡司の可能性もあろう。とすれば、海部氏はそもそも海部屯倉の管掌者であり、大化以後郡司となったと考えられる。薗田氏はこの海部氏を紀直氏の同族と考えているが、(57)少領正八位下大伴櫟津《いちひつ》連子人は明らかに同族ではない名草郡の少領であり、大伴氏は名草郡にはこの他大伴若宮連氏などが分布している。栄原氏は六世紀前半頃に倭王権が紀伊に屯倉を設置して「紀氏集団」を分断し、紀直氏を国造とすることで紀朝臣氏との分断を図ったとし、またその背景には、「紀氏集団」内部に倭王権の介入を許すような対立関係が生じていたと指摘する。(58) 養老七年十一月十六日太政官処分では、神郡では三親等以上の郡司の連任を許しているにもかかわらず、紀直氏で郡司を占めていないのは、名草郡内部では紀直氏の勢力はさほどではなかったことを示しているのではなかろうか。

他の神郡では古代寺院が存在しないにもかかわらず、名草郡では古代寺院が集中する。但し上野廃寺や山口廃寺などの古代寺院は紀ノ川の北岸に所在し、南岸や日前神宮・國懸神宮付近には所在しない。(59) しかしさらに南部に行くと薬勝寺廃寺が所在するが、このすみ分けは薗田氏が指摘した氏族の地域分布とも重複しており、名草郡は神郡ではあるが、日前神・國懸神の奉祭氏族である紀国造の紀直氏の勢力は、郡内でも地域としては限定されていたと思われる。

(6) 出雲国意宇郡

出雲国意宇郡が神郡であって出雲国造の本拠地であることは、『日本書紀』斉明五年(六五九)是歳条に「命二出雲国造一〈闕レ名〉、修二厳神之宮一、狐噛二断於友郡役丁所レ執葛末一而去」とあって、(60) 意宇郡の成立が孝徳朝まで遡る可能性がある。これは、先述した常陸国香島郡や伊勢国度会・多気郡の建評記事とも相違しない。また『類聚三代格』延暦十七年三月二十九日太政官符によれば、(61) 慶雲三年(七〇六)から出雲国造は意宇郡の大領も兼任しており、これも紀伊国名草郡と同様である。意宇郡の出雲国造が奉斎した神社は意宇郡の熊野大神であったが、一方で『出雲国風土記』では出雲郡に杵築大社が存在しており、延暦十七年に国造と大領の兼任を禁じられた後に、杵築大社（現在の出雲大社）に移ったと考えられている。

出雲国造は、『続日本紀』では神賀詞奏上という特殊な儀礼を行うことで知られている。出雲国造は出雲臣氏で出雲国内には広範囲に分布しており、意宇郡以外の郡司であることも知られる。『出雲国風土記』意宇郡の新造院条では、「新造院一所　在二山代郷中一　郡家西北二里　建二立厳堂一〈住僧一軀〉飯石郡少領出雲臣弟山之所レ造也」とある。[62] この弟山は『続日本紀』天平十八年（七四六）三月己未条に「外従七位下出雲臣弟山授二外従六位下一為二出雲国造一」とあって、[63] 意宇郡の出雲臣弟山が飯石郡の少領であったことが知られる。『出雲国風土記』の新造院条では、その他に出雲臣太田が楯縫郡沼田郷の新造院を建立している。

出雲国における古代寺院は、『出雲国風土記』に教昊寺と十の新造院が詳細に記載がされており、古代の地方寺院の実態を示す史料となっている。この内郡司層による建立は半数近くの五寺であり、その他の新造院も神門臣や刑部臣、日置君などの在地有力豪族によるものと考えられている。しかし塔や金堂が完備したものは少なく、また住僧も不在の新造院も存在している。

一方出雲国内で軒瓦などが出土する寺院遺跡は、意宇郡教昊寺《きょうこうじ》跡（野方廃寺）・四王寺《しわじ》跡・来美廃寺（山代郷新造院）、楯縫郡西西郷廃寺（沼田郷新造院）、出雲郡長者原廃寺・天寺平廃寺（河内郷新造院）、神門郡神門寺境内廃寺（朝山郷新造院）、古志遺跡（古志郷新造院）などがあり、そのほか来次廃寺や仁和寺跡から礎石が発見されている。しかし出雲国内の古代寺院遺跡から出土する軒瓦には、山田寺式や川原寺式軒瓦のような畿内系寺院の軒瓦の文様はほとんど見られない。また時期的にも七世紀後半の寺院は見当たらず、大半が八世紀代の寺院で、他地域に比較すると寺院造営の開始時期は遅れている。こうして見ると、『出雲国風土記』が編纂されたとする天平五年（七三三）の段階で存在した寺院遺跡は、教昊寺跡や来美廃寺・四王寺跡・神門寺境内廃寺など数寺でしかなく、明らかに『出雲国風土記』の新造院の数と一致しない[64]。

また数だけでなく記載の内容についても、日置君目烈の建立した山代郷新造院は、近年調査の行われた来美廃寺に比定されているが、『出雲国風土記』には「建二立厳堂一〈無レ僧〉」とあるが、発掘調査の結果では四基の基壇建物が検出されている。さらに出雲臣弟山の建立した新造院は四王寺跡に比定され、発掘調査の結果礎石建物と掘立柱建物が検出されているが、塔などは存在せず単宇程度の小寺院であり、後に出雲国造となる出雲臣弟山の建立した寺院としては、規模が小さい。出雲臣弟山の本拠地は明らかに意宇郡であったと考えられるが、その弟山が飯石郡の少領となっているのは、本来ならば養老七年の太政官処分によって同一氏族による三等親以上の連任が許されているにもかかわらず、意宇郡ではなく飯石郡の少領に任ぜられていることは、弟山は出雲国造家の本流ではなかったことを示しているのではなかろうか。それが出雲国造となる経緯は明らかではないが、少なくとも本流ではなかったために造寺が可能であったとも思える。いずれにせよ、出雲国内の寺院遺跡を見る限り、七世紀代に遡るような寺院遺跡は見当たらず、また畿内系寺院の軒瓦の影響も受けていないことから、出雲国における造寺活動は地域性が強く、かつ後進的であるといわざるを得ない。

(7) 筑前国宗像郡

『続日本紀』文武二年（六九八）三月己巳日条では、「詔、筑前国宗形・出雲国意宇二郡司、並聴レ連二任三等已上親一」とあり[65]、筑前国宗像郡は出雲国意宇郡と同様な扱いを受けている。『類聚三代格』延暦十九年（八〇〇）十二月四日太政官符には、先述した延暦十七年三月二十九日太政官符の出雲国意宇郡と同様に、宗像大社の神主と宗像郡司の兼任を禁止している[66]。宗像大社の奉斎氏族は宗像氏で、『日本書紀』天武二年（六七三）二月条では、天武天皇が胸形君徳善の娘尼子姫を娶って高市皇子をもうけたとあり[67]、これが宗像氏の中央進出の契機になったと思われる。天武十三年（六八四）十一月には、君姓から朝臣を賜っている。[68]『続日本紀』神亀六年（七二九）四月乙丑条には、宗像郡大領であった宗形朝臣鳥麻呂が神斎に供奉すべき状を奏上して、外従七位上から外従五位下に位を進められ、[69]天平十年（七三八）二月丁巳条には、筑前国宗像神主として外従五位下から外従五位上に昇叙されている。[70]このように宗像氏も宗像郡司と宗像大社の神主を兼任していることがうかがえる。

　さて筑前国の古代寺院であるが[71]（図5）、筑前国は怡土《いと》・志摩・早良《さはら》・那珂・席田《むしろた》・御笠《みかさ》・糟屋・宗像・遠《お》賀《か》・鞍手・穂浪・嘉麻《かま》・夜須・下座《しもつあさくら》・上座《かみつあさくら》郡からなり、古代寺院の集中する地域は大宰府のある御笠郡である。御笠郡では、まず川原寺と同笵瓦が出土する観世音寺があるが、この寺院は東の下野薬師寺と並んで「府大寺」と呼ばれる官寺である。さらに付近には老司Ⅰ式が出土する般若寺跡があり、軒瓦の年代から七世紀末頃の創建と考えられている。塔心礎が現存する塔原廃寺は、『上宮聖徳法王帝説』裏書に見える「般若寺」に比定され、重弧文縁複弁八葉蓮華文軒丸瓦と重弧文軒平瓦が出土し、共伴する土器の年代からも、七世紀後半の創建と考えられる。その他基壇建物が判明し礎石が残る杉塚廃寺が存在する。

　御笠郡以外では、那津《なのつ》屯倉が存在した那珂郡に三宅廃寺が存在し、老司Ⅰ式の軒丸瓦が出土し、七世紀末から八世紀初頭の年代と推定される。また穂浪郡には、塔礎石が残り法起寺式伽藍配置と推定される大分《だいぶ》廃寺があり、出土した土器の年代から七世紀後半の創建と考えられる。遠賀郡では浜口廃寺から鴻臚館式軒瓦が出土し、糟屋郡には遺構は破壊されたものの塔心礎が残る長者原廃寺が存在し、鴻臚館式軒瓦が出土している。早良郡でも、遺構は破壊されたものの塔心礎が残る城の原廃寺が存在し、鴻臚館式軒瓦が出土しており、これらの寺院遺跡は八世紀前半の創建と考えられる。また上座郡の朝倉橘廣庭宮推定地の付近にある長安寺廃寺は、

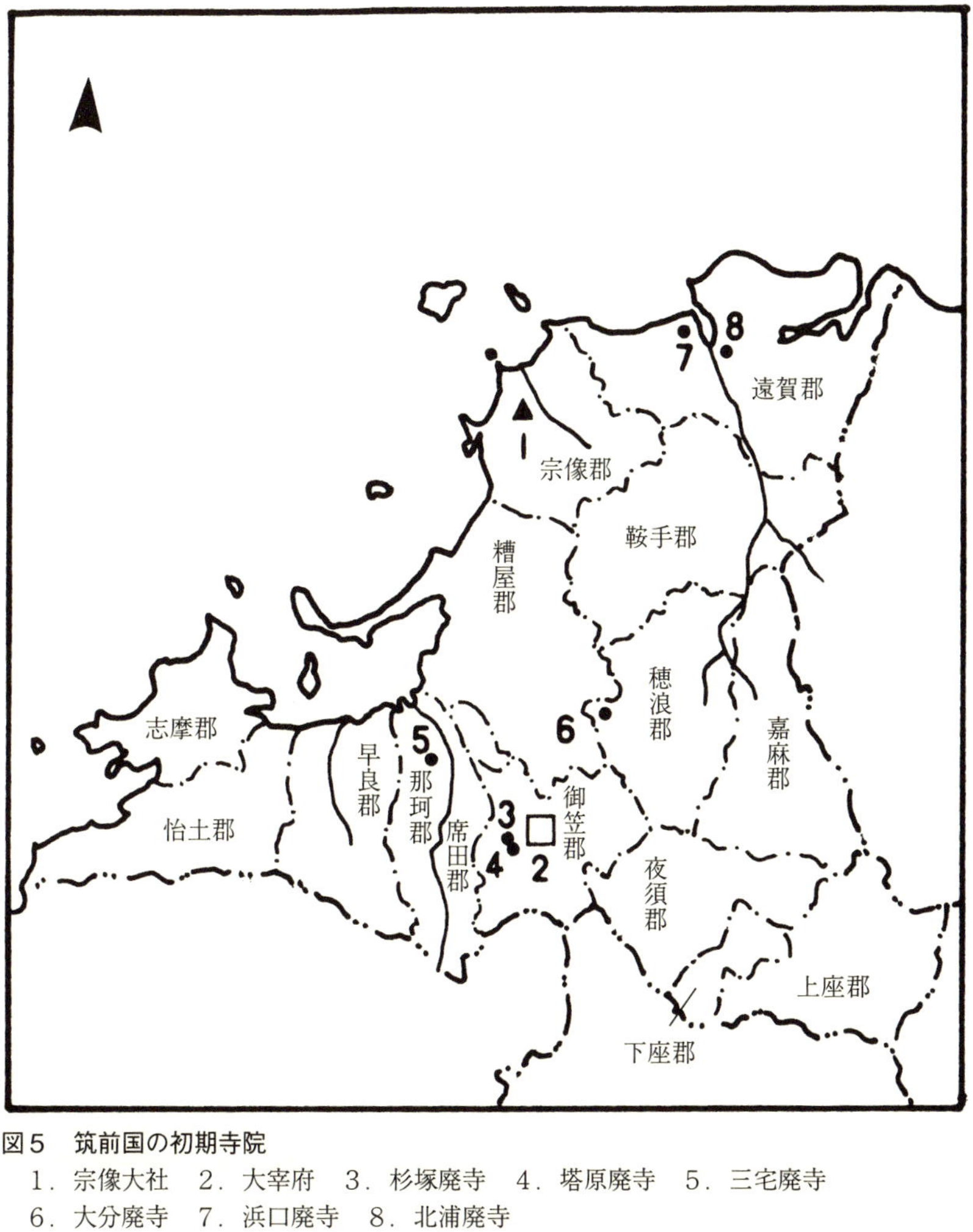

図5　筑前国の初期寺院
1．宗像大社　2．大宰府　3．杉塚廃寺　4．塔原廃寺　5．三宅廃寺
6．大分廃寺　7．浜口廃寺　8．北浦廃寺

礎石建物が検出され、老司Ⅰ式・鴻臚館式軒瓦が出土し、七世紀末の創建と考えられる。神郡である宗像郡には、神興《じんごう》神社に塔心礎が残る神興廃寺（津丸廃寺）が存在するが、出土する軒瓦は鴻臚館式の軒丸・軒平瓦で、八世紀中頃の創建と考えられる。

Ⅲ、神郡の成立と古代寺院

以上、各地域の神郡とそこに所在する古代寺院の様相を見てきたが、それを分類すると大きく二つのグループに分かれるようである。

①神郡内に七世紀後半〜八世紀初頭の初期寺院が存在する例

・下総国香取郡、紀伊国名草郡

②神郡内に初期寺院は存在せず、八世紀中頃の寺院が存在する例

・常陸国鹿島郡、安房国安房郡、伊勢国度会・多気郡、出雲国意宇郡、筑前国宗像郡

まず②の例であるが、いうまでもなく国分寺が存在する例では、安房国安房郡・出雲国意宇郡がある。出雲国意宇郡では、最も古いと思われる教昊寺が八世紀初頭で、それに続く四王寺跡や来美廃寺は八世紀前半の時期であるので、神郡成立時には寺院は存在していない。また神宮寺についても、常陸国鹿島郡では神宮寺跡、伊勢国度会・多気郡では逢鹿瀬廃寺が神宮寺跡に推測されている。これらの例では、神郡が成立した後に神宮寺という寺院が建立され、とりわけ神仏習合の風潮の中で寺院が成立したと見るべきである。

しかし①の例では、郡評制が成立する時期とも重複するので、今一度検討が必要である。下総国香取郡は、『和名抄』によれば大槻・香取・小川・健田・磯・訳草の六郷からなる。この内中世の香取社領は香取・大槻

郷であるから、ここが神郡としての香取郡の中心であろう。そのことは正倉院文書にも「下総国香取郡神戸大槻郷」が見えるから、大槻郷に神戸が置かれていたことは明らかである。また香取市吉原三王遺跡から出土した九世紀前半の墨書土器には、「□香取郡大坏郷中臣人成女之替承□×」と書かれており、大槻郷に中臣氏が存在したことが判明する。香取神宮の中心域が香取・大槻郷とすれば、龍正院廃寺や名木廃寺はそこから離れた地域にあり、これらの寺院から竜角寺式軒丸瓦が出土することを考慮すると、この寺院が存在する地域は郡評制施行後も前代の印波国造圏との交流が依然として存在していたことが推測される。香取郡における香取神宮の奉斎氏族の勢力は、郡内においては限定的であったといわざるを得ない。

紀伊国名草郡も七世紀末の古代寺院が存在する地域であるが、先述したように紀ノ川北岸と海部郡に近い東南部に存在し、日前・國懸神宮の存在する地域周辺には寺院は存在していない。名草郡司としての紀伊直氏の勢力は郡司の連任が認められていてもそれを実行することができない程の弱体化した勢力であり、名草郡の複雑さを示している。むしろ紀直氏は紀国造として日前神宮を奉斎することによって、その伝統的勢力を保とうと考えたのではなかろうか。

このように考えると、神郡で初期の古代寺院の存在が希薄な理由は、その奉斎氏族が神郡の神を祀ることによって、その奉斎集団を共同体として結束させていたことにあるのではなかろうか。神郡は神宮祭祀の成立基盤ではあるが、在地社会との関係は必ずしも一般の郡とは異ならないという指摘もあり[72]、神郡が全て神戸で占められているという解釈は現在では成り立たない。そのように考えれば、神郡内にもその奉斎氏族と異なる勢力が存在し、郡司職を巡ってはそれなりの抗争が存在したことは、想像に難くない。とすれば、律令国家が神郡を認めたのは、その神社には伝統的な祭祀を認めていたからに相違なく、またそれを特定の神郡として保護することによって、在地豪族間の抗争を防ぐ狙いもあったのであろう。

笹生衛氏によれば神郡と神戸の関係は五世紀後半頃まで遡ることが認められ[73]、宗像神社と沖の島の関係からもその祭祀は大化前代を遡ることが想定される。特に宗像神社を奉斎する宗像氏は、七世紀代に宮地嶽古墳を造営して天武天皇との関係を保っているほどの在地豪族でありながら、初期の寺院造営を行っていない理由は、宗像神が王権だけでなく在地の共同体においても支配強化の一端を担う伝統的祭祀として有効であったことを示している。そのような在地における祭祀を祀る奉斎氏族としても、在地での安定した支配を続けるには、自らが祀る神社を公認してもらい、その神主となる必要があったのではなかろうか。とすれば、神郡の郡司として公認され、その郡司職を一族で連任できる神郡は、他の郡司に比べ遥かに安定した支配が可能となろう。そしてその奉斎する神社が一族の同族的結束を強化するものであれば、新たに寺院を建立する必要はなかったと思われる。

神郡の成立が大化五年頃と考えられ、他の郡評の成立に先行するとしたら、これらの特定の神を祀る神郡の奉斎氏族はその特権を得ることは重要であったと思われる。それに対しその他の国造や新興豪族は、郡評制の成立の中で自らの地位を確保するためには、神祇に代わる新たな宗教的イデオロギーが必要になったと思われる。それが、この七世紀後半に爆発的に増加する地方寺院の建立であったと思われるのである。少なくとも神郡が成立する大化五年から神郡が公認される養老七年までは、地方寺院が急増する時期と重複するが、その時期に寺院を造営していないのは、神郡では寺院造営が効力を持たないことを意味している。

Ⅳ、おわりに

『多度神宮寺伽藍縁起資財帳』などに見える神宮寺の建立縁起では、神が懺悔して仏教帰依をするという記事が多く見受けられる。常陸国鹿島郡の神宮寺も同様であり、国家仏教の成立から国分寺の造営が行われ、仏教が国家的行事として隆盛すると、これらの在地の神郡の神祇イデオロギーは神宮寺を建立し神仏習合を行うか、あるいは特殊化していくしかなかったのではなかろうか。神郡と古代寺院の造営は、実は直接的には関係しないものの、その背景は郡評制の成立という在地社会の変動があって、神郡を建郡していくのか、公郡を建てて郡司職を争っていくのか、在地豪族の動揺と混乱を示していると思われる。

【注】

（1）田村圓澄「国家仏教の成立過程」『飛鳥仏教史研究』塙書房、一九六九年、同『飛鳥・白鳳仏教史』下、吉川弘文館、一九九四年、山崎信二「後期古墳と飛鳥白鳳寺院」『文化財論叢』同朋舎出版、一九八三年など

（2）田中重久「郡名寺院の性格」『学海』第三巻八号　一九四六年、米沢康「郡名寺院について」『大谷史学』第六号、一九五七年

（3）山中敏史「評衙・郡衙成立の歴史的意義」『古代地方官衙遺跡の研究』塙書房、一九九四年、同「地方官衙と周辺寺院をめぐる諸問題―氏寺論の再検討―」『地方官衙と寺院―郡衙周辺寺院を中心として―』奈良文化財研究所、二〇〇五年、同「郡衙周辺寺院の性格と役割」『郡衙周辺寺院の研究』奈良文化財研究所、二〇〇六年など

（4）三舟隆之『日本古代地方寺院の成立』吉川弘文館、二〇〇三年、また最近では、在地における知識集団の結束を重視する見方もある（竹内亮「古代の造寺と社会」『日本史研究』五九五、二〇一二年）。
（5）新訂増補国史大系『令集解』四六九頁
（6）日本古典文学大系『風土記』六四頁
（7）森公章「評の成立と評造―評制下の地方支配に関する一考察」『古代郡司制度の研究』吉川弘文館、二〇〇〇年、鎌田元一「評の成立と国造」『律令公民制の研究』塙書房、二〇〇一年
（8）新訂増補国史大系『類聚三代格』巻二、一二〇頁
（9）『神野向遺跡』Ⅰ～Ⅵ、茨城県鹿島町教育委員会、一九八一～八六年
（10）笹生衛「『常陸国風土記』と古代の祭祀―考古資料から見た鹿島神宮と浮島の祭祀―」『日本古代の祭祀考古学』吉川弘文館、二〇一二年
（11）岡本東三「東国の畿内系瓦当の変容と独自性」『東国の古代寺院と瓦』吉川弘文館、一九九六年
（12）茨城県立歴史館『茨城県における古代瓦の研究』一九九四年、三舟注（4）前掲書
（13）前掲注（8）『類聚三代格』天安三年二月十六日太政官符
（14）『鉢形神宮寺址』鹿島町教育委員会、一九七五年
（15）日本古典文学大系『風土記』五二頁
（16）印旛郡市文化財センター『龍角寺五斗蒔瓦窯跡』一九九七年
（17）山路直充「下総龍角寺」『文字瓦と考古学』国士舘大学実行委員会、二〇〇〇年
（18）山路直充「寺の成立とその背景」（吉村武彦・山路直充編『房総と古代王権』、高志書院、二〇〇九年）
（19）川尻秋生「大生部直と印波国造」『古代東国史の基礎的研究』塙書房、二〇〇三年、同「古代房総の国造と在

地」、注（18）前掲『房総と古代王権』所収

（20）立正大学文学部考古学研究室『下総・龍正院瓦窯跡群』一九八四年

（21）千葉県文化財センター『下総町名木廃寺跡確認調査報告』一九八三年

（22）新日本古典文学大系『続日本紀』一、二〇頁

（23）新訂増補国史大系『新抄格勅符抄』十、二頁

（24）新訂増補国史大系『延喜式』二三八頁

（25）沖森卓也・佐藤信・矢嶋泉編著『古代氏文集』「高橋氏文」山川出版社、二〇一二年、二九一頁

（26）奈良文化財研究所編『評制下荷札木簡集成』四五頁、東京大学出版会、二〇〇六年

（27）新訂増補国史大系『先代旧事本紀』「国造本紀」一四三頁

（28）川尻秋生「古代安房国の特質」、注（19）前掲『古代東国史の基礎的研究』所収

（29）佐藤信「古代安房国とその木簡」『日本古代の宮都と木簡』吉川弘文館、一九九七年

（30）川尻前掲注（28）「古代安房国の特質」、狩野久「部民制・国造制」『岩波講座日本通史第二巻　古代1』岩波書店、一九九三年

（31）研究史の整理については、有富由紀子「神郡についての基礎的考察」『史論』四四、一九九一年、根本祐樹「古代神郡研究における現状と課題」『神道研究集録』一九、二〇〇五年などに詳しい。

（32）『皇太神宮儀式帳』神道大系神宮編一、一二七頁

（33）『神宮雑例集』神道大系神宮編二、一九頁

（34）直木孝次郎「古代の伊勢神宮」『神話と歴史』吉川弘文館、一九七一年、薗田香融「律令国郡政治の成立過程―国衙と土豪との政治的関係―」『日本古代財政史の研究』塙書房、一九八一年

(35) 熊田亮介「律令制下伊勢神宮の経済的基盤とその特質」『日本古代史研究―関晃先生還暦記念』吉川弘文館、一九八〇年
(36) 森前掲注(7)「評の成立と評造」
(37) 平野邦雄「神郡と神戸」『大化前代政治過程の研究』吉川弘文館、一九八五年
(38) 上田睦・近藤康司「伊勢・伊賀・志摩における古代瓦の様相」『紀伊半島の文化史的研究(考古学編)』関西大学文学部考古学研究室編、清文堂出版、一九九二年、大西貴夫「地方寺院成立の一形態―伊勢・伊賀における軒瓦の展開―」『橿原考古学研究所紀要 考古学論攷』一九、一九九五年
(39) 瓦の編年については、上田・近藤注(38)論文を参照した。
(40) 岡田登「伊勢大神宮寺としての逢鹿瀬廃寺について」『史料』八五、一九八六年
(41) 梶原義実氏もこの現象に注目している(「伊勢地域における古代寺院の選地」『名古屋大学文学部研究論集(史学)』五八、二〇一二年)。
(42) 薗田香融「岩橋千塚と紀国造」『日本古代の貴族と地方豪族』塙書房、一九九二年
(43) 鈴木正信「翻刻『国造次第』」『日本古代氏族系譜の基礎的研究』二六五頁、東京堂出版、二〇一二年
(44) 日本古典文学大系『日本書紀』下、一四三頁
(45) 鈴木正信「紀伊国造の系譜とその諸本」、注(43)前掲書所収
(46) 日本古典文学大系『日本書紀』上、一一四頁
(47) 日本古典文学大系『日本書紀』下、四七九頁
(48) 日本古典文学大系『日本書紀』下、五一七頁
(49) 新訂増補国史大系『新抄格勅符抄』二頁

(50) 薗田前掲注(42)「岩橋千塚と紀国造」
(51) 鈴木正信「紀伊国造と日前宮鎮座伝承」、注(43)前掲書所収
(52) 和歌山県立紀伊風土記の丘管理事務所『紀伊の古代寺院—出土瓦を中心として—』一九九三年
(53) 薗田前掲注(42)「岩橋千塚と紀国造」
(54) 薗田前掲注(42)「岩橋千塚と紀国造」
(55) 栄原永遠男「古代における紀北四郡の郷の配置」『紀伊古代史研究』思文閣出版、二〇〇四年
(56) 新日本古典文学大系『続日本紀』二、一五四頁
(57) 薗田香融「古代海上交通と紀伊の水軍」、注(42)前掲書所収
(58) 栄原永遠男「紀氏と倭王権」、注(55)前掲書所収
(59) 最近、日前宮周辺から上野廃寺系軒丸瓦が採集された仮称・太田廃寺の例が報告されているが(丹野拓「紀伊における飛鳥・白鳳期の軒瓦の系譜と地域性」『考古学研究』六一—一、二〇一四年)、詳細は不明である。上野廃寺式という在地色の瓦が出土しているところから、仮に寺院としても仏教の受容は二次的と考えられるが、今後の調査を待ちたい。
(60) 日本古典文学大系『日本書紀』下、三四一頁
(61) 新訂増補国史大系『類聚三代格』三一〇頁
(62) 日本古典文学大系『風土記』「出雲国風土記」一一〇頁
(63) 新日本古典文学大系『続日本紀』三、二〇頁
(64) 拙稿「『出雲国風土記』における「新造院」の成立」、注(4)三舟前掲書所収
(65) 新日本古典文学大系『続日本紀』一、八頁

(66) 新訂増補国史大系『類聚三代格』三一〇頁
(67) 日本古典文学大系『日本書紀』下、四一〇頁
(68) 日本古典文学大系『日本書紀』下、四六五頁
(69) 新日本古典文学大系『続日本紀』二、二一一〜二一三頁
(70) 新日本古典文学大系『続日本紀』二、三三九頁
(71) 九州歴史資料館編『九州古瓦図録』柏書房、一九八一年を参照。
(72) 大関邦男「神郡について」『日本歴史』四七〇号、一九八七年
(73) 笹生前掲注(10)論文

『越中石黒系図』と利波臣氏

大川原竜一

はじめに

近年の日本古代史の研究において、中央に比して史料の乏しい地方を考察するとき、古代氏族の系図が史料として活用されることは少なくない。

かつては、系図には祖先の架上や仮冒、また、顕彰のための誇張や修飾が施された記述が往々にして見られ、そこに記載された内容の史実性に疑義がもたれてきたことから、史料として用いることは避けられてきた。けれども、戦後、日本古代史の研究が『古事記』『日本書紀』の史料批判を進めるなかで、それらを相対化する史料として系図の重要性が認識された。その後、いわゆる「郡評論争」を背景にして、郡制以前の「評」に関する記載が見られる数多くの系図が集成され、そして、詳細な校訂と考証のもとにそれらが紹介されたことで、古代氏族の系図の史料的価値が見直されてきた(1)。

その代表的な系図の一つとして挙げられるのが、『越中石黒系図』である。本系図は、「利波評」「利波評督」という表記が見られることから、古代北陸における評の存在が文献で確認できる貴重な史料として取り上げられてきた。そしてそれは、一個の氏族の系図という位置づけにとどまらず、地方における郡領氏族の推移が古代を通じて跡づけられる史料として、その意義が強調され、これまで多くの研究で活用されてきた。しかしながら最近、『越中石黒系図』の信憑性に疑義が出されており、再検討が進められているのである。

日本近代における系図研究の先駆けとして位置づけられる太田亮は、氏族制度の研究のために、また、氏姓の歴史的根源とその分布・盛衰を知るために、系図類の蒐集および記載内容の信憑性を学問的に明らかにすることを目指した(2)。その一方で、系図を研究に資するにあたっては、厳正な史料批判が必要であることも説いている。この指摘のように、系図は、研究に用いる前に、その史料の性格をふまえた厳密な考証と検討が必要となる。つまり、系図に記載される内容の審議のみならず、系図の形態や書写・伝来過程といった書誌学的な側面からも実証的に追究しなければならない(3)。

この視点にたって、本稿では、『越中石黒系図』をめぐる学説上の論点を紹介して、その史料のもつ価値を論じるとともに、そこに記された内容について古代の地方豪族である利波臣氏を中心に考察をくわえたい。

第一節　『越中石黒系図』をめぐる学説史整理

現在石黒家に伝わる『越中石黒系図』（以下、『系図』と略記する）は、中世に越中礪波地域(4)で活動した在地領主の石黒氏の系図である。そこには、石黒氏の祖先を古代の礪波郡の豪族の利波臣氏であるとし、それが鎌倉時代に藤原氏の後裔である加賀の林系斎藤氏と結びつき、そして以後、所領の石黒を苗字に用いて活躍した石黒氏累代の系譜が、戦国時代まで記載されている。利波臣氏は、氏族名を本拠の郡名に因む「礪波臣」とも記される、古代越中国の代表的な豪族である。

石黒氏に関する系図は種々存在しているが(5)、『系図』と記載内容を同じくするものは、これまでのところ確認されていない。くわえて『系図』は、ほかに写本が見つかっていない孤本である。ただし『系図』の原本は昭和初期の火災ですでに焼失し、現存の『系図』は、明治の末年にその原本を忠実に写しておいたものであると伝えられてきた(6)。しかしながら近年の『系図』の書誌的な調査により、その筆蹟は、幕末から明治期の系図研究者であった鈴木真年《まとし》（天保二年〔一八三一〕～明治二十七年〔一八九四〕）のものであることが推定されており、現存の『系図』は、鈴木真年より石黒家に献贈された書本であるとみなされている(7)。このように、『系図』は、それ一冊のみが伝わってほかに写本が発見されていないものであり、その原本が存在したか否かはひとまず措くとしても、その書写は明治期前後になることが明らかになっている。

ところで、『系図』が知られるようになったのは、その一部が昭和四十六年（一九七一）刊行の『福光町史』上巻ではじめて紹介されたことによる。(8)『系図』は、諸家の系図を数多く収載した太田亮の『姓氏家系大辞典』（姓氏家系大辞典刊行会、一九三四年）にも引用されておらず、それまでその存在は一般には知られていなかった。しかしながら『系図』が紹介される以前に、越中古代史研究の先駆者である木倉豊信が、石黒氏は利波臣氏の末裔である可能性を指摘していたこともあり、(9)それを裏づけるかのように、礪波地域で時代を隔てて活躍した両氏を結びつける史料が見つかったとして注目された。(10)『系図』はこれまでおもに日本古代史の研究で取り上げられ、とくにその信憑性と史料的価値は、そこに記載される利波臣氏の系譜をめぐり議論がなされてきた。(11)本稿でも利波臣氏の系譜を中心に『系図』の史料的価値を改めて考察する。

次頁の図は、『系図』から利波臣氏に関わる古代の系譜部分を抄出したものである。

『系図』では、利波臣氏は「大日本根子彦国牽天皇」（孝元天皇）を出自として、武内宿禰の第九子である若子宿禰から系譜を引くと記されている。さらに、若子宿禰の子の大河音宿禰が、「志賀高穴穂朝天皇」（成務天皇）の時に伊弥頭国造に定められたとあり、その子の努美臣から二つに分かれ、一方の麻都臣が射水臣氏の祖となり、もう一方の波利古臣の子孫が利波臣氏へとつながっていることが見て取れる。波利古臣は「男大迹天皇」（継体天皇）の時に「利波評」を賜り、その三世孫にあたる財古臣は、「岡本朝」（舒明天皇）に「利波評督」となったと記されている。ついで、庚午年籍で「利波臣姓」を負った山万呂（波利古臣の玄孫）を経て、

図　利波臣氏の系譜部分

人王八代　後御諡孝元天皇
∴大日本根子彦国牽天皇 ―― 彦太忍信命 ―― 屋主忍男武雄心命
即帝位於軽境原宮
五十七年秋九月癸酉崩御年百伍拾漆歳
御陵在大和国高市郡劔池嶋上

彦太忍信命
母大綜杵命女伊香色謎命

屋主忍男武雄心命
一云少彦建猪心命
母尾張連祖意富那毘妹葛城之高千那毘賣
大足彦忍代別天皇御世三年詣于紀伊国阿備柏原祭祀神祇焉

武内宿祢
母紀直祖菟道彦女影媛
景行天皇御宇三年生於紀伊国
同廿五年七月壬午遣北陸及東方諸国令察地形且百姓之消息也
同五十一年八月為棟梁臣
奉歴仕景行成務仲哀神功應神仁徳六朝仁徳天皇五十五年夏四月薨年三百十五才

廿美内宿祢　山代内臣　祖

忍比賣
中臣連祖烏賊津使主妻大小橋命母

羽田矢代宿祢
八太朝臣　山口朝臣　星川朝臣　林朝臣
道守朝臣　長谷部公　高生朝臣　播美朝臣　祖

巨勢雄柄宿祢
巨勢朝臣　雀部朝臣
軽部朝臣　斐太朝臣　祖

蘇我石川宿祢
蘇我臣　石川朝臣　岸田朝臣　桜井朝臣
田口朝臣　箭口朝臣　小治田朝臣　高向朝臣
田中朝臣　久米朝臣　河辺朝臣　御炊朝臣　祖

平群木菟宿祢　平群朝臣　味酒臣　早良臣　額田首
馬工連　都保朝臣　祖

紀角宿祢　紀朝臣　角朝臣　坂本朝臣　紀辛梶臣
大宅臣　曰佐　岡田臣　苅田首　祖

久米能摩伊刀媛

努能伊呂媛

葛城長江襲津彦　葛城朝臣　玉手朝臣　朝野宿祢　的臣
塩屋連　阿支奈臣　小家連　生江臣　祖

若子宿祢

若長宿祢　道公祖
志賀高穴穂朝定賜三国々造

大河音宿祢
志賀高穴穂朝天皇御宇五年秋九月
詔定賜伊弥頭国造矣
—努美臣

麻都臣　射水臣　祖

波利古臣—大籠臣—気飯臣—財古臣
男大迹天皇御時賜利波評
岡本朝為利波評督

真猪宿祢　江沼臣
坂名井臣　祖

山万呂—千代
庚午年籍屓利波臣姓
礪波郡司大領
外従七位上

虫足
礪波郡司少領
外従八位下

真公—甥麿—氏良
礪波郡司大領
外正六位下
郡司擬大領
外正八位下
郡司擬大領
外従六位上

安真
擬大領
従八位上

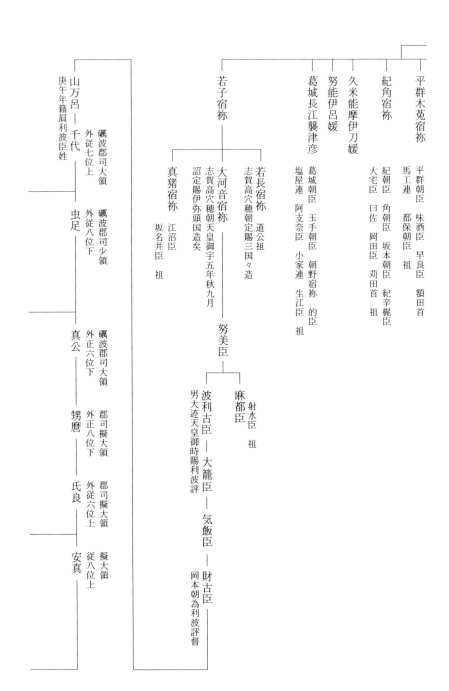

- 諸石
- 庭麿（外従八位下 郡司主政）
  - 豊成（外少初位下 擬少領）
- 田人（従八位下 郡司擬大領）
  - 奥継（郡司少領 従八位下）
    - 廣松（正八位下 擬少領）
      - 保影（従八位上 擬少領）
- 大田（擬大領 正六位上）
  - 宮成（擬主政）
- 望真（擬主政 外従八位下）
  - 春生（擬少領 従八位上）

- 氏高（擬少領 従八位上）
  - 豊高（擬大領 正八位上）
    - 豊継（勲十等郡司 大領 外正六位下）
      - 豊総（郡司大領 従七位下）
        - 諸継（従六位上 郡司大領 押領使 康平五年従源頼義征奥州賊抽勲功）
          - 豊久（郡少領 押領使 外従六位上）
          - 豊雄（帯刀舎人）
            - 氏世
            - 豊世（左馬少充）
              - 豊善（越中大掾 内舎人）
            - 蔭世（左衛門）
          - 豊真（内竪（ママ）従八位上）
            - 近真
      - 豊道
        - 今道（右兵衛）
      - 並高
    - 豊世
- 氏彝（少初位上）
- 氏生

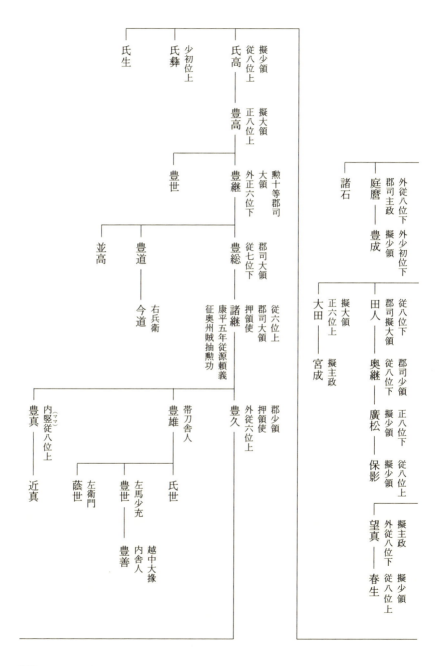

礪波郡の郡司にはじめて就いた千代から平安時代後期の「郡少領押領使」の豊久まで⑫、郡司の肩書を有する利波臣氏一族の人名が連なっているのである⑬。

このような内容を有する『系図』が古代史の研究者の関心を集めた要因は、主として次のような点による。

①『古事記』と異なる利波臣氏の出自をはじめとして⑭、『系図』の系譜の伝承には、ほかの史料に見られない独自のものが少なくないこと。

②越中国礪波郡の前身とみなされる「利波評」や「利波評督」の記載があり、郡制以前の古い伝えを遺していること⑮。

③『越中国官倉納穀交替記《えっちゅうのくにかんそうのうこくこうたいき》』残巻（以下、『交替記』と略す）に見える利波臣氏のすべての人名が、『系図』で確認できること。

④『交替記』の記載以外の利波臣氏に関して、新たな知見が得られたこと。

しかしながらこれらは、裏を返せば、以下のような『系図』の信憑性に対する疑問点となる⑯。

(1)『系図』では、利波臣氏は孝元天皇の後裔と伝えるのに対して、『古事記』の系譜記事では孝霊天皇の皇子を祖としており相違していること。

(2)近年の古代史研究の成果に基づくならば、継体天皇の時に「利波評」という称があったとは考えられず、また、舒明天皇の時に「利波評督」の制度はまだ成立していないとみなされること。

(3)『交替記』の記載と全体的に整合しており、これをもとに『系図』が作為された可能性があること。

(4)利波臣氏一族のなかでも有名な利波臣志留志の名が載っていないこと。また、『交替記』の記載以後から鎌倉時代に至るまでの間の記載内容について傍証を得られないこと。

なかでも③と(3)における『系図』と『交替記』の整合性は、『系図』の信憑性をめぐる重要な論点とされてきた。

『交替記』は、延喜年間頃に国司の交替にあたって作成された帳簿で、そこには、天平勝宝三年（七五一）から延喜十年（九一〇）までの間に礪波郡内に所在した正倉（糒倉・不動倉・動用倉など）と、倉別に収納した稲穀や穎稲の算勘次第が記されている。(17)とくに不動倉については、その検校を行った越中国司のみならず礪波郡の郡司の署名が録されており、このなかに礪波郡司であった利波臣氏の名が多く見られるのである。(18)ただし現存の『交替記』は断簡であるため、天平勝宝三年から延喜十年までの百六十年間のすべての郡司名を確認できるわけではない。くわえて、『交替記』の記載では利波臣氏同士の続柄が不明で、同じ利波臣姓であっても同族であるとは断定できないという史料上の限界があった。

そこで『系図』が発見されたことによって、利波臣氏の続柄をたどれるようになり、『交替記』に見える利波臣氏はすべて同族であるとみなされたのである。さらに、その利波臣氏一族がどのような順序で郡司を継いだのかという、同族による郡司をめぐる推移を『系図』により具体的に把握できるようになったことで、その発見は大きな意義をもった。『系図』は『交替記』とともに、一族で代々郡領を独占的に輩出した氏族の実態を示す古代の史料であると認知され、郡司制度や系譜伝承などのさまざまな観点から検討がくわえられてきたのである。

磯貝正義は、『交替記』所載の利波臣氏の人名や肩書を『系図』と比較検討し、その結果、両者の記載はほぼ一致するが、なかには人名や郡司の階級、正任擬任の別、位階にわずかに異同が認められるため、『系図』が『交替記』を引き写した可能性は考えられず、『系図』は『交替記』とまったく無関係に作成されて伝来してきた信憑性の高い史料であるとみなした。その上で、『系図』に見える利波臣氏の続柄や郡司の継承順序に注目して、『系図』は、評督から郡領の地位を嫡系継承してきた、立郡以来の譜第重大の家を証する史料として、貴重な史料的価値をもつことを論じた。[19]

くわえて佐伯有清は、『系図』のみに見られる独自の内容、とくに武内宿禰の後裔氏族の記載について、『日本書紀』などの六国史や『古事記』『新撰姓氏録』『蘇我石川両氏系図』などと比較検討している。そして『系図』は、そこに見える後裔氏族の数の多さと氏族名の表記から、『古事記』の記載よりも新しいものであること、また、六国史や『新撰姓氏録』に記載されている系譜や伝承と異なる内容を含むことを考察し、利波臣氏の系譜部分の原型は平安時代初期に作られたと推定している。

磯貝と佐伯の結論は、主として『系図』の記載内容から析出されたものであるが、『系図』は信憑性の高い史料であるという評価は、その後の研究に踏襲されてきた。これに基づいて越中古代史および郡司についての研究は展開してきたといえる。

けれども、これまでの研究において『系図』の信憑性の主たる論拠とされてきた③の利波臣氏の系譜について、近年、須原祥二が疑義を呈した。[20]『交替記』の原本は、滋賀県の石山寺に伝存する『伝三昧耶戒私記』の紙背文書であるが、明治期以降、そのさまざまな写本が作られて研究に供されてきており、木本秀樹の調査によりいくつかの写本は江戸時代まで遡ることが知られていた。[21]須原は、『系図』と人名を共有する『交替記』原本および写本との記載内容を詳細に比較検討して『系図』の史料批判を行い、利波臣氏の系譜に関して、『系図』には、『交替記』に重出する位階・官職・人名の内容が完全に含まれていること、そして、『系図』に見える利波臣氏の郡司名や位階に、江戸時代に遡る『交替記』の写本を参照した記述が認められることを考察した。そして、『系図』と『交替記』原本との間における郡司名や位階などの記述の相違は、『交替記』写本の誤写に由来するものであるとして、『系図』は、『交替記』の写本に見える利波臣氏の郡司の位階・官職・人名を参考として系譜に編成し、そこに新たに創作した人名を付加して、江戸時代中期以降に作成されたものである可能性が高いことを明らかにしたのである。くわえて、かつて飯田瑞穂が指摘したいわゆる「系図家」の存在に着目して、[22]『系図』は古代史関係についてかなり高度な知識をもつ者によって作られたものであり、史料的な独自性はないと断じている。『系図』が江戸時代に遡る『交替記』の写本を参照して作られたものであると明らかにした点は高く評価でき、私見としてもその結論には基本的に従うべきと考える。

また、筆者も、『交替記』写本の書写系統を再検討した上で、『交替記』の写本に接する機会のあった鈴木真年が『系図』の作成に深く関与したことを考察し、『系図』は鈴木真年が蒐集した『尊卑分脈』や『交替記』写本、その他多くの既存の系譜や資料を組み合わせて作成されたものであることを論じた。[23]

このように、近年の研究では、『系図』は古くから伝わってきたものではなく、後世に作成されたことが確認され、その信憑性について疑義が出されているのである。それでは、『系図』は後世の系図研究者の手によるものであるため、その成立年代の新しさから史料的価値のないものと断ずべきであろうか。『系図』の史料的価値については、むしろこれは近世・近代史の研究領域ではあるが、その作成過程を推察できる種々の資料から、幕末から明治期にかけての国学者や研究者が、どのような史料を捜索・蒐集し、そして、どのような意識をもって系図を考証・作成したのかを追跡することができる可能性を有している。無論このことは、『系図』に関していうならば、鈴木真年が著した数多くの系図や書写本を通覧した上で可能となることであるが、ここでは、その一端を考える意味で、新たに見つかった『交替記』写本の紹介をくわえて、『系図』の信憑性とその史料的価値について改めて考えたい。

第二節　『越中国官倉納穀交替記』写本と『越中石黒系図』

『国書総目録』を参照すると、『交替記』については、次のように登録されている。

越中国官倉納穀交替記《えっちゅうのくにかんそうのうこくこうたいき》　一冊　［類］経済　［成］延喜年間　［写］宮書、九大、京大（天保六写）、東大、東大史料（石山寺文書の内）、早大（徴古雑抄四）、滋賀石山寺（重文）、無窮神習（一冊）（玉簏一四二）（石山寺蔵本写）　［活］改定史籍集覧二七

このうち「滋賀石山寺（重文）」（現在は国宝に指定）が原本である。さらに、『国書総目録　補遺』には、左記の三本が追加登録されている。

［写］大東急（阿波国板野郡田上郷延喜二年戸籍并考証の付）　［活］大日本史料一編四、平安遺文一

これらの写本のうちで奥書のあるものを掲出すると、以下の通りである。

Ⓐ九州大学附属図書館本（『国書総目録』の「九大」。以下同様）

右者、原本有近江国石山寺寶庫、今以丹比部正辞蔵本
模写了
文久三年十二月十五日　史生穂積臣真橋

Ⓑ京都大学文学研究科図書館本（「京大」）

此一冊、借大宮権大夫實萬所被新写本、
遂書校畢
天保六年二月廿四日　　光棣

Ⓒ早稲田大学中央図書館本（「早大」）
右一冊、以小中村氏蔵本模臨焉
明治八年三月　　小樹園
（朱筆）「明治廿二年十二月、寶物調査トシテ石山寺ニ詣リ
倉卒ノ間、原本ト對讀ス」

このなかで最も古い写本は、Ⓑ京都大学文学研究科図書館現蔵のものである。奥書によると、天保六年（一八三五）に、公家の広橋庶流の竹屋光棣《みつとみ》（安永十年〔一七八一〕～天保八年〔一八三七〕）が、閑院嫡流の三条実《さね》万《つむ》（享和二年〔一八〇二〕～安政六年〔一八五九〕）から書本を借りて書写・校合したことが記されている。よって『交替記』は、江戸時代後期に公家社会においても伝写されてきた史料であることが分かる。

Ⓐの九州大学附属図書館本は、昭和四年（一九二九）に同大学が購入した、歴史学者・萩野由之（万延元年〔一八六〇〕～大正十三年〔一九二四〕）の旧蔵書である。

奥書に見える「丹比部正辞」とは、幕末から明治期の国語学者である木村正辞《まさこと》（文政十年〔一八二七〕～大正二年〔一九一三〕）のことであり、「丹比部」は彼の本姓である。すなわちこの奥書によると、Ⓐは木村が所蔵

していた『交替記』の写本を模写したものであることが分かる。木村の旧蔵書とは、『国書総目録 補遺』の「大東急」にあたる大東急記念文庫所蔵の写本であることは、すでに前稿で確認した。

一方で、Ⓐの書写者である「穂積臣真橘」は、鈴木真年の別名であるとみなされる。鈴木真年は、生涯において多種多様な名や号を用いていた人物である。「不存」や「竹亭」「松柏」「今井舎人」「鈴木庄司」などを号した時期があり、[24] さらに、「新田源朝臣武智良（新田愛氏・源牟知良）」や「源貴義」「盧真年種古甫」「穂積臣真年（真香）」などの名も使用していたことが分かっている。[25]「穂積臣」は鈴木真年の本姓で、彼が「穂積臣真橘」という別名を用いていたことは、彼の旧蔵書より確かめることができる。

鈴木真年の孫が編んだ伝記によると、彼の著作・蔵書の多くは関東大震災で散佚したとされるが、[26] 現在、静嘉堂文庫をはじめ、国会図書館・国立公文書館・岩瀬文庫・筑波大学などに残されていることが知られている。そのなかでも静嘉堂文庫にある鈴木真年旧蔵の『舟上記』という史料の写本には、次のような奥書が確認できる。

右一冊者、以成田隆見齋蔵本写了
文久二戌年九月廿日
穂積臣真橘

同じく静嘉堂文庫所蔵の『大嘗会神饌調度図』や『和州衆徒郷土記』にも、「穂積臣真橘」の署名が見られるのである。また、「臣」の字は記されていないものの、「穂積真橘」という署名が『四天王寺縁起文』や『丹後国風土記』にも見出され、『交替記』と同じ古代史関係の写本でも用いられているのは興味深い。

これら「穂積（臣）真橘」の奥書を有する書写本は、すべて文久二年（一八六二）から三年にかけて書写されたものであり、Ⓐの九州大学附属図書館本と同時期のものであることが分かる。このことからⒶに見える「穂積臣真橘」が、鈴木真年の別名の一つであったことは明らかである。Ⓐがどのような経緯で鈴木真年から萩野由之へ渡ったのかは不明であるが、それが鈴木真年の旧蔵書であったことは間違いない。前稿で分析したように、Ⓐと『系図』に見える郡司名の共通性から、鈴木真年が『系図』の作成において、Ⓐを資料の一つとして参照していた可能性は高いと考えられる。

Ⓒの早稲田大学中央図書館本は、国書刊行会用箋に記され、『徴古雑抄』という叢書に所収されたものである。この奥書に見える「小椙園」とは、幕末から明治期の国学者の小杉榲邨《すぎむら》（天保五年〔一八三四〕～明治四十三年〔一九一〇〕）の号で、彼が臨写した「小中村氏蔵本」とは、小中村清矩《きよのり》（国学者、東京大学教授。文政四年〔一八二一〕～明治二十八年〔一八九五〕）の旧蔵本である『国書総目録』の「東大」（東京大学附属総合図書館本）に該当する。また、このⒸの謄写本が『改定史籍集覧』の稿本となったことが、同書の第二十七冊「越中国官舎納穀交替記」の奥書から分かる（「右一巻、小杉榲邨氏蔵本を謄写し一校畢（中略）、明治三十五年八月　近藤圭造」）[27]。

このほかに『交替記』の写本をいくつか閲覧する機会があり、明治大学中央図書館に新たな写本が所蔵されていることを発見した。これは『国書総目録』には記録されておらず、天保六年（一八三五）書写のⒷ京都大学文学研究科図書館本や、文久三年（一八六三）書写のⒶ九州大学附属図書館本と同様に、江戸時代後期に遡る写本である。くわえて前稿では行論上、『系図』と関わりの深い写本のみを取り上げたためにふれなかった、もう一つの『交替記』の写本とともに紹介したい[28]。

明治大学中央図書館本

本書は、明治大学中央図書館の「黒川文庫」に所蔵される写本である。

「黒川文庫」とは、もともと黒川春村（寛政十一年〔一七九九〕～慶応二年〔一八六六〕）・黒川真頼（文政十二年〔一八二九〕～明治三十九年〔一九〇六〕）・黒川真道（生年不明～大正十四年〔一九二五〕）の国学者三代が、江戸時代後期から明治・大正期にかけて蒐集した個人文庫の名である。[29] 戦後に黒川家からその蔵書が売却に出された際、明治大学がその多くを購入したことが知られており、また現在、実践女子大学やノートルダム清心女子大学などでもその一部が確認されている。

明治大学中央図書館所蔵分についてはこれまで本格的な整理・調査が行われておらず、その一部は報告されていたものの、[30] 昭和二十年代後半に作成された暫定目録が存在するにすぎなかった。[31] しかしながら最近、「黒川文庫」の調査が進み、その内容について少しずつ公開されてきており、[32] このなかに『交替記』の写本が所蔵されていることが分かった。「黒川文庫」の最大の価値は、黒川家歴代の当主の自筆稿本が残存している以外に、近世の公家文庫の旧蔵本や国学者の蔵書が含まれている点であり、本稿で紹介する『交替記』の写本もその一つである。

本書は、全十五丁からなる和装の四つ目袋綴冊子本である。表紙右上に朱円印「地方」が捺されており、左に題簽短冊が貼られ、「越中國官舎納穀交替記　全」との外題が記されている。朱円印の「地方」は、黒川春村による分類を表す部門別の印で、明治大学が戦後に購入した八部門のうちの一つである。

奥書などはなく書写年代は不明であるが、外題について本来の書名の「越中国官倉納穀交替記」ではなく、「倉」を「舎」と記す写本は、先述したⒶ九州大学附属図書館本やⒷ京都大学文学研究科図書館本が挙げられ、書写年代が明治期以前に遡るものが多い。

また、本書の表紙見返しの右上には、朱筆で「史籍集覧」とあり、中央上に朱方印「明治大学図書館之印」、その下に朱円印「明治大学附属図書館」（昭和三十年六月十日）の受け入れ印がある。ついで一丁表の右下に朱方印「明大図書館」、朱円印「黒川真頼」、朱方印「楳舎之記」がそれぞれ捺されている。その左側には朱筆で重郭方印をまねた「石山寺經藏」、さらに左に朱方印「黒川真道蔵書」「黒川真頼蔵書」が見える。

「楳舎之記」印は、出雲大社の神職である出雲国造家の千家俊信《としざね》（明和元年〔一七六四〕～天保二年〔一八三一〕）の蔵書印である。千家俊信は第七十五代出雲国造千家俊勝の次男で、第七十六代俊秀の弟にあたり、通称を清主、号を「葵斎」「梅舎（梅之舎）」といい、『訂正出雲風土記』『天穂日命考』『出雲国式社考』などを著した江戸時代後期の国学者・歌人・神道家である。(33)「梅舎（梅之舎）」の号は俊信が開いた私塾「梅廼舎」の名に因むもので、「楳舎」とも書き、これが蔵書印に反映されている。

本書がどのような経路で千家家から黒川家へと流れたかは不明であるが、いずれにしても「楳舎之記」印の存在から、もともとは千家俊信の蔵書であったことは確かであり、本書の年代は、俊信の没年である天保二年を下らない。管見の限り、本書が『交替記』の写本群のなかで最も古いものであることが分かる。

高岡市立中央図書館本(34)

当該の写本は、四つ目袋綴冊子本、全二十八丁で、表紙に「越中国官倉納穀交替記」の外題が記されている。一丁表には朱方印「富山縣市立高岡図書館」が捺されており、印の左に朱筆で「關野神社事務所印」と書かれている。また、同じ一丁表には「明治三十五年十一月寫之／越中國官倉納穀交替記」（／は改行部分）という書写年と書名が記されているが、本書の本文や後述する二丁表の元奥書とは別筆である。これによれば、現在も高岡市に所在する関野神社が、明治三十五年（一九〇二）に当該の写本を書写し、この時に関野神社の印が記されたものと考えられる。

二十八丁表には、本文と同筆の書写奥書があり、「明治四十年十二月富山縣ニ越中史ヲ編纂セントスルニ當リ／其資料蒐集ニ際シ本書ノ謄本ヲ田口武雄氏ヨリ借／受ケ本館ニ於テ謄寫セシモノナリ／明治四十一戊申年一月中浣　篠島久太郎」（／は改行部分）と記されている。篠島《ささじま》久太郎（文久元年〔一八六一〕～大正十五年〔一九二六〕）は、西礪波郡立野村（現在の高岡市）出身の教育者で、西礪波郡雨化小学校訓導、高岡市高岡高等小学校長、富山県教育会参事などを歴任し、古代から近代にいたる富山県の歴史をまとめた『越中史略』の著者である。[35] また篠島は、明治四十年（一九〇七）に皇太子行啓記念事業として編纂が開始され、翌々年三月に富山県から発刊された『越中史料』の編集評議員を務めている。このことから奥書に見える明治四十年の「越中史」とは『越中史料』のことであり、当該の写本はその原資料であった可能性が高い。すなわち本書は、明治四十年に『越中史料』の編纂が開始されるにあたって、篠島が、翌年の明治四十一年に田口武雄なる人物の所有していた本を写したものであったことが分かる。

その田口武雄の所有していた「謄本」については、次のように、二丁表に見える元奥書に明示されている。

明治卅一年八月宮内省圖書寮ノ
謄本ヲ借リテ之ヲ寫ス
井上頼囶翁同元本ハ江州三井
寺ニ藏ムルト云フ

綿貫豊次郎
此巻冊ハ井波綿貫豊次郎氏東京在學中
佐々木高行翁ノ藏書ナリシヲ謄本セシトモ云フ
復タ図書寮ノ元本カ
越中國官舎納穀交替記

ここに見える綿貫豊次郎とは、明治三十年（一八九七）当時、國學院大學生であった人物と思われる。(36)一方、「佐々木高行翁」は、旧土佐藩出身の政治家である佐佐木高行（文政十三年〔一八三〇〕〜明治四十三年〔一九一〇〕）である。すなわち綿貫豊次郎が、「東京在學中」つまり國學院大學在学中に佐佐木高行の蔵書を謄写したことが付記されているのである。佐佐木高行は、明治新政府内にあって司法大輔・工部卿・宮中顧問官・枢密顧問官などを務め、その間、明治二十九年（一八九六）に皇典講究所兼國學院長（國學院大學の前身）に就いていることから、綿貫豊次郎が同本を書写できたのはこの縁にかかるものと考えられる。(37)なお、ここに記される「井上頼圀翁」とは、幕末から明治期の国学者で宮内省図書寮編修課長をつとめた井上頼圀（天保十年〔一八三九〕〜大正三年〔一九一四〕）であり、彼が写したとされる書本については、奥書に「明治六年三月十八日、以井上頼圀蔵本寫之、久米幹文」と記される富山県立図書館所蔵の『交替記』写本や、明治二十一年（一八八八）に図書寮本を模写した神習文庫所蔵本(38)との関係が気になるところであるが、それらが同一の写本であるか否かは不明である。

このように、『交替記』の書写に関しては、Ⓐの木村正辞—鈴木真年—萩野由之やⒸの小中村清矩—小杉榲邨—近藤圭造、また、明治大学中央図書館本の千家家—黒川家のように、江戸時代後期から明治期にかけての当時の蔵書家・研究者同士が、図書の貸借や書写を重ねていた様子を知ることができ、そのなかで写本を入手していたことが分かる。また、『改定史籍集覧』や『越中史料』の事例から分かるように、『交替記』は近世以来の書写本をもとに翻刻されてきた経緯がある。さらに、『交替記』は、『大日本史料』第一編之四（大正十五年）に収められ、戦後、『富山県史　史料編Ⅰ　古代』（昭和四十五年）や、また、「越中国官倉納穀交替帳」の名で『平安遺文』第一巻（昭和四十九年）に収載され、古代史の研究に供されてきたことが知られる。

『交替記』の写本については、滋賀県の石山寺に原本が現存していることから、その史料的価値は高くない。けれども、『交替記』は江戸時代以来、研究者の関心を集め、明治期の前後において幅広いネットワークのなかで伝写されることも少なくなかったのである。近年は諸史料の詳細な影印が公刊され、それまでの書写本の翻刻や版本の校訂が進められているが、その反面、これら書写本や版本の果たしてきた役割も十分に顧慮する必要がある。『系図』についても、書写が重ねられてきた『交替記』の写本を参照して作為された可能性は考慮できる。

このように、『系図』を史料として研究に活用することは難しい状況にある。ただし、これまでの研究で明らかになったことは、『系図』に見える利波臣氏の位階や官職・人名に『交替記』写本を参照した記載が認められるという点であり、系譜内容に関するすべての疑問点が解消されたわけではない。そこで次節では、利波臣氏をめぐって『系図』の信憑性に関わる残された疑問点について考察したい。

第三節　『越中石黒系図』と利波臣志留志

先に述べた通り、『系図』には、古代の利波臣氏のなかで、最も有名な利波臣志留志の名が見えない。彼は、利波臣氏のなかで唯一六国史に名が記載されており、越中国における東大寺の荘園経営に関わり、のちに伊賀守にまでなった人物である。[39]

志留志の初見史料は、天平十九年（七四七）九月に、河内国の河俣連人麻呂とともに盧舎那仏の知識として財物を奉献した左記の記事であり、この時に米三千碩《せき》を出して、[40]无位から外従五位下の位を授けられている。ここに「越中国人」と明示されている。

『続日本紀』天平十九年九月乙亥（二日）条

河内国人大初位下河俣連人麻呂銭一千貫、越中国人无位礪波臣志留志米三千碩、奉㆓盧舎那仏智識㆒、並授㆓外従五位下㆒。

また、天平宝字三年（七五九）十一月十四日付の「東大寺領越中国諸郡庄園総券」（「越中国諸郡庄園惣券第一」）[41]や「越中国礪波郡伊加流伎開田地図」によると、礪波郡の東大寺領伊加流伎野地の南に彼の所有地があったことが分かる。前者の史料は、東大寺に提出された越中国東大寺領の野地の開墾状況の報告書であり、その記載から伊加流伎野地は天平勝宝元年（七四九）に新たに占定開墾されたものであったことが知られ、このことからも、志留志は天平勝宝以前からすでに礪波郡内に経済的基盤をもっており、利波臣氏の一族の者であった可能性は高い。

佐伯有清は、志留志が『系図』に見えない事実について、むしろその信憑性を高めることにつながるとみなしている。一方で米田雄介は、志留志は利波臣氏の傍系の出で、代々郡司を輩出した利波臣氏の本宗家と区別されたため、『系図』には記載されなかったと解している。[42]両者ともに、『系図』の利波臣氏に関わる部分が古代に作成されていたものとみなしており、そこに志留志の名が見えないことをもって『系図』の信憑性の根拠としているのである。
ところが最近、下鶴隆は、須原祥二の『系図』の偽作説を批判する過程で、『系図』が古くから伝存されてきた可能性を想定し、その記載のなかから志留志の存在を積極的に見出そうとした。[43] すなわち、『交替記』には見えないが、『系図』において利波臣虫足の弟にあたる「諸石」という人物に着目して、「諸」は「誌」と漢字の崩し字が酷似することから、「諸石」は『系図』が転写されてきた過程で生じた「誌石」の誤写であり、この人物こそが志留志にほかならないと分析した。その上で、志留志は利波臣氏本宗家の一員であったが、郡領を継承した嫡流と対立する傍親であったとみなしたのである。
しかしながら、史料に即する限り、志留志の人名については、「誌石」という別名が用いられていたと考えることは難しい。なぜならば、志留志の名は『続日本紀』以外の史料にも散見され、いずれも「志留志」の字で記されているからである。その例を挙げると、天平神護三年(七六七)五月七日に礪波・射水・新川郡にあった東大寺の末開田地の検校を命じた「越中国司解」には、[44]下記のように「利波臣志留志」の名前が明記されており、さらに、志留志はその文書の末尾に「志留志」の自署をくわえている。

以前、被二太政官去四月九日符一偁、被二右大臣同月六日宣一偁、奉レ勅、在二礪波・射水・新川等参郡一東大寺末開田地肆伯壱拾町参伯参拾弐歩、宜三便令二志留志検校一者、亦宜二承知、准レ勅施行一者、謹依二符旨一即差二員外介従五位上利波臣志留志一充レ使、検校如レ件、仍具注レ状、謹解。

また、東大寺に墾田の状況を報告した神護景雲元年(七六七)十一月十六日付の「越中国司解」(「越中国諸郡庄園惣券第三」)にも、[45]志留志の自署が連ねられており、それと同時期に作成された東大寺墾田地図には、いずれも「専当国司従五位上行員外介」という肩書とともに、「志留志」の名前が確認できるのである。

一方で、「誌石」という人名は、管見の限り、古代の史料で見出すことはできない。また、「諸石」と表記する人名については、下記のように、古代では一般的な人名であったことが分かり、『系図』の「諸石」の名を誤写であるとは考えにくいのである。ゆえに『系図』には、もとより志留志の名が記載されていないと考えた方が良い。

石作部諸石　大宝二年（七〇二）「御野国味蜂間郡春部里戸籍」
海部諸石　天平五年（七三三）「隠岐国正税帳」
私部諸石　天平十一年（七三九）「出雲国大税賑給歴名帳」
鳥取部諸石　同右
鷹取諸石　二条大路木簡（『平城宮発掘調査出土木簡概報』二四）
菟田諸石　『日本書紀』皇極天皇二年（六四三）十一月丙子朔条
笠臣諸石　『日本書紀』天智天皇六年（六六七）十一月己巳条
壬生諸石　『日本書紀』持統天皇十年（六九六）四月戊戌条

それではなぜ志留志の名は、『系図』に記されていないのであろうか。この点を考える際に留意すべきことは、すでに指摘されている通り[46]、『系図』のみならず『交替記』に記載されていない利波臣氏の一族は、志留志一人に留まらないということである。その人物は、先の「越中国司解」（「越中国諸郡庄園惣券第三」）に記される「利波臣浄貞」である。ここには、「以前、検㆓校東大寺墾田野地并図㆒、具件如㆑前、仍具録㆑状、附㆓利波臣浄貞㆒進上、謹解。」とあり、浄貞はこの時に文書を中央に送達する使者として名が記され、志留志とともに越中国の東大寺領荘園の検校にくわわった利波臣氏一族と目される。東大寺の印蔵に伝えられてきた「東南院文書」に記載される二人の利波臣氏が、ともに『系図』に見えないことは不審な点であり、『系図』の信憑性を再検討する余地があるといえる。

それゆえ『系図』の信憑性を検証することなく研究に利用し、その記載内容をもって利波臣氏の存在形態や郡司の変遷を考えることは難しい。しかしながら久保尚文が指摘するように、これまで『系図』の活用により得られた研究成果のうちには、『系図』に依存しなくとも事実と認定しうるものもあると思われる。(47)そこで関係史料を再検討するとともに、志留志を中心に利波臣氏一族の存在形態について改めて考えてみたい。

これまでの研究では、『系図』に見えない志留志については、その性格や利波臣氏一族内における立場を通して、中央の政治的情勢と結びつけて論じられてきた。

とくに志留志の初見史料である天平十九年の献物については、木倉豊信が、彼の仏教心と国家事業への理解の表れとして、当時の越中国守であった大伴家持が斡旋したものと述べている。(48)米田雄介は、当該の献物は、家持と当時の河内国守で同族の大伴古慈悲が、大仏造営事業の中心的人物である橘諸兄を支持し、それぞれの任国の地方豪族に呼びかけて、資財的に行きづまりの状況にあった事業の苦境を打開しようとした政治的演出であるとみなした。そして、志留志の性格については、『系図』から読み取った志留志の利波臣氏内の傍系という立場を重視し、利波臣氏本宗家との対立から、傍系出身であるため東大寺や家持などの外部勢力と結ぶことで、自らの道を切り開き中央官人となったものとして評価している。(49)

一方で、米沢康は、東大寺への献物が家持の斡旋とみなされるとしても、それが志留志と家持との緊密な関係を意味するものではないと考えて、地方豪族としての志留志は、礪波郡の在地において家持とは基底的に対立する関係にあったことを主張した。そして、その献物は多分に形式的なものであったが、東大寺との緊密な関係を保ちながら、当代の政治的情勢に積極的に志向して、自らの律令的権威や地位を高めることを目指したものであったと論じた[50]。

この点に関して、天平十九年の志留志の献物叙位以降、地方豪族の献物が盛んになり、彼らのほとんどが外従五位下の位階を授かっていることははやくから確認されている[51]。さらに、その献物対象が、東大寺や西大寺、国分寺などの国家的色彩の強い寺院に集中していることから、献物叙位が当時の国家の仏教政策と一致するものであったことが分かる。それゆえ志留志が財物を東大寺に献じたのは、単なる仏教心の発現としてではなく、国家による褒賞を期待した政治的意図を含む行為であったことが考えられる[52]。

しかしながら志留志は、天平十九年の献物を契機として東大寺や中央権力へ接近し、外従五位下という律令的な権威を獲得したものの[53]、実質的に中央官人としての地位に踏み入れるのは、称徳・道鏡政権下になってからであったことに留意しなければならない[54]。志留志は、橘諸兄の次の藤原仲麻呂政権下では史料に見えないのである。その間の志留志の動向については、米田雄介は、志留志が頼りにしていた諸兄や家持の失脚によって、志留志も一時閉塞せざるをえなかったと見ており[55]、米沢康も、志留志は、仲麻呂政権の越中への進出を新たな利害関係の対立として感じて、自己の勢力をさらに伸張すべく悩みながらも緊張の年を送っていたと推測している[56]。

その後、称徳・道鏡政権下になると、下記のように、志留志は天平神護三年（七六七）三月に墾田百町を東大寺に再び献じて従五位上の位を授けられている。また、志留志は東大寺領荘園の検校のための専当国司として越中員外介に任ぜられているが[57]、これは、志留志と東大寺との緊密な関係に由来することは間違いない。

『続日本紀』神護景雲元年（七六七）三月己巳（二十日）条

外従五位下利波臣志留志、為二越中員外介一。（中略）始置二法王宮職一。（中略）授二外従五位下利波臣志留志従五位上一。以二墾田一百町一献二於東大寺一也。

この時に志留志が東大寺に寄進した「墾田一百町」は、先にふれた伊加流伎野地の南に接した志留志の所有地に相当し、その後、東大寺領井山荘として展開したことが知られている。(58) 神護景雲元年十一月十六日付の「越中国礪波郡井山村墾田地図」と照らし合わせると、この墾田は、志留志が一円的に所有していたものであったことが分かる。(59) さらに、天平神護三年五月七日付の「越中国司解」によると、百二十町あった井山荘の見開田はすでに四十七町八十五歩であったことが知られ、この開田成果は主として志留志が所有していた段階になされたものと推定されている。(60) 以上のことから志留志は、結果として中央官人の官職を得る称徳・道鏡政権下を迎えるまで好機に恵まれず、この間、律令的権威を背景に、在地において自己の墾田拡大に努めていたと考えることができる。

そうであるならば一方で、志留志が墾田百町を献物する天平神護三年以前に、米三千碩を献上していた事実を鑑みると、彼が无位であった天平十九年の時点ですでにそれを獲得できる財力を有していた背景が問題となる。これは、先学で説かれるように(61)、志留志個人の財力としてではなく、利波臣氏一族の経済的基盤に立脚したものと理解できる。利波臣氏一族は、中央権力の越中国進出が積極的になる以前に、礪波郡においてすでにある程度の経済力と自己勢力の拡大への志向性をもっていたと考えられる。志留志がその直系あるいは傍系であったか否かは不明であるが、一族の経済力を背景にして東大寺や中央権力と結びついたことは想像に難くない。

志留志は天平神護三年に越中員外介に、さらに、宝亀十年（七七九）に伊賀守に任ぜられるが、彼が活躍

表　『文替記』に見える郡司（木本秀樹注〔11〕論文から引用・一部改変）

年月日	大領	擬大領	少領	擬少領	主政	擬主政	主帳	擬主帳
天平勝宝三・六・二七（七五一）			外従八下 利波臣虫足				外大初下 蝮部北理	
天平宝字元・一二・四（七五七）			外従八下 利波臣虫足		外大初上 蝮部北理			
宝亀二・七・二二（七七一）	外正八下 利波真公							
延暦三・六・二二（七八四）		従七上 利波臣大田						
延暦一〇・六・六（七九一）		正六上 利波臣大田						
大同二・九・一四（八〇七）		従八上（下） 利波臣田人		利波臣豊成				
大同三・七・四（八〇八）		利波臣豊成				中臣家成		
弘仁九・一〇・一五（八一八）			外少初下 利波臣豊成		外従八下 飛鳥戸造有成			
天長四・一一・二二（八二七）				従八上（副）飛鳥戸造浦丸		中臣家成 利波宮成		秦人部古綿
天長七・八・三（八三〇）		外正八下 利波臣甥丸		少初下（転）秦人部益継				
承和一三・九・二（八四六）			外従八下 利波臣奥継		外少初下 中臣御成			
仁寿二・一一・七（八五二）		大初下（転）中臣御成				大初下 春米吉長		
斉衡二・六・二九（八五五）		外従八上 利波臣氏良 外少初下 中臣御成						
貞観四・八・一（八六二）	外正八上 利波臣氏良	従八上 利波臣安直						
貞観五・四・三〇（八六三）		外大初下（転）品治部稲積		飛鳥戸造貞門				
貞観六・七・八（八六四）		大初下（転）品治部稲積		飛鳥戸造今貞				
元慶二・三・三（八七八）		外大初下 品治部鴨雄		白丁 飛鳥戸造貞氏				
元慶七・三・一九（八八三）		従七上 穂積穀守		従八上 利波臣氏高				
寛平三・三・二九（八九一）		正六上 秦忌寸常岡						
寛平九・八・五（八九七）		正八下 飛鳥戸造春宝		无位物部連茂生 无位粟田時世				
延喜一〇・七・九（九一〇）		従八上 飛鳥戸造嘉樹 従八上 射水臣常行		従八上 利波臣春生				
延喜一〇・一〇・一五（九一〇）		従八上 射水臣常行		従八上 利波臣保影				

した時期を『交替記』に当てはめると（右表参照）、同時期の利波臣氏の一族として、虫足と真公の二人が見受けられる。虫足は、天平勝宝三年（七五一）および天平宝字元年（七五七）に外従八位下礪波郡少領であり、真公は宝亀二年（七七一）に外正八位下礪波郡大領であった。一方、志留志が伊賀守となった宝亀十年以降では、真公の次に、延暦三年（七八四）に従七位上、および同十年に正六位上擬大領であった大田が挙げられ、彼は六位・七位で内位を得ていることが分かる。

律令の規定では、郡司の大領は外従八位上、少領は外従八位下に初叙されるとされており、『交替記』に見える利波臣氏やその他の諸氏の位階を通覧すると、官職に正任と擬任の違いはあっても、そのほとんどは八位の位に留まっていることが確認できる。[62] 内位は本来中央の官人に与えられる位階であり、志留志以外にも六・七位の高位をもつ利波臣氏一族がいたことは注目される。[63]

すなわち利波臣氏は、一族から礪波郡司を輩出して在地における伝統的地位を守りながらも、一方で献物叙位によって律令的権威と官職を獲得し、自氏の支配階級としての存在基盤を強化しようとしたことが看取される。このことは、磯貝正義が論じたように、志留志の活動の基盤は利波臣氏一族の勢力にあったが、反対に志留志の活動によって利波臣氏の勢力そのものがより強化されることになったと考えられるのである。

おわりに

以上、本稿では、『系図』に関する近年の学説を振り返るとともに、その史料的価値を位置づけてきた。その上で、越中古代史に関わる史料を再検討し、利波臣志留志を中心に利波臣氏一族の存在形態を考察した。『系図』が、幕末から明治期の系図研究者の鈴木真年により作成されたことは、如上の通りである。『系図』

は、他の史料には見られない独自の内容を有しており、史料の少ない古代史研究においては貴重なものであるが、これを無批判に利用することには慎重にならなければならない。

しかしながら一方で、鈴木真年は、広い研究者ネットワークをもち膨大な資料を蓄積していった人物であり、『系図』に限っても参照した資料は、『日本書紀』などの六国史のほかに『新撰姓氏録』『先代旧事本紀』といった古代史関係のみならず、『源平盛衰記』や『尊卑分脈』の系図類など多岐におよんでいる。この点でいうならば、『系図』に記された独自の内容について、それが古代から伝わったものかどうかは措くとしても、系譜や伝承のもととなる資料が存在していた可能性は考えられる。例えば、『系図』には、先にふれた「諸石」をはじめ『交替記』には見えない利波臣氏が記されており、また、『交替記』の記載以後から鎌倉時代に至るまでの間の利波臣氏一族については、具体的な位階・官職が記載されたものもある。これらの原資料については、残念ながら現在のところ確認できていないが、鈴木真年が何らかの資料を所持していた可能性もありえる。今後、鈴木真年が当時蒐集した資料が見つかることを期待したい。

【注】

（1）佐伯有清『古代氏族の系図』（学生社、一九七五年）、田中卓『田中卓著作集2　日本国家の成立と諸氏族』（国書刊行会、一九八六年）。

（2）太田亮『家系系図の合理的研究法』（立命館大学出版部、一九三〇年）、同『姓氏と家系』（創元社、一九四一年）。

（3）近年、系譜構造の体系的・類型的把握や系図の様式、表記形態、また、同祖・同族関係というさまざまな視点から分析がなされており、系図・系譜研究は大きく進展している。溝口睦子『日本古代氏族系譜の成立』(学習院、一九八二年)、同『古代氏族の系譜』(吉川弘文館、一九八七年)、義江明子『日本古代系譜様式論』(吉川弘文館、二〇〇〇年)、鈴木正信『日本古代氏族系譜の基礎的研究』(東京堂出版、二〇一二年)など。

(4)現在の富山県小矢部市・砺波市・南砺市および高岡市の一部の範囲にあたる。

(5)久保尚文「越中石黒氏について」(『勝興寺と越中一向一揆』桂書房、一九八三年)、石黒秀雄『越中石黒系図』(利波臣系、故石黒定治蔵)の真偽を論ず」(『石黒氏の歴史の研究』私家版、一九九三年)。

(6)佐伯有清「利波臣氏の系図」(注〔1〕前掲書所収)。以下、佐伯の論は本書に拠る。

(7)宝賀寿男「鈴木眞年について」(『古代氏族系譜集成』上巻、古代氏族研究会、一九八六年)、同「高志之利波臣の起源」(『越と出雲の夜明け―日本海沿岸地域の創世史―』法令出版、二〇〇九年)。

(8)当時の福光町史編纂委員会が臨写・翻刻したものである。武田吉三郎「原始・古代の福光地方」(福光町史編纂委員会編『福光町史』上巻、福光町、一九七一年)。

(9)東條野人(木倉豊信)「礪波郡の豪族利波氏と石黒氏―越中史小論―」(『高志人』四―一一、高志人社、一九三九年)。

(10)橋本芳雄「越中の古代豪族」(富山県編『富山県史　通史編Ⅰ　原始・古代』富山県、一九七六年)。

(11)ただし『系図』はあくまで中世の石黒氏の系図であり、本来は中世史の研究においてその史料的価値を考察すべきである。中世部分の系譜については、『源平盛衰記』の記述が参照され、さらに、石黒氏の系譜と『尊卑分脈』所載の林系斎藤氏の系図を接合したことが確かめられている。浅香年木「北陸道の在地領主層」(『治承・寿永の内乱論序説　北陸の古代と中世2』法政大学出版局、一九八一年)、木本秀樹「『越中石黒系図』成立に関する試論」(『越中古代社会の研究』高志書院、二〇〇二年、初出一九八九年)。

(12) 豊久の父の諸継の傍書に、康平五年(一〇六二)の前九年の役に源頼義に従って奥州征討に参加し、功績をあげたことが記されている。

(13) 豊久の子の光久から石黒氏としての系譜が始まる。光久について「石黒権大夫、貞光猶子改藤原氏」と傍書されており、光久が「石黒権大夫」を名乗り、林系斎藤氏の祖である林貞光の猶子となって「藤原氏」に改めたと記されている。

(14)『古事記』孝霊天皇段には、「次日子刺肩別命者〈高志之利波臣・豊国之国前臣・五百原君・角鹿海直之祖也〉。」(〈 〉内は細字双行)とあり、利波臣氏は孝霊天皇の皇子日子刺肩別命を祖とすると記されている。

(15) なお「利波」の名称は、飛鳥京跡苑池遺構から出土した木簡に、「利浪評」という名が見えることから、七世紀後半にまで遡る。奈良文化財研究所編『評制下荷札木簡集成』(東京大学出版会、二〇〇六年)。

(16) 橋本、注(10)前掲論文。

(17)『交替記』の書誌については、以下の論文を参照のこと。佐藤信「越中国官倉納穀交替記残巻」(『古代の遺跡と文字資料』名著刊行会、一九九九年、初出一九九六年)、木本秀樹「「越中国官倉納穀交替記残巻」をめぐる二・三の問題」(注〔11〕前掲書所収、初出一九八四年)。

(18) 米沢康「所謂『越中国官倉納穀交替記』について」(『越中古代史の研究—律令国家展開過程における地方史研究の一齣—』越飛文化研究会、一九六五年、初出一九六二年)。

(19) 磯貝正義「郡司制度の実証的研究—越中国礪波郡司を中心として—」(『郡司及び采女制度の研究』吉川弘文館、一九七八年、初出一九七五年)。以下、磯貝の説は当論文に拠る。

(20) 須原祥二「越中石黒系図と越中国官倉納穀交替記—交替記諸写本の検討を通して—」(『古代地方制度形成過程の研究』吉川弘文館、二〇一一年、初出一九九八年)。

(21) 木本、注(11)前掲論文。
(22) 飯田瑞穂「郡評論争余談」(『飯田瑞穂著作集5　日本古代史叢説』吉川弘文館、二〇〇一年、初出一九八三年)。
(23) 大川原竜一「利波氏をめぐる二つの史料―『越中石黒系図』と『越中国官倉納穀交替記』―」(『富山史壇』一六三、越中史壇会、二〇一〇年)。以下、前稿とは本論文を指す。
(24) 土佐朋子「「今井舎人」とは誰か―『懐風藻箋註』調査ノートから―」(『古代研究』四四、早稲田古代研究会、二〇一一年)、同「『懐風藻箋註』と鈴木真年―新資料『真香雑記』の「今井舎人」―」(『水門―言葉と歴史―』二五、水門の会、二〇一三年)。真年の号については、東京医科歯科大学の土佐朋子准教授から多くのご教示を賜った。記して感謝を申し上げる。
(25) 大川原、注(23)前掲論文。
(26) 鈴木防人編『鈴木真年伝』(大空社、一九九一年、初出一九四三年)。
(27) 近藤圭造は、『史籍集覧』の出版事業をはじめた漢学者・実業家の近藤瓶城(天保三年〔一八三二〕~明治三十四年〔一九〇一〕)の嗣子で、近藤活版所(のち近藤出版部)の経営を担い、三上参次や小杉榲邨らの協力を得て『改定史籍集覧』を纂訂・刊行した人物である。大久保久雄「近藤瓶城と『史籍集覧』」(日本出版学会編『出版研究』三、講談社、一九七二年)。
(28) 木倉豊信旧蔵の『交替記』写本が、現在射水市新湊博物館に所蔵されている。木本秀樹論文で、所在不明とされたものと思われる(木本、注〔11〕前掲論文)。当該写本は軸のない巻物で、奥書もなく、その来歴は不明であるが、『交替記』原本の紙継目や界線、国印の位置まで忠実に筆記されている正確な写しである。
(29) 黒川文庫の概要は、柴田光彦編『日本書誌学大系86(1)黒川文庫目録　本文編』(青裳堂書店、二〇〇〇年)および同編『日本書誌学大系86(2)黒川文庫目録　索引編』(青裳堂書店、二〇〇一年)を参照のこと。

（30）佐藤邦憲「黒川家旧蔵律令関係図書について」（『明治大学刑事博物館年報』一〇、明治大学刑事博物館委員会、一九七八年）、同「黒川家旧蔵武家法—中世・近世—関係図書について」（『明治大学刑事博物館年報』一五、明治大学刑事博物館、一九八四年）。

（31）明治大学刑事博物館委員会編『明治大学刑事博物館目録　一』（明治大学刑事博物館委員会、一九五二年）、同編『明治大学刑事博物館目録　五』（明治大学刑事博物館委員会、一九五四年）。

（32）石坂佳美・新村明子・渡辺滋「明治大学「黒川文庫」本の調査・検討—古代史料を中心として—」（『日本古代学』二、明治大学日本古代学教育・研究センター、二〇一〇年）、新村明子・石坂佳美・渡辺滋「明治大学黒川文庫「書籍目録」（服飾編）と、その調査経緯について」（明治大学図書館紀要編集委員会編『図書の譜　明治大学図書館紀要』一六、明治大学図書館、二〇一二年）。

（33）俊信は、若くして松江に出て漢学を学んだ後、京や大坂で西依成斎に師事し垂加神道や儒学の教えを受けた。二十三歳のときに伊予の鎌田五根の門に入って、垂加神道に基づいて体系化された橘家神道を修め、さらに、内山真龍や本居宣長から国学を学んでいる。その一方で、郷里の出雲に私塾を開いて、自ら教育を行っている。俊信の学問については、平田俊春「千家俊信について」（『神道学』五二、神道学会、一九六七年）、森田康之助「出雲国造家の伝統と学問」（『日本思想の構造』国書刊行会、一九八八年、初出一九七七年）、西岡和彦「出雲大社の国学受容と千家俊信」（『近世出雲大社の基礎的研究』大明堂、二〇〇二年）を参照のこと。

（34）高岡市立中央図書館編『高岡市郷土資料総合目録』（高岡地区図書館連絡会、一九七九年）。

（35）篠島先生彰徳会編『復庵遺稿』（篠島先生彰徳会、一九二七年）。

（36）『加越能郷友会雑誌』九二（加越能郷友会、一八九七年）に掲載する加越能郷友会広告欄の入会者に、その人名が見える。当該の雑誌については石川県立図書館からご教示を得た。

（37）國學院大學編『國學院大學図書館所蔵　佐佐木高行家旧蔵書目録』（汲古書院、二〇〇八年）によると、現在國學院大學には、佐佐木高行旧蔵の『改定史籍集覧』（洋装、明治三十四年〜三十六年）の「越中国官舎納穀交替記」が収蔵されているが、綿貫の書写本とは年代および題名が合致しないことから別本と考えられる。

（38）木本、注（11）前掲論文。

（39）『続日本紀』宝亀十年（七七九）二月甲午（二十三日）条「以従五位上利波臣志留志為伊賀守」

（40）米三千碩は、上田百二十町分の全収穫にあたると試算されている。米沢康「利波臣志留志をめぐる諸問題」（注〔18〕前掲書、初出一九六二年）。なお『東大寺要録』巻第二・縁起章第二「造寺材木知識記」には「利波志留志米五千斛」と記されている。

（41）「東南院文書」第三櫃第二十八巻（『大日本古文書　家わけ第十八ノ二　東大寺文書之二（東南院文書之二）』二九五〜三一二頁）。

（42）米田雄介「一地方豪族の歴史—越中国利波臣氏の場合—」（『古代国家と地方豪族』教育社、一九七九年）。

（43）下鶴隆「利波臣志留志—中央と地方の狭間」（栄原永遠男編『古代の人物3　平城京の落日』清文堂出版、二〇〇五年）。

（44）「東南院文書」第三櫃第三十巻（『大日本古文書　家わけ第十八ノ二　東大寺文書之二（東南院文書之二）』三二一〜三二五頁）。

（45）天平神護三年八月十六日に、神護景雲に改元（『続日本紀』神護景雲元年八月癸巳〔十六日〕条）。「東南院文書」第三櫃第二十九巻（『大日本古文書　家わけ第十八ノ二　東大寺文書之二（東南院文書之二）』三一三〜三二〇頁）。

（46）米沢康「利波臣氏の系図と伝承」（『北陸古代の政治と社会』法政大学出版局、一九八九年、初出一九八一年）。

(47) 久保尚文「越中国徳大寺家領雄神荘と石黒氏・遊佐氏―室町時代砺波郡守護代職との関連で―」(『砺波散村地域研究所研究紀要』二五、砺波市立砺波散村地域研究所、二〇〇八年)。
(48) 木倉豊信「東大寺墾田地を主としたる呉西平野の古代地理(上)―越中史漫叢(3)―」(『富山教育』二八〇、富山県教育会、一九三七年)。
(49) 米田、注(42)前掲論文、同「古代砺波の地方豪族―石黒氏系図との関連―」(『砺波散村地域研究所研究紀要』一、砺波市立砺波散村地域研究所、一九八四年)。なお宮城洋一郎「利波臣志留志に関する一考察」(根本誠二・サムエルC・モース編『奈良仏教と在地社会』岩田書院、二〇〇四年)も傍系説を採っている。
(50) 米沢、注(40)前掲論文。
(51) 塩沢君夫「八世紀における土豪と農民」(『古代専制国家の構造』御茶の水書房、一九五八年、初出一九五四年)、直木孝次郎「律令制の動揺」(『奈良時代史の諸問題』塙書房、一九六八年、初出一九五六年)。
(52) 藤井一二「初期荘園と地方豪族」(『初期荘園史の研究』塙書房、一九八六年、初出一九七五年)。
(53) 外五位の優遇措置については、仁藤敦史「外位制度について」(『古代王権と官僚制』臨川書店、二〇〇〇年、初出一九九〇年)を参照のこと。
(54) 野村忠夫「献物叙位をめぐる若干の問題―各政権の政策と官人構成の視角から―」(『律令政治と官人制』吉川弘文館、一九九三年、初出一九七八年)。
(55) 米田、注(42)前掲論文。
(56) 米沢、注(40)前掲論文。
(57) この任官は、同日の法王宮職の設置に関わるものと見る説もある。米沢、注(40)前掲論文。
(58) 弥永貞三・亀田隆之・新井喜久夫「越中国東大寺領庄園絵図について」(『続日本紀研究』五〇・別冊、続日本紀研究会、一九五八年）、金田章裕・田島公「越中国砺波郡東大寺領荘園図　石粟村・伊加流伎（伊加留岐村）・井山村・杵名蛭村」（金田章裕・石上英一ほか編『日本古代荘園図』東京大学出版会、一九九六年）。
(59) これは、志留志が天平十九年に外従五位下の位を授けられたことによって、位階に応じた面積の墾田を有する権利を得たものとみなされている。吉田孝「墾田永年私財法の変質」（『律令国家と古代の社会』岩波書店、一九八三年、初出一九六七年）。
(60) 藤井一二「「越中国砺波郡井山荘絵図」の史的世界」（『東大寺開田図の研究』塙書房、一九九七年、初出一九八七年）。神護景雲元年十一月十六日付の「越中国司解」（「越中国諸郡庄園惣券第三」）でも百二十町と記録されている。
(61) 磯貝、注(19)前掲論文、米沢、注(40)前掲論文、藤井、注(52)前掲論文など。
(62) 松田充子「利波臣の位階と任用」（『富山史壇』一二三、越中史壇会、一九九七年）、中条充子「奈良・平安期における郡司任用の変遷―越中国砺波郡司の任用例を中心として―」（藤井一二編『古代の地域社会と交流』岩田書院、二〇〇五年）。
(63) 米沢康「郡司利波氏の実態とその特質」（注〔18〕前掲書所収、初出一九六二年）、磯貝、注(19)前掲論文。

『円珍俗姓系図』の構造と原資料

鈴木　正信

はじめに

園城寺《おんじょうじ》（三井寺《みいでら》）所蔵『円珍俗姓系図』（以下『円珍系図』）は、第五代の天台座主・智証大師円珍（八一四〜八九一）を輩出した「讃岐国因支首《いなぎのおびと》」（のち和気《わけ》公に改姓。以下、因支首とする）と、その同祖関係にある「伊予国御村別君《みむらわけ》」（以下、伊予御村別君とする）の系図である。計七紙を貼り継いで一巻としており、横は二九・四センチメートル、縦は三二三・三センチメートルである。外題・内題はなく、『大師御系図』『和気氏系図』『和気系図』などとも呼ばれている[1]。人名の上に「子」「次」、人名の下に「之」の文字を付し、人名を系線で結ぶ竪系図の形式を留めており、籠《この》神社所蔵『海部氏系図』と並ぶ現存最古の系図とされている。

この系図に関する研究は、伴信友[2]や大倉粂馬[3]を嚆矢とする。その後、「評」を含む史料としてこの系図に注目した田中卓《たかし》氏は、改めて原本調査にもとづく翻刻を行い[4]、続いて系図の構成・作成過程・成立背景に関する本格的な研究が、佐伯有清[5]・義江明子[6]両氏によって進められた。また、松原弘宣氏[7]や加藤謙吉氏[8]は、伊予・讃岐の氏族に関する考察の中でこの系図を取り上げている。近年では、吉川敏子氏による専論がある[9]。

しかし、この系図には紙面の欠損や裏打ちの状態により、世系の接続に不確かな部分が多く、文字の判読や人名の割り付けについても検討の余地が残されていると思われる。そこで本稿では、この系図が作成された歴史的背景や、そこから看取される系譜意識を検討するための足がかりとして、これまでの研究成果を整理するとともに、いまいちど文字の判読にまで立ち戻り、特に前半部分を取り上げて基礎的な考察を行うこととしたい。

なお、『円珍系図』は国宝指定を受けており、容易に実見・調査できる環境にないため、筆者は系図の原寸大コロタイプ複製版を入手してこれを基礎とし、[10] あわせて『園城寺文書』などに掲載された写真版を参照しながら釈読と分析を行った。[11]

一 『円珍系図』の構造

『円珍系図』は複数の部分より構成されていることが、すでに先行研究で指摘されている。本稿では本系図・略系図・書入に大別し、本系図をさらにA・B・Cの三つに区分したい（図1）。以下、各部分について概観しておこう。

本系図のA部分は、第二紙から第三紙の途中までを占める。はじめに景行天皇を中央に記し、その下に景行の皇子女を上下に二段書きで、上段は大碓皇子から弟姫皇女まで、下段は五百野皇女から豊国別皇子まで、計二十四人（皇子十七人・皇女七人）を列記している。皇子女のうち第十二番目に位置する武国凝別皇子の尻付には、

伊予国御村別君、讃岐国因支首等始祖。

とあることから、武国凝別皇子の次の代からは伊予御村別君と因支首の系譜ということになる。

B部分は、第三紙の途中から始まり、第四紙の途中からは紙面の右側を占めるようになり、第六紙の途中まで続いている。いま述べたように、武国凝別皇子の子として水別命・津守王・津守別命・阿加佐乃別命・□日女命・百日女命の六人を記し、以降は水別命の系統（B1系統）と阿加佐乃別命の系統（B2系統）に分かれる。

B1系統は、水別命から□尼牟□乃別君の代まで続く。三津別命から尓閇古□までは系線で結ばれていないが、おそらく欠損によるものであり、本来は系線が存在したと思われる。一方、B2系統は阿加佐乃別命に始

まり、次の阿佐乃別命から忍乃別君までは二行書き（系線なし）で記されている。忍乃別君の子が真浄別君であると見られ（後述）、その子である忍尾別君の下に挿入記号があり、そこから系線を右方向へ鍵型に延ばして、

此人、従二伊予国一到二来此土一、娶二因支首長女一生。

と記し、再び系線を戻して□思波・与呂豆へとつなげ、この二人の左傍には、

此二人、随レ母負二因支首姓一。

と記している。これら二つの注記には、忍尾別君が伊予から讃岐にやってきて、この地に本拠を構えていた因支首の女性と婚姻し、二人の間に生まれた□思波・与呂豆は、母姓にしたがって因支首を名乗ったという経緯が示されている。よって、水別命の世代からB1系統の末尾の□尼牟□乃別君の代までと、B2系統の阿加佐乃別命から真浄別君までが伊予御村別君の系譜（B部分）であり、忍尾別君以下が因支首の系譜（C部分）と

図1『円珍系図』模式図

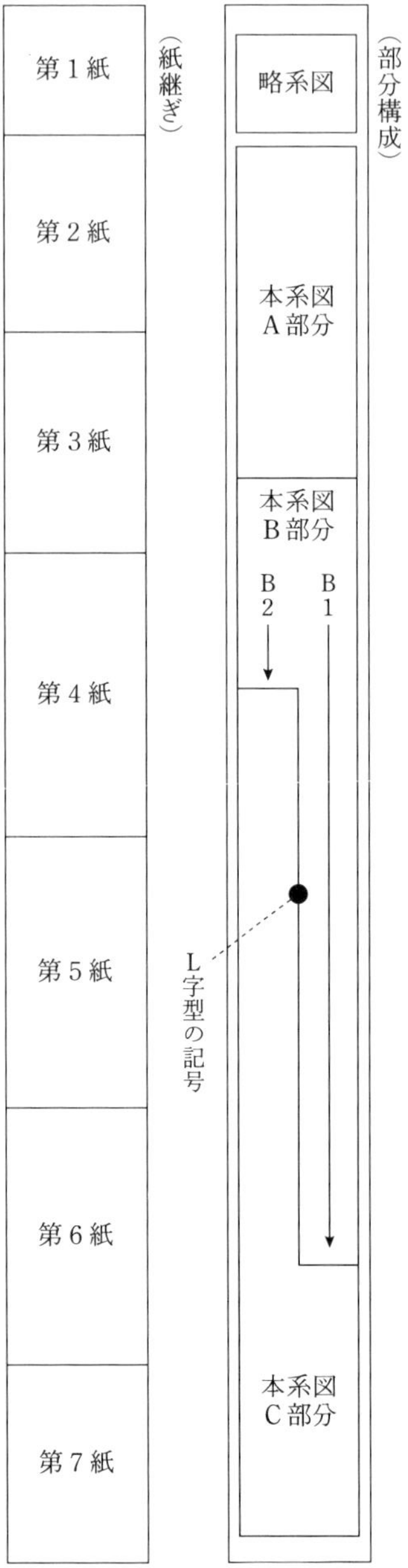

いうことになる。厳密に言うならば、忍尾別君は伊予御村別君の人物であるが、因支首の祖でもあるのでC部分に含めておく。

次にC部分は、第四紙の途中から始まり、はじめは紙面の左側を占め、第六紙の途中から右側にも広がり、第七紙の末尾（系図全体の下端）まで続く。前述のとおり因支首の祖とされる忍尾別君に始まり、因支首にとってもう一人の重要人物である身（「小乙上身」）を経て、紙面下端の円珍（「得度也僧円珍」）に至っている。

なお、第五紙の中央やや右寄りには、L字型の記号がある。この記号が付された場所は、B部分の上下方向（水別命の世代～B1系統の□尼牟□乃別君の世代）のおよそ中間地点である。また、武国凝別皇子から下に延びた縦線が左方向にクランク状に折れ、水別命の世代の上に引かれた横線と合流する地点の真下に当たる（後掲図2・3）。しかも、B1系統で最も左に張り出しているのは、□古乃別君の世代の柱古乃別君であるが、この柱古乃別君の左側はL字型の記号の延長線上に位置する。つまり、B1系統はこの記号よりも左側にはみ出していない。これらのことから、この記号はB・C部分を記載する際、その境目を示すアタリとしての機能を果たしたと推測される。

以上が『円珍系図』の本系図であるが、これとは別に略系図が付されている。この略系図は第一紙に記され、本系図の上に置かれている。身を頂点に記し、そこから階段状に左右に分岐して、右側の系統は弘道・高主まで、左側の系統は広雄（円珍）・福雄までを記しており、本系図C部分後半の内容を抜粋・簡略化したものである。本文とは異筆であり、円珍の自筆と見られている。[12] 円珍直筆とされる年未詳「円珍書状」（東京国立博物館所蔵）や、貞観五年（八六三）十一月十三日「円珍請伝法公験奏状案」（園城寺所蔵）などと比較しても、円珍の筆跡と見て差し支えない。この略系図は、後から本系図に貼り継がれたとする見方もあるが、[13] 複製や写真で見るかぎり、第一紙と第二紙以降の紙質は同じであることから、第一紙は当初より本系図の上に余白として付されており、その余白部分に後から略系図が書き込まれたと考えられる。

このほかに『円珍系図』には、以下の計十箇所に書入が見受けられる。

ア　第一紙上端に「□廿一世□世□／世□四世□」とある。(14) 左に約九〇度傾斜して記されている。

イ　第一紙、略系図冒頭の身の左傍に「八男」とある。

ウ　第二紙上端、略系図と本系図の間に「□系図~~本巻~~承和初従　家□／□於円珍所□」とある。左に約九〇度傾斜して記されている。

エ　第二紙下端、A部分の二段書き箇所の上に「神櫛皇子為第十郎与讃／岐朝臣解文合也」とある。(15) 左に約九〇度傾斜して記されている。

オ　第三紙、A部分の二段書き箇所の皇子の上に「一」から「十七」までの番号を付す。

カ　第三紙、A部分の武国凝別命の尻付「讃岐国因支首等始祖」から線を引き、「貞観八年、改為㆓和気公㆒」と記す。左に約九〇度傾斜して記されている。

キ　第三紙、B部分のB2系統の和尓乃別命の左傍に「一」、二行書き箇所の阿佐乃別命の左傍に「二」、弟子乃別命を飛ばして麻呂子乃別命に「三」、波奈陋乃別公の右傍に「四」、加尼古乃別君の右傍に「五」、忍乃別君の右傍に「六」とある。「四」「五」「六」は左に約四五度傾斜して記されている。

ク　第三紙、B部分の二行書き箇所の左傍に「□系図」とある。左に約四五度傾斜して記されている。

ケ　第六紙、C部分の国成・国益に至る系線から線を引き、両者の右傍に「依㆓貞観八年十一月四日省符㆒

国益・道丸・臣足等、改為㆓和気公㆒」と記す。

コ　第三紙、A部分の裏に「伊予別公系図、武国王子為㆓第七㆒。／此系図□／以㆓神櫛王子㆒為㆓第九㆒。／天皇系図、以㆓神櫛㆒為㆓第九㆒。／以㆓武国凝別㆒為㆓第十一㆒。□／日本紀、以㆓神櫛㆒為㆓第十一㆒、以㆓武国／凝王子㆒為㆓第十二㆒」とある。

このうちア・ウ・エ・カは左に約九〇度、キ・クは左に約四五度、それぞれ傾斜して記されている。イ～コは筆跡・墨色が同じであり、筆跡から円珍自筆と考えられる。アは墨色が異なるが、傾斜がウ・エ・カと共通することから、これも円珍による追記と思われる。墨色からすると、略系図と同時に記されたようである。

二　景行天皇の皇子女と『日本書紀』

以上を踏まえて、本稿ではA・B部分の検討を行いたい。以下の考察結果を先取りする形となるが、筆者の見解を踏まえたA部分の翻刻を示しておこう（図2）。系線の接続は、アラビア数字を用いて示した。たとえば「A部分Ⅰ」末尾の「1」は、「A部分Ⅱ」冒頭の「1」に接続する。

さて、A部分の人名の大半は『日本書紀』の記述と合致することが、佐伯・義江両氏によって指摘されている。関連する記事を挙げておく。各記事で『円珍系図』にも見える人名には傍線を施した。

史料1『日本書紀』景行即位前紀

大足彦忍代別天皇、活目入彦五十狭茅天皇第三子也。母皇后曰日葉洲媛命。丹波道主王之女也。

史料2『日本書紀』景行二年二月戊辰条

図2『円珍系図』A部分

（A部分Ⅰ）

纒向日代宮御宇景行天皇　大足彦忍代別尊　皇子合廿四柱　男十七　女七 —— 1

（A部分Ⅱ）

1

「一」子大碓皇子　身毛津君　守君等始祖

「二」次小碓皇子　亦名倭武童男　亦曰倭尊

已上二皇　母播磨稲日大郎媛　一云稲目稚郎媛

「三」次稚足彦尊

「四」次五百城入彦皇子

「五」次忍之別皇子

「六」次稚倭根子皇子

「七」次大酢別皇子

次渟慰斗皇女

次渟名城皇女

次五百城入姫皇女

次麛依姫皇女

次五十狭城入彦皇子

「八」次吉備兄彦皇子

「九」次高城入姫皇女

次弟姫皇女

已上十三皇母八坂入彦皇子女八坂入媛

「十」次五百野皇女　母三尾氏磐城別之妹水歯郎媛

「十一」次神櫛皇子　讃岐公等祖　本姓凡直

次稲背彦皇子　播磨別之始祖

已上二皇母五十河媛

伊予国御村別君

「十二」次武国凝別皇子 —— 2（B部分に続く）

讃岐国因支首等始祖

母阿倍氏木事之女高田媛

「十三」次日襲津彦皇子　阿牟君之始祖

母日向髪長大田根媛

「十四」次国乳別皇子　水沼別之始祖

「十五」次国背別皇子　亦名宮道別皇子

「十六」次豊戸別皇子　火国別之始祖

已上三皇母襲武媛

「十七」次豊国別皇子　母御刀媛彌波迦志媛

日向国造之始祖

立播磨稲日大郎姫〈一云、稲日稚郎姫。郎姫、此云異羅菟咩。〉為皇后。后生二男。第一曰、大碓皇子。第二曰、小碓尊。（略）是小碓尊、亦名日本童男。〈童男。此云烏具奈。〉亦曰日本武尊。（略）

史料3『日本書紀』景行四年二月甲子条

天皇幸美濃。左右奏言之、茲国有佳人。曰弟媛。容姿端正。八坂入彦皇子之女也。（略）時弟媛欲見其鯉魚遊、而密来臨池。天皇則留而通之。爰弟媛以為、（略）則請天皇曰、妾性不欲交接之道。（略）唯有妾姉。名曰八坂入媛。容姿麗美。志亦貞潔。宜納後宮。天皇聴之。仍喚八坂入媛為妃。生七男六女。第一曰稚足彦天皇。第二曰五百城入彦皇子。第三曰忍之別皇子。第四曰稚倭根子皇子。第五曰大酢別皇子。第六曰渟熨斗皇女。第七曰渟名城皇女。第八曰五百城入姫皇女。第九曰麛依姫皇女。第十曰五十狭城入彦皇子。第十一曰吉備兄彦皇子。第十二曰高城入姫皇女。第十三曰弟姫皇女。又妃三尾氏磐城別之妹水歯郎媛、生五百野皇女。次妃五十河媛、生神櫛皇子・稲背入彦皇子。其兄神櫛皇子、是讃岐国造之始祖也。弟稲背入彦皇子、是播磨別之始祖也。次妃阿倍氏木事之女高田媛、生武国凝別皇子。是伊予国御村別之始祖也。次妃日向髪長大田根、生日向襲津彦皇子。是阿牟君之始祖也。次妃襲武媛、生国乳別皇子与国背別皇子〈一云。宮道別皇子。〉・豊戸別皇子。其兄国乳別皇子、是水沼別之始祖也。弟豊戸別皇子、是火国別之始祖也。

（略）

史料4『日本書紀』景行十三年五月条

悉平襲国。（略）於是、其国有佳人。曰御刀媛。〈御刀。此云彌波迦志。〉則召為妃。生豊国別皇子。是日向国造之始祖也。

史料5『日本書紀』景行四十年七月戊戌条

天皇詔群卿曰、今東国不安、暴神多起。亦蝦夷悉叛、屢略人民。遣誰人以平其乱。郡臣皆不知誰遣也。日本武尊奏言、臣則先労西征。是役必大碓皇子之事矣。時大碓皇子愕然之、逃隠草中。則遣使者召来。爰天皇責曰、汝不欲矣豈強遣耶。何未対賊、以予懼甚焉。因此遂封美濃、仍如封地。是身毛津君・守君凡二族之始祖也。

このことからも分かるように、『円珍系図』のA部分に記された人名とその表記は、ほとんどが『日本書紀』と一致していることが確認できる。よって、現状の『円珍系図』では欠損している箇所も、『日本書紀』によって文字を推測することが可能である。

一段目の右端の人名は「子大碓皇子」と推測される。その尻付を伴信友は「身毛津君始祖」としたが、この箇所は双行であり、複製によれば「始祖」の上には「等」が視認できる。一方、佐伯氏は「□〔守君大田カ〕君／□〔島田君カ〕等之始祖」とした。これは『古事記』景行段に、

大碓命、〈守君・大田君・嶋田君之祖。〉

とあることによったものであるが、欠損する文字数からして再考を要する。この箇所は史料5により「身毛津君／守君等始祖」と復元するのが適切である。

一段目左端について、佐伯・義江両氏は「次高城入姫皇女／次□国皇女／□坂入彦□／□皇女／次□」とし、田中氏は「次高城入姫皇女／次豊国別皇子／□彦□／□皇女／次□」と推定した。しかし、この箇所には裏打ちの際に錯簡やズレが生じていることが、近年、吉川氏によって指摘されている。詳しくは後述するが、本稿では吉川氏の復元にしたがい、「次高城入姫皇女／次弟姫皇女／已上十三

皇母八坂入彦皇子女八／坂入媛」としておく。

二段目右端は、史料3から「五百野皇女」に作るものが多いが、伴信友が「次五百野皇女」としているように、他の人名にあわせて「次」を補うべきである。この箇所は欠損していることから、正確には「次五百野皇女」となる。

二段目左端は、史料4をもとに「次豊国別皇子／母御刀媛□加志□／日向国造之始祖」などと翻刻されてきた。このうち「□加志□」の部分について、田中氏は『古事記』景行段に「日向之美波迦斯毘売」とあることから「ミハ加志毗《ママ》売」と推定したが（「ミハ」は用字不明とする）、ここは『日本書紀』の用字にならって「彌波迦志媛」とするのがよい。現状では「加」と「志」の間に墨痕は見られないが、複製によれば「加」の紙片は左と下が欠損しており、「志」にそのまま接続していないことから、本来の字形は「加」ではなく「迦」であった可能性がある。

ほかにも二段目では、「母三尾氏磐城別之妹水歯郎媛」、「播磨別之始祖」、「次武国凝別皇子」、「伊予国御村別君」、「母阿倍氏木事之女高田媛」、「阿牟君之始祖」、「亦名宮道別皇子」などの文字が、史料3により復元される。さらに、二段目の豊戸別皇子の左に「已上三皇」とあることから、一段目の小碓皇子の左は「已上二皇」、二段目の稲背彦皇子の左は「已上二皇」と類推することができる。

このように『円珍系図』A部分と『日本書紀』の人名はほぼ一致しているが、細かく見れば二つの史料の間で表記が相違する箇所もある。それは以下の①～⑩である（相違する文字には傍線を付した）。

①史料1には「大足彦忍代別天皇」とあるが、『円珍系図』には「大足彦忍代別尊」とある。

②史料2には「小碓尊」とあるが、『円珍系図』には「小碓皇子」とある。
③史料2に「日本童男」「日本武尊」、史料5に「日本武尊」とあるが、『円珍系図』には「倭武童男」「倭尊」とある。
④史料2には「播磨稲日大郎姫」「稲日稚郎姫」とあるが、『円珍系図』には「播磨稲日大郎媛」「稲目稚郎媛」とある。
⑤史料2には「稲日稚郎姫」とあるが、『円珍系図』には「稲目稚郎媛」とある。
⑥史料3には「稚足彦天皇」とあるが、『円珍系図』には「稚足彦尊」とある。
⑦史料3では神櫛皇子を「讃岐国造之始祖」とするが、『円珍系図』には「讃岐公等祖、本姓凡直」とある。
⑧史料3には「稲背入彦皇子」とあるが、『円珍系図』には「稲背彦皇子」とある。
⑨史料3では武国凝別皇子を「伊予国御村別之始祖」とするが、『円珍系図』には「伊予国御村別君／讃岐国因支首等始祖」とある。
⑩史料③には「日向襲津彦皇子」とあるが、『円珍系図』には「日襲津彦皇子」とある。

このうち⑤の「日」と「目」、⑧の「入」、⑩の「向」は、単純な誤字・脱字と思われる。⑨は『円珍系図』が「讃岐国因支首」と「伊予国御村別君」の系譜を記したものであることを示すために、加筆された箇所である。「伊予国御村別君」の「君」は、B部分の人名に多く見られる「別君」にあわせて加えられたのであろう。⑦は讃岐国造を輩出した讃岐公（もと紗抜大押直・凡直、のち讃岐朝臣・和気朝臣に改姓）に関する記載である。

讃岐公については、因支首や円珍の系譜意識の問題とあわせて、別の機会に述べることとしたい。

次に、②「尊」と「皇子」、③「日本」と「倭」、④「姫」と「媛」は、これらが全てヤマトタケルに関わる異同であること、B部分冒頭の左傍に「都夫良媛」とあること、B1系統の□尼古乃別命にも「加都媛」「□留和之古乃媛」とあることなどから、義江氏は「倭武尊―十城別命を始祖とする伊予別君とそこからの別れである因支首が本来的に有していた所伝によって、『書記』の表記に変更を加えた」と述べている。しかし、その場合であれば、「播磨稲日大郎姫」「稲日稚郎姫」だけが「播磨稲日大郎媛」「稲目稚郎媛」に変更され、ほかの皇女の「姫」がそのままにされた理由が判然としない。また、B部分冒頭の百日女命には「日女」とある。その姉も三文字目にわずかではあるが「日」の残画が確認でき、田中氏は「□日女命」と読んでいる。伊予別君らの所伝によってA部分の「姫」が変更されたならば、これらの「日女」が残されたことに対しても同様の疑問が残る。

むしろこれは『日本書紀』を参照して『円珍系図』を記す際、『日本書紀』史料1~5の間で用字を調整したのではなかろうか。④は、史料2には「播磨稲日大郎姫」とあるが、史料3・4では景行天皇の皇女は「姫」、景行天皇の妃（皇子女の母）は「媛」としていることから、この用字にあわせて「播磨稲日大郎姫」を「播磨稲日大郎媛」に書き換えて、『円珍系図』に記したものと推察される。③は、史料3に「倭」とあるのにあわせて、史料2・5の「日本」を「倭」に修正したと考えられる。①・②・⑥についても、『円珍系図』では即位した「大足彦忍代別尊」（景行天皇）と「稚足彦尊」（成務天皇）だけに「尊」を用い、それ以外は「皇子」としていることから、これにあわせて史料2の「小碓尊」を「小碓皇子」に書き換えたのであろう。なお、③の「倭尊」は、右隣に「倭武童男」とあり「武」が抹消されていることから、田中氏が推定したように「武」

が前行に竄入して「倭尊」になったものであり、上記の「尊」の用例とは性質が異なる。

以上のことから、『円珍系図』と『日本書紀』における表記の相違は、伊予別君らの所伝にもとづいて『日本書紀』の用字が変更されたのではなく、『日本書紀』の中で用字の統一をはかったために生じたと理解できる。

そして、この点を踏まえた上で、先行研究では特に言及されていないが、A部分の続柄表記に注意しておきたい。すなわち、A部分の冒頭に置かれた景行天皇の下には「之」が付されておらず、A部分とB部分をつなぐ位置にある武国凝別皇子の下にも、「之」は付されていない。ちなみに、両者には双行で尻付が記されており、このために「之」が省略されたようにも思われるが、B1系統の佐久□□別命は双行の尻付の上に「之」を付している。よって、「之」を欠いているのは、双行の尻付があるためではない。このように人名の下に「之」が付されていないのは、欠損している箇所を除けば、『円珍系図』の中では例外的である。このことは、A部分がB部分とは別個に作成され、後次的にB部分へ接合されたことを示している。A部分は、伊予御村別君と因支首が景行天皇—武国凝別皇子の流れを引く氏族であること、言い換えるならば武国凝別皇子を介した同祖関係にあることを示すために、後から架上されたと考えることができる。

三　伊予御村別君と伊予別君

次に、B部分の検討を行いたい。先と同様、以下での考察を踏まえた翻刻を先に示しておこう（図3）。先行研究では、このB部分は伊予別君の系譜と伊予御村別君の系譜に分かれると理解されてきた。その根拠は次の三点である。

図3 『円珍系図』B部分

（B部分Ⅰ）

2

子水別命 三津別命 又名□□之――子佐久□□別命之 又名十城別命 □□尼古乃別命 母阿倍角□臣女加都媛 又名□□別君之――3

□留和之古乃媛

津守王 又名大笠別 又名小笠

次津守別命

次阿加佐乃別命――4

次□日女命

次百日女命

右六人母高志道君祖伊知利生女都夫良媛

（B部分Ⅱ）

3―子神子別命

次黒彦別命之――子尓閉古□

子倭子乃別君之――子祢須古乃別君之――5

次評造小山上宮手古別君之――6

次忍熊乃別君

次加祢古乃別君之――7

（B部分Ⅲ）

4―和尓乃別命 「一」

子波奈晒乃別君之子加尼古乃別君之子忍乃別君 「四」「五」「六」

子阿佐乃別命之子弟子乃別命之子麻呂子乃別命之 「二」「三」

「□末図」

又名忍尾

真浄別君

子忍尾別君之――（C部分に続く）

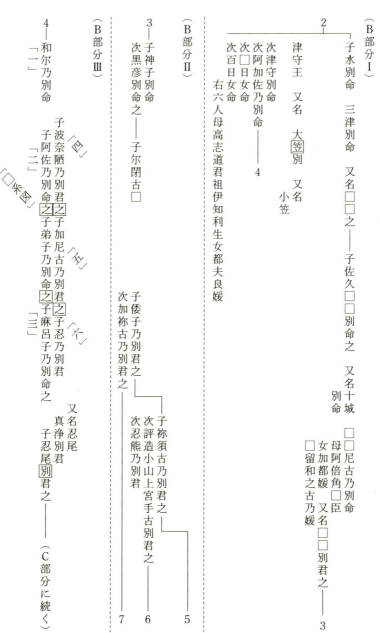

（B部分Ⅳ）

5
子波麻古乃別君　又名法師古君
次阿麻古乃別君
次富祢古乃別君
次嶋津古乃別君之
　子津嶋子君
　次伊波支志支君
　次友足子君
　次法師子君

6
子評督[大]建大別君之
　子建国別君
　次郡大領追正大下足国乃別君
次小別君
次加波夜須古乃別君
次大古乃別君
次阿米乃別君
次年乃別君
次小年乃別君

7
子猿子乃別君之——8

（B部分Ⅴ）

8
子□古乃別君之
　子伊□[多]乃別君
次評造小乙下意伊古乃別君之
　子大山上川内乃別君之
　　子□尼牟□乃別君
　　次媛古乃別君
　　次志止祢古乃別君
　　次阿比古乃別君
　　次奈太古乃別君
　　次犬古乃別君
　　次金弓古別君
　次若子万別君
　次麻□別君
次身古乃別君
次赤羽古乃別君
次竜古乃別君
次鳥古乃別君
次阿由古乃別君
次柱古乃別君

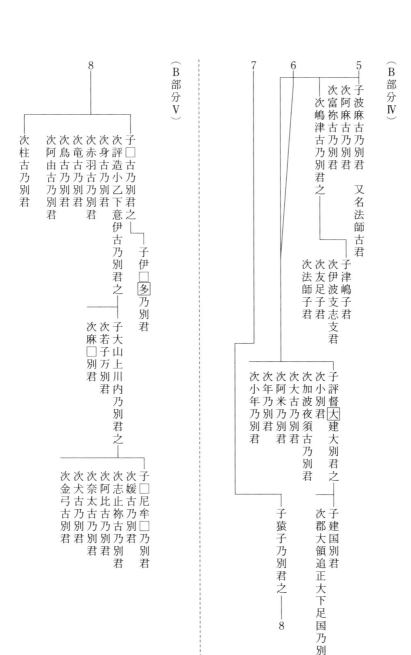

i　B部分の人名には「○○別」と「○○乃別」の二種類の記載方法がある。冒頭の水別命と津守別命、およびB1系統の水別命から十城別命までが「○○別」となっている。B1系統では、倭子乃別君・加祢古乃別君以降は「○○乃別」に統一されている。B2系統は、阿加佐乃別命から「○○乃別」になっており、水別命の兄弟の中に阿加佐乃別命が「強引に割り込んだ形」になっている。

ii　B1系統の□尼古乃別の下には「□別君之」とあるが、これは「此れ別君の祖」という文の断片であり、ここからが一つの系譜の始まりであることを意味している。

iii　佐久□□別命の下に「又名十城別命」とあるが、十城別命（王）は伊予別君の始祖であることから、この部分以下は伊予別君の系譜と考えられる。つまり、佐久□□別命の「又名」を十城別命とすることで、伊予別君の系譜が接合されている。

これらの点から義江氏は、「○○別」は伊予御村別君の系譜、「○○乃別」は伊予別君の系譜であり、B部分はこの二つの氏族の系譜に分かれると述べている。ただし、このB部分は別の理解も可能であると思われる。

i〜iiiを再検討してみよう。

まず、iについては、細かく見ると「○○別」と「○○乃別」の表記は入り組んでおり、ある箇所を境として明確に区分できるわけではない。すなわちB1系統の水別命・三津別命(16)・佐久□□別命と、その又名である十城別命までは「○○別」であるが、次の□尼古乃別命は「○○乃別」となっており、次の神子別命・黒彦別命は再び「○○別」となり（次の尓閇古□は欠損のため不明）、その次の倭子乃別君・加祢古乃別君から「○○

乃別」に戻り、それ以降は「○○乃別」が続く。つまり、B1系統は「○○別」→「○○乃別」→「○○別」→「○○乃別」となっており、途中で「○○乃別」と「○○別」が逆転している。この箇所について義江氏は、「この部分を最初の□尼古乃別命の下で断ち切って、以下を省略し、「御村別系図」との第二次の接合がなされた。それ故にこの部分の冒頭には、「御村別系図」のどこかに位置していたのであろう（「乃」を含まない）「神子別命・黒彦別命」の名がすえられたのである。これ以降は○○乃別君（→公）の系図であり「此別君之□」の文言はそれをさしていったものであろう」と述べているが、この説明では、なぜ□尼古乃命の下に神子別命・黒彦別命を入れる必要があるのかが判然としない。

また、同じくB1系統の倭子乃別君・加祢古乃別君以降にも、「○○別」と「○○乃別」が混在している。倭子乃別君の子の宮手古別君、その子の大別君・小別君、大別君の子の建国別君、加祢古乃別君より三世代降った麻□別君、その次世代の金弓古別君、これら六人は「○○別」であるが、それ以外は「○○乃別」である。義江氏は、宮手古別君は名前に「評造小山上」を、大別君は「評督大建」を、それぞれ冠していることから、宮手古別君・大別君・小別君・建国別君らは、倭子乃別君の系統が加祢古乃別君の系統に対抗して、自分たちの系統でも「古くから評造・評督を輩出していたことを主張する意図を持って、後次的に書き加えられた」とし、麻□別君・金弓古別君も同じ段階に付加されたとする。特に麻□別君・金弓古別君は、それぞれの兄弟の末尾に置かれており、追記が可能であるとする。しかし、その場合には、評造や評督ではない小別君・建国別君を追記する必要はない。大別君・小別君の弟である加波夜須古乃別君以下の五人や、建国別君の弟の足国乃別君が、宮手古別君・大別君・小別君・建国別君らが追記される以前、どのような世系でつながれていたのかも不明である。

次に、iiについては「□別君之」の文言をどのように解釈するかが問題となる。佐伯・田中・義江各氏は「此別君之」と読み、別君の祖を示す文言の断片とした。一方、吉川氏は「乃別君之」とし、この四文字は裏打ちの際に誤ってこの場所に貼り付けられたものであり、本来は尓閇古□の下にあり、「尓閇古□乃別君之」という人名であったと推測するが、まずは現在の位置で意味を取るべきであろう。

そこで注目したいのは、「□別君之」の上にある「又名」である。従来はこれを□尼古乃別命の母親を示す記載の一部として、「母阿倍角□臣／女加都媛、又名／□留和之古乃媛」と読み、□留和之古乃媛を加都媛の「又名」と理解してきた。しかし、複製によれば「又名」と「母阿倍角□臣／女加都媛／□留和之古乃媛」は文字の太さが若干異なっており、むしろ「又名」と「□別君之」は同じ太さのように見える。また、「□別君之」は「□」の箇所に亀裂が入っていることから、ここには一文字ではなく複数の文字があり、本来は「又名」とつながって「又名□□別君之」とあった可能性がある。さらに、□尼古乃別命の下には「之」がないのに対し、「又名□□別君之」の下には「之」がある。したがって、「□□別君之」は□尼古乃別命の「又名」であり、本来は「□尼古乃別命／又名□□別君之」とあり、次の「子神子別命」へ続いていたと考えられる(17)。このように「□別君之」を別君の祖ではなく、□尼古乃別命の又名と理解するならば、この位置から「別君」の系譜が始まるとの想定は成立しなくなる。

iiiについては、たしかに『日本書紀』景行五十一年八月壬子条に、

初日本武尊（略）又妃吉備武彦之女吉備穴戸武媛、生三武卯王与二十城別王一。（略）弟十城別王、是伊予別君之始祖也。

とあり、十城別王は伊予別君の祖とされている。しかし、佐久□□別命の「又名」を十城別命とすることで、

伊予別君の系譜が接合されたのであれば、十城別命以降は「○○乃別」になっていなければならないが、現状では前述のとおり「○○別」が散見されるのであり、必ずしも「○○乃別」に統一されてはいない。また、「○○乃別」が伊予別君の系譜であり、十城別命以降が伊予別君の系譜であるならば、その冒頭に位置する「十城別命」はなぜ「十城乃別命」と記されなかったのであろうか。この点も不審である。

以上i〜iiiの検証結果からすれば、B部分は伊予御村別君の系譜（「○○乃別」）を、単純に切り貼りしたものとは考えがたい。「○○別」と「○○乃別」の表記の相違は、B部分が複数の原史料によって作成されたか、あるいはB部分（の原史料）が段階的に作成されたことを示している可能性はあるが、少なくとも「○○別」が伊予御村別君の系譜、「○○乃別」が伊予別君の系譜というように、明確に切り分けることはできないと思われる。

そこで、伊予御村別君と伊予別君の関係を改めて検討してみよう。伊予別君（公）[18]は、『日本書紀』景行五十一年八月壬子条（前掲）に十城別王の後裔として見えるほかに、貞観九年（八六七）二月十六日「讃岐国司解[19]」に、

讃岐国司解　申言上改姓人事

合陸烟　並為二和気公一。

（略）

右、被二民部省去貞観八年十一月四日符一称、太政官去十月廿七日符称、得二彼国解一称、管那珂・多度郡司解状称、秋主等解状称、謹案二太政官去大同二年三月廿三日符一称、右大臣宣。奉レ勅、諸氏雑姓概多二錯謬一。或宗異姓同、本源難レ弁、或嫌レ賤仮レ貴、枝派無レ別。此而不レ正、豈称二実録一。撰定之後何更刊改。

宜下検二故記一、請二改姓一輩、限二今年内一任令上二申畢一者、諸国承知、依レ宣行レ之者、国依二符旨一、下二知諸郡一。爰祖父国益・道麻呂等、検二拠実録一進二本系帳一、幷請二改姓状一。復案二旧跡一、依二太政官延暦十八年十二月廿九日符旨一、共二伊予別公等、具注下為二同宗一之由上、即十九年七月十日進上之矣。而報符未レ下、祖耶已没。秋主等幸荷二継絶之恩勅一、久悲二素情之未一レ允。加以因支両字、義理無レ憑、別公本姓亦渉二忌諱一。当今　聖明照臨、昆虫霑レ恩。望請、幸被二言上一、忍尾五世孫少初位上身之苗裔在二此部一者、皆拠二元祖所レ封郡名一、賜二和気公姓一、将貽二栄于後代一者。郡司引二検旧記一、所レ申有レ道。仍請二国裁一者、国司覆審、所レ陳不レ虚、謹請二官裁一者、右大臣宣。奉レ勅、依レ請者、省宜二承知、依レ宣行一者、国宜二承知、依レ件行一之者、具録下于預二改姓一之人等夾名上、言上如レ件。謹解。（略）

とあり、延暦十九年（八〇〇）七月十日、因支首が伊予別君と「同宗」であることを記して本系帳を提出したことが知られる。一方、伊予御村別君は『日本書紀』景行四年二月甲子条（史料3）に武国凝別皇子の後裔とあり、『円珍系図』A部分でも武国凝別皇子を伊予国御村別君の祖としている。このように『日本書紀』では、伊予別君と伊予御村別君は別の氏族とされている。伊予御村別君は因支首と祖（武国凝別皇子）を共有するのに対し、伊予別君は十城別命を祖としており、因支首とは祖を異にする。にもかかわらず「讃岐国司解」では、因支首は伊予別君は「同宗」であるとしている。この関係をどう整合的に解釈するかが問題である。

　この点について佐伯氏は、佐久□□別命の又名を十城別命とするのは「古い所伝」であったか、もしくは別人であったものを後から同一人物としたものであり、「もともと伊予別君氏と伊予御村別君氏とは同じ氏族であって十城別王を始祖として伝えていたのが、後世に十城別王を日本武尊の子とする系譜と、武国凝別皇子の孫とする系譜のように二つの異伝が生じた」とする。

また、義江氏は『日本書紀』の中でも伊予御村別君（武国凝別皇子）の系譜は景行天皇の皇子女を記した箇所、伊予別君（十城別王）の系譜は日本武尊の伝承に見えており、二つの系譜は「異質」であること、および「当時の用語例」では始祖が異なる氏族を「同宗」（「讃岐国司解」）と称するとは考えがたいことから、「両者は同じ氏族というよりもごく近い同族関係にある氏」であり、「同宗」を称して本系帳を提出した延暦十九年頃までに「伊予別君と御村別の二つの系譜伝承は統合され、武国凝別皇子を始祖とする「伊予別君（公）」が成立していた」とする。[20] ただし、ヤマトタケルは『常陸国風土記』総記などに「倭武天皇」、『阿波国風土記』逸文に「倭健天皇命」と見えることや、通常は天皇の系譜は子の世代までであるのに対し、景行は孫の世代（ヤマトタケルの子の世代）までが掲載されていることなどから、古い段階にはヤマトタケルは大王（天皇）として扱われていた可能性が指摘されている。とするならば、伊予御村別君の系譜は景行天皇の帝紀に、伊予別君の系譜はヤマトタケル（「倭武天皇」「倭健天皇命」）の「帝紀」に、それぞれ掲載されていたことになり、伊予御村別君の系譜と伊予別君の系譜は、必ずしも「異質」であるとは言えなくなる。

それに対して加藤氏は、因支首自身が「讃岐国司解」で伊予別君と「同宗」であるとし、『円珍系図』では「伊予国御村別」と始祖を共有するのであるから、「両氏は当然同一の実体」でなければならないと述べている。

さらに『天皇本紀』景行天皇条に、

国乳別命。〈伊予宇和別祖。〉

とあるが、伊予宇和別は伊予国宇和郡を本拠とする豪族と思われ、「国名＋地名＋別」を氏姓とする氏が伊予国内に複数存在したことが確認できることから、「国名＋地名＋別」型の伊予御村別君と、地名の部分を欠く伊予別君は、前者をフルネーム、後者を略称的な氏姓とみて、両者を同一の氏と解する方が妥当」であるとする(21)。

　こうした関係の類例として、針間国造と針間鴨国造を取り上げたい。『国造本紀』には、

　針間国造
　　志賀高穴穂朝、稲背入彦命孫伊許自別命定二賜国造一。
　針間鴨国造
　　志賀高穴穂御世、上毛野国造同祖御穂別命児市入別命定二賜国造一。

とあり、針間国造（播磨国飾磨郡(22)に所在）と、針間鴨国造（播磨国賀茂郡(23)に所在）が掲載されている。一方、天平六年（七三四）「大智度論」の奥書には針間国造の一族が多く記載されているが(24)、この「大智度論」は播磨国賀茂郡既多寺の知識によって写されたものであることから、「大智度論」に見える針間国造は『国造本紀』の針間鴨国造を指していると考えられる。このように、同一の氏族でも史料によって呼称が異なる場合がある。こうした事例は、ほかにも散見されるであろう。

　とするならば、伊予御村別君と伊予別君が実態として同一の氏族であったかどうかは措くとしても(25)、『円珍系図』の「伊予国御村別君」と「讃岐国司解」の「伊予別公」は、同じ氏族に対して史料によって別の呼称が付されたに過ぎないのであり、少なくとも「讃岐国司解」の「伊予別公」は『円珍系図』が言うところの「伊予国御村別君」を指している（「讃岐国司解」では伊予御村別君の「御村」が省略されている）のではなかろうか。

　この前提に立つならば、『日本書紀』では因支首と祖を異にする伊予別君が、「讃岐国司解」では因支首と「同宗」とされていることも、整合的に説明することが可能となる。したがって、「〇〇別」と「〇〇乃別」の書

き分けや、「□別君之」「又名十城別命」の記載などから、B部分を二つの氏族の系譜に分割する必要はないのであり、B部分はあくまでも伊予御村別君（「讃岐国司解」では「伊予別公」）の系譜と考えられるのである。

四　二行書き箇所と伊予別公系図

最後に、A部分二段書き箇所左端と、B部分二行書き箇所の文字について付言しておきたい。これらの箇所は従来、次のように翻刻されてきた。

（A部分二段書き箇所左端）

次高城入姫皇女
次□国皇女　「十七」
□坂入彦□　女八
次□皇女

次豊国別皇子
母御刀媛□加志
□祖

（B部分二行書き箇所）

和尓乃別命
「一」

「四」　「五」　「六」
子波奈陋乃別君之子加尼古乃別君之子忍乃別君又名□　忍尾
子阿佐乃別命之子弟子乃別命之子麻呂子乃弟姫之　真浄別君
「二」　「三」　命之　子忍尾別君之

これに対して吉川氏は近年、B部分二行書き箇所の「□」は「高城」と読むことができ、同じく「弟姫之」は正しくは「弟姫皇」と記されており、これらは本来、A部分二段書き箇所上段左端の「高城入姫皇女」とその左にあった紙片が、裏打ちの際に誤ってこの位置に貼り付けられてしまったものであると推定した。そして、それにともないA部分二段書き箇所上段の「□国皇女」の「□国」の紙片は、本来はA部分二段書き箇所下段の「豊国別皇子」の箇所に移動すべきであるとし、A部分の二段書き箇所上段左端と、二行書き箇所の末尾を、それぞれ図2・3（前掲）のように復元した。

この復元は、『日本書紀』景行四年二月甲子条（史料3）・景行十三年五月条（史料4）と矛盾するところはなく、むしろこのように読むことでA・B部分ともに問題なく理解できる。吉川氏の指摘は首肯すべきであろう。よって、二行書き箇所は、和尓乃別命、阿佐乃別命、弟子乃別命、麻呂子乃別命、波奈陋乃別君、加尼古乃別君、忍乃別君の七人が記されていたことになる。なお、吉川氏は末尾の忍乃別君について、「忍乃別君の又の名は「忍尾真浄別君」か、「忍尾」・「真浄別君」の二つであったかのいずれかであろう」としているが、「忍尾」と「真浄別君」は文字の大きさが異なることから、筆者は忍乃別君の又名が忍尾であり、その子が真浄別君であったと理解しておきたい。

では、なぜこの七人は二行書きで記されたのであろうか。そもそも、この七人が前後の人物と一連で記されたならば、二行ではなく一行で記されるはずであるから、この箇所は当初は空白となっており、そこに後から七人を記入しようとした際、スペースが足りなかったために、やむをえず二行書きで記したという経緯が想定される。

それは、続柄記載からもうかがえる。和尓乃別命の上には「子」がなく、忍乃別君の下にも「之」がない。また、その左傍の真浄別君の上下にも「子」「之」がない。これらの二箇所は欠損していないことから、もとから「子」「之」は記されていなかったと思われる。[26] とするならば、阿加佐乃別命と和尓乃別命（二行書き箇所の冒頭）の間、および忍乃別君・真浄別君（二行書き箇所の末尾）と忍尾別君の間は、それぞれ前後とつながっていなかったと考えられる。この点も七人が後から挿入されたことを示す証左となる。

さらに、この二行書き箇所の人名には、傍らに「一」～「六」の番号が別筆で付されている。これについて佐伯氏は、「円珍は、他の資料—もしかしたら『伊予別公系図』かもしれない—によって、その世代をあらわす数字を書き入れたのであろう」と述べている。たしかに、A部分の裏書き（書入コ・前掲）にも「伊予別公系図」が見えていることから、円珍が「伊予別公系図」を参照していたことは間違いない（前章で述べたように、この伊予別公も伊予御村別君の言い換えであり、実際は伊予御村別君を指すと見られる）。

そこで注目したいのは、「一」～「六」の番号のうち右列の人名に付された「四」「五」「六」と、人名の左側に見える「□系図」（書入ク）が、同じく左に約四五度傾いて記されている点である。(27) このことは二行書き箇所の人名の傍らに付された数字と「□系図」が、互いに関連する内容であることを示すものである。

この書入クについては、伴信友は「承系図」としたが、それでは意味が通らない。一方、『園城寺余光』や田中氏は「御系図」と読んでいるが、この文字はおそらく円珍自筆の書入であり(28)、円珍が自氏の系図を「御系図」と称すとは思われない。とするならば、この「系図」とは、先に佐伯氏が想定したように「伊予別公系図」を指すのではあるまいか。

二行書き箇所を含むB部分が、伊予御村別君の系譜であることは、前述した通りである。また、「系図」の上の文字の残画は、「公」の第三・四画目の下端のようにも見ることから、本来はその上に文字が続いて「伊予別公系図」と記されていた可能性がある。つまり、二行書きで記された七人の人名は、伊予御村別君の系譜によって後から挿入されたものであり、その後、円珍が「伊予別公系図」を参照して人名の傍らに代数を書き込み、その典拠を左側に記載した結果、現状を呈するに至ったと考えられる。

五　結語

本稿では、『円珍系図』をA部分（景行天皇とその皇子女）、B部分（伊予御村別君の系譜）、C部分（因支首の系譜）に区分し、このうち特にA・B部分を対象として、文字の判読にまで立ち戻った基礎的な検討を行った。

A部分は、基本的に『日本書紀』に見える景行天皇の系譜記事を引き写したものであるが、わずかに表記の相違も存在しており、そうした箇所は『日本書紀』を参照して『円珍系図』の内容を記す際に、『日本書紀』の各記事の間で用字を調整したために生じたと見られることを述べた。また、A部分冒頭の景行天皇と、A・B部分の結節点に位置する武国凝別皇子の下に「之」が付されていないことから、A部分はB部分とは別個に作成され、後次的にB部分へ架上されたと考えられることを指摘した。

一方、B部分は、伊予御村別君の系譜（「〇〇別」）と伊予別君の系譜（「〇〇乃別」）を組み合わせたものではなく、あくまでも伊予御村別君の系譜であること、そして、伊予御村別君と伊予別君が実態としていかなる関係にあるかは即断できないが、少なくとも「讃岐国司解」の「伊予別公」は『円珍系図』の「伊予国御村別君」を指している、言い換えるならば「讃岐国司解」では伊予御村別君の「御村」が省略されていると理解すべきことを論じた。また、二行書き箇所の冒頭に位置する和尓乃別命の上に「子」がなく、同箇所の末尾に位置する忍乃別君の下にも「之」がなく、真浄別君の上下にも「子」「之」がないことから、二行書き箇所は後から挿入された可能性があることを指摘した。さらに、その二行書き箇所の左傍に施された「□系図」という書入は、本来は「伊予別公系図」と記されており（伊予御村別君の系図を指す）、円珍はこの系図を参照して二行書き箇所の人名に世代数を書き込んだと推定した。

なお、本稿では紙幅の都合から、C部分や略系図・書入に言及することがかなわなかった。これらの部分については、『円珍系図』が作成された歴史的背景や、そこから看取される系譜意識の問題とあわせて、別稿で改めて詳論することとしたい。

【注】

(1) この系図は、因支首が和気公に改姓する以前に作成されたものであることから、氏族系譜としては「因支首氏系図」と呼称するのが正確である。ただし、こうした呼称は一般的ではなく、また円珍が自筆で複数の書入を行うなど、円珍個人の系譜意識が反映されていることから、本稿では『円珍俗姓系図』(『円珍系図』)の呼称を採用したい。

(2) 伴信友『和気系図附考』(大鹿久義編『稿本伴信友著作集』三、温故学会、二〇〇一年、成立一八三五年)。以下、伴信友の所説はこれによる。

(3) 大倉粂馬・松岡静雄『伊予上代史考 伊曽乃神社』(郷土研究社、一九三二年)、大倉粂馬『上代史の研究 伊予路のふみ賀良』(大倉粂馬翁遺稿刊行会、一九五六年)。以下、大倉の所説は『上代史の研究 伊予路のふみ賀良』による。

(4) 田中卓「郡司制の成立(下)」(『田中卓著作集』六、国書刊行会、一九八六年、初出一九五三年)、同「「評(督)」に関する新史料五点」(『田中卓著作集』六、前掲、初出一九五七年)、同「『和気氏系図』の校訂」(『田中卓著作集』二、国書刊行会、一九八六年)など。以下、田中氏の所説は「『和気氏系図』の校訂」による。なお、評制（評造・評督など）に関して『円珍系図』を取り上げた研究は多いが、ここでは割愛する。

（5）佐伯有清「円珍の家系図」（『智証大師伝の研究』吉川弘文館、一九八九年、初出一九七五年）、同『新撰姓氏録の研究』考証篇二（吉川弘文館、一九八二年）、同「円珍の同族意識」（『智証大師伝の研究』前掲）、同『人物叢書新装版 円珍』（吉川弘文館、一九九〇年）など。以下、佐伯氏の所説は「円珍の家系図」による。

（6）義江明子「古代系譜の構造」（『日本古代の氏の構造』吉川弘文館、一九八六年）、同「「和気系図」異質部の「娶生」」（『日本古代系譜様式論』吉川弘文館、二〇〇〇年）など。以下、義江氏の所説は「古代系譜の構造」による。

（7）松原弘宣「讃岐国西部地域における地方豪族」『古代の地方豪族』（吉川弘文館、一九八八年）、同「古代の別（和気）氏」（『古代瀬戸内の地域社会』同成社、二〇〇八年、初出二〇〇二年）。

（8）加藤謙吉「讃岐の国造勢力と因支首」（『東アジアの古代文化』一三二、二〇〇七年）。以下、加藤氏の所説はこれによる。

（9）吉川敏子「『和気系図』に示された系譜意識」（『律令貴族成立史の研究』塙書房、二〇〇六年、初出二〇〇四年）、同『氏と家の古代史』（塙書房、二〇一三年）。以下、吉川氏の所説は「『和気系図』に示された系譜意識」による。

（10）大倉粂馬『大師御系図（複製）』（便利堂、一九三三年）。

（11）園城寺編『園城寺文書』一（講談社、一九九八年）。このほかに、恩賜京都博物館編『園城寺余光』（中島泰成閣出版部、一九四〇年）、東京国立博物館ほか編『三井寺秘宝展図録』（日本経済新聞社、一九九〇年）、大阪市立美術館ほか編『国宝三井寺展図録』（二〇〇八年）なども利用した。

（12）略系図の筆跡について、田中氏は保留とする。

（13）義江明子「古代系譜の構造」（前掲）。
（14）／は改行を示す。以下同じ。
（15）大倉粂馬は「身枚夫与為当十郎、与讃岐朝臣解文合也」と読んだが、ここでは佐伯氏の読みにしたがった。
（16）水別命の下には「之」、三津別命の上には「子」が見られないが、この間には欠損があり、本来は「水別命之―子三津別命」とあったと推定される。
（17）その場合、「□阿倍角□臣／□加都媛／□留和之古乃媛」の箇所は、「母阿倍角□臣／女加都媛／又名留和之古乃媛」あるいは「娶阿倍角□臣／女加都媛／生留和之古乃媛」などと推測される。
（18）『続日本紀』天平宝字三年（七五九）十月辛丑条に「天下諸姓著君字者、換以公字」とあり、「君」を「公」に改めている。この時に、伊予別君も伊予別公に改めたと思われる。本稿では「伊予別君」で統一する。
（19）平安遺文一―一五二。
（20）吉川氏は、十城別王（『日本書紀』）と十城別命（『円珍系図』）は別人であり、伊予別氏には十城別王・十城別命をそれぞれ祖とする「異宗同姓」の二氏があったとする。しかし、「王」と「命」は史料による言い換えに過ぎないであろう。
（21）このほかにも『天皇本紀』景行天皇条には「武国皇《（擬カ）》別命。〈伊予御城別（略）祖。〉」とあり、伊予御城別という氏族が見える。加藤氏はこれを「伊予御村別」の誤記とするが、筆者はこの氏族も加藤氏の言う「国名＋地名＋別」型の一例として理解したい。つまり、「国名＋地名＋別」型の氏族には、伊予御村別・伊予宇和別・伊予御城別の三氏がいたことになる。その場合、伊予御城別の「御城」は、「大足彦忍代別天皇」の「忍代」に関係する可能性があろう。
（22）現在の兵庫県姫路市一帯。

(23) 現在の兵庫県小野市・加東市・加西市一帯。
(24) 佐藤信「石山寺所蔵の奈良朝写経」(『古代の遺跡と文字資料』名著刊行会、一九九九年、初出一九九二年)、栄原永遠男「郡的世界の内実」(『人文研究』五一―二、一九九九年)、今津勝紀「既多寺大智度論と針間国造」(栄原永遠男他編『律令国家史論集』塙書房、二〇一〇年)など。
(25)『日本書紀』の文脈においては、伊予御村別君と伊予別君は氏姓・始祖ともに異なっており、別氏として扱われている。しかし、氏姓や系譜は現実的な関係に応じて変化し得るものであり(拙著『日本古代氏族系譜の基礎的研究』東京堂出版、二〇一二年)、『日本書紀』編纂以前・以後に、両氏がいかなる関係にあったかは、史料がなく不明とせざるを得ない。あるいは、伊予別君と伊予御村別君は本来的に別の氏族であったが、のちに伊予別君が衰退し、『円珍系図』が作成された頃には「伊予別君」といえば伊予御村別君を指すようになっていた可能性もある。
(26) 阿加佐乃別命の下に「之」がなく、和尓乃別命の下にも「之」がないが、この二箇所には欠損があることから、本来は「之」が記されていたと思われる。
(27) 先行研究では「四」「五」「六」が左に傾いている点は留意されておらず、翻刻にも傾きは示されていない。
(28)『園城寺余光』や田中氏も、この書入は円珍の自筆と見ている。

【付記】 本稿は、科学研究費補助金基盤研究C(課題番号二六三七〇七七三)による研究成果の一部である。

執筆者紹介

篠川　賢（しのかわけん）
一九五〇年生　成城大学文芸学部教授
主要論著　『日本古代国造制の研究』『物部氏の研究』

中村　友一（なかむらともかず）
一九七二年生　明治大学兼任講師
主要論著　『日本古代の氏姓制』「日本古代支配秩序の構築と国家」（『歴史学研究』九二四）

加藤　謙吉（かとうけんきち）
一九四八年生　成城大学・中央大学兼任講師
主要論著　『大和政権とフミヒト制』『ワニ氏の研究』

早川　万年（はやかわまんねん）
一九五七年生　岐阜大学教授
主要論著　『壬申の乱を読み解く』『史料としての「日本書紀」』（共編）

髙井　佳弘（たかいよしひろ）
一九五七年生　公益財団法人群馬県埋蔵文化財調査事業団上席調査研究員
主要論著　「上野国分寺跡出土の郡郷名押印文字瓦について」（『古代』一〇七）「上野国における一本造り軒丸瓦の導入と展開」（『財団法人群馬県埋蔵文化財調査事業団研究紀要』二二）

傳田　伊史（でんだいふみ）
一九六〇年生　長野県立歴史館専門主事
主要論著　『麻績』の名称とその変遷について」（『論集東国信濃の古代中世史』所収）「牧と馬」（『古代山国の交通と社会』所収）

中川久仁子（なかがわくにこ）
一九七一年生　成城大学非常勤講師
主要論著　『平安京遷都期政治史のなかの天皇と貴族』

紅林　怜（くればやしれい）
一九八六年生　成城大学大学院博士後期課程

小野里了一（おのざとりょういち）
一九六九年生　桐生市立図書館調査係主任
主要論著　「『毛野臣』から上毛野・下毛野君へ」（『東アジアの古代文化』一三二）「六世紀前半における倭王権の変質と磐井の乱」（『国造制の研究』所収）

永田　一（ながたはじめ）
一九八一年生　法政大学大学院博士後期課程
主要論著　「『俘囚』の節会参加について―隼人・吉野国栖との比較を通じて―」（『延喜式研究』二三）「古代の『アヅマ』と『エミシ』についての一試論」（『法政史学』七一）

原口耕一郎（はらぐちこういちろう）
一九七四年生　公益財団法人鹿児島県文化振興財団　上野原縄文の森　学芸員
主要論著「『記・紀』隼人関係記事の再検討」（『人間文化研究』九・十五）「『日本書紀』の文章表現における典拠の一例—「唐実録」の利用について」（『日本書紀の謎と聖徳太子』所収）

前之園亮一（まえのそのりょういち）
一九四七年生　共立女子短期大学教授
主要論著『古代王朝交替説批判』『「王賜」銘鉄剣と五世紀の日本』

川﨑　晃（かわさきあきら）
一九四七年生　早稲田大学（文学芸術院）非常勤講師
主要論著『古代学論究—古代日本の漢字文化と仏教』

三舟　隆之（みふねたかゆき）
一九五九年生　東京医療保健大学医療保健学部准教授
主要論著『日本古代地方寺院の成立』『日本古代の王権と寺院』

大川原竜一（おおかわらりゅういち）
一九七五年生　高志の国文学館主任学芸員
主要論著「大化以前の国造制の構造とその本質」（『歴史学研究』八二九）「国造制の成立とその歴史的背景」（『駿台史学』一三七）

鈴木　正信（すずきまさのぶ）
一九七七年生　文部科学省初等中等教育局教科書調査官
主要論著　『日本古代氏族系譜の基礎的研究』『大神氏の研究』

日本《にほん》古代《こだい》の王権《おうけん》と地方《ちほう》

二〇一五年五月五日　初版発行

編　者　加《か》藤《とう》謙《けん》吉《きち》
発行者　佐藤靖
発行所　大和書房
東京都文京区関口一—三三—四
電話〇三—三二〇三—四五一一

装　幀　小口翔平（tobufune）
印刷所　信毎書籍印刷
製本所　ナショナル製本

ISBN978-4-479-84081-7